송자대전

한국고전번역원 한국문집번역총서

송자대전 3

宋子大全

송시열 지음
宋時烈

김정기 옮김
정문채
박미경

일러두기

1. 이 책은 선역(選譯)한 《국역 송자대전》(1981～1988)의 내용을 수정하여 번역하고 미번역 부분을 모두 번역한 《송자대전》 완역서이다. 《국역 송자대전》의 역자와 그 약력은 책 말미에 소개하였다.
2. 이 책의 번역 대본은 한국고전번역원에서 간행한 한국문집총간 108～116집 소재 《송자대전(宋子大全)》으로 하였다. 번역 대본의 원문 텍스트와 원문 이미지는 한국고전종합DB(http://db.itkc.or.kr)에서 확인할 수 있다.
3. 역주는 내용이 간단하면 간주(間註)로, 길면 각주(脚註)로 처리하였다.
4. 한자는 필요한 경우 이해를 돕기 위하여 넣었으며, 운문(韻文)은 원문을 병기하였다.
5. 문장부호는 '한글 맞춤법'에 규정된 용법을 따랐으며, 그 밖에 새로 만들거나 용법을 달리하여 사용한 부호는 다음과 같다.

   …… : 번역문에서 원문의 '云云'을 처리할 때, 각주에서 긴 인용문을 처리할 때, 각주의 표제어가 네 어절 이상일 경우 생략되는 말을 처리할 때 사용한다.

   \- - : 본문에서 소자(小字) 원문 주(註)의 처음과 끝에 사용한다.

차례

송자대전 제5권

봉사 封事

송자대전 제6권

소 疏

송자대전 제7권

소疏

송자대전 제8권

소차 疏箚

송자대전 제9권

소차 疏箚

송자대전 제10권

소疏

송자대전

제5권

봉사
封事

기축봉사[1] 8월

己丑封事 八月

전 사헌부 장령(司憲府掌令) 신 송시열(宋時烈)은 참으로 황공하여 머리를 조아리며 삼가 백번 절하고 주상 전하께 상언(上言)합니다. 신이 듣건대 성왕(聖王)의 세대에 어질고 유능한 사람이 관직에 있어 각기 충지(忠智)와 모유(謀猷)를 다한 것은 위에서 잘 다스렸기 때문이고, 어리석고 미천한 사람이 초야(草野)로 물러나 예의와 염치를 삼가 지킨 것은 아래에서 잘 따랐기 때문이라고 합니다.[2] 이는 어질고 유능한

1 기축봉사(己丑封事) : 우암(尤庵)이 43세 때인 효종(孝宗) 즉위년(1649)에 올린 글이다. 모두 16조목으로 내용을 전개하였는데, 이 중 면학이정심(勉學以正心), 수신이제가(修身以齊家), 원편녕이근충직(遠便佞以近忠直), 억사은이회공도(抑私恩以恢公道), 정선임이명체통(精選任以明體統), 진기강이여국속(振紀綱以勵國俗), 절재용이고방본(節財用以固邦本), 택사부이보저이(擇師傅以輔儲貳), 수정사이양이적(修政事以攘夷狄) 등 9조는 주희(朱熹)의 〈기유봉사(己酉封事)〉 중에 있는 조목을 원용한 것이다. 중국 상고 시대에 신하가 임금에게 비밀스러운 주소(奏疏) 등을 올릴 때 그 내용이 누설되는 것을 막기 위하여 검은 주머니를 가지고 단단히 봉하였다. 그리하여 후세에 와서 비밀스러운 일로 임금에게 올리는 글을 봉사라 하였다. 《漢官儀》

2 성왕(聖王)의……합니다 : 《퇴계집(退溪集)》 권6 〈무오사직소(戊午辭職疏)〉에 "현명한 이가 그 자리에 앉고 능력 있는 이가 그 직책을 맡아, 충성심을 떨쳐 능력을 다하지 않는 이가 없어 조정에서 정치가 잘 이루어지고, 재능이 미치지 못하는 자는 초야에 물러가 있도록 허락하여 자기 분수에 편안히 하며 제 노력으로 먹고 또한 그 예의와 염치를 지켜 아래에서 잘 따랐으니, 이것이 옛적에 현명한 자와 어리석은 자가 각기 제자리를 얻고 예양(禮讓)이 행해져 정치가 이루어진 까닭입니다."라고 하였다.

사람과 어리석고 미친한 사람의 길이 비록 다르나 교화(敎化)를 일으킨 바탕이 된 것은 같습니다. 그러므로 주자(朱子)는 말하기를 "사대부의 사수(辭受)와 출처(出處)가 어찌 자신만의 일일 뿐이겠는가. 바로 풍속의 성쇠에 관한 것이다."[3] 하고, 사마광(司馬光)은 정승으로 있을 때 매번 사대부들의 생계가 넉넉한지를 물으면서 말하기를 "만약 의식(衣食)이 넉넉하지 못하다면 어찌 기꺼이 조정을 위하여 거취를 쉽게 정하려 하겠는가." 하였습니다.[4] 신은 일찍이 이 몇 마디 말을 스스로 가슴에 새겨 두고, 성은을 입을 때마다 관직에서 물러날 것을 생각하면서 '어리석음은 숨기면서도 참람함은 숨기지 않고 법은 두려워하면서도 의리는 두려워하지 않는 것은 곧 염치가 없는 것 중에 큰 것이다. 자신에게 염치가 없는데, 어떻게 임금을 섬기겠는가.'라고 여기고, 이 확고한 신념을 시종 바꾸지 않았습니다. 그러므로 신이 지난번 벼슬에서 물러나 고향으로 돌아오던 날에 성상의 은총이 극히 융숭하고 동료

3 사대부의……것이다 : 주희는 "사대부의 사수와 출처는 비단 그 자신만의 일이 아니다. 그 처신의 득실은 바로 풍속의 성쇠에 관계된다. 그러므로 더욱 살피지 않으면 안 된다."라고 하였다. 《晦庵集 卷25 答韓尙書書》 사수는 선물이나 벼슬 등을 사양하거나 받는 것을 이르고, 출처는 조정에 나아가 벼슬하거나 집에 물러나 은거하는 것을 이른다.

4 사마광(司馬光)은……하였습니다 : 송나라 조선료(趙善璙)가 지은 《자경편(自警編)》 권5에 나오는 내용이다. 사마광의 자는 군실(君實), 호는 우수(迂叟), 시호는 문정(文正)으로, 산서성(山西省) 하현(夏縣) 사람이다. 송(宋)나라 명재상으로, 온국공(溫國公)에 봉해진 뒤로 사마 온공이라 불리기도 하였다. 신종(神宗) 때 청묘법(靑苗法)의 부당함을 극론하다가 왕안석(王安石)의 미움을 받아 서경 어사(西京御史)로 좌천되었다. 뒤에 철종(哲宗)이 즉위하자, 다시 낙양으로 돌아와 재상이 되었다. 《宋史 司馬光列傳》

들의 만류도 매우 간절했는데, 특별한 성은이라며 감격해 우는 이도 있고 또한 임금에게 거만하게 굴었다고 나무라는 이도 있었습니다. 신은 참으로 황송하여 몸 둘 바를 몰랐으나 끝내 가만히 생각하기를 '뻔뻔한 얼굴로 함부로 나아갔다가 성은에 만분의 일도 보답하기에 부족했고 보면, 다만 물러가는 것을 의리로 삼고 주자가 「풍속에 관계된다.」라고 한 것과 사마광이 「조정을 위한다.」라고 한 것을 따라서 충성을 바치는 정성을 조금이나마 부치고 싶다.' 하였습니다. 그래서 끝내 물러가기로 하고 감히 머무르지 못하였던 것입니다.

그러나 내려오던 날에 대궐 문을 바라보며 차마 한마디 말을 하지 않을 수 없어서 감히 한 장의 상소를 남겨 작은 정성을 조금 폈습니다. 이에 비답(批答)을 받고 보니, 간곡하고 정성스럽기가 마치 부자간에 서로 이야기하는 것과 같았습니다. 또한 듣건대 전하께서 다시 예관(禮官)을 보내며, 신이 돌아가기 전에 유서(諭書)를 가지고 가서 힘써 만류하라고 하셨다고 합니다. 신이 사슴이나 돼지가 아닌데, 어떻게 마음을 가눌 수 있겠습니까. 감격하고 송구하여 몸 둘 곳이 없습니다.

다만 신이 은근히 기뻐하는 점이 있으니, 전하께서 신에게까지 오히려 이와 같이 하시므로 원근의 사람들이 전해 듣고는 감격하고 기뻐하지 않는 자가 없어, 전하의 선비를 사랑하는 성의와 허물을 감싸 주는 아량을 다투어 칭송하고, 만족하여 전하의 조정에 서기를 바라는 것입니다. 신은 또한, 죄는 신에게로 돌아오고 아름다움은 성상께 돌아가 겸손하게 자신을 낮추는 아름다움이 배나 빛남을 보는 것을 다행으로 여깁니다.

삼가 바라건대 준수한 인재를 등용하고 영웅을 맞아들일 방법을 더욱 생각하시고, 정자(程子)의 말처럼 차라리 남에게 속을지언정 어진 이 좋아하는 정성을 조금도 바꾸어서는 안 되고,[5] 주자의 말처럼 한번 목이 메었다 해서 식음을 폐하지 않아야 할 것입니다.[6]

또한 신은 지난번 상소에서 충성을 바치기를 바라는 뜻은 비록 간절하나 그 속을 자세히 살펴보면 성상을 도울 만한 기특한 계책은 달리 없었고, 신이 평소 읽고 외운 것은 성현의 말뿐이므로 감히 몇 가지를 조목별로 갖추어 올렸으니, 이는 실로 상 위에 다시 상을 올려놓고 지붕 위에 다시 지붕을 올려놓았을 따름입니다. 전하께서는 상투적으로 하는 말이나 죽은 법으로 여기지 않고[7] 그 말을 자세히 들으려 하셨으니, 아, 이는 순(舜) 임금이 비근한 말을 살피기를 좋아하던 성심(誠心)입니다.[8] 옛날 주자가 장차 행궁(行宮)에 가려 할 때 길에서 기다리던 자가 말하기를 "정심(正心)과 성의(誠意)[9]에 대한 설은

5 차라리……되고 : 송나라 때 여공저(呂公著)가 일찍이 시랑(侍郎)으로 있을 때 상질(常秩)을 천거하였는데 뒤에 상질의 행실이 좋지 않자 후회하니, 정호(程顥)가 말하기를 "시랑은 차라리 백번 남에게 속을지언정 어진 이 좋아하는 마음을 조금도 바꾸어서는 안 된다." 하였다.

6 한번……것입니다 : 《회암집(晦庵集)》 권34 〈답여백공서(答呂伯恭書)〉에 "그러나 한번 목이 메었다 하여 음식을 폐하는 것도 지나친 듯하다.〔然以一噎而廢食, 又似過當.〕"라고 하였는데 '인일폐식(因噎廢食)'이라는 성어로 쓰여, 작은 장애를 염려하여 마땅히 해야 할 일을 하지 않음을 말한다.

7 상투적으로……않고 : 중요한 말로 여긴다는 뜻이다. 주희가 남송 효종(南宋孝宗) 15년인 무신년(1188)에 올린 〈무신봉사(戊申封事)〉에 "상투적으로 하는 말 속에 묘한 이치가 있고, 죽은 법 속에 저절로 살아날 방법이 있다."라고 하였다. 《晦庵集 卷11》

8 순(舜)……성심(誠心)입니다 : 《중용장구》 제6장에 "순 임금은 묻기를 좋아하고 비근한 말을 살피기를 좋아하셨다."라고 하였다.

9 정심(正心)과 성의(誠意) : 《대학장구》의 8조목 가운데, 마음을 바로 하는 것과

상께서 듣기 싫어하시는 것이니, 경계하여 말하지 마시오." 하자, 주자가 말하기를 "내가 평생 배운 것은 다만 이 정심과 성의 네 글자뿐인데, 어찌 간사하게 우리 임금을 속이겠는가." 하였습니다. 지금 신은 뜻을 굽히고 영합하여 다른 것을 말함으로써 고명하고 순수한 성인의 학문을 저버릴 수 없습니다. 그러므로 감히 선유(先儒)의 남은 실마리를 주워 아래와 같이 추론하여 자세히 밝혔습니다. 그러나 정심과 성의에 대한 설은 본디 선성(先聖)의 교훈에서 나온 것이라서 공평하고 올바르며 깨끗하고 순수하여 애당초 기뻐할 만한 신기한 뜻이 없습니다. 그러므로 한(漢), 당(唐) 시대에는 늘 공리(功利)의 담론[10]에 눌렸습니다.

송 효종(宋孝宗) 때에 이르러서 처음에는 진심로 기쁘게 들었는데, 주자가 그 설을 가지고 기미를 분석하고 그 득실의 자취를 지적하여 진술하면서 "이것은 정심하는 실상이 아니다."라고 말했다고 합니다. 그러므로 결국 그 숨긴 결점이 다 드러나고 감춘 흠집을 가리기 어렵게 됨을 혐오하여 처음에는 기뻐하지 않은 적이 없었는데 끝내는 싫어하지 않은 적이 없게 되기에 이르렀습니다.

그러므로 주자가 계미년(1163)에 국사를 상주한 뒤 어떤 사람에게 주는 서신에서 말하기를 "처음 치지(致知)와 격물(格物)의 도를 논한 제1주(第一奏)를 읽을 때는 성상의 얼굴빛이 온화하고 순수하여 메아리처럼 말을 주고받았으나 그다음 복수설치(復讎雪恥)를 논한 제2주

뜻을 성실히 하는 것을 말한다.

10 공리(功利)의 담론 : 관중(管仲)과 상앙(商鞅)의 주장 같은 부국강병의 설을 가리킨다.

와 간신이 함부로 날뛰고 언로(言路)가 막힌 것을 논한 제3주를 읽을 때에는 성상의 말씀을 다시 듣지 못하였다." 하였습니다. 그렇다면 효종이 기뻐했던 것이 과연 몸과 마음 속에 증험하고 정사의 실제에 시행하려 해서였겠습니까. 한갓 그것이 고훈(古訓)에서 나왔다 해서 기뻐하지 않을 수 없었을 뿐입니다.

그 뒤 무신년(1188)에 주자가 다시 봉사(封事)로 그 설을 다시 진술하니, 상이 이미 취침하였다가 곧 일어나서 그것을 빨리 읽었습니다. 대개 이때에는 상이 이미 늙어 정사를 부지런히 할 수 없어서 이것을 이연(詒燕)의 계책[11]으로 삼으려 했으므로 이처럼 독실하게 좋아했던 것입니다. 그러므로 신은 늘 송나라가 강하지 못했던 것은 처음에 그것을 듣기 싫어했기 때문이고 송나라가 망하지 않은 것은 결국에 좋아했기 때문이라고 여깁니다.

후세의 속학(俗學)은, 성의와 정심의 묘리를 아득히 헤아릴 수 없는 영역에 미루어 두고 정사나 문물을 베푸는 것은 이것과 서로 맞지 않는다고 하며 별개의 일로 간주합니다. 그러므로 예로부터 전해 온 제왕(帝王)의 심법(心法)의 요체가 끝내 울타리 가에 버려진 쓸모없는 물건이 되었으니, 유구한 천년 세월 아래서 참으로 한탄스럽습니다. 그러므로 신은 늘 "속학의 소견은 도리어 간사한 사람의 꾀만 못하다."라고 말합니다. 간사한 사람이 남의 나라를 어지럽게 하려고 할 때는 반드시 먼저 임금의 마음을 무너뜨립니다. 그런 뒤에 교묘하게

11 이연(詒燕)의 계책 : 자손을 편안하게 하는 계책이다. 《시경》〈대아(大雅) 문왕유성(文王有聲)〉에 "자손에게 좋은 계책 물려줘 편히 자손을 보호하셨다.〔詒厥孫謀, 以燕翼子.〕"라고 하였다.

어지럽히는 꾀를 행하여 뜻대로 되지 않은 일이 없습니다. 그러므로 구사량(仇士良)이 그 무리에게 가르치기를 "천자(天子)는 늘 사치를 즐겨야 한다. 그로 하여금 책을 읽거나 유학(儒學)을 하는 선비를 가까이하여 속으로 근심하거나 두려워할 줄 알게 하지 말라." 하였습니다.[12] 저 구사량 무리는 천하의 일이 선악을 막론하고 임금의 한마음에 근본한다는 것을 깊이 알았으나, 저 속학들은 정심과 성의를 근본으로 삼을 줄은 모르고 한갓 행위의 말단으로 치달으니, 또한 서로 어긋나지 않습니까.

그러므로 신이 올리는 글은 모두 전하의 한마음을 위주로 하였으니, 진실로 한가히 궁중에 계실 때에 수양하고 사람을 쓰고 일을 처리하는 사이에 성찰하신다면 천하가 비록 넓고 백성이 아무리 많더라도 그것을 다스리는 것은 이것을 벗어나지 않음을 알게 되고, 요(堯), 순(舜), 주공(周公), 공자(孔子)가 서로 전한 요법(要法)을 참으로 얻을 것입니다. 삼가 바라건대 전하께서 깊이 유념하여 소홀히 하지 않으신다면 종사(宗社)가 다행하고 생민(生民)이 다행하겠습니다.

12 구사량(仇士良)이……하였습니다 : 당(唐)나라 환관 구사량이 벼슬을 내놓고 물러나게 되었을 때, 그 무리가 사가(私家)로 전송하였는데, 구사량이 권세와 총애를 굳건히 누리는 술법을 가르치기를 "천자는 잠시라도 한가롭게 두어서는 안 된다. 항상 사치로써 그 이목(耳目)을 즐겁게 해 주기를 날로 새롭게 하고 달로 성대하게 하여, 다시 다른 일에 관심이 미칠 겨를이 없게 해야 한다. 그런 뒤에야 뜻을 얻을 수가 있다. 그리고 부디 그로 하여금 책을 읽거나 유학을 하는 신하를 가까이하게 해서는 안 된다. 그가 전대(前代)의 흥망을 보고 속으로 근심하거나 두려워할 줄 알게 되면 우리 무리들은 멀어지고 배척을 당하게 된다." 하니, 그 무리들이 감사하는 절을 하고 돌아갔다. 《栗谷全書 卷23 聖學輯要5》《唐書 仇士良列傳》

이전 상소에서 "슬픔을 절제하여 몸을 보전하소서."라고 한 것에 대해 말씀드리겠습니다. 공자가 이르기를 "몸이 수척해져서 병이 나는 일을 군자는 하지 않으니, 군자는 그것을 자식이 없다고 한다."[13] 하였고, 증자(曾子)는 수장(水漿)을 7일 동안 입에 대지 않았으나 그 잘못을 후회하였으며,[14] 《예기(禮記)》에 이르기를 "죽은 사람 때문에 산 사람을 해치지 않기 위해서이다." 하였고, 또한 "상(喪)을 견디어 내지 못한다면 부모에게 효도하지 않고 자손에게 자애를 베풀지 않는 것과 같다." 하였습니다. 신이 삼가 듣건대 성상께서는 효성이 천성적으로 지극하여 애모(哀慕)에 한계가 없고 곡읍(哭泣)에 절제가 없으며, 미음이나 이따금 드시고 안쓰럽게 홀로 거처하여 중외가 단절되니, 자전(慈殿)께서는 보호할 길이 없고 신하들은 성상의 짙은 흑색이 된 얼굴[15]을

13 몸이……한다 : 《예기(禮記)》 〈잡기 하(雜記下)〉에 "거상하는 사람이 몸에 종기가 났을 때는 몸을 씻고, 머리에 부스럼이 있으면 머리를 감으며, 병이 있으면 술을 마시고 고기를 먹어야 한다. 이와 반대로 너무 슬퍼한 나머지 몸이 수척해져서 병이 나는 일을 군자는 하지 않으니, 너무 슬퍼하기만 하다가 수척해져서 죽는 경우, 군자는 그것을 일러 자식이 없다고 한다."라는 공자의 말이 나온다. 자식이 없다는 것은 부모의 후사가 끊어졌기 때문이다.

14 증자(曾子)는……후회하였으며 : 《예기》 〈단궁 상(檀弓上)〉에, 증자가 자사(子思)에게 말하기를 "급(伋)아. 내가 부모상을 치를 때에 수장을 7일 동안 입에 대지 않았다."라고 하자, 자사가 말하기를 "군자가 부모상을 치르면서 수장을 입에 대지 않는 것은 사흘입니다."라고 하였다는 고사가 보인다.

15 짙은……얼굴 : 상중의 슬픔으로 검어진 얼굴 모양을 말한다. 《맹자》 〈등문공 상(滕文公上)〉에 "임금이 죽으면 세자는 모든 정사를 총재(冢宰)에게 맡겨 백관이 총재에게 명령을 듣게 하고, 죽을 먹고 얼굴빛이 짙은 흑색이 되어 자리에 나아가 곡을 하면 백관과 유사(有司)들이 감히 슬퍼하지 않는 이가 없는 것은 윗사람이 솔선하기 때문이다."라고 하였다.

보지 못하여 대소 신료들의 걱정과 두려움을 아뢸 계제가 없다 합니다.

전하께서는 정성을 다할 의리만 생각하고 효도를 끝마칠 도리는 고려하지 않으며, 오직 당장 몸이 지탱하는 것만을 믿고 점점 쌓여 가는 걱정은 돌보지 않으십니다. 그러나 어찌 하늘에 계시는 선왕(先王)과 선후(先后)의 영혼이 어둠 속에서 슬퍼하고 괴로워하신다는 것은 생각지 않으십니까.

비록 온갖 신령이 도와서 전혀 걱정할 것이 없다고 말하지만 예도(禮道)의 경우는 그렇지 않습니다. 삼가 바라건대 성인의 제중(制中)[16]의 뜻을 살피고 조종(祖宗)의 신령이 인자하게 감싸 주는 마음을 받들며 자전의 고독한 회포를 생각하고 종묘사직이 맡긴 중대한 책임을 돌보시어, 곡림(哭臨)[17]의 횟수를 줄이고 조위(調胃)[18]의 약제를 자주 드셔서 안팎의 황망해하는 마음을 안심시켜 주시면 매우 다행이겠습니다.-신이 상고하건대 의서(醫書)에, 기혈(氣血)이 펴지지 않으면 막혀서 병이 된다고 하였습니다. 지금 의려(依廬)[19]에 외로이 거처하며 밤낮으로 답답하게 지내시니, 실로 귀중한 처방을 범하는 것입니다. 생각건대 조정에 있는 신하들은

16 제중(制中) : 중정(中正)의 도를 지켜 지나침이나 모자람이 없게 하는 것이다. 《예기》 〈중니연거(仲尼燕居)〉에 "예는 제중하는 것이다.〔夫禮, 所以制中也.〕" 하였다.

17 곡림(哭臨) : 왕이나 왕비의 초상 때 여러 사람이 한곳에 모여 곡하는 예식을 말한다.

18 조위(調胃) : 위기(胃氣)를 조리하는 것이다. 식체(食滯), 소화불량 등을 다스리는 한약 처방으로 조위산(調胃散)이 있다.

19 의려(倚廬) : 부모의 상중에 임시로 거처하는 여막(廬幕)이다. 여막을 중문(中門) 바깥의 동쪽 담장 아래에 나무를 기대어서 만들기 때문에 붙은 이름이다. 여기서는 인조(仁祖)의 상중에 효종이 임시로 거처하는 곳을 말한다.

모두 선왕의 신하가 아닌 사람이 없는데 무슨 혐의쩍을 것이 있겠습니까. 삼가 바라건대 자주 인견(引見)하여 상장(喪葬)의 예를 강론하기도 하고 애통한 정을 펴기도 하면서 가장 급한 국사를 자문하시면, 병환을 예방할 뿐만 아니라 겸하여 기무(機務)에도 보탬이 될 것입니다.

옛날 회이(淮夷)가 난을 일으키자 노공(魯公)이 상복을 입은 채로 전쟁에 임하였고,[20] 수황(壽皇)의 산릉(山陵)이 아직 정해지지 않았을 때 주자는 경연(經筵)을 열어 속히 유신(儒臣)을 접견할 것을 청하였습니다.[21] 하물며 오늘날은 어려운 일이 노(魯), 송(宋) 때보다 만배나 많으니, 마땅히 계책을 세우기에 겨를이 없어야 할 터인데, 어찌 단지 곡읍하고 미음 먹는 예절만을 효도로 여기겠습니까. 성상께서는 유념하소서.

○ 신이 또한 생각건대 열성(列聖)이 백성을 다스릴 때 더욱 상례(喪禮)를 신중히 하였으므로 비록 천한 조례(皁隷)라 하더라도 오히려 볼만한 것이 있었는데, 왜란이 있은 뒤로 점점 왜의 풍습에 물들어 버렸습니다. 선조(宣祖)께서는 한 장인(匠人)이 슬퍼하지 않는 모습을 보고 이미 우려하고 탄식하셨는데, 혼조(昏朝 : 광해조)에 이르러서는 사대부가 모두 상례를 지키지 않는 것을 꺼리지 않았으니, 이는 이치상 또한 괴이할 것이 없습니다. 우리 선조(先朝 : 인조조)에

20 회이(淮夷)가……임하였고 : 노공은 주공(周公)의 아들 백금(伯禽)으로, 노나라에 봉해졌으므로 그렇게 불렀다. 그가 상중에 있을 때 회이와 서융(徐戎)이 주(周)나라를 배반하고 함께 일어나 노나라를 침략했으므로, 졸곡을 하고 곧장 제후의 군사를 거느리고 토벌에 나섰던 것을 말한다. 토벌에 앞서 비(費) 땅에서 군사들을 경계하며 맹세한 내용이 《서경》 〈비서(費誓)〉에 전하며, 신하들이 군주와 국가를 칭송하는 시를 지어 노공을 기린 것이 《시경》 〈노송(魯頌) 비궁(閟宮)〉이다.

21 수황(壽皇)의……청하였습니다 : 수황은 '지존수황성제(至尊壽皇聖帝)'를 줄인 말로 남송 효종(南宋孝宗)의 존호(尊號)이다. 이 내용은 《회암집(晦庵集)》 권14 〈경연유신면진사사차자(經筵留身面陳四事箚子)〉에 보인다.

미쳐서는 효도의 교화에 훈도되어 민속이 크게 변화하였는데, 근년 이래로 상사(喪事)의 법도가 갑자기 무너져서 평일과 다름없이 좋은 음식을 제멋대로 먹고 또 처자와 더불어 내실에 들어가 거처하며, 전(奠)을 드리지 않고 조문을 받지 않으며, 3년 뒤에는 나아가 벼슬하며 살결이 윤택하면서도 뻔뻔하게 부끄러워하지 않습니다. 이는 또 북쪽 오랑캐의 풍속이 스며들어 이에 이른 것이니, 매우 한심합니다. 삼가 바라건대 전하께서는 슬픔을 절제하여 자신을 아끼는 외에 예로 몸을 지키되 더욱 엄밀히 하여 시종 해이해지지 마소서. 위에서 좋아하는 것이 있으면 아래에서는 반드시 심하게 따르는 자가 있습니다. 예에 이르기를 "억지로 미음을 먹으며 예법을 따라야 한다." 하였으니, 이는 대개 슬퍼함과 예법을 따르는 일을 병행하여 거스르지 않아야 한다는 것입니다.

○ 신이 또 상고하건대 《예기》에 "병이 있으면 술을 마시고 고기를 먹는다." 하였습니다. 우리나라는 장례 후에 으레 임금에게 권도(權道)를 따르기를 청하니, 매우 미안한 일입니다. 전하께서는 스스로 기력을 헤아려 혹 병이 날 것 같으면 술과 고기를 조금 드셔서 그 입맛을 돋우더라도 안 될 것이 없습니다.[22] 오직 부인을 거느릴 때가 되어서도 침소에 들지 않는 한 절목[23]만은 예로부터 어렵게 여겼습니다.

22 혹……없습니다 : 《소학(小學)》 〈가언(嘉言)〉에, 부모상에 거하는 자에 대해 사마광(司馬光)이 "오랜 기간에 걸쳐 몸이 허약해져서 병에 걸릴 걱정이 있을 때에는 고기즙과 말린 포와 젓갈 혹은 고기 약간으로 그 입맛을 돋우는 것이 좋다."라고 하였다는 말이 나온다.

23 부인을……절목 : 《예기》 〈단궁 상(檀弓上)〉에 "맹헌자(孟獻子)가 담제(禫祭)를 지낸 뒤 악기를 걸어 놓기만 하고 연주하지 않았으며, 부인을 거느릴 때가 되었는데도 침소에 들어가지 않으니, 공자가 말하기를 '헌자는 보통 사람들보다 한 등급 위에 있구나.' 하였다."라고 한 구절이 보인다.

삼가 바라건대 전하께서는 비록 부제(祔祭)와 연제(練祭) 뒤라 하더라도 극진히 스스로 삼가 내외 관계를 끊어서 자전께 문안드리는 일 외에는 한 걸음도 어둠 속에서 일을 행해서는 안 됩니다.[24] 이렇게 하시면 효도에 유감이 없을 뿐만 아니라 총명이 날로 열리고 지기(志氣)가 날로 강해져 크게 이로울 것입니다.

더구나 단지(斷指)하신 일이야말로 대순(大舜)과 문왕(文王)도 하지 않았는데 전하께서 행하였으니, 실로 탁월하고 지극한 품행입니다. 삼가 생각건대 전하께서 효심을 계속 이어 가는 도리로서는 오직 내외 관계를 삼가는 한 절목에 조금도 부족하지 않아야 앞서의 행위를 참되게 할 수 있습니다. 그렇게 하지 않으면 주자가 경계한 "시묘를 살고 허벅살을 베는 것도 남을 의식해서이다."[25]라는 것을 끝내 면하지 못할 터이니, 두렵지 않습니까.

○ 신이 또 생각건대 성상께서 효성을 낮추어 예법을 따르는 일은 참으로 어렵지 않으나 세월이 오래되면 지기(志氣)를 지탱하기 어려우니, 옛 성인이 신하를 벗 삼았던 도움이 이에 더욱 절실하다고 여깁니다. 삼가 바라건대 장례 후에는 낮에만 경연에 납실 것이 아니라 밤마다 유신(儒臣)을 불러서 조용히 강론하고 밤이 깊어 파하는 것을 항식(恒式)으로 삼는다면, 내외 관계를 삼가는 도리는 힘쓰지 않아도 자연 부끄럽지 않을 것입니다. 《시경》에 이르기를 "네가

24 한……됩니다 : 상중에는 내전에 들어가서 부부 관계를 가지면 안 된다는 뜻이다. 《예기》 〈곡례 상(曲禮上)〉에 "효자는 어둠 속에서 일을 행해서는 안 된다."라고 했는데, 그 소(疏)에 "어둠 속에서 일을 행하면 사람들의 의심을 야기하기 쉬우므로 효자가 깊이 경계한다."라고 하였다.

25 시묘를……의식해서이다 : 주희가 "예를 들어 허벅살을 베기도 하고 시묘를 살기도 하는데, 하나는 부모의 병을 참지 못하여 하는 것이고, 하나는 부모의 죽음을 참지 못하여 하는 것으로, 이 모두는 자신을 수양하는 것이다. 만약 남이 알아주기를 바라서 이렇게 한다면 곧 이는 남을 의식한 것이다."라고 한 데서 온 말이다. 《朱子語類 卷17 大學四或問上》

군자를 벗하는 것을 보니 나에게 어찌 허물이 없겠는가 하도다. 네가 집에 있을 적을 보건대 으슥한 방구석에서도 부끄럽지 않았네." 하고, 자사(子思)는 이르기를 "숨겨진 것보다 더 잘 드러나는 것이 없다."[26] 하였으니, 성상께서는 유념하시기 바랍니다. 이것은 마땅히 오늘날 진언할 바는 아니나 다만 하찮은 충정이 간절하기 때문에 미리 진언하였습니다. 신의 죄는 만번 죽어 마땅합니다.-

이른바 "예(禮)를 강구하여 상사에 애도의 뜻을 다하소서."라고 한 것에 대해 말씀드리겠습니다. 자사가 이르기를 "반드시 정성스럽고 신실하게 하여 후회를 남기지 말아야 한다."[27] 하고, 정자(程子)가 이르기를 "천하 국가는 예가 다스려지면 따라서 다스려지고 예가 어지러우면 따라서 어지러워진다." 하였습니다. 필부(匹夫)도 죽은 이를 떠나보내는 일에 오히려 예를 다하려 하는데, 하물며 임금의 거조는 사방이 지켜보는 본보기일뿐더러 백관(百官)이 갖추어지고 백물(百物)이 구비되었는데, 무슨 고충이 있다고 조금이라도 유감스럽게 하여서 돌이킬 수 없는 후회를 남기겠습니까.

전하께서는 처음에 예서(禮書)를 읽은 선비를 자주 불러서 절문(節文)을 의논하게 하셨습니다. 참판 김집(金集)[28] 같은 이는 학문에 연원

26 숨겨진……없다 : 《중용장구》 제1장에 "숨겨진 것보다 더 잘 드러남이 없으며 작은 일보다 더 잘 나타남이 없으니, 군자는 그 홀로 있을 때를 삼가는 것이다."라고 한 데서 온 말이다.

27 반드시……한다 : 《예기》 〈단궁 상〉에, 자사가 말하기를 "상을 당하면 3일 만에 빈(殯)을 하는데, 시신과 함께 관에 넣는 물건은 반드시 정성스럽고 신실하게 하여 후회를 남기지 말아야 한다. 3개월이 지나 장사를 지내는데, 관곽(棺槨)과 함께 부장하는 물품들은 반드시 정성스럽고 신실하게 하여 후회를 남기지 말아야 한다."라고 하였다.

이 있어 조예가 자세하고 깊으니, 참으로 사문(斯文)의 종장(宗匠)이며 사림(士林)의 영수(領袖)입니다. 그가 일찍이 예서를 가지고 고금(古今)을 인증하여 글을 지어 올렸으니, 이는 구변과 억측으로 창출한 것이 아니고 단연코 주공, 공자로부터 아래로 정자, 주자에 이르기까지 일일이 근거한 바가 있는 것으로, 백세를 두고 보더라도 의심할 것이 없습니다. 그러나 신이 듣건대 논하는 자가 시행할 뜻이 없다 하니, 괴이한 일입니다. 설사 이 책이 김집의 의견에서 나왔다 하더라도 참으로 잘된 것이라면 그것을 따르는 것이 또한 마땅하지 않겠습니까. 그런데 하물며 이는 김집의 설이 아니고 바로 주공, 공자, 정자, 주자의 설이니, 두찬(杜撰)한 《국조오례의(國朝五禮儀)》보다는 월등히 낫습니다. 그런데 무슨 병폐가 있기에 시행하지 않는지 모르겠습니다. 만일 예가 비록 잘못되었더라도 손상될 것이 없다고 한다면 크게 잘못된 것입니다.

장자(張子)가 이르기를 "예의가 있는 집안에서는 비록 비복(婢僕)이라 하더라도 다른 곳에 가서 반드시 상제(喪祭)가 이치에 맞지 않는 것을 비웃을 수 있다." 하였으니, 당당한 조가(朝家)에서 대사를 치르는 데에 예의가 있는 집안의 비복에게 비웃음을 받는 것을 면하지 못한다면 또한 매우 부끄럽지 않겠습니까. 가령 남이 나를 비웃지 않는다 하더라도 군부(君父)를 마지막 보내는 예를 띠로 동이고 종이로 싸는[29]

28 김집(金集) : 1574~1656. 본관은 광산(光山), 자는 사강(士剛), 호는 신독재(愼獨齋)이다. 아버지는 사계(沙溪) 김장생(金長生)이다. 김장생의 학문을 이어받았으며, 그 학문을 우암에게 전해 주어 기호학파를 형성하는 데 중요한 역할을 하였다.

29 띠로……싸는 : 《회암집》 권46 〈답황상백(答黃商伯)〉에 나오는 말로, 예를 치를 때 일정한 격식을 갖추지 않고 제멋대로 하는 것을 말한다.

등 구차하게 치른다면 어찌 신자(臣子)의 마음에 흐뭇하겠습니까. 삼가 바라건대 전하께서는 다시 유신(儒臣)과 예관(禮官)으로 하여금 더 자세히 참고하여 한 시대의 예제를 만들어 옛날의 고루함을 영원히 씻게 하시면 매우 다행이겠습니다.-신이 《국조오례의》를 상고해 보니, 복제(服制)가 가장 문란합니다. 대개 주자의 설에 근본을 두었으나 서로 크게 다릅니다. 대개 주자는 상복(喪服)과 조복(朝服)을 둘로 구분하려 하였는데, 지금은 합해서 하나로 하였습니다. 지금의 포모(布帽)는 곧 주자가 말한 조복의 포복두(布幞頭)[30]이고 지금의 반령(盤領)[31]은 곧 주자가 말한 조복이고 그 밑을 꿰매지 않은 것은 주자가 말한 상복의 참최(斬衰)입니다. 그리고 지금의 마대(麻帶)는 곧 주자가 말한 상복의 효대(絞帶)[32]입니다. 하나의 옷에서 위에는 조복(朝服)이고 아래에는 흉복(凶服)이며, 하나의 몸에서 머리에는 공복(公服)이고 허리에는 최복(衰服)이니, 이것이 무슨 의식입니까. 《국조오례의》가 예법에 벗어난 것을 이에 의거하여 알 수 있습니다. 그 점에 대해 개정해야 한다는 설은 김집이 올린 글에 갖추어져 있으니 혹 계빈(啓殯)할 때에 이를 본받아 행한다면 후세의 성인이 보아도 의심하지 않을 것입니다. 역대의 임금이 스스로 예를 행하지 못했으므로 예로 아래를 단속하지 못했습니다. 지금 전하께서는 일일이 예를 따르시는데도 뭇 신하의 복장이 이처럼 어지러우니, 이는 정말 변혁할 기회입니다.

○ 신이 또 상고하건대 정자가 이르기를 "남들은 예관을 한관(閑官)이라 하나 나는 예관의 책임이 가장 중대하다고 생각한다. 조정에 한번 예를 어기는 일이

30 포복두(布幞頭) : 베로 만든 관모(冠帽)이다. 2단으로 턱이 져 앞턱이 낮으며 모두(帽頭)는 팽팽하고 네모지게 만들어 좌우에 각(角)을 부착한 것이다.

31 반령(盤領) : 둥근 깃의 옷으로 조선 시대 관복의 포(袍)이다. 오른쪽 어깨에 단추를 달아 여미도록 되어 있다.

32 효대(絞帶) : 상복에 매는 삼베 띠이다.

있으면 예관이 모두 다 책임을 져야 한다." 하였습니다. 전하께서 저번에 전례를 벗어나 특별히 김집을 예관으로 삼았으니, 실로 백왕(百王)을 뛰어넘는 높은 식견입니다. 그런데 뜻하지 않게 속론(俗論)이 이러니저러니 말이 많아 김집으로 하여금 불안하게 만들어 군이 사직하기에 이르렀고, 전하께서도 끝내 체직(遞職)하셨습니다. 고명한 성학(聖學)으로도 오히려 속론의 저지를 받으니 애석함을 견딜 수 있겠습니까. 전하께서는 이미 김집을 부르셨으나 김집 자신은 예관이 되지 못하고 그가 논한 여러 설은 또 실시되지 못하였으니, 참으로 주자가 이르기를 "우리나라에는 정이(程頤) 한 사람이 있을 뿐인데 오히려 쓰지 못하였다." 한 경우입니다. 삼가 바라건대 지금부터는 정견(正見)을 굳게 가지고 실속 없는 논의에 현혹되지 말며 한결같이 관직을 위하여 사람을 선택하리라 마음을 가지소서.

○ 신이 기억하건대 병자년(1636, 인조14)의 반혼(反魂)[33] 때 혼여(魂輿)가 궐문에 들어가려 할 적에 전하께서 말 위에서 곡벽(哭擗)하시자 아랫사람들이 눈물을 흘리지 않는 자가 없었으나 소현세자(昭顯世子)는 그렇게 하지 않았으니, 이는 필시 의주(儀注)가 그렇게 만든 것으로 매우 부당합니다. 《예기》에 이르기를 "반곡(反哭)은 슬픔이 지극한 것이다. 문에 들어와서 보아도 보이지 않고, 마루에 올라와서 보아도 보이지 않고, 방에 들어와서 보아도 보이지 않아, 사라지고 잃었으니, 여기에서 슬픔이 심하다." 하였습니다. 삼가 바라건대 전하께서는 의주의 고루함을 깨 버리고 반혼하는 날에 더욱 애모의 정을 다하여 온 나라 사람으로 하여금 보고 느끼게 하소서.

○ 신이 또 상고하건대 정자와 주자는 3년 안에 하례(賀禮)를 받는 것은 그릇

33 반혼(反魂) : 죽은 사람을 장사 지내고 그 혼백을 집으로 모시는 일이다. 여기서는 효종의 모친인 인열왕후(仁烈王后) 한씨(韓氏)의 반혼을 가리킨다.

된 일[34]이라고 극언(極言)하였습니다. 지난번 내외의 관원들이 모두 하전(賀箋)[35]을 올린 것은 매우 미안한 일입니다. 삼가 바라건대 이후로는 절일하의(節日賀儀)[36]를 일절 정지하시면 매우 다행이겠습니다.

○ 신이 또 상고하건대 《의례경전통해(儀禮經傳通解)》[37]는 주자가 찬술한 것으로 그의 문인 황간(黃榦)[38]이 속편(續編)을 지었으며, 양복(楊復)[39]이 또 도식(圖式)을 제작하였는데, 그 조목에 가례(家禮), 향례(鄕禮), 방국례(邦國禮), 왕조례(王朝禮)가 있으니, 국가에 하루도 없어서는 안 될 책입니다. 우리나라에는 이 책이 아예 없으므로 그 명목조차 아는 자도 드문데, 하물며 그 설을 알기를 바라겠습니까. 이 책은 호남과 영남에 각각 1본이 있어 선왕(先王)이 일찍이 두 도에 명하여 합력해서 간행하여 널리 펴도록 하였는데 오래도록 봉행

34 3년……일 : 임금이 부모의 상을 치르는 3년 동안에는 명절에 신하들이 올리는 축하 글을 받아서는 안 된다는 말이다. 주희는 〈걸서경절불수하차자(乞瑞慶節不受賀箚子)〉와 〈불수하표하첩황(不受賀表下貼黃)〉 등에서 이런 뜻을 말하였다.

35 하전(賀箋) : 왕가(王家)에 경사(慶事)가 있을 때 임금에게 하례하는 글이다.

36 절일하의(節日賀儀) : 명절에 하례하는 의식이다.

37 의례경전통해(儀禮經傳通解) : 주희가 《의례(儀禮)》를 근간으로 《예기》 및 여러 경전의 구절들을 취하여 그 아래에 붙이고, 주소(註疏)의 제설(諸說)을 나열한 다음 논단을 붙여 엮은 책인데, 황간(黃榦)이 속편을 편찬하여 완성하였다.

38 황간(黃榦) : 1152~1221. 송나라 복주(福州) 민현(閩縣) 사람으로, 자는 직경(直卿)이고, 호는 면재(勉齋)이다. 주희의 제자이자 사위이고, 주희가 임종 때에 그에게 전발(傳鉢)하였다. 저서에 《경해(經解)》, 《중용총론(中庸總論)》이 있고, 문집으로 《면재집》이 있다.

39 양복(楊復) : 자는 지인(志仁), 호는 신재(信齋)이며, 복녕주(福寧州) 장계(長溪) 사람이다. 주희의 제자이고 뒤에 면재 황간에게 수학하였다. 저술로는 《제례도(祭禮圖)》 14권, 《의례도해(儀禮圖解)》 17권, 《가례잡설부주(家禮雜說附注)》 2권이 있다.

하지 않아 심지어 추감(推勘)[40]까지 당하였으나 끝내 거행하지 않았으니, 매우 한스럽습니다. 호남에 있는 것은 판서 원두표(元斗杓)[41]가 가져다 깊이 간직해 두었다 합니다. 바라건대 소재처에 영을 내려 속히 올려보내게 해서 김집에게 주고, 또한 그로 하여금 통달하고 민첩한 유생을 스스로 뽑아 오늘날의 상장(喪葬)에 절실한 것을 상고하게 하여, 그 일이 끝나면 그대로 교서관(校書館)에 넘겨주어서 즉시 간행하게 한다면 예속(禮俗)에 관계될 뿐만 아니라 성왕의 사업을 계승하는 일이 될 것입니다. 지난번 김집이 올린 글에서 말한 '의례경전(儀禮經傳)'이란 단지 《의례경전》이지 《의례경전통해》가 아니므로 그 설이 자세하지 못합니다. 신이 또 몹시 분하게 여긴 바가 있으니, 바로 지난해 유계(兪棨)[42]가 무안 현감(務安縣監)으로 있을 때 도신(道臣)과 이 책을 간행할 것을 상의하였는데 경비가 많이 든다는 이유로 합의되지 않아 그만둔 것입니다. 신이 생각건대 수령과 감사가 그 조상이나 친지의 사적인 원고는 있는 힘을 다하여 간행하여 널리 펴는데, 사적인 원고라는 것이 음풍영월(吟風詠月)의 쓸데없는 이야기에 불과합니다. 이것을 위하여는 재물을 한없이 없애면서 이 책에만은 재물을 아껴 간행하지 않으니, 신은 무슨 뜻인지 모르겠습니다. 삼가 유념하시기 바랍니다.

○ 신이 상고하건대 고례(古禮)에 임금의 상복을 입으면 감히 사복(私服)을 입지 못하기 때문에 반드시 군복(君服) 3년을 마치기를 기다린 뒤에 날을 택해서 소상(小祥)과 대상(大祥)을 행하고 비로소 사복을 벗게 되어 있습니다.[43] 지금

40 추감(推勘) : 추궁해 신문(訊問)하는 것이다.

41 원두표(元斗杓) : 1593~1664. 본관은 원주(原州), 자는 자건(子建), 호는 탄수(灘叟)·탄옹(灘翁)으로, 박지계(朴知誡)의 문인이다.

42 유계(兪棨) : 1607~1664. 본관은 기계(杞溪), 자는 무중(武仲), 호는 시남(市南)으로, 김장생의 문인이다. 예학과 사학에 정통하였으며, 1646년(인조24) 4월 무안 현감에 임명되었다. 《가례집해(家禮集解)》를 개작하여 《가례원류(家禮源流)》를 저작하였다.

은 고례를 갑자기 회복할 수 없으나 인산(因山) 전에는 능묘(陵廟)에 올리는 제사도 모두 중지하는데 신자(臣子)가 어떻게 감히 사실(私室)에서 성대한 제사를 거행할 수 있겠습니까. 하물며 제사를 받는 신(神)도 신자이거늘 그들도 어찌 감히 능묘에 올리는 제사도 중지한 날에 흠향할 수 있겠습니까. 지금 도성 안의 사대부 집에서 소상과 대상을 제멋대로 행하여 꺼리는 바가 없으며, 혹은 제사를 거행하지 않고 지레 최복(衰服)을 벗는 자도 있으니, 이것은 그 어버이에게 박하게 하는 것으로 진실로 말할 거리가 못 되거니와, 성대한 제사를 거행하는 자가 또한 그 임금을 뒷전으로 여기는 것입니다. 김집이 그 그릇됨을 역설했음에도 따르는 자는 적으니, 그들이 예법을 경멸하는 습속은 매우 한심합니다. 대개 국가의 대례(大禮)에 조정도 김집의 설을 쓰지 않는데 예의를 하찮게 여기는 저들을 또 어찌 나무랄 수 있겠습니까. 옛날 정자가 조정에서 꺼림을 당하는 이유에 대해서 논하는 자가 말하기를 "조정이 정자를 너무 존중한 것이 부박한 무리들로 하여금 그를 매우 꺼리게 만들었다." 하였는데, 주자가 말하기를 "조정이 어진 이를 존중하는 것은 매우 좋은 일이나 그를 비난하는 여러 사람은 아예

43 고례(古禮)에……있습니다 : 《예기》 〈증자문(曾子問)〉 대부사유사상조(大夫士有私喪條)에 "증자가 묻기를 '대부나 사가 부모의 상복을 입고 있다가 곧 제상(除喪)하게 되었는데 임금의 상을 당해 복을 입어야 할 경우, 부모의 상을 어떻게 제상해야 합니까?' 하니, 공자가 대답하기를 '자신이 임금의 복을 입게 되면 감히 사복은 입을 수 없는데, 무엇을 제상한단 말인가. 그래서 때가 지나도 제상하지 못하는 경우가 있게 되는 것이다. 그리고 임금의 상복을 벗은 뒤에 부모를 위한 소상과 대상을 거행하는 것이 예법이다.'라고 하였다. 증자가 다시 묻기를 '부모의 상에 제상하지 않아도 됩니까?' 하니, 공자가 대답하기를 '선왕이 제정한 예법에는 때가 지나면 거행하지 않는 것이 예이다. 이는 능하지 못하여 제복(除服)하지 않는 것이 아니라 선왕이 만든 예법을 어길까 걱정되기 때문이다. 따라서 군자는 때가 지나면 제사하지 않으니 이것이 예이다.' 하였다." 하였다.

상대하여 말하기 어려운 자들이다. 돈도 없으면서 술이나 마시는 자는 무례한 인물인데 그에게 《예기》를 강독하면 어찌 그의 미움을 사지 않겠는가." 하였습니다. 당시 조정에서 정자를 이와 같이 존중한 것이 오히려 부박한 세속을 떠들썩하게 하였는데, 하물며 지금 조정에서 먼저 김집의 설을 버리니, 어떻게 방자한 무리들이 따르기를 바랄 수 있겠습니까. 대저 선왕(先王)은 예로 백성을 제어하였는데도 백성은 오히려 윗사람을 업신여기고 사리(私利)를 꾀하거나[44] 부모가 아침에 돌아가시면 저녁에 그것을 잊는 자[45]가 있었는데, 오늘날 조정에서는 어진 이를 푸대접하고 예를 버리기를 이와 같이 하고서 예속(禮俗)이 이루어지기를 바라니, 역시 어렵지 않겠습니까. 성상께서 유념하시기 바랍니다.-

이른바 "학문에 힘써 마음을 바루소서."라고 한 것에 대해 말씀드리겠습니다. 예로부터 임금이라면 누군들 마음을 바루어서 정치를 하려고 하지 않았겠습니까. 그러나 마음을 바루는 것만 말하고 학문에 근본을 두지 않았으니 끝내 손쓸 곳이 없었습니다. 대개 마음이란 통철(洞徹)하고 허령(虛靈)하여 천리(天理)가 온전히 갖추어져 있으나 또 몸 안

44 윗사람을……꾀하거나 : 《예기》 〈악기(樂記)〉에서 망국의 음악을 설명하며 "그 정치가 흩어지고 백성은 유랑하며, 윗사람을 속여 사리를 꾀하는데, 이를 막을 수가 없다."라고 한 데서 온 말이다.

45 부모가……자 : 《예기》 〈삼년문(三年問)〉에 "마음이 못되었거나 음탕한 사람은, 그 부모가 아침에 돌아가시면 저녁에 그것을 잊는다. 그런데도 그것을 따른다고 하면, 오히려 새나 짐승만도 못한 것이다. 그 어찌 능히 서로 무리를 지어 살면서 문란하지 않을 수 있겠는가. 몸가짐을 잘 닦는 군자는 삼년상을 지내는 25개월이 마치 빠른 사마(駟馬)가 문틈으로 빨리 지나가는 것처럼 여겨질 텐데, 그대로 따른다면 이것은 끝도 없을 것이다. 그러므로 선왕께서 그것을 위하여 중도(中道)를 세우고 알맞은 절도를 제정하여 한결같이 형식을 이루면 그 상복을 벗도록 한 것이다." 한 데서 온 말이다.

에 담겨져 있으니, 인욕(人慾)의 사사로움이 없을 수 없습니다. 천리와 인욕 두 가지는 번갈아 소장(消長)하는데 일신의 시비, 득실과 국가의 치란, 안위가 거기에 말미암지 않음이 없습니다. 그러나 천리라는 것은 극히 정미하여 본디 접촉할 만한 소리나 냄새도 없으나 이른바 인욕이란 것은 각기 그 기관에 따라-신이 상고하건대 선유(先儒)가 이르기를 "눈의 기관은 보는 것이므로 아름다운 빛깔이 그로 좇아 들어오고, 귀의 기관은 듣는 것이므로 음란한 소리가 그로 좇아 들어오며, 입, 코, 손, 발도 다 그러하다." 하였습니다.- 잡다하게 들어오는데, 모두 그 마음을 즐겁게 하는 것들입니다.[46] 그 소자출(所自出)을 추구하면 실로 천리에 근본하면서 천리를 해치니, 마치 구더기가 젓갈에서 생겨 도리어 젓갈을 해치는 것과 같습니다.-신이 상고하건대 어둡고 포악한 임금은 본디 욕심을 부리는 것을 낙으로 삼고, 현명한 임금은 처음엔 경계할 줄 알다가 또한 인욕에 흘러들어 가니, 그것은 대개 인욕이 천리에 근본하므로 천리를 따라가다가 조금만 어긋나면 인욕으로 흘러가는 것입니다. 그러므로 음식 자체는 천리이나 음식으로 인하여 입과 배를 극도로 채우는 것은 인욕이며, 남녀 자체는 천리이나 남녀로 인하여 색에 방종하는 것은 인욕이며, 집 자체는 천리이나 집을 높이 짓고 담을 아로새기는 것은 인욕입니다. 존비(尊卑) 자체는 천리이나 임금을 높이고 신하를 억누르는 것은 인욕이며, 자애(慈愛) 자체는 천리이나 간사한 마음을 기르는 것은 인욕이며, 장엄(莊嚴) 자체는 천리이나 어진 이를 업신여기는 것은 인욕이며, 부강(富強) 자체는 천리이나 공(功)을 숭상하고 이득을 좋아하는 것은 인욕이며, 소국이 대국을 섬기는 것은 천리이나 부끄러움을 참고 원수를 섬기는 것은 인욕입니다. 이것으로 미루어 보면, 나머지를 모두 알 수 있습니다. 본디 하걸(夏桀)과 은주

46 모두……것들입니다 : 두주에는 '之恐誤'로 되어 있다.

(殷紂)처럼 포악하거나 유왕(幽王)과 여왕(厲王)처럼 혼매하지 않다면 누가 욕심을 부려 패망을 취하려 하겠습니까. 그러나 잠시라도 살피지 않으면 스스로 천리라 생각하면서도 인욕에 들어가는 줄 알지 못할 것입니다. 이는 바로 현명한 임금이 화란(禍亂)을 빚어내는 것으로, 그 기미는 매우 미세하나 그 귀결은 심히 장원합니다. 그러므로 감히 자세하게 진언하니, 이는 실로 주자의 뜻입니다.-

인욕은 날로 치열해지고 천리는 날로 소멸된다면 이 마음속에 쌓인 것은 더러운 때나 먼지일 뿐입니다. 어떻게 그 올바름을 얻어 근본으로 삼아서 몸을 닦고 집을 다스려 나라에 미칠 수 있겠습니까. 그러므로 이 마음을 바르게 하려는 자는 반드시 물욕의 가림을 제거해야 하니, 그런 뒤에는 절로 올바르지 않음이 없고 그 본체의 광대하고 광명한 것이 일용(日用)의 사이에 뚜렷이 드러날 것입니다. 그러나 학문의 공이 아니면 어떻게 이에 참여할 수 있겠습니까. 이른바 학문이란 다름 아니라, 주경(主敬)으로써 견지하고 강학(講學)으로써 밝혀, 허한(虛閑)하고 정일(靜一)한 가운데서 조용히 함양하고 학취(學聚)와 문변(問辨)[47] 사이에서 기미를 분석하는 것입니다. 보고 듣기도 전에 계신(戒愼)하고 공구(恐懼)하기[48]를 더욱 엄숙히 하여 터럭만큼도 한쪽으로 치우침이 없게 하는 것은 주경(主敬)의 효험으로서 천리를 간직하는 근본이고, 만변(萬變)을 수작(酬酢)하는 곳에서 그 선악을 삼가기를 더욱 정밀히 하여 터럭만큼도 오차가 없는 데 이르는 것은 강학의

47 학취(學聚)와 문변(問辨) : 《주역》 〈건괘(乾卦) 문언(文言)〉에 "군자는 배워서 지식을 모으고 물어서 의문을 분변한다." 하였다.

48 보고……공구(恐懼)하기 : 《중용장구》 제1장에 "보이지 않는 곳에서도 경계하고 삼가며, 들리지 않는 곳에서도 두려워한다." 하였다.

효험으로서 인욕을 막는 일입니다. 여러 성인이 서로 전하는 심법(心法)이 이 두 가지에서 벗어나지 않으므로 순 임금과 우 임금의 유정유일(惟精惟一)[49] 및 공자와 안연(顏淵)의 극기복례(克己復禮)[50]는 모두 이것을 밝힌 것일 뿐입니다.-신이 상고하건대 정밀하게 택하여 인심이 도심(道心)에 섞이지 않게 하는 것은 강학에 관한 일이고, 전일하게 지켜 천리가 인욕으로 흐르지 않게 하는 것은 주경에 관한 일이며, 인욕을 분변하여 극복하는 것은 강학의 요점이고, 천리를 밝혀 회복하는 것은 주경의 공입니다.- 그렇다면 그 마음을 바르게 하려는 자는 이 일을 놓아두고 무엇을 하겠습니까.

그러나 제왕(帝王)이 평상시에는 깊숙한 곳에 처해 있고 아랫사람을 대할 때에는 침묵 지키기를 좋아하므로 그 마음을 바르게 하는지 못하는지의 실상은 엿볼 수 없는 것 같지만, 증거가 밖에 드러나는 것은 끝내 가릴 수 없어, 열 개의 눈이 지켜보는 바이고 열 개의 손가락이 가리키는 바[51]일 뿐만이 아니니, 두려워하지 않을 수 있겠습니까.-신이

49 순……유정유일(惟精惟一) : 《서경》 〈대우모(大禹謨)〉에서 순 임금이 우에게 제위(帝位)를 넘겨주려고 할 때 "인심은 위태하고 도심은 은미하니 정밀하게 하고 한결같이 하여야 진실로 그 중(中)을 잡을 것이다.〔人心惟危, 道心惟微, 惟精惟一, 允執厥中.〕"라고 한 16자를 말한다. 주희 등 송대 유학자들이 이것을 요(堯), 순(舜), 우(禹) 세 성인이 서로 도통(道統)을 주고받은 십육자 심전(十六字心傳)이라고 강조한 뒤로부터 더욱 중시되었다.

50 공자와 안연(顏淵)의 극기복례(克己復禮) : 안연이 공자에게 인(仁)에 대해 묻자, 공자가 "극기복례가 바로 인이다. 하루라도 극기복례를 할 수 있게 되면, 온 천하 사람들이 그 인에 귀의할 것이다."라고 대답하면서, 구체적인 조목으로 비례물시(非禮勿視), 비례물청(非禮勿聽), 비례물언(非禮勿言), 비례물동(非禮勿動)의 사물(四勿)을 제시한 대목이 《논어》 〈안연〉에 보인다.

51 열 개의 눈이……바 : 모든 사람이 삼엄하게 주시하고 있다는 의미이다. 《대학장

지난해에 김익희(金益熙)[52]의 말을 들으니, 전하께서 동궁(東宮)의 지위를 정한 뒤에 본궁의 사마(私馬)라는 것을 두셨는데 감히 서연(書筵)에서 진강(進講)하는 기회를 이용하여 조용히 규풍(規諷)하니, 전하께서 얼른 청납(聽納)하여 즉시 혁파하셨다 하였습니다. 이것을 사방이 전송(傳誦)하여 모두가 자신의 욕구를 극복하고 남의 옳은 의견을 따르는 전하의 거룩하신 덕을 우러러보니, 이것이 바로 전하께서 정심(正心)하신 것을 가릴 수 없는 점입니다. 신이 지난번 소명(召命)을 받았을 때 길에서 청주 목사(淸州牧使) 한덕급(韓德及)[53]을 만났는데, 그가 울면서 신에게 말하기를 "성상의 성효(誠孝)가 이와 같으니 나는 조금 더 살아서 성상의 덕업(德業)이 이루어지는 것을 보는 것이 소원이다. 그러나 내심 의심할 만한 일이 있다." 하였습니다. 신이 재삼 물으니 "지난해에 동궁이 사사로이 보낸 자라고 자칭하는 사람이 약간의 전지(田地)를 탈취하고 아울러 근처[54] 허씨(許氏)의 전지를 빼앗으면서 '이것은 죽은 궁노(宮奴)의 것이다.……' 하였다. 이 점이 의심스럽다." 하였습니다. 신은 저도 모르게 깜짝 놀라서 마음에 애석히 여기기를 '성상께서 그때 저위(儲位)에 계셨으니 사재(私財)를 가질 때가 아니고, 또 황천(皇天)의 권명(眷命)을 받아 왕위에 오르셨다면 척촌(尺寸)

구》 전(傳) 6장에 "증자가 말하기를 '열 개의 눈이 지켜보는 바이고 열 개의 손가락이 가리키는 바이니 얼마나 삼엄한가.' 하였다."라고 하였다.

52 김익희(金益熙) : 1610~1656. 본관은 광산(光山), 자는 중문(仲文), 호는 창주(滄洲)이다. 김장생(金長生)의 손자이자 김반(金槃)의 아들이다. 《宋子大全 卷158 滄洲金公神道碑銘》 병자호란 때 척화론자(斥和論者)로서 화의를 반대하였고, 인조를 따라 남한산성에 가서 독전 어사(督戰御史)가 되었다.

53 한덕급(韓德及) : 1577~1660. 본관은 청주, 자는 득지(得之)이다. 한응인(韓應寅)의 장남이자 김장생의 사위이다. 청녕군(淸寧君)을 세습하였다.

54 근처 : 두주에는 '近旁恐乙'로 되어 있다.

의 땅도 왕의 소유가 아님이 없는데 어찌 사재를 가질 필요가 있겠는가. 그런데 더구나 침탈하여 원성을 사신단 말인가. 은감(殷鑑)이 멀지 않으니[55] 이는 한 가지 일로써 세 가지를 잃는 것이다.' 하였습니다. 그로부터 여러 날을 걱정하여 침식(寢食)이 편치 않았습니다. 이것이 전하께서 바로 정심(正心)하지 못하신 것을 가릴 수 없는 점입니다. 삼가 바라건대 전일의 실덕(實德)을 말미암아 더욱 힘쓰고 후일의 실병(實病)을 징계하여 잘 다스리시며, 또한 따라서 정심의 공이 실제로 위정(爲政)의 근본이 된다는 것이 참으로 빈말이 아니라는 것을 알아서 용맹스럽게 힘쓰신다면 날로 가슴속이 트이고 성명(誠明)해져 스스로 그만둘 수 없을 것입니다.

○ 신이 또 생각건대 청주(淸州)와 창원(昌原)의 일은 전하께서는 실로 알지 못하실 것입니다. 그러나 궁노들이 혹 위령(威靈)을 빙자하여 이런 폐단을 만드는 일이 없지 않을 것입니다. 그렇다면 빨리 형법(刑法)을 실시하여 성덕(聖德)의 누를 씻으소서.-

이런 까닭에 순 임금과 우 임금, 공자와 안연이 유정유일과 극기복례를 전하고, 또한 반드시 그것을 이어서 이르기를 "옛것을 상고하지 않은 말은 듣지 말고, 여러 사람에게 자문을 거치지 않은 모책은 쓰지 말라. 네가 가진 지위에서 신중하게 행동하여 사람들이 누구나 다 바라는 것을 경건하게 수행하라. 사해가 곤궁하면 천록(天祿)이 길이 끊기리라." 하고, 또한 이르기를 "정(鄭)나라 음악을 추방해야 하며 아첨하는 사람을 멀리할 것이니, 정나라 음악은 음탕하고 말 잘하는 사람은

55 은감(殷鑑)이 멀지 않으니 : 경계 삼을 것이 가까이에 있다는 뜻이다. 《시경》〈대아(大雅) 탕(蕩)〉에 "은나라가 거울삼을 것이 멀리 있지 않고 바로 하후의 세대에 있다.〔殷鑑不遠, 在夏後之世.〕"라고 하였다.

위태롭다." 하였습니다. 이것은 본말이 일치하고, 표리가 서로 연관되며, 정백순수(精白純粹)하여 조금도 흠이 없는 것으로 모든 군왕의 바뀔 수 없는 큰 법이 되는 것입니다.-신이 상고하건대 '옛것을 상고하지 않은 말' 이하는 '유정유일'에서 나왔고 '정나라의 음악을 추방하라.' 이하는 '극기복례'에서 나왔습니다. 그렇다면 심술(心術)과 정사(政事)를 다르게 볼 수 있겠습니까.- 이것이 어찌 이단(異端)과 속학(俗學) 들이 내(內)와 외(外)를 분리하고 심(心)과 적(跡)을 나누어[56] 이 마음이 텅 비어 한 가지 법(法)도 없는 것으로 여기며, 정사에 시행하는 것은 곧 관중(管仲)과 상앙(商鞅)의 설[57]을 쓰는 것과 같겠습니까.

삼가 바라건대 전하께서는 고원한 말이라거나 진부한 말이라고 여기지 말고 허심탄회하고 겸손한 마음으로 종시 학문에 전념하되, 빠른 효과를 바라지 말고 중도에서 폐지하지 말며, 여러 성인의 마음을 자신의 한마음에 모으고 한마음을 모든 일의 근본으로 삼으시면, 이른바 천지가 제 위치에 놓이고 만물을 길러 주어 성인의 지극한 도를 시행하는 묘리에서 벗어나지 않을 것입니다. 혹 성상께서 유념하여 소홀히

56 내(內)와……나누어 : 《회암집》 권70 〈독양진간의유묵(讀兩陳諫議遺墨)〉에 "내가 일찍이 한 시대에 출현한 제현의 논(論)을 차례로 고찰하며 지극히 타당한 것이 있는지 찾아보니, 오직 구산 양씨(龜山楊氏)가 '안과 밖을 분리하고 마음과 행적을 나눔으로써 도를 늘 세상에 쓸모없는 것으로 만들어서 경세의 일 모두를 사사로운 지혜로 천착하는 결과를 빚고 말았다.'라고 지적한 것이 가장 근사하게 여겨졌다." 한 데서 온 말이다.

57 관중(管仲)과 상앙(商鞅)의 설 : 공리설(公利說)을 가리킨다. 관중은 제 환공(齊桓公)을 도와 제후의 패자(霸者)가 되게 한 사람이고, 상앙은 진 효공(秦孝公)을 도와 진의 부국강병을 이룬 사람이다. 이들은 엄한 법령을 만들어 국가의 이익을 위해 가혹하게 법을 시행하였다.

여기지 않으신다면 매우 다행이겠습니다.-신이 옛날에 삼가 보건대 성상께서는 자품이 고매하여 다른 사람의 논의를 일체 얕보고, 당시 옥당(玉堂)과 강원(講院)에서 문자를 그릇 해석한 것까지도 인용하여 비웃음거리로 삼기까지 하셨으니, 이는 작은 병통이 아닙니다. 삼가 생각건대 성상의 학문이 날로 진취하였으니 아마 그런 습성은 사라졌을 것입니다. 혹시 털끝만큼이라도 제거하지 못했다면 진덕(進德)하는 데 방해가 될 것입니다. 주자가 이르기를 "맹자는 약간 영기(英氣)가 있으니, 그 영기는 일을 매우 해친다." 하였습니다. 증자는 안자(顔子)를 칭찬하기를 "유능하면서도 무능한 사람에게 묻고, 견문이 많으면서도 적은 사람에게 물으며, 도가 있으면서 없는 듯하고, 덕이 충실하면서도 빈 듯하였다." 하였습니다. 삼가 바라건대 고명함을 믿지 말고 스스로 스승을 얻으려고 노력하소서.[58] 경연(經筵)의 강론을 더욱 겸허하게 받아들여 선(善)을 취하는 길을 넓히고, 학술이 전혀 없어 도움을 받기에 부족한 자는 연신(筵臣)의 반열에 끼지 말게 하소서.

○ 신이 삼가 생각건대 하늘이 장차 전하에게 큰 책임을 내리려고 하므로 변고가 있은 이래로 항상 전하를 고통과 근심에 처하도록 하였으니, 이는 전하를 돌보고 단련시키기 위한 것으로 우연이 아닙니다. 진실로 심신을 가다듬고 꾸준히 정진하여 황천의 뜻에 응답해야 할 것입니다. 삼가 듣건대 전하께서는 오랑캐 땅에 계실 때 날마다 술 마시고 노는 것만을 일삼고 학문에 종사하시지 않았다 하니, 자신의 참모습을 숨기는 방법에서는 혹 그리할 수도 있습니다. 그러나 그러는 것에 날로 달로 젖어들면 가짜로 하던 것이 진짜가 되고 버릇을 잊기가

58 스스로……노력하소서 : 《서경》 〈중훼지고(仲虺之誥)〉에 "스스로 스승을 얻으려고 노력하면 왕도 정치를 이룰 수 있지만, 나보다 나은 사람이 없다고 여기면 망하게 되는 법이다."라는 말이 나온다.

어려워 그 습관이 마음속에 주인으로 정착되므로 성현의 천 마디 만 마디 말이 장차 그 습관을 대적할 수 없게 될 것입니다. 비록 번거로움을 참고 학문을 하려고 해도 거부 반응을 일으켜 들어가기 어려울 것입니다. 삼가 바라건대 전하께서는 스스로 반성하여 만일 그러한 습관이 조금이라도 아직 남아 있다면 씻어 내는 공부를 통렬히 가하여 그것이 머물지 못하게 하십시오. 그런 다음에야 학문하는 터전이 이루어질 것입니다.

○ 신이 또한 삼가 생각건대 전하께서 저 오랑캐 땅에 계실 때 날마다 관중(館中)의 신료들과 신분을 잊고 상종하셨다 하니, 그 당시의 형편은 마땅히 그와 같이 해야 했을 것입니다. 그러나 그중에서 부랑무식한 무리와 가장 절친했다 합니다. 이 때문에 식자(識者)들이 성상의 마음에 대해 의심을 없애지 못합니다. 만일 그들을 좋아한다면 비록 날마다 고훈(古訓)을 강론하고 날마다 유신(儒臣)을 접견하신다 하더라도 끝내는 함양하는 이익이 없을 것입니다. 이것이 정주(程朱)가 사력을 다하여, 방종을 즐기고 검속을 꺼리는 부류를 배격하고 또 아첨꾼은 친압하기 쉽고 바른 선비는 가까이하기 어렵다고 경계한 까닭이니, 성상께서는 유념하시기 바랍니다.

○ 신이 또한 듣건대 전하께서 저 오랑캐 땅에 계실 때 재기(才氣)와 지능(智能)으로 잘 주선하고 운용하여 무슨 일이든 하면 반드시 이루셨다 합니다. 그러나 만일 이것을 믿어 "단지 이것만으로도 곧 일을 성립시키고 세상을 제어할 수 있으니, 제왕의 학문에 종사할 필요가 없다."라고 하신다면 날로 새로워지는 데로 나아가는 자세가 아닙니다. 정자가 말하기를 "태산은 높다. 그러나 태산의 정상에 있는 하늘은 이미 태산에 속하지 않는다."[59] 하였으니, 이는 사업이 아무

59 태산은……않는다 : 《이정유서(二程遺書)》에 "태산은 높다. 그러나 태산의 정상은 이미 태산에 속하지 않는다. 비록 요순의 사업일지라도 또한 단지 태허 중에 한

리 크더라도 도체(道體)는 무궁함을 말한 것입니다. 삼가 바라건대 전하께서는 한결같이 성심으로 학문에 종사하는 것을 힘쓰신다면 날로 고심(高深)하고 원대(遠大)해져 끝이 없을 것입니다.

○ 신이 또한 듣건대 전하께서 일찍이 서연(書筵)에서 사마광(司馬光)이 주자(朱子)보다 우수하다고 했다 하는데, 참으로 그러셨는지 모르겠습니다. 전하께서 사실 본심은 그렇지 않은데 일부러 궁료(宮僚)들을 시험하신 것이라면 성심으로 아랫사람을 접하는 도리가 아니고, 만일 참으로 그와 같이 여기신다면 어찌 올바른 견해에 크게 누가 되지 않겠습니까. 사마광은 충신(忠信)하고 독후(篤厚)한 자질로 왕안석(王安石)이 독을 끼친 뒤를 맡아 관대함으로써 잔학함을 제거하고 은혜로써 포악을 대체하여,[60] 천하의 인심이 흔연히 그에게로 향하였으니, 그 재상 업무가 성대하여 참으로 볼만하였습니다. 그러나 그 학문과 도덕은 어찌 감히 주자를 바랄 수 있겠습니까. 신은 감히 많은 변론을 하지 않고 다만 한 가지 일을 가지고 밝히겠습니다.

대저 조조(曹操)는 한(漢)나라의 찬적(簒賊)이니,[61] 모든 사람이 그를 죽일

점 구름이 눈앞을 지나가는 것과 같을 뿐이다."라고 하였다.

60 사마광은……대체하여 : 송나라 신종이 죽고 철종이 어린 나이로 즉위하자 태황태후(太皇太后)가 정사에 임하였는데, 이때 사마광이 재상이 되어, 신종 때에 실시한 왕안석의 신법(新法)을 폐지하고 옛 법을 회복하였다.

61 조조(曹操)는 한(漢)나라의 찬적(簒賊)이니 : 《회암집》 권82 〈제조조첩(題曹操帖)〉에 "내가 소싯적에 일찍이 조조의 이 〈하첩표(賀捷表)〉를 학습하였는데, 그때 유공보(劉共父)는 한창 당나라 안진경(顔眞卿)이 쓴 〈녹포첩(鹿脯帖)〉을 배우고 있었다. 내가 자획에 고금(古今)의 차이가 있다고 기롱하자, 공보가 나에게 '내가 배우는 것은 당나라의 충신이고, 공이 배우는 것은 한나라의 찬적이다.'라고 말했는데, 그때 나는 묵묵히 아무 말도 할 수 없었다." 한 데서 온 말이다. 공보(共父)는 유공(劉珙)의 자(字)이다.

수 있는데, 사마광은 《자치통감(資治通鑑)》에서 곧 그를 제왕으로 다루고, 도리어 광명정대하고 우주와 고금을 통하여 정충대절(精忠大節)을 지닌 제갈 무후(諸葛武侯)[62]를 구적(寇賊)으로 만들었으니, 어찌 이렇게도 식견이 누추합니까. 이 설을 깨뜨리지 않으면 난신적자(亂臣賊子)가 후세에 발자취를 이을 것인데, 주자가 《강목(綱目)》[63]에서 큰 글씨로 써서 그것을 바로잡았습니다. 그렇게 한 다음에야 군신의 대의가 해와 별처럼 밝아지고 난신적자가 두려워하게 되었으니, 이 한 가지 일만으로도 족히 우(禹)와 주공(周公)과 공자(孔子) 세 성인의 공을 계승했다 할 것입니다. 이 의리가 이미 밝혀졌으므로 오랑캐 원(元)나라가 중국에 들어와 주인 노릇을 한 지 몇백여 년 되었으나 속편[64]의 붓을 주관한 자가 주자의 뜻을 계승하여 조금도 용서하지 않아 오징(吳澄)과 허형(許衡)[65] 무리는 모두 실신율(失身律)[66]을 받았던 것입니다. 주자가 아니었다면 우리는

62 제갈 무후(諸葛武侯) : 제갈량(諸葛亮, 181~234)을 말한다. 삼국 시대 촉한(蜀漢)의 승상이며 충신이다. 자는 공명(孔明), 시호는 무후이다.

63 강목(綱目) : 원래의 제목은 《자치통감강목(資治通鑑綱目)》으로 사마광이 지은 《자치통감》을 주희가 강목 체제로 바꾸어 편찬한 책이다.

64 속편 : 《속자치통감강목(續資治通鑑綱目)》으로 명 헌종(明憲宗)의 지시로 문연각 학사(文淵閣學士) 상로(商輅)・만안(萬安) 등이 주관하여 편찬한 책이다. 주희의 《자치통감강목》을 이어서 편찬했다는 뜻에서 이런 제목을 붙였으며 《강목속편(綱目續編)》으로 약칭하기도 한다.

65 오징(吳澄)과 허형(許衡) : 오징(1249~1333)은 원나라 초기의 학자이자 문신으로, 자는 유청(幼淸), 시호는 문정(文正)이다. 허형(1209~1281)은 원나라 초기의 학자이자 문신으로, 자는 중평(仲平), 호는 노재(魯齋), 시호는 문정이다. 두 사람은 송나라 한족 출신으로 원나라에서 벼슬한 것 때문에 후세에 처신을 잘못했다는 비난을 받았다.

66 실신율(失身律) : 처신을 잘못한 데 대한 형률이다. 《율곡전서(栗谷全書)》 권32 〈어록 하(語錄下) 우계집(牛溪集)〉에 "허노재가 원나라에 벼슬한 것에 대하여 사람들

머리를 풀어헤치고 옷깃을 왼쪽으로 여미는 오랑캐가 되었을 것입니다. 더구나 주자는 위로 요순(堯舜), 공맹(孔孟), 주정(周程)의 계통을 계승하여 천지를 위해 마음을 세우고 만세를 위해 태평성대를 열었습니다. 만일 주자가 당시에 쓰였더라면 그 공적의 성대함에 어찌 사마광이 그 만분의 일인들 비슷하겠습니까. 그런데도 전하께서 그런 말씀을 하셨다면 이는 요순과 공맹이 모두 사마광에게 미치지 못하고, 당우(唐虞)와 삼대(三代)의 다스림이 모두 원우(元祐 : 송 철종(宋哲宗)의 연호)의 소강(小康)에 미치지 못한다는 것입니다. 전하께서 혹 한가한 때에 마음을 정백(精白)하게 가지고 주자의 글을 읽어 그 문에 들어가 그 종묘(宗廟)의 아름다움과 백관(百官)의 성대함을 보신다면[67] 사마광은 족히 그러하지 못함을 알게 될뿐더러 전일의 논의를 돌이켜 생각해 볼 때 자신도 모르게 빙그레 웃으실 것입니다. 그러지 않고 오히려 제왕의 정통을 위(魏)나라에 준 사마광을, 정학(正學)을 개창하고 대도(大道)를 밝혀 장차 군부(君父)를 위해 큰 수치를 씻고 오랑캐를 물리쳐 중원을 수복하려던 주자의 위에 올려놓는다면 주자의 학문을 공부하는 자들은 전하의 그와 같은 마음을 엿보게 되어 전하의 조정에 서기 위하여 그 배운 바 올바름을 바꾸려고 하지 않을 것입니다. 맹자가 이르기를 "그 마음에서 생겨나 그 일을 해치고 그 일에서 일어나 그 정사를 해친

이 많이 비방한다. 그러나 이것은 실신이지 실절(失節)은 아니다. 노재가 원나라에서 벼슬한 것은 비록 마땅하지는 않지만 그는 원래 북방에서 생장하였으니, 저 송나라 유민들과는 같지 않은 것이다." 하였다.

67 그 문에……보신다면 : 주희의 학문이 아름답고 성대함을 비유한 말이다. 《논어》 〈자장(子張)〉에, 자복경백(子服景伯)이 숙손무숙(叔孫武叔)의 말을 빌려 자공(子貢)이 공자보다 낫다는 말을 전하자 자공이 "집에다 비유하자면 나의 담장은 어깨 높이라 나의 살림을 엿볼 수 있지만, 부자(夫子)의 담장은 몇 길이라 문을 통해 들어가 보지 못하면 종묘의 아름다움과 백관의 성대함을 알 수가 없소. 그런데 그 문으로 들어가 본 이도 사실 드무니 숙손무숙이 그렇게 말하는 것도 당연하지 않은가."라고 하였다.

다." 하였고, 《역(易)》에 이르기를 "그 근본을 바로잡으면 만사가 다스려지고, 털끝만 한 차이로 천 리나 어그러진다." 하였습니다.[68] 성학(聖學)에 끼치는 누와 세도(世道)를 위한 걱정이 매우 크므로 감히 극력 진언하니, 삼가 원하건대 성상께서는 깊이 유념하소서.-

이른바 "몸을 닦아서 집안을 다스리소서."라고 한 것에 대해 말씀드리겠습니다. 예로부터 임금이라면 그 누가 그 집안을 바르게 하여 온 나라 사람을 바르게 하려 하지 않았겠습니까. 그러나 그 몸이 바르지 못하면 남을 바르게 할 수 없고 집안사람이란 또한 가장 먼저 본받는 사람들입니다. 《역》에 이르기를 "아버지는 아버지의 도리를 다하고, 아들은 아들의 도리를 다하고, 남편은 남편의 도리를 다하고 아내는 아내의 도리를 다하여야 가도(家道)가 바르게 된다." 하고, 주자가 이르기를 "부부의 분별이 엄격한 것은 집안이 다스려진 것이요, 적서(嫡庶)의 구분이 바른 것은 집안이 다스려진 것이요, 덕 있는 여인을 선택하고 아름다운 여색을 경계하며 엄숙하고 공경하는 여인을 가까이하고 기예와 재능을 지닌 여인을 멀리하는 것은 집안이 다스려진 것이요, 아낙의 말이 밖에 나오지 않고 바깥뜰의 말이 안에 들어가지 않으며, 뇌물이 통하지 않고 청탁이 행해지지 않는 것은 집안이 다스려진 결과이다." 하였습니다. 이상 몇 가지는 모두 군주의 극기(克己)와 정심(正

68 역(易)에……하였습니다 : 현재 《주역》에는 실려 있지 않고, 《대대례기(大戴禮記)》 권48 〈보부(保傅)〉에 나온다. 또한 이 내용이 주희의 〈기유의상봉사(己酉擬上封事)〉에도 보인다. 《송자대전수차(宋子大全隨箚)》 권2에 "《춘추좌전(春秋左傳)》에 인용된 역주(易繇)에 이 같은 문자들은 필시 선진고문(先秦古文)일 것이나 지금 상고할 길이 없다. 혹자는 《역위(易緯)》의 글이라 하나 그것은 아니다." 하였다.

心) 속으로부터 훈화(薰化)해 나온 것입니다. 그러므로 맹자가 이르기를 "자신이 도를 행하지 않으면 그 도는 처자에게 행해지지 않는다." 하였으니, 성현이 어찌 우리를 속이겠습니까.

그러나 가인(家人) 중에서 친근하기로는 부자(父子) 사이보다 큰 것이 없고 군자의 도는 부부(夫婦)에게서 시작되는 것입니다. 전하께서 인효(仁孝)하다는 소문이 사방에 들리니, 부자의 윤리에 이미 그 도리를 다하신 것입니다. 그러나 부모가 온전한 성명(性命)을 나에게 끼쳐 주었고 성명의 속에는 만 가지 선(善)이 다 갖추어져 있으니 한 가지 선을 밝히지 못해도 효도가 아니고, 한 가지 선을 행하지 못해도 효도가 아닙니다. 반드시 인욕을 모조리 제거하고 천리를 다 회복하여 부모가 남겨 주신 몸으로 하여금 늘 청명(淸明)하고 정대(正大)한 영역에 서게 하여, 비록 부모가 세상을 떠나시더라도 이 마음이 쇠퇴하지 않게 해야 합니다. 그런 뒤에야 부자의 윤리를 바야흐로 다했다 할 수 있을 것입니다. 그러므로 공자가 이르기를 "순(舜)은 큰 효자였으니, 덕으로 성인이 되셨다." 하였습니다. 아, 이야말로 성인다운 말씀입니다. 아, 집안을 바르게 하는 도리는 어버이에게 효도하는 것보다 우선하는 것이 없고, 어버이에게 효도하는 의리는 덕으로 성인이 되는 것보다 큰 것이 없습니다. 그렇다면 전하의 무궁한 효성으로, 진덕(進德)에 전력하지 않고 단지 부모가 살아 계실 때 봉양을 극진히 하고 병환이 났을 때 걱정을 다하고 작고했을 때 슬픔을 다하고 제사 지낼 때 공경을 다하는 것을 지극한 것으로 여길 수 있겠습니까.

배필의 경우에는 더욱 왕도(王道)의 시초요 만복의 근원입니다. 그러므로 군주는 반드시 그 자신을 닦는 도리를 다하여 심지(心志)가 안에서 전일하고 용모가 밖에서 장엄하게 해서, 친압하는 실수를 이부

자리 속에서도 보이지 않고 정숙한 거동을 늘 남이 보지 않는 곳에서도 지니며, 밖으로는 마음과 덕을 해치는 누가 없고 안으로는 요염한 단장으로 음탕한 마음을 불러일으키는 일이 없어야 합니다. 그런 뒤에야 가도(家道)가 바루어지고 규중(閨中)의 규범이 이루어질 것입니다. 그러나 지기(志氣)는 유지하기 어렵고 정욕은 끌리기 쉽습니다. 그러므로 주자가 이르기를 "비록 영웅의 재질을 가졌더라도 오히려 주색에 곯고 정애(情愛)에 빠져서 스스로 극복하지 못하는 자가 있으니, 진실로 마음을 바루고 몸을 닦아 행동이 예의로 말미암지 않는다면 어떻게 그 궁중을 바루고 청탁을 막고 그 친인척을 검속하여 화란(禍亂)의 싹을 방지하겠는가." 하였으니, 이는 참으로 지론(至論)입니다. 삼가 바라건대 전하께서는 이전 시대의 득실을 거울삼고 한 몸의 공경과 방자함[69]을 살펴 왕화(王化)의 근본으로 삼으신다면 매우 다행이겠습니다.-신이 삼가 생각건대 예로부터 군주가 모후(母后)를 섬기는 경우가 많았으나 예의가 엄격함에 따라 정의가 가로막혀, 이간질이 그 사이에 행해져 효성에 결점이 있는 데에까지 이르렀으니, 이는 오늘날의 큰 경계입니다. 신이 듣건대 선왕께서 병환이 위독하실 때 전하께서 사람을 시켜 급히 자전(慈殿)께 알리게 하셨으나, 알리는 자가 중간에 길이 막혀서 즉시 아뢰지 못하고, 침고(寢鼓)가 울린 뒤에야 허둥지둥 시가(市街)를 달려 당도하였는데, 그 말이 원근에 전파되

69 공경과 방자함 : 주돈이(周敦頤)가 말하기를 "군자는 성인의 도를 애써 수행하기 때문에 길하고, 소인은 이 도를 거스르기 때문에 흉하다."라고 하였는데, 이에 대해 주희가 말하기를 "중정인의(中正仁義)한 성인의 도를 수행하는 것과 거스르는 것은 또한 '공경과 방자함〔敬肆〕'에 달려 있을 뿐이다. 공경하면 욕심이 적어져 이치가 밝아지고, 욕심이 적어지고 또 적어져서 없는 데 이르면 고요할 때는 마음이 비워지고 움직일 때는 곧아져서 성인을 배울 수 있다." 하였다. 《近思錄 道體》

어 경악하지 않은 자들이 없었다고 하니 이 말이 사실입니까? 만일 그런 일이 있었다면 성효(聖孝)가 약간 미진하고 가법이 대단히 엄하지 못한 듯싶습니다. 만일 전하께서 인열왕후(仁烈王后)에게 아뢰었더라면 어찌 이런 일이 있었겠습니까. 이것으로 보면 이간질이 생기는 일이 끝내 없으리라고 보장하기 어려우니, 성상께서는 유념하소서.

○ 신이 상고하건대 옛사람이 예쁜 아내를 싫어하고 아름다운 여색을 경계한 것은 그 뜻이 깊습니다. 우리나라에서는 비빈(妃嬪)을 선택할 때에 사대부의 처녀를 내정(內庭)에 모두 모아 놓고 그중에서 자색(姿色)이 뛰어난 자를 비빈으로 맞아들이니, 이는 《예기》에 "제후는 여색을 취하지 않는다."[70]라는 도리와 서로 크게 어긋나는 것으로 단지 예쁜 아내와 아름다운 여색으로 인한 화를 일으킬 수 있는 기초가 되는 것입니다. 선택하는 뜻이 이미 처음에 어긋났고 보면 예법을 신중하게 지켜야 함을 뒤늦게 책망하기 어려우니, 궁궐의 바르지 못함이 실로 이에서 시작될 것입니다. 삼가 생각건대 우리 춘궁(春宮)[71]의 연세가 점점 많아져서 몇 년 뒤에는 육례(六禮)[72]를 의논해야 하니, 삼가 바라건대 미리 명문가 중에서 부인의 덕을 갖춘 이를 찾아 한결같이 혼사를 의논하는 예[73]를 써서 친히 간택하는 잘못을 혁파함으로써 가법을 바르게 하시면 매우 다행이겠습니다.

○ 신이 또 상고하건대 선유(先儒)가 말하기를 "천자는 한 번에 열두 처녀에게 장가들고 제후는 한 번에 아홉 처녀에게 장가들고서 두 번 장가드는 법이 없었는

70 제후는……않는다 : 《예기》 〈방기(坊記)〉에 "제후는 본국의 미녀를 취하여 아내로 삼지 않는다." 한 데서 온 말이다.

71 춘궁(春宮) : 당시 동궁은 효종의 맏아들이니, 훗날의 현종(顯宗)이다.

72 육례(六禮) : 여기서는 혼인의 육례를 가리킨다. 곧 납채(納采), 문명(問名), 납길(納吉), 납징(納徵), 청기(請期), 친영(親迎)이다.

73 혼사를 의논하는 예 : 《가례》 〈혼례(昏禮) 의혼(議昏)〉 같은 예법을 말한다.

데, 대개 군주는 대부분 정욕 때문에 죽으므로, 일시에 함께 늙게 하여서 음일(淫泆)을 방지하고자 한 것이다."[74] 하였습니다. 이는 가법의 중요한 뜻일 뿐만 아니라, 또한 성명(性命)을 보양하는 방법인 것입니다.

○ 신이 또한 생각건대 외척의 횡포는 실로 궁중의 큰 해가 되는 것입니다. 비빈(妃嬪)[75]에 대한 외척의 출입이 자유로워 내언(內言)이라 가탁하여 외부를 위협하기도 하고, 외언(外言)이라 핑계하여 안을 혼란시키기도 하며, 기찰(譏察)을 자청하여 자신들이 꺼리는 자를 위협하여 억누르기도 하고 미녀를 매개로 벼슬에 올라 성상의 마음을 현혹하여 무너뜨리는 등 집을 어지럽히고 정사를 해치는 단서가 한두 가지가 아닙니다. 삼가 바라건대 사은(私恩)을 베풀고 공의(公議)로써 제재하며, 반사(頒賜)하는 법식을 두고 접견에 일정한 시기를 두어서 무한한 폐단을 막으소서. 선조(先朝)[76] 때에 온 나라 사람이 제후인 홍씨(洪氏)와 이씨(李氏)의 부인들[77]을 뱀이나 전갈, 올빼미보다 밉게 보았으니, 이것이 또한 어찌 그들에게 이롭겠습니까.

○ 신이 또 상고하건대 미녀를 매개로 벼슬에 오르는 것은 실로 소인배들의 상투적인 작태입니다. 비렴(飛廉)과 악래(惡來)는 달기(妲己)를 매개로 벼슬에

74 천자는……것이다 : 주희가 "천자나 제후는 두 번 장가들지 않는다. 왕비가 죽으면 단지 처음에 장가들었던 12녀나 9녀 중에서 한 명을 밀어 올린다." 하고, 또한 이어서 오늘날의 사대부가 욕정 때문에 죽는 경우가 많음을 논하면서 "옛사람들의 법도가 좋다. 천자는 한 번에 열두 처녀에게 장가들고 제후는 한 번에 아홉 처녀에게 장가들었는데, 늙으면 일제히 늙어서 전혀 이러한 걱정이 없었다." 하였다. 《朱子語類 卷89 冠昏喪》

75 비빈(妃嬪) : 두주에는 '妃恐姬'로 되어 있다.

76 선조(先朝) : 두주에는 '先恐前'으로 되어 있다.

77 제후인……부인들 : 위의 주76에 근거하여 전조(前朝)인 고려 시대에 군(君)에 봉해진 외척의 일을 언급한 것으로 볼 수도 있고, 선조(先朝)를 조선 중종조(中宗朝)로 보고 당시의 외척이었던 홍씨와 이씨로 볼 수도 있을 듯하다.

올라서 상(商)나라를 멸망시켰고,[78] 이임보(李林甫)와 양국충(楊國忠)[79]은 양귀비(楊貴妃)를 매개로 벼슬에 올라서 당(唐)나라를 어지럽혔으니, 이는 재앙을 부르는 것 중에 가장 심한 것입니다. 또한 모든 사람 가운데 어찌 군주만 수명을 짧게 타고났겠습니까마는 삼대 이후로는 그 천수를 누린 자가 백에 하나도 없으니, 이는 모두 미녀가 그 원인이 된 것입니다. 당초 소인들이 미녀를 매개로 벼슬에 오를 때는 임금의 총애를 굳히기 위한 계책에 불과하나 결국 임금의 수명이 안에서 단축되고 나라의 근본이 아래에서 흔들릴 정도에까지 이르렀으니, 어찌 두렵지 않습니까.

○ 신이 삼가 듣건대 근래 궁중에서 매고(埋蠱)[80]하는 일이 낭자하게 일어나 끝이 없다 합니다. 비록 중양(衆陽)의 종주가 되는 곳은 요괴가 감히 범하지 못한다고는 하나 궁전의 상서로운 지역에 추잡한 것을 용납해서야 되겠습니까. 만일 크게 정돈하지 않으면 점점 말하기 어려운 일이 생길 것이니, 외간에는 이미 숙덕거리는 말이 많습니다. 신은 바라건대 선조(先朝)의 나인(內人)으로서

78 비렴(飛廉)과……멸망시켰고 : 은(殷)나라 주왕(紂王) 때 비렴은 달리기를 잘했으며 그의 아들인 악래는 힘이 장사였다고 한다. 비렴은 비렴(蜚廉)이라고도 한다. 이들이 달기를 주왕에게 바치자, 주왕이 달기를 총애하여 술로 연못을 만들고 고기를 걸어서 숲을 만들어 놓고는 밤새도록 잔치를 벌이면서 즐겼으며, 황음(荒淫)을 하다가 나라를 망하게 하였다. 《史略 卷1 夏后氏, 殷成湯》

79 이임보(李林甫)와 양국충(楊國忠) : 이임보는 당 현종(唐玄宗) 때의 재상이고, 양국충은 양 귀비의 사촌 오빠이다. 양국충은 천보(天寶) 초기에 양 귀비가 총애를 받으면서부터 관직이 급상승하였는데, 이임보와 결탁하여 연달아 큰 옥사를 일으켜서 귀신(貴臣)들을 축출하고 숙청하여 권력을 독점하였다. 755년에 안녹산(安祿山)이 양국충을 토벌한다는 기치를 내걸고 반란을 일으키자, 현종(玄宗)을 따라 촉 땅으로 도망갔다가 병사에게 살해되었다.

80 매고(埋蠱) : 남이 재앙을 받게 할 계획으로 그의 집에 인형 따위를 묻어 두는 것을 말한다.

은총을 받은 자는 별도로 처우하여 그 늠급(廩給)을 후하게 주어서 그로 하여금 원한과 불만이 없게 하고, 그 나머지는 일체 내보내고 특별히 온량(溫良)하고 근후(謹厚)한 무리를 뽑아서 내정(內庭)의 사령으로 채우고 그 출입하는 길을 엄금하면 뜻밖의 우환이 거의 없을 것입니다.

지난날 언관(言官)이 신생(辛生)[81]을 처벌하자는 일로 극력 간쟁하였으나 선왕께서 차마 처벌하지 못하였습니다. 신이 삼가 생각건대 신생이 어떤 사람의 사주를 받았는지는 말할 것도 없고 그가 손수 흉역의 일을 행하여 추잡한 물건들을 궁중에 가득 채웠으므로 선왕의 마음이 움직이지 않을 수 없었고, 이형익(李馨益)[82]으로 하여금 요망한 의술을 방자하게 부려 원기가 날로 상하여 성수(聖壽)가 길지 못하게 하였으니, 그 일을 어찌 차마 말할 수 있겠습니까. 삼가 바라건대 전하께서는 그 까닭을 통념하고 빨리 신생의 죄를 처단하여 신인(神人)의 분노를 가시게 하소서. 그런 다음에 궁중을 통렬히 씻어내 음사(陰邪)한 기운이 조금이라도 그늘지고 으슥한 속에 머물지 않게 하신다면 매우 다행이겠습니다. 그러나 이는 그 말단의 일입니다. 소자(邵子)가 말하기를 "귀신이 사람을 두려워하는 것은 사람이 귀신을 두려워하는 것과 같다. 선(善)을 많이 쌓으면 양(陽)이 많아져서 귀신이 더욱 두려워한다." 하였습니다.[83] 삼가 바라건대 전하께서 큰

81 신생(辛生) : 소현세자(昭顯世子) 빈 강씨(姜氏)에게 딸린 궁녀이다. 1645년(인조23) 강씨의 옥사(獄事) 때 강씨의 비행을 인조에게 알려 준 공으로 죽음을 면했는데, 나중에 인조가 혹시 숨긴 사실이 있지 않을까 의심하여 다시 묻자, 강씨의 지시에 따라 사람의 뼛가루와 동인(銅人)을 궁중의 요소에 묻어 세자궁을 저주하였다고 실토하고, 이에 관련된 사람을 모두 알려 주었다. 그리하여 신생은 연루자 13명과 함께 옥에 갇히고 소현세자의 세 아들은 제주도에 유배되었다. 《仁祖實錄 25年 4月 25日》

82 이형익(李馨益) : 침의(鍼醫)로, 위인이 허탄하고 망녕되며 번침술(燔鍼術)로 병을 고친다고 말하며 사람들을 많이 현혹하였다고 한다. 《仁祖實錄 11年 1月 17日》 번침은 불에 달군 침으로 지지듯이 침을 놓는 것이다.

덕을 힘써 밝혀서 만 가지 선(善)이 한 몸에 갖추어지게 하신다면 요망하고 간사한 일이 저절로 사라지고 복록이 날로 이를 것입니다.

○ 신이 삼가 듣건대 지난번에 진언(進言)하는 자가 전하에게 자전을 섬기는 도리에 힘쓰게 하되, 대순(大舜)과 문왕(文王)으로 기대하지 말고 지금 세상의 조금 잘한 자로 기대하라고 한 일이 있었다 합니다. 전하께서 진실로 남의 선행을 취하신다면, 또한 대순이 남의 선행을 도와주었던 성대한 덕을 취해야 할 것입니다.[84] 그러나 그것은 성상의 효도에 대단히 미진한 데가 있으므로 신하가 감히 대순과 문왕의 일로 기대하지 못한 것입니다. 그는 비록 우리 임금은 능하지 못하다고 한 죄[85]가 있으나 또한 전하께서 스스로 취하신 것인 듯합니다. 삼가 바라건대 깊이 성찰하소서.-

이른바 "아첨하는 사람을 멀리하고 충직(忠直)한 사람을 가까이하소서."라고 한 것에 대해 말씀드리겠습니다. 예로부터 임금이면 누군들 충직한 사람이 나라에 유익하다는 것을 몰랐겠습니까. 그러나 극기(克己)와 정심(正心)을 못 하면 즐기는 바는 모두 사사(私邪)와 화리(貨利)의 일일 뿐입니다. 만일 강명(剛明)하고 공정(公正)한 사람을 쓴다

83 소자(邵子)가……하였습니다 : 송나라 소옹(邵雍)이 찬술한《황극경세서(皇極經世書)》권14〈관물외편 하(觀物外篇下)〉에 나온다.

84 전하께서……것입니다 :《맹자》〈공손추 상(公孫丑上)〉에 "남에게서 취하여 선행을 하는 것은 남이 선행을 하도록 도와주는 것이다. 그러므로 군자는 남이 선행을 하도록 도와주는 것보다 더 훌륭한 일이 없다."라고 하였다.

85 우리……죄 : 맹자가 이르기를 "어려운 일을 임금에게 책임 지우는 것을 공(恭)이라 이르고, 선한 것을 말하여 사심을 막는 것을 경(敬)이라 이르며, 우리 임금은 훌륭한 일을 할 수 없다고 하는 것을 적(賊)이라 한다." 한 데서 온 말이다.《孟子 離婁上》

면 자신이 좋아하는 것을 거슬러 마음대로 할 수 없을까 염려되므로 꼭 이런 사람을 억제하여 용납될 수 없게 하고, 반드시 아부하고 순종하며 뼈대가 살집을 이기지 못하는 부류를 취하여 근밀(近密)한 자리에 둡니다. 그런 뒤에 그들로 하여금 명령하는 대로 잘 따라 자신의 일에 방해되는 일이 없게 할 뿐입니다.

그러나 이들 무리는 이미 임금이 하고 싶어 하는 것을 성취시키고 나면 드디어 그 은사(恩私)를 믿고 또한 스스로가 하고 싶어 하는 것을 이루려고 합니다. 그러므로 간계를 꾸며 위복(威福)을 주무르되 못할 짓이 없는데, 임금의 마음은 '그가 이미 내가 하고 싶어 하는 것을 순종하였으니, 나도 마땅히 그가 하고 싶어 하는 것을 따라 주어야 할 것이다.'라고 여깁니다. 그리하여 차라리 국맥을 상하게 할망정 차마 그들의 뜻을 상하게 하지 못하고, 차라리 종사(宗社)를 망칠망정 차마 그들의 정을 잊지 못하여, 끝내는 그들로 하여금 충량(忠良)을 물리치고 당여(黨與)를 심어 뇌물을 바치고 청탁을 행하게 하면서 금하지 않습니다. 그렇다면 충직한 사람이 어디에서 올 것이며 혹 이미 온 자도 어찌 기꺼이 더러운 무리들 속에 머물겠습니까.

진정 이와는 반대로 한번 바루어서, 마음에 드는 자는 취하지 않고 경외할 만한 자를 취하며, 나의 뜻을 맞출 수 있는 자를 구하지 않고 나의 잘못을 보완할 수 있는 사람을 구하며, 연회(宴會)와 화리(貨利) 등 목전의 편리를 위하지 않고 종사(宗社)와 생령(生靈) 등 만세의 계책을 위한다면 아첨은 멀어지기를 기약하지 않아도 날로 멀어지고, 충직은 가까워지기를 기약하지 않아도 날로 가까워질 것입니다. 삼가 바라건대 전하께서는 먼저 극기와 정심을 근본으로 삼고 취사선택에 유의하신다면 매우 다행이겠습니다.-신이 상고하건대 예로부터 임금이 처음 정사를 시작할 때에는 청명(淸明)하게 하지 않음이 없으므로 비록 위선적으로 아첨하던 자라 하더라도 모두 뜻을 가다듬어 스스로 새로워졌습니다. 지난번에 용렬한 자질로 함부로 재상의 반열에 오른 자가 맨 먼저 아첨하는 말을 드려서 전하를 시험하였는데 전하께서 비록 공론으로 애써 물리쳤으나 그의 말을 결국 쓰지 않은 적이 없었습니다. 그의 말은 쓰면서 몸은 물리쳐 일에 매우 근거가 없었으므로 그는 원망하며 복종하지 않는 마음을 가졌고, 그때에 정론을 견지한 신하는 산지(散地)에 떠돌고 있으니 더 이상 그를 권장하여 진출시킬 뜻이 없으십니다. 이는 전하께서 아첨을 유도하고 정직을 싫어하는 뜻을 중외(中外)에 보이신 것입니다. 더구나 그때에 유계(兪棨)가 언직(言職)에서 체직[86]된 것은 전하께서 실로 그가 정론을 지키는 것을 싫어해서인데 논자(論者)가 그 일에 내해 이의를 세기하자 성교(聖敎)에서는 모르고서 우연히 실수한 것처럼 말씀하셨으니, 어찌 이렇게도 정사(正士)를 싫어하고 신하를 불성실하게 대하십니까. 마음의 은미한 곳은 실로 어리석은 필부라도 환하게 엿보고 치란(治亂)과 안위(安危)가 그에 말미암아 나누어지는 것입니다. 그러므로 성왕(聖王)이 이 점을 누차 경계하여 마치 떠오르는 해와 같았습니다.

또한 유계는 기질이 통명하고 재학(才學)이 출중한 자로 남한산성(南漢山城)의 위급하던 때 죽음을 무릅쓰고 할 말을 다 하였으니,[87] 그의 생사를 초월한

86 유계(兪棨)가 언직(言職)에서 체직 : 유계는, 본관은 기계(杞溪), 자는 무중(武仲), 호는 시남(市南)으로, 김장생(金長生)의 문인인데, 1649년(효종 즉위년) 5월 23일 부수찬으로서 상소하여 시법(諡法)이 생긴 이후로 묘호(廟號)를 중복하여 사용한 예가 없음을 근거로 들면서 인조의 묘호를 인종과 같이 인묘(仁廟)로 정한 데 대해 재고해야 한다고 간하였으나, 허락을 받지 못하였다. 이 일로 인해 2년여에 걸쳐 여러 조정 신료가 그를 구호(救護)하는 상소를 올려 귀양과 석방, 그리고 다시 귀양 명령을 받았다.

87 남한산성(南漢山城)의……하였으니 : 병자호란 때 남한산성의 행조(行朝)에서

변함없는 절개는 이미 우뚝합니다. 그 뒤에 물러나 산림(山林)에 처하여 글을 읽으며 뜻을 구하니, 사론(士論)이 매우 중하게 여겼습니다. 그런데 지금 한번 성상의 뜻을 거스르자[88] 갑자기 소원하게 대하는 기색을 보여 아첨하는 자들로 하여금 으르렁거리며 기회를 엿보게 하고 선비들의 기상이 쓸쓸히 꺾이게 하였습니다. 그러므로 지난번에 방물(方物)을 바칠 것을 청한 자도 전하를 엿보고 공론을 업신여겼으니,[89] 어찌 전하께서 시초에 하시는 정사가 이와 같을 줄을 생각했겠습니까. 삼가 바라건대 전하께서는 늘 거역하고 순종하는 것으로써 도(道)인가 비도(非道)인가를 따져 보소서.

○ 신이 또 상고하건대 신하 가운데 외모는 강직한 듯하나 내심은 실로 교활하고 간사하며, 경훈(經訓)을 견강부회하고 간교한 말을 꾸며 임금의 마음에 들게 해서 총애와 발탁을 취하는 자는 실로 아첨하는 자 중에서도 한층 더 심한 자입니다. 유념하여 살피소서.-

대신들이 세자를 볼모로 보내라는 청(淸)의 요구를 들어주자고 하자, 유계는 입대하여 눈물을 흘리면서 "북송(北宋)이 만일 금(金)에 땅을 떼어 주자고 한 이방언(李邦彦)을 베어 죽였더라면 필시 위급한 화가 없었을 것입니다." 하였고, 또 청에서 보낸 서신을 불태워 버리자고 하였으며, 또 청에 보내는 국서(國書)에 임금의 이름자를 차마 쓸 수 없다고 사력을 다해 간하였다. 《宋子大全隨箚 卷2》

88 성상의 뜻을 거스르자 : 1649년 효종이 즉위하여 인조의 시호를 논의할 때 유계가 상소하여 '인(仁)' 자는 타당하지 못하다고 논하였다가 효종의 노여움을 산 일을 말한다. 《宋子大全隨箚 卷2》

89 지난번에……업신여겼으니 : 1649년 5월 13일 효종이 방물의 진상을 금지할 것을 명하자, 예조가 "즉위를 하례하는 봉진(封進)은 사체가 더욱 중대하여 명을 받들 수 없습니다." 하였고, 7월 2일에 국상 중에 진상하는 것을 중지시키자, 예조가 "방물을 종전대로 봉진하게 하소서." 하였다. 《孝宗實錄 卽位年 5月 13日, 7月 2日》

이른바 "사은(私恩)을 억제하여 공도(公道)를 넓히소서."라고 한 것에 대해 말씀드리겠습니다. 예로부터 임금이면 누군들 사은이 정사를 해치고 공도가 나라를 일으키는 것임을 몰랐겠습니까. 그러나 황극(皇極)[90]의 뜻이 후세에 밝혀지지 않았으므로, 널리 포용하고 골고루 비추며 공정하게 듣고 공평하게 대우하여 평탕(平蕩)의 정치[91]를 행하는 것을 하지 못하였습니다. 주자가 이르기를 "한 생각의 간사함을 이기지 못하여 사심(私心)을 갖는 데 이르고, 집안사람과 근습(近習)을 바로잡지 못하기 때문에 사인(私人)을 두기에 이릅니다." 하였습니다. 이미 사심으로 사인을 임용하고 보면, 임용된 사인이 공도가 행해지고 현재(賢材)가 진출하는 것을 두려워하여 매번 임금을 속여 말하기를 "오늘날엔 쓸 만한 현재가 없습니다." 합니다. 아, 어떻게 현재가 무도한 세상에 스스로 나타날 수 있겠습니까. 그러므로 도(道)를 품은 선비는 자신이 들어간 산림이 깊지 못할까 걱정하고 조정에는 오직 용렬하고 하찮은 무리들만이 도사리고 있어 임금이 위에서 고립을 면치 못합니다. 비록 크게 염려하여 사은을 억제하고 다시 공도를 높이려 해도 형세상 불가능합니다. 이는 실로 오늘날의 고질적인 폐습이며 전하께서 익히 보시는 바입니다. 주자가 또 이르기를,

90 황극(皇極) : 군주가 나라를 다스리는 바른 법으로 한쪽으로 치우치지 않는 표준을 세움을 이른다. 《서경》 〈홍범(洪範)〉에 이르기를 "다섯 번째는 세움을 황극으로써 함이다."라고 하였는데, 채침(蔡沈)은 《집전(集傳)》에서 "황극은 군주가 극을 세우는 것이다."라고 설명하였다.

91 평탕(平蕩)의 정치 : 어느 쪽에도 치우치지 않고 고르게 하는 정치이다. 《서경》 〈홍범〉에 "편벽됨이 없고 편당함이 없으면 왕도가 광대(廣大)하며, 편당함이 없고 편벽됨이 없으면 왕도가 평이(平易)하다."라는 말에서 나왔다.

"제갈량(諸葛亮)이 그의 임금에게 고하기를 '궁중(宮中)과 부중(府中)은 모두 한 몸이니 선량한 자는 벼슬을 높이고 악한 자는 벌을 주는 일을 서로 다르게 하는 것은 마땅하지 않습니다. 만약 간악한 짓을 저질러 죄를 범하는 자 및 나라에 충성을 바치고 선행을 하는 자가 있으면 마땅히 유사(有司)에게 맡겨 형(刑)과 상(賞)을 논하여 공평하고 밝은 도리를 밝혀야 하고, 편벽되거나 사사롭게 하여 안과 밖의 법이 다르게 해서는 마땅하지 않습니다.' 하였습니다. 당시 소열(昭烈) 부자[92]가 보잘것없는 촉(蜀)나라로 천하의 10분의 9를 대항하는데, 제갈량의 충지(忠智)로 깊은 모책을 세웠으나 그 모책은 그와 같은 것에 지나지 않았으니, 시무(時務)의 요령을 깊이 알고 선왕(先王)의 법에 은연중 부합했다고 할 만합니다. 대체로 작은 촉나라에서도 공과 사로 분열되어 피차를 나누기를 마치 두 나라처럼 하였으니, 이는 양주(梁州)와 익주(益州)의 반을 가지고 오(吳)와 위(魏)의 전체를 도모한 것입니다. 게다가 소인을 받아들이고 군자를 외면했으며 법령을 폐지하고 간사한 무리를 보호하여 안에서 세우는 계책이 날마다 밖의 일을 해치게 되었고, 공적으로 세운 일이 늘 사적인 일을 이겨 내기에 부족하였으니, 두 개의 나라처럼 된 공(公)과 사(私)가 서로 공격하여 안의 사는 늘 이기고 밖의 공은 늘 졌습니다. 밖으로는 적(敵)과 인접한 근심이 있고 안으로는 음사(陰邪)의 도적이 있어 밤낮으로 협공하며 놓아두지 않으니, 매우 위태하였습니다."

92 소열(昭烈) 부자 : 유비(劉備, 161～223)와 유선(劉禪, 207～271)을 가리킨다. 중국 삼국 시대 촉한(蜀漢)의 초대와 2대 황제로, 소열은 유비의 묘호(廟號)이다.

하였습니다. 아, 주자의 말씀은 명백하고 통쾌하여 강한(江漢)의 물에 씻어 가을볕에 말렸다[93] 하겠습니다.

그러나 파촉(巴蜀)[94]의 시대에 비록 진지(陳祗)와 황호(黃皓)[95] 같은 무리가 있었으나 제갈량이 능히 몸과 마음을 다 바쳤으므로[96] 오히려 양주와 익주의 반을 차지하고서도 능히 서로 공격할 수 있는 형세를 확보하였던 것입니다. 그러나 오늘날은 제갈량의 충성과 지혜를 지닌 자가 없고 보면 저 소인들이 한 나라를 온전히 차지하여 안과 밖이 다름없는 상황이니, 이는 등애(鄧艾)와 종회(鍾會)[97]의 꾀를 기다리지 않아도 깨지고 패할 형세가 있는 것입니다. 이것이 충의(忠義)의 선비

93 강한(江漢)의……말렸다 : 주희의 말이 훌륭하다는 뜻이다. 원래는 공자의 비길 데 없이 고결하고 훌륭한 인품을 형용한 말이다. 증자(曾子)가 공자의 도덕을 찬양하여 "강한의 물로 씻은 것 같고 가을볕으로 말린 것 같아서, 밝고 깨끗하여 더할 나위 없다." 라고 한 데서 나왔다. 《孟子 滕文公上》

94 파촉(巴蜀) : 진(秦)나라와 한(漢)나라 때 파(巴)와 촉(蜀) 두 군을 설치한 데서 유래한 말로, 여기서는 유비가 세운 촉나라를 말한다.

95 진지(陳祗)와 황호(黃皓) : 황호는 촉한의 환관으로 후주의 총애를 받아 중상시(中常侍), 봉거도위(奉車都尉)에 올랐다. 경요(景耀) 초년에 국정에 참여하여 권병(權柄)을 쥐고 휘둘렀는데, 중상시 진지와 함께 간특한 짓을 일삼아 마침내 나라를 전복하는 지경에 이르렀다. 《三國志 蜀書 董允傳》

96 제갈량이……바쳤으므로 : 제갈량의 〈후출사표(後出師表)〉에 "모든 일이 이와 같아서 앞으로 어떻게 될지 알기가 어려우니, 신으로서는 몸과 마음을 다 바쳐 죽은 뒤에야 그만둘 것이요, 성공과 실패, 이로움과 불리함 같은 것이야 신의 지혜로 미리 헤아릴 수 있는 바가 아니라고 하겠습니다."라고 한 데서 온 말이다.

97 등애(鄧艾)와 종회(鍾會) : 위(魏)나라의 장수로, 촉나라를 멸망시킨 자들이다. 이들은 함께 촉나라를 공격하면서 갖은 고생을 다해 촉나라 군사들 몰래 음평도(陰平道)로 나아가 성도(成都)를 함락시켰다. 《三國志 魏書 鄧艾鍾會傳》

가 깊이 근심하고 길이 탄식하며 침식을 잊는 이유입니다. 삼가 바라건대 전하께서는 신의 말을 속이는 것이라 여기지 마시고 속히 무후(武侯)[98]와 주자의 말을 가지고 나라의 형편을 회복할 계책을 생각하신다면 매우 다행이겠습니다.-전하께서 당초에 대간(臺諫)을 존중하고 수령(守令)을 신중히 선택하겠다는 분부를 하셨으니, 이는 실로 급선무입니다. 그러나 저번에 김홍욱(金弘郁)이 상신(相臣)을 논박하다가 체직을 당하자[99] 해당 조(曹)가 감히 다시는 김홍욱을 청망(淸望)[100]에 주의(注擬)하지 못하면서 "아마도 상의 뜻이 아닐 것이다." 하였고, 그중 한 사람이 공론을 힘껏 주장하여 옥당(玉堂)에 주의하였으나 전하께서는 또 하비(下批)하지 않으셨으니, 이는 상하가 서로 뜻을 맞추어 공도(公道)를 무시한 것입니다. 또한 저번 대정(大政)에서는 수령 중에 간사하게 뇌물을 받은 자들이 많이 포함되었으니, 이는 필시 부정한 길을 통하여 취했을 것입니다. 해당 조가 백성보다 돈을 더 사랑하고 나라를

98 무후(武侯) : 촉나라의 승상을 지낸 제갈량의 시호이다.

99 김홍욱(金弘郁)이……당하자 : 집의 김홍욱이 "영의정 김자점(金自點)은 원훈 대신(元勳大臣)으로 선조(先朝)의 지우(知遇)를 입어 총애가 비할 데 없었으니 힘과 충성을 다해 보답하기를 생각해야 마땅한데도 공의(公義)의 중함을 생각지 않고 오로지 사리사욕만을 꾀해 저택이 크고 화려하여 참람하게도 공궁(公宮)에 비길 만하며, 전장(田莊)이 온 나라 안에 널려 있고 뇌물이 그 문으로 폭주하며, 대단한 권세로 조정을 유린하여 관원들을 마치 노예처럼 꾸짖고 모욕합니다. 국가를 저버리고 거리낌 없이 방자한 그의 짓거리를 사람들이 모두 좋지 않은 눈으로 보고 있는데도 오히려 존귀한 수상(首相)의 자리를 차지하고 앉아 맑고 깨끗한 정치에 누를 끼치고 있으니 여정(輿情)이 분해하며 침을 뱉지 않는 이가 없습니다." 하며 김자점을 논박하고 체차(遞差)된 내용이 《효종실록》 즉위년 6월 16일 기사에 보인다.

100 청망(淸望) : 청환(淸宦)의 의망(擬望)이란 뜻으로, 명예로우면서도 중요한 벼슬자리에 3인의 후보자로 천거되는 경우를 말한다.

걱정하는 것보다 자신을 더 아꼈으니, 통탄을 금할 수 있겠습니까.

○ 신이 향리(鄕里)에 있으면서 보건대 우매한 사람이 면포(綿布) 수백 필과 준마(駿馬) 1필이 있으면 곧 벼슬을 구할 생각을 가졌습니다. 처음에는 가당치 않아 웃기도 하였으나 끝내는 반드시 벼슬을 얻어서 남들에게 자랑하기를 "아무 어른을 통하여 얻었다."라고 하니 이것으로 조정에 뇌물이 공공연히 행해지고 있음을 알 수 있었습니다. 이러한 까닭으로 항간의 사람들은 출세 길이 재물에 있다는 것을 보았으므로 자식이 굶주리고 있는데 아버지가 먹일 줄을 모르고, 아버지가 추위에 시달리나 자식이 보살피지 않아 인륜이 무너졌으니, 매우 한심합니다. 이것이 옛사람이 정치 관찰을 조정에서 하지 않고 초야에서 한 까닭입니다.

○ 신이 또 보건대 훈구(勳舊) 중에는 더러 충근(忠謹)하여 나라를 위하는 사람이 있으나 불학무식하고 또한 능히 그 자제를 단속하지 못하여 뇌물을 바치도록 한다는 설이 향리에 전파되고 있으니, 이 점도 알아야 합니다.-

이른바 "선임을 정밀하게 하여 체통을 밝히소서."라고 한 것에 대해 말씀드리겠습니다. 예로부터 임금이 진 시황(秦始皇)처럼 강퍅하고 사나우며 제 뜻대로만 하는 자[101]가 아니라면 누군들 마음이 편안해지면서 날로 발전하기를 바라지 않았겠습니까. 다만 극기(克己)와 정심(正心)을 하지 못하므로 재상을 논할 경우 늘 사랑할 만한 사람을 취하고 두려워할 만한 사람은 취하지 않으며, 늘 제 입맛에 맞춰 줄 사람을 구하고 자신의 잘못을 바로잡아 줄 사람은 구하지 않습니다. 재상을

101 진……자 : 《사기(史記)》 〈진시황본기(秦始皇本紀)〉에 "시황의 사람됨은 천성이 강퍅하고 사나우며 제 뜻대로만 하였다."라고 하였다.

구하고 취하는 본의가 이미 이와 같으니, 그 직책을 맡길 때도 본디 국사를 다스리고 백성을 다스리며, 선악을 분별하고 각종 사업을 총괄할 것은 기대하지 않습니다. 그러므로 재상이 스스로 맡은 임무는 몸이나 조심하고 임금의 총애나 굳히며, 녹봉이나 유지하고 직위나 보존하는 것에 지나지 않을 뿐입니다. 이런 까닭에 임금은 그의 직무를 대신 행하느라 날마다 정신이 소진되어 버리니, 각종 업무가 몰려드는 가운데 어느 겨를에 겸손한 마음으로 학문에 전념하며, 국가의 기강을 거머잡고 상황에 따라 알맞게 조치할 수 있겠습니까. 또한 번잡한 각종 사무는 한 사람이 망라할 수 없으므로 부득이 좌우에 있는 측근들로 하여금 그 사이에 막 뒤섞여 들어가게 하면, 그들은 모두 위복(威福)의 권한을 몰래 가지고 놀아서 나라의 체통이 날로 무너지고 임금의 세력이 날로 떨어지게 합니다. 좌우에 있는 측근은 또한 충분히 믿을 수가 없으니, 또 하인들을 시켜서 궁궐 밖을 몰래 다니며 사정을 기찰(譏察)하게 합니다.

대저 임금이 자기 한 몸의 사욕을 이기지 못하여 재상의 자리에 올바른 사람을 임용하지 못하면 보고 듣는 것을 스스로 맡지 않을 수 없고, 보고 듣는 것이 두루 미치지 못하면 측근을 참여시키지 않을 수 없으며, 측근을 충분히 믿지 못하면 또한 하인에게 일을 맡기는 데까지 이르러 나라가 나라답게 되지 못할 것입니다. 이것이 어찌 마음만 괴롭히면서 날로 졸렬해지는 것 중에 큰 것이 아니겠습니까.

참으로 이와는 반대로 정심과 극기를 잘하여, 재상의 자리를 논할 때는 반드시 임금의 부정한 마음을 바로잡을 수 있는 대인(大人)을 수상(首相)으로 삼고, 그에게 수상을 일단 맡기면 의심하지 않고 온갖 직책을 총괄하게 합니다. 그다음에는 공명 정직하고 과감하게 직언하는 자를 뽑아서 대각(臺閣)을 채우고, 나의 복심(腹心)과 이목(耳目)을 어진 사대부에게만 의탁하고 뭇 소인에게는 의탁하지 않으며, 진퇴(進退)와 여탈(與奪)의 권한을 늘 조정에 있게 하여 그 권한이 개인의 집에서 나오지 않게 합니다. 그러면 임금은 자연히 응당 몸을 공손히 하고 남면하게 되어[102] 임금의 위엄이 저절로 서고 나라의 세력이 저절로 중해지며 나라의 기강이 저절로 베풀어지고 형정(刑政)이 저절로 맑아지며 백성의 재력이 저절로 넉넉해지고 군정(軍政)이 저절로 닦일 것인데, 어찌 종일 땀을 흘리며 스스로 친히 사소한 사무를 보아 날로 번잡하고 자질구레한[103] 처지에 들어갈 필요가 있겠습니까.

주자가 말하기를 "당 태종(唐太宗)은 총명하고 영특하여 '일신에 장수와 정승을 겸하였다.'라고 일컬어지는데 오히려 천하의 일을 반드시 재상을 거친 뒤에 시행하였으니, 이는 이치상 당연한 것으로, 바꿀 수 없습니다." 하였습니다. 삼가 바라건대 전하께서 깊이 유념하시면 매우 다행이겠습니다.-신이 상고하건대 옛날 제갈량이 친히 장부와 문서를 처리하자 양옹(楊顒)이 간하기를 "앉아서 도(道)를 논하는 이를 재상이라 이르고, 일어서서 일을 행하는 자를 유사(有司)라 합니다. 그러므로 진평(陳平)은 전곡(錢穀)에 관한 일을 모르고, 병길(丙吉)은 싸우다 죽은 시체에 대해 묻지 않았습니다.[104]" 하니, 제갈량이 사과하였습니다. 재상도 오히려 그러한데 하물

102 몸을……되어 : 공자가 "무위로 다스린 이는 순 임금이실 것이다. 대저 무엇을 하셨겠는가? 몸을 공손히 하고 바르게 남면하셨을 뿐이다."라고 한 데서 온 말이다. 《論語 衛靈公》

103 번잡하고 자질구레한 : 《서경》 〈익직(益稷)〉에 고요(皐陶)가 순 임금에게 노래로 화답한 내용 중에 "임금이 번잡하고 자질구레해지면 신하들이 태만해져서 만사가 폐해진다."라고 한 데서 온 말이다.

며 임금이겠습니까. 신이 삼가 듣건대 사방의 소송과 대소의 문서가 대부분 성상의 재가를 거친다 합니다. 이와 같다면 임금은 수고롭고 신하는 안일하니 그 잘못이 매우 심합니다. 정신은 날로 피곤하고 지기(志氣)는 날로 손상되며 작은 일은 살피면서 큰일은 내버리며 강(綱)은 폐지하고 목(目)은 거행하는 것이니, 성상이 부지런히 송사를 듣고 판결할수록 그 현혹됨은 더욱 심하고, 아랫사람이 더욱 교묘하게 숨기게 되어 그 피해가 더욱 클 것입니다. 그러니 어찌 공경(公卿)과 보필(輔弼)할 사람을 정선하여 직책을 맡겨 성과를 책임 지우고서 임금 한 사람은 강령(綱領)만을 끌어 저절로 모두 총괄되게 하는 것만 같겠습니까. 지난해 대내(大內)를 수리할 때 이른바 상신(相臣)이란 자가 옷을 걷고 소매를 말아 올리고서 뭇 장인들 사이를 드나들면서 역사를 감독하자, 사방에서 비웃었습니다. 이는 모두 어질지 못한 사람을 재상에 두고 스스로 일을 맡아 임금의 격을 낮추어[105] 재상이 할 일을 한 것이니, 주자가 말한 "한 등급을 떨어뜨렸다."[106]라는 것입니다. 공자가 순(舜) 임금이 무위로 다스렸다고 일컬은 것은 바로 구관

104 진평(陳平)은……않았습니다 : 진평은 한나라의 개국 공신으로 문제(文帝) 때 좌승상(左丞相)을 지냈는데, 문제가 조회 때 한 해 동안 출납하는 돈과 곡식의 수량을 묻자, 돈과 곡식을 주관하는 관원은 따로 있으니 이러한 일은 이들에게 물어야 하며 재상의 직임은 천자를 도와 천하를 다스리는 것이라고 답하였다. 《漢書 陳平傳》 병길은 한나라 선제(宣帝) 때의 재상으로, 한 번은 길을 가는데 서로 싸우다가 죽은 백성의 시체가 있어도 까닭을 묻지 않더니, 아직 한여름이 아닌데도 소가 헐떡거리는 것을 보자, 이유를 물으며 근심하였다. 이에 동행하던 관리가 이상하게 여겨 묻자, 병길은 "싸우다 죽은 일은 장안 영(長安令)이나 경조윤(京兆尹)의 소관이지만, 아직 한여름이 아닌데 소가 숨을 헐떡거리니 이는 기후가 조화를 잃은 것이다. 재상은 음양을 조화해야 하는 직임이니, 어찌 걱정하지 않겠느냐." 하였다. 《漢書 丙吉傳》

105 낮추어 : 두주에는 '卑下恐缺'로 되어 있다.

106 한 등급을 떨어뜨렸다 : 《회암집》 권59 〈답조치도(答趙致道)〉에서, 주희가 "대체로 석씨가 이치를 알지 못하였으므로, 그 말이 한 등급을 떨어뜨린 것이다."라고 하였다.

(九官)을 명하고 십이목(十二牧)에게 자문을 한[107] 효력이었습니다. 성상께서는 유념하소서.

○ 신이 듣건대 옛사람이 이르기를 "군자가 도를 행하는 데도 반드시 영수(領袖)가 있고, 소인이 악을 행하는 데도 반드시 영수가 있다."[108] 하였습니다. 그러므로 임금은 반드시 한 어진 정승을 얻어 그로 하여금 온갖 관료의 영수가 되게 했는데, 그런 다음에야 일에 계통이 서고 법률과 기율이 문란하지 않게 되었습니다. 신이 서울에 있을 때 가만히 듣건대, 유계(兪棨)와 김익희(金益熙)가 강개하여 말하기를 "오늘날 비록 국사를 하려고 한들 그 누가 영수가 될 수 있겠소. 마땅히 우리 성상을 영수로 삼아서 목숨 바쳐 일을 해야 할 것이오." 하였으니, 이 말은 참으로 애처로우면서도 실로 절실한 말이었습니다. 삼가 바라건대 전하께서는 대순(大舜)의 원수기재(元首起哉)[109]를 체득하고 성탕(成湯)의 성경일제(聖敬日躋)[110]를 본받아서 황극(皇極)을 백관과 만민의 위에 우뚝이 세우소

107 구관(九官)을……한 : 순 임금 때 고요(皐陶), 기(夔), 직(稷), 설(契) 등 아홉 현신을 관직에 임명하고, 12주의 목(牧)에 현신을 각각 임명한 뒤 자문을 한 것을 말한다. 《書經 舜典》

108 군자가……있다 : 《사계유고(沙溪遺稿)》 권9 〈연석문대(筵席問對)〉 계해년(1623) 8월 10일 조에 "대체로 군자가 정사를 주관할 때도 반드시 영수가 있었고, 소인이 정사를 주관할 때도 또한 영수가 있었습니다. 지금은 영수 된 사람이 없으니, 어떻게 나라를 다스리겠습니까." 하였다.

109 대순(大舜)의 원수기재(元首起哉) : 임금의 다스림이 흥기하는 것이다. 순 임금이 "다리와 팔인 신하가 기뻐하여 일하면 머리인 임금이 흥기하여 백공이 기뻐하리라.〔股肱喜哉, 元首起哉, 百工熙哉.〕"라고 노래하자, 그 신하 고요(皐陶)가 이어서 노래하기를 "머리가 명철하시면 다리와 팔이 어질어서 모든 일이 편안하리라.〔元首明哉, 股肱良哉, 庶事康哉.〕" 한 데서 온 말이다. 《書經 益稷》

110 성탕(成湯)의 성경일제(聖敬日躋) : 임금의 성스러움과 공경함이 날로 발전하는 것이다. 《시경》 〈상송(商頌) 장발(長發)〉에 "상제의 명이 어그러지지 아니하시어, 탕

서. 그러면 누가 감히 분발하고 나날이 새로워져 아름다운 명에 응하지 않겠습니까. 신은 간절히 바라는 마음 그지없습니다.

○ 신이 또 생각건대 기찰(譏察)이라는 한 가지 일은 나라의 체통을 손상하고 인심을 잃는 것 중에 큰 것입니다. 그 근원은 대개 여왕(厲王) 때 위무(衛巫)의 일[111]에서 나왔는데, 반정(反正) 후에 훈신(勳臣)이 다시 전철을 답습하니, 참으로 탄식할 일입니다. 신의 벗인 권시(權諰)[112]가 일찍이 말하기를 "기찰은 바로 나라를 망치는 제1조다." 하였으니, 이 말은 일리가 없지 않습니다. 대개 어진 사람을 등용하고 유능한 인재를 기용하여 국태민안(國泰民安)하면 기찰할 일이 자연 없을 것입니다. 그렇지 않으면 사람마다 제각기 마음을 따로 가지고 있는데, 그것을 다 살필 수 있겠습니까.-

이른바 "기강을 진작하여 풍속을 면려하소서."라고 한 것에 대해 말씀드리겠습니다. 예로부터 임금이면 누군들 풍속이 아름답기를 바라지 않았겠습니까. 그러나 풍속은 저절로 아름다워지지 않습니다. 기강이 위에서 진작되어야 자연스럽게 갈고닦아 바로잡을 수 있습니다. 그렇지만 임금이 스스로 그 사욕의 누를 제거하지 못하므로 안으로 대궐에

임금에 이르러 부합되시니, 탕 임금의 탄강(誕降)이 늦지 않으시며, 성스러움과 공경함이 날로 올라가서, 하늘에 밝게 이름을 오래하고 오래하여, 상제를 이에 공경하시니, 상제께서 명하셔서 구위(九圍)에 모범이 되게 하시니라."라고 한 데서 온 말이다.

111 여왕(厲王)……일 : 위무는 춘추 시대 위(衛)나라의 무당이다. 주(周)나라 여왕이 포학하여 국민이 그를 비방하자, 여왕은 화가 나서 무당을 불러다 놓고 비방하는 자를 알아내게 한 다음, 비방하는 자가 발견되면 즉시 죽였다. 《國語 周語上》

112 권시(權諰) : 1604~1672. 본관은 안동(安東), 자는 사성(思誠), 호는 탄옹(炭翁)이다. 예론(禮論)에 밝았고 저서로는 《탄옹집》이 있다.

서부터 밖으로 조정에 이르기까지 불공정한 도리와 부정한 사람이 굴을 파고 뿌리를 내려 그 기강을 파괴합니다. 그러므로 어진 이는 반드시 위에 있지 못하고, 어리석은 자는 반드시 아래에 있지 않으며, 올바른 선비가 반드시 진출하지 못하고, 아첨하는 사람이 반드시 물러나지 않습니다. 이런 상황이 자꾸 번져서 마침내 임금으로 하여금 선을 좋아하는 마음이 없어지게 하고 악을 싫어하는 생각이 싹트지 못하게 하여, 결국은 그 기강을 세운 것과 함께 다 무너집니다.

그래서 식견이 있는 자는 다 조정을 더럽게 여기고 관원을 멸시하는데, 부끄러움이 없는 자는 점점 물들고 세력가에게 붙어서 이익만을 추구하니, 중앙과 지방의 풍습이 결국 그쪽으로 쏠려 명절(名節)과 예의를 숭상할 줄은 모르고, 탐욕을 부리고 방사하게 굴며 아부하고 추잡한 짓을 하기에 바쁩니다. 혹시 단정히 서서 바른 낯빛으로 법규를 준수하는 사람이 있으면 뭇사람이 배척하며 분노하여 기필코 세상에 용납될 수 없게 만듭니다. 임금의 한 생각이 어긋난 것은 매우 작으나 그 해로움은 이와 같은 데에 이르렀으니, 두렵지 않습니까.

쇠약해져 어지럽게 된 세상에는 이와 같지 않음이 없으나 오늘날이 더욱 심합니다. 오직 성상께서 그런 마음을 씻어 내고 크게 단속하고 격려하여 중앙과 지방의 대소 신료로 하여금 각자 분발하여 예양(禮讓)의 풍도와 염치의 절의가 위로는 조정에서부터 아래로는 서민에게까지 베풀어져 모든 사람이 선은 마땅히 해야 하고 악은 마땅히 버려야 함을 알게 한 뒤에야 지극해질 것입니다. 삼가 바라건대 전하께서 깊이 유념하시면 매우 다행이겠습니다.-신이 삼가 보건대 근래에는 기강이 무너지고 풍속이 망가졌으므로 염치가 전혀 없어 관작을 좋아하고 재화를 탐내는 것이 극에 달했으니, 이는 실로 공맹(孔孟)과 정주(程朱)가 크게 두려워하던 바입니다. 공자가 이르기를 "진실로 잃을까를 걱정한다면 하지 못하는 짓이 없을 것이다." 하였는데, 주자가 해석하기를 "큰 경우는 아버지와 임금을 시해한다." 하였으며,[113] 맹자가 처음 양 혜왕(梁惠王)을 만났을 때는 다른 말은 제쳐 놓고 "윗사람과 아랫사람이 서로 취한다면 빼앗지 않고서는 만족하지 않을 것입니다."[114] 하였고, 정자가 이르기를 "예제(禮制)는 단속하기에 부족하고 관직은 분별하기에 부족하니 간사하게 속이고 빼앗아 사람마다 자신의 욕심을 채우고야 만다."[115] 하였으며, 주자가 이르기를 "그들은 관직만을 사랑하기 때문에 아버지와 임금을 죽이는 일도 감히 저지르는 것이다."[116] 하였습니다. 만일 그 뜻을

113 공자가……하였으며 : 《논어》 〈양화(陽貨)〉에 공자가 "비루한 사람과 함께 임금을 섬길 수 있겠는가. 봉록과 자리를 얻기 전에는 얻지 못할까 걱정하고, 얻은 뒤에는 잃을까를 걱정한다. 진실로 잃을까를 걱정한다면 하지 못하는 짓이 없을 것이다."라고 하였고, 이에 대한 주희의 주(註)에 "작게는 등창을 빨고 치질을 핥는 것과 크게는 아버지와 임금을 시해하는 것이 모두 부귀를 잃을까 걱정하는 데서 생길 뿐이다."라고 하였다.

114 윗사람과……것입니다 : 《맹자》 〈양혜왕 상(梁惠王上)〉에 "왕께서 어떻게 하면 내 나라를 이롭게 할까 하시면, 대부들은 어떻게 하면 내 집안을 이롭게 할까 하며, 사와 서인 들은 어떻게 하면 내 몸을 이롭게 할까 하여, 윗사람과 아랫사람이 서로 이익을 취한다면 나라가 위태로울 것입니다.……만일 의를 뒷전으로 돌리고 이익을 앞세운다면 모두 빼앗지 않고서는 만족하지 않을 것입니다."라고 하였다.

115 예제(禮制)는……만다 : 《근사록》 〈치법(治法)〉에 "옛날에는 관혼상제와 거마, 의복, 기용을 신분의 차등에 따라 분별하였다.……지금은 예제가 인정을 단속하기에 부족하고 명수(名數)가 귀천을 분별하기에 부족하다. 그리하여 간사하게 속이고 빼앗아 사람마다 자신의 욕심을 채우려고 하니, 이는 다투어 어지럽게 하는 방도이다."라고 하였다.

116 그들은……것이다 : 《주자어류(朱子語類)》 권13 〈학(學)7 역행(力行)〉에 "어떤 사람은 몸가짐을 매우 검소하게 하여 그 절조를 채우려면 지렁이처럼 위로 마른 흙을 먹고 아래로 누런 흙탕물을 마셔야 할 정도인데도 단지 관직만을 사랑하고, 어떤 사람은

깊이 추구하고 그 실상을 자세히 궁구하지 않는다면 반드시 그것이 필연적임을 깊이 믿지 못할 것입니다. 그러나 난신적자(亂臣賊子)가 어찌 이익을 좋아하고 벼슬을 탐하는 무리에서 일어나지 않으며, 작록을 경시하고 빈천을 지키는 사람이 찬역의 도당에 든 일이 있었습니까. 오늘날의 폐단을 만일 급히 서둘러 바로잡지 않는다면 국가가 실로 어떠한 지경에 놓일지 모르겠습니다. 삼가 바라건대 전하께서는 성현이 우리를 속이지 않음을 깊이 알고 그 소이연(所以然)을 생각하소서.

○ 신이 살피건대 조종조(祖宗朝)에는 신하를 대우할 때 모두 예의가 있었으니, 그것은 염치를 기르고 절의를 장려하기 위해서였습니다. 그런데 근래에는 수령에게 허물이 있으면 장을 치고서 도로 임소에 돌려보내게 하고 있으니, 사대부를 대우함이 또한 박절하지 않습니까. 이 법이 처음 행해실 때에는 오히려 부끄러움을 알아 벼슬을 버리고 고향으로 돌아간 자가 있었는데, 지금은 뻔뻔스레 괴이하게 여길 줄을 모르고 오직 관직이 보전되는 것만을 다행으로 압니다. 수령은 한 고을의 풍화(風化)를 주관하는 사람인데 이와 같이 염치가 없으니 백성을 탐오한 길로 인도하지 않겠습니까. 삼가 바라건대 속히 이 법을 혁파하여 그들로 하여금 부끄러움을 알게 하시면 매우 다행이겠습니다.

○ 신이 또 살피건대 정자가 이르기를 "절개를 잃은 사람을 아내로 맞아들이면 이는 자신이 절개를 잃는 것이 된다." 하였습니다. 정축년(1637, 인조15) 변란 초에 절개를 잃은 부인을 그 남편으로 하여금 버리지 못하게 하였으니, 이는

몸가짐이 청고한데도 여색(女色)을 좋아한다. 그들은 그저 사욕만을 따를 뿐 이를 극복하지 못하기 때문에 일에 임해서도 단지 이것이 중한 것만 알고 다른 것은 도시 보지 못한다.……그들은 단지 관직만을 사랑하기 때문에 문득 아버지와 임금을 죽이는 일도 감히 저지르는 것이다."라고 하였다.

절개 잃는 것을 가르친 것입니다. 법을 의롭게 제정했더라도 오히려 어길까 걱정인데, 이런 식으로 법을 만드니 어떻게 백성을 막겠습니까. 삼가 듣건대 장선징(張善瀓)[117] 집에 절개를 잃은 부인의 소생이 있는데, 상신(相臣)이 차마 그와 혼인을 의논했다 하니, 추잡함이 막심합니다. 대신이 이와 같으므로 조정의 수준이 날로 떨어지고 임금의 위세가 날로 낮아지니, 매우 두렵습니다.

○ 신이 또 살피건대 선유(先儒)의 말에 "의(義)가 이익을 이길 경우는 치세(治世)가 되고, 이익이 의를 이길 경우는 난세(亂世)가 된다. 윗사람이 이익을 중히 여기면 이익이 의를 이긴다. 그러므로 천자는 다소(多少)를 말하지 않고, 제후는 이해를 말하지 않고, 대부는 득실을 말하지 않고, 사(士)는 재화(財貨)를 통하지 않으니, 모두 이익을 부끄러워하고 축적을 수치로 여기기 때문이다." 하였고,[118] 또 말하기를 "인의(仁義)를 열어서, 이익으로써 하지 않은 뒤에야 풍속을 변화시킬 수 있습니다.[119] 전(傳)에 '제후가 이익을 좋아하면 대부는 더러워지고 대부가 더러워지면 서민은 훔친다.' 하였으니, 이것은 이익의 구멍을 열어 놓고 백성에게 죄의 사다리를 만들어 주는 것입니다.[120]" 하였습니다. 오늘날

117 장선징(張善瀓) : 1614～1678. 본관은 덕수(德水), 자는 정지(淨之), 호는 두곡(杜谷)이다. 장유(張維)의 아들이며, 효종 비 인선왕후(仁宣王后)의 오빠이다.

118 선유(先儒)의……하였고 : 원래 《순자(荀子)》 〈대략(大略)〉에 있는 글로, 《대학연의(大學衍義)》 권26 〈격물치지지요삼(格物致知之要三) 심치체(審治體) 의리중경지별(義利重輕之別)〉에도 보인다.

119 인의(仁義)를……있습니다 : 《대학연의》 권26 〈격물치지지요삼 심치체 의리중경지별〉에, 한 소제(漢昭帝)가 백성들의 질고(疾苦)에 대해 묻자, 무릉(茂陵) 사람 당생(唐生) 등이 대답하기를 "백성을 다스리는 도는 음일(淫佚)한 근원을 막고 도덕의 근본을 넓히며 말리(末利)를 억제하고 인의를 열어서, 백성들에게 이익으로써 보여 주는 사례가 없은 뒤에야 교화를 일으킬 수 있고 풍속을 바꿀 수 있습니다." 한 데서 온 말이다.

습속의 폐단이 이와 같으니, 오직 전하께서는 의를 숭상하고 이익을 버리는 것을 우선으로 삼으셔야 할 것입니다.

신이 삼가 생각건대 내수사(內需司)는 바로 사(私)를 가르치고 이익을 가르치는 곳이며, 또한 원망을 거두어들이는[121] 바탕입니다. 이 기관을 혁파하지 않는다면 비록 고요(皐陶)와 기(夔)[122] 같은 보좌를 얻어 날마다 달마다 호령을 한다 하더라도 의를 숭상하는 세상은 만들 수 없을 것입니다. 삼가 바라건대 전하께서는 사의(私意)를 속히 끊어 버려 다시는 미련을 갖지 마소서. 그리하여 내수사에 있는 재물은 호조에 돌려보내고, 그 사람들은 병적(兵籍)으로 돌려보내며, 모속(冒屬)[123]되어 있는 자는 본 주인에게 돌려준다면, 이는 왕자(王者)가 사(私)를 없애는 것, 이익의 근원을 막는 것, 뭇사람의 원망을 해소하는 것, 이 세 가지의 좋은 점을 갖춘 것입니다. 그리하면 아랫사람들은 전하의 마음이 마치 푸른 하늘의 밝은 해와 같음을 우러러보고, 명령하지 않아도 감화될 것입니

120 전(傳)에……것입니다 : 《대학연의》 권26 〈격물치지지요삼 심치체 의리중경지별〉에 보인다. 전의 내용은 《염철론(鹽鐵論)》 〈본의(本議)〉에도 보이는데, 그 주석에 "유향(劉向)이 말하기를 '주 천자가 가보(家父)인 모백(毛伯)으로 하여금 제후에게 금을 요구하게 했는데, 《춘추》에서 그것을 기롱하였다. 그러므로 천자가 이익을 좋아하면 제후가 탐욕을 부리고, 제후가 탐욕을 부리면 대부가 더러워지고, 대부가 더러워지면 서민이 훔친다.' 하였다." 하였다.

121 원망을 거두어들이는 : 《시경》 〈대아(大雅) 탕(蕩)〉에 "문왕이 말씀하시기를 '아, 너희 은상(殷商) 사람아. 너희는 수도에서 권세를 부려서 백성의 원망을 거두어들여 덕으로 여긴다.' 하였다."라고 한 데서 온 말이다.

122 고요(皐陶)와 기(夔) : 순 임금 때의 훌륭한 신하들이다. 고요는 형벌을 맡았던 관원의 이름으로, 옥사(獄事)를 공정하게 잘 처리한 대표적인 인물이다. 기는 요(堯) 임금 또는 순 임금 때 음악을 담당했다는 사람으로, 후기(后夔) 또는 일기(一夔)라고도 한다. 《書經 舜典》

123 모속(冒屬) : 해당 사항이 없는 사람이 허위로 들어가 소속된다는 의미이다.

다. 《대학》에 이르기를 "이익을 이익으로 삼지 말고 의(義)를 이익으로 삼으라." 하였으니, 이것은 실로 만세의 격언입니다. 이렇게 한 다음에, 사리(私利)를 도모하는 사대부가 있거든 일체 왕법(王法)으로 처단하면, 기강이 어찌 떨쳐지지 않고 풍속이 어찌 아름다워지지 않겠습니까. 그리하지 않으면, 위에서 이익을 좋아하면서 신하로서 이익 좋아하는 자를 금지할 도리가 없는 것입니다. 신이 전에 진언한 유정유일(惟精惟一)과 극기복례(克己復禮)의 실상을 여기에서도 역시 볼 수 있습니다.-

이른바 "재용을 절약하여 나라의 근본을 굳게 하소서."라고 한 것에 대해 말씀드리겠습니다. 예로부터 임금이면 그 누가 민생의 고달픔을 걱정하지 않았겠습니까. 그러나 백성이 그 혜택을 입지 못하게 되는 것은, 백성의 재산을 점용하고 재물을 손상하며 세금을 함부로 부과하고 난폭하게 거두어들여 수탈에 한도가 없기 때문입니다. 말세의 군신(君臣)도 이러한 폐단을 알았으나 탐욕이 앞에서 유혹하고 잔인한 마음이 뒤에서 이어져 오직 자신의 마음에 맞는 것이 즐길 만하다고 생각하고 백성을 해치는 것이 걱정할 만하다고 생각하지 않습니다. 퍼진 독이 날로 번지고 맺은 원망이 날로 깊어져 백성이 윗사람 보기를 시랑이나 호랑이를 보듯 하나 임금이나 정승이 된 자는 오히려 백성을 깔보고 업신여겨 "저것들이 나에게 어찌하겠는가." 하고 재앙의 근원이 아무도 모르는 가운데 숨어 있음을 알지 못합니다. 하루아침에 뜻밖의 변고가 일어나면 필부필부(匹夫匹婦)가 모두 강적이 될 것이니, 그때엔 아무리 뉘우치려 한들 무슨 소용이 있겠습니까.

선유(先儒)가 말하기를 "백성을 자기 자식처럼 본다면 정치를 강구하는 법이 반드시 진한(秦漢)처럼 각박하게 되거나 오패(五伯)처럼 명분을 빌리지는 않게 될 것이다." 하고,[124] 또 말하기를 "측은하게 여기는 한 생각이 만물을 윤택하게 할 수 있다."[125] 하였습니다. 아, 임금이 참으로 백성을 자기 자식처럼 보면서 측은하게 여기는 생각을 더한다면, 어찌 그들의 고혈을 짜내고 목구멍을 끊어서 자신을 만족시킬 리가 있겠으며, 또 어찌 권세가를 내버려 두어 내 자식에게 각박하게 하고 폐단이 있는 법을 그대로 지켜 내 자식에게 포학하게 하도록 만들 리가 있겠습니까. 참으로 밥 먹을 겨를도 없이, 한 톨의 쌀을 낭비하는 것도 마치 내 자식의 살을 베는 것처럼, 한 올의 실을 함부로 허비하는 것도 마치 내 자식의 털을 자르는 것처럼 걱정하고 아파해야 합니다. 그런 뒤에야 실제적인 혜택이 아래까지 내려가, 은택이 백성의 골수까지 적시고 사랑이 백성의 심장에 맺혀서 나라의 근본이 길이 견고해질 것입니다. 삼가 바라건대 전하께서 깊이 유념하시면 매우 다행이겠습니다.-신이 삼가 보건대 백성이 곤궁하고 재물이 고갈된 것이 이때보다 심한

124 선유(先儒)가……하고 : 선유는 장재(張載)이다. "진한처럼 각박하게 된다."라는 것은 진나라와 한나라에서 법가(法家)를 중시하여 백성들에게 은혜를 적게 베풀었던 것을 말하고 "오패처럼 명분을 빌린다."라는 것은 춘추 시대에 패업(霸業)을 이룬 다섯 제후가 인의(仁義)라는 이름만 빌려서 자신들의 욕심을 채웠던 것을 말한다. 《近思錄 治體》

125 측은하게……있다 : 인(仁)을 말한 것이다. 《맹자집소(孟子集疏)》 권3 주석에서 진씨(眞氏)가 "사람이 천지의 마음을 체득하여 제 마음으로 삼고 그 선한 실마리가 펴지는 것을 통해, 보양(保養)하고 부지(扶持)하여 그 해치는 바를 제거한다면, 불이 타오르는 데 더 부채질하는 것과 같고, 샘물이 솟아나는 데 더 터 주는 것과 같아서 측은하게 여기는 한 생각이 백세(百世)를 윤택하게 하고, 부끄러워하거나 미워하는 한 생각이 만백성을 바르게 할 수 있다. 요순의 인(仁)과 탕무(湯武)의 의(義)가 천지와 더불어 그 큰 것을 같이한 까닭은 그것을 확충할 수 있었기 때문이다." 하였다.

적이 없습니다. 부역이 과중한 것으로 보면 늘 담장을 비단으로 덮어 놓는다[126] 하더라도 여유가 있을 만한데, 경비가 부족함을 늘 걱정하는 것은 중간에서 태반을 착복하거나 속여서 손실되었기 때문입니다. 그 폐단이 세 가지가 있습니다. 첫째는 바로 호조의 관원이 능히 자신을 단속하지 못하기 때문에 이서(吏胥)의 간교한 짓을 금지하지 못하고, 심한 경우는 공모하여 이익을 나누는 자도 있습니다. 둘째는 상관이 번잡한 일을 싫어하여 회계 문서를 대조하여 검토하는 일을 이서에게 떠맡겨 버리는 것입니다. 셋째는 권세가가 청탁해 오면 각각 그들의 욕구를 채워 주는 것입니다. 이것은 모두 기강이 서지 못하고 상하가 서로 이익을 챙기는 폐해에서 기인합니다. 더구나 각 읍이 상납할 때 이서들이 가로막고 실컷 징세하여 강탈을 하는데 그 징세하여 강탈한 수량은 모두 백성에게서 나왔으니, 백성이 어찌 곤궁하지 않을 수 있겠습니까. 이 폐단을 혁파하려고 한다면 오직 임금이 사욕을 극복하여 이익의 근원을 막고 형벌을 엄격히 하여 간교하게 속이는 자들을 징계해야 할 뿐입니다.

○ 신이 지난번에 들으니, 조직(趙溭)[127]이 호부 낭관(戶部郎官)으로 있을 때 꾀를 써서 이서들의 문서를 빼앗아 얼른 궤 속에 간직하고 손수 맡아 회계할 생각을 하자, 이서들이 곧 방(榜)을 걸어 조직을 거열(車裂)할 것처럼 하는 바람에 조직도 겁이 나서 예전처럼 이서들에게 도로 맡겨 버렸는데, 논하는 자들이

126 담장을……놓는다 : 매우 사치스러운 행태를 말한다. 한(漢)나라의 가의(賈誼)가 문제(文帝)에게 올린 상소에서 "황제께서 몸에 검은 비단을 걸치시니, 부유한 백성은 담장에 화려한 비단을 덮어 놓습니다."라고 한 데서 온 말이다. 《漢書 賈誼傳》

127 조직(趙溭) : 1592~1645. 본관은 풍양(豐壤), 자는 지원(止源), 호는 지재(止齋)이다. 폐모론(廢母論)이 제기되자, 22세 약관의 나이로 나라의 기강을 위해 목숨을 바칠 것을 결심하고 항소(抗疏)를 올렸다가 남해에 유배되었다. 인조반정으로 석방되고 호조 좌랑에 제수되었다가 외직으로 나가 여러 고을의 군수를 역임하였다.

매우 한스럽게 여겼다 합니다.

○ 신이 또 생각건대 사방의 기름진 농토가 모두 권세가의 사둔(私屯)으로 들어갑니다. 그 폐단이 세 가지가 있는데, 민전(民田)을 빼앗아 조정에 원망이 돌아가게 하는 것이 그 첫째요, 정세(征稅)가 나오지 않아 부세를 세력 없는 하호(下戶)[128]에 전가하는 것이 그 둘째요, 양민(良民)을 모아들임으로써 병적(兵籍)을 줄어들게 하는 것이 그 셋째입니다.

○ 신이 또 보건대 수령 중에 뇌물로 권귀(權貴)[129]에게 아첨하려고 강제로 징세하여 강탈하는 자가 있으므로 세력이 없는 수령이 눈물을 흘리며 따르는 경우가 있으니, 이래서 백성이 더욱 곤궁하게 됩니다.

○ 신이 또 보건대 수령 중에 귀척(貴戚)의 손에서 나온 자나 일찍이 정호(鄭胡)[130]를 접촉한 자는 반드시 먼저 백성을 빅해하여 아첨할 바탕을 만듭니다. 그러므로 민간에서 말하기를 "수령이 마음을 다하는 대상으로는 역관(譯官) 정명수(鄭命壽)가 첫째요, 권문(權門)이 그다음이요, 자신을 살찌우는 일이 그다음이요, 위에 진상하는 것이 그다음이며, 백성은 그 속에 들지 않는다." 하니, 이는 실로 비통한 말입니다. 그러므로 아래 백성이 윗사람을 원망하는 말은 패악하고 이치에 벗어나 신자(臣子)로서 차마 듣지 못하는 것이 있으니, 이것으로 보면 한 지아비와 한 지어미조차도 모두 국가를 원수처럼 여기고 있습니다. 두려

128 하호(下戶) : 가장 가난한 민호(民戶)를 말한다. 일반적으로 국가에서 부세와 부역의 균평(均平)을 기하기 위해 자산(資産)이 많고 적음에 따라 민호의 등급을 상호(上戶), 중호(中戶), 하호로 나누었다.

129 권귀(權貴) : 두주에는 '貴下恐缺'로 되어 있다.

130 정호(鄭胡) : 역관 정명수를 가리킨다. 그는 본디 은산(殷山)의 관노(官奴)로서 광해군 때 청(淸)에 투항하여 통사(通事)가 되었는데, 청의 세력을 믿고 조선에 갖은 박해를 가하였다.

워할 만한 것이 이와 같은데 조정에서는 오히려 안일에 빠지고 재물의 이익을 탐하며 혁파할 방법을 모르니, 참으로 이는 불타오르는 굴뚝의 제비[131]인 것입니다.-

이른바 "공안(貢案)을 바로잡아 백성들의 힘을 덜어 주소서."라고 한 것에 대해 말씀드리겠습니다. 예로부터 임금이면 그 누가 부세의 징수를 번거롭게 해서는 안 된다는 것을 몰랐겠습니까. 그러나 능히 사욕을 극복하여 절제하지 못하면 오직 자신의 사욕만을 따르고 백성의 힘이 처참하게 되는 것은 돌볼 겨를이 없습니다. 그러므로 정규의 부세 외에 조목을 많이 설치하여 일체를 백성에게서 취하고 있으니, 이래서 백성이 더욱 곤궁하게 되는 것입니다. 옛날 유약(有若)은 10분의 2를 수세하는 것도 오히려 불가하다고 여겼는데,[132] 하물며 오늘날 수취하는 것은 10분의 4, 5를 넘어도 그치지 않으니, 어찌 백성이 곤궁하여 도둑질을 하지 않겠습니까. 하물며 여러 고을의 토산물 중에는 옛날에는

131 불타오르는 굴뚝의 제비 : 당장의 즐거움과 편안함만을 생각하고 재앙이 닥쳐오는 줄을 모른다는 뜻이다. 《공총자(孔叢子)》〈논로(論勞)〉에 "제비와 참새가 집에 둥지를 틀고는, 어미와 새끼가 서로 먹이를 주고받으면서 편안히 즐기며 스스로 안전하다고 여기고만 있을 뿐, 부엌과 굴뚝에서 불꽃이 치솟아 건물 전체가 타 버릴 상황이 되었는데도 제비와 참새는 안색을 바꾸지 않고 재앙이 장차 자기 몸에 미칠 줄을 알지 못한다." 하였다.

132 유약(有若)은……여겼는데 : 유약은 공자의 제자이다. 노나라 애공(哀公)이 흉년이 들어 재용이 부족하다고 하자, 유약이 철법(徹法)을 쓰라고 권유하니, 애공이 10분의 2를 거두어도 부족하다고 불평하였는데, 이에 유약이 "백성이 풍족하면 임금 혼자 부족한 채로 남겨지지 않을 것이며, 백성이 부족하면 임금 혼자 풍족하게 누릴 수 없을 것입니다." 하였다. 《論語 顏淵》

있었으나 지금은 없는 것이 있고, 옛날에는 값이 쌌으나 지금은 값이 뛴 것이 있는데, 조정에서 그런 것을 헤아리지 않고 오직 준엄한 법으로 엄하게 독촉을 하니, 이는 마침 세력 있는 귀족층이나 교활한 아전의 방납(防納)하는 구실이 되었습니다. 그러므로 백성은 백배의 값을 허비하나 공가(公家)에 필요한 물품은 늘 부족합니다. 그러나 사실은 부족한 것이 아니라, 다만 세력 있는 귀족층이나 교활한 아전에게 새나갔기 때문인데 그들은 다시 후일 방납할 계획을 세웁니다. 그러므로 올해는 방납한 토산물이 지난해보다 조금 더 증가하고 내년은 또 올해보다 증가하여, 형세상 장차 해마다 증가하여 그침이 없을 것입니다. 게다가 민호(民戶)는 날마다 감소하고 전결(田結)은 날마다 축소되며 묵은 전토와 부서진 가옥이 곳곳에 있습니다. 그러므로 올해에 2결(結)에서 바치던 분량을 내년에는 1결에서 내도록 책임 지우고, 올해에 2인이 내던 분량을 내년에는 1인이 마련하도록 책임 지우니, 이것이 어찌 백성의 부모 된 자가 차마 눈 뜨고 볼 일이겠습니까.

신이 삼가 듣건대 조종조(祖宗朝)에서는 씀씀이를 매우 절약했으므로 백성에게서 취하는 양이 매우 적었다 합니다. 지금 쓰는 공안(貢案)은 바로 연산군 신유년(1501, 연산군7)에 정한 것입니다. 연산군 중년에 사치가 한량없어 보통의 부세로는 부족하므로 부세를 추가로 더 정하여 과다하게 취하였으니, 국초에 정한 바와 비교하면 몇 갑절 정도만이 아닙니다. 중종께서 반정(反正)하자 온갖 폐단이 다 혁파되었는데 오직 이것만은 지금까지 남아 있으니, 아, 이 또한 알 수 없는 일입니다. 혹시 오늘날을 기다린 것이 아니겠습니까. 삼가 바라건대 전하께서는 지모가 있는 신료에게 특별히 위임하여 이로운 일과 병폐가 되는 일을 자세히 궁구하여 국초의 옛 법도를 회복하고 수입을 헤아려서 지출하게 하십시오. 그런 뒤에 방납을 엄하게 금지하고 재물이 새 나가는 폐단을 막으면 백성의 형편이 거의 크게 펴질 것입니다. 바라건대 그대로 놓아두자는 설에 빠져들지 않으신다면 매우 다행이겠습니다.-신이 삼가 생각건대 무릇 국가의 운영 경비에 절실한 물건은 백성에게서 취하지 않을 수 없지만, 지금 쓰지 않아도 될 것으로서 백성의 힘만 상하게 하는 것은 이루 다 기록할 수 없습니다. 신이 한 가지 일을 들어 말하겠습니다. 신의 종형(從兄) 송시영(宋時榮)[133]이 일찍이 각 관사를 맡았었는데, 신에게 말하기를 "일찍이 제향에 쓸 편포(片脯)를 받들 때 각 읍에서 바친 것은 으레 모두 까맣게 썩어 하는 수 없이 퇴짜를 놓으면 바친 사람이 10배의 값을 가지고 서리(胥吏)에게 방납해 줄 것을 청하는데, 그 방납된 것은 불그스레 윤이 나고 선명하게 광택이 난다." 하였습니다. 그에 대해 자세하게 물어보니 "쇠고기는 으레 좋지 않으므로 말고기를 섞어서 만든다." 하고 "말고기는 어떻게 얻는가?" 물으니 "노쇠하여 자연히 죽은 말이다." 하였습니다. 대체로 고을의 서리가 이미 10배의 값을 가지고 월리(月利)를 내어 방납을 도모하고 그 고을에 돌아가서는 또 수십 배를 백성에게 징수하니, 백성이 어찌 지탱할 수 있겠으며, 더구나 제사에 쓰는 물건이 이처럼 불결하니, 복을 받지 못하는 것은 의심할 나위가 없습니다.

신이 또 듣건대 공산현(公山縣)[134]에서 바치고 있는 붕어 40마리는 그 값이 흰쌀 20섬인데, 반드시 조개껍데기 태운 재를 바른 뒤에야 색이 변하지 않으므로 실은 맛이 나빠서 먹을 수 없습니다. 혹은 서리가 가로막고 방납을 하면 반드시

133 송시영(宋時榮) : 1588~1637. 본관은 은진(恩津), 자는 공선(公先)·무선(茂先), 호는 야은(野隱), 시호는 충현(忠顯)이다. 병자호란 때 왕명을 받들어 강화도에 들어갔다가 강화도가 함락되자 자결하였다.

134 공산현(公山縣) : 《인조실록》 24년 5월 1일 기사에 따르면, 역적의 출신지라는 이유로 공청도(公淸道) 공주목(公州牧)을 강등하여 공산현으로 삼았다.

4, 5십 섬을 허비하게 되고, 세도 있는 귀족 집안이 방납하게 되면 또 더합니다.

이상 두 가지의 일로 보면, 재물을 쓸모없는 곳에 내버리는 사례가 얼마나 많은지 모릅니다. 이는 모두 연산조에서 만들어서 지금까지 내려온 것입니다. 지난해 김육(金堉)[135]이 충청 감사가 되었을 때 지방에도 선혜청(宣惠廳)을 설치하여 시행하면 모든 폐단이 제거될 수 있을 것이라고 생각하고, 하직 인사를 할 때 계청(啓請)하여 행하려 했는데, 서리들이 떼로 모여서 말을 에워싸고 말하기를 "어째서 우리의 목숨을 끊으려 하십니까." 하므로 결국 시행할 수 없었습니다. 선정신(先正臣) 조식(曺植)이 말한 "우리나라는 서리에게 망한다."라는 것[136]이 참으로 일리가 있습니다. 그러나 서리도 책임지고 물품을 내주기에 지쳐서 이렇게 하지 않으면 생존할 수 없기 때문이니, 그렇다면 오늘날의 폐단은 반드시 근본적인 데에서 크게 징돈을 가해야 비로잡을 수 있을 것입니다.

○ 신이 또 생각건대 양전(量田)을 매우 드물게 하여 전결(田結)이 고르지 못하고, 권문세가가 오래도록 농단하므로 가난한 백성은 더욱 곤궁합니다. 이것이 주자(朱子)가 남강현(南康縣)에서 개연히 변통했으나 끝내는 횡포하고 교활한 자들에게 낭패를 당했던 일입니다.[137] 삼가 바라건대 이것도 아울러 유념하

135 김육(金堉) : 1580~1658. 본관은 청풍(淸風), 자는 백후(伯厚), 호는 잠곡(潛谷)이다. 1638년(인조16) 충청도 관찰사로 있으면서 대동법(大同法)의 확장 실시에 힘을 기울여 충청도에 시행하는 데 성공하였다. 시호는 문정(文貞)이다.

136 조식(曺植)이……것 : 남명(南冥) 조식이 1568년(선조1) 5월 26일에 올린 상소문에서 진달했던 말을 가리킨다. 이 상소는 일명 무진봉사(戊辰封事)라고도 하는데, 그는 여기서 당시 서리의 농간으로 야기되는 폐단을 극렬히 지적하며 '서리망국론(胥吏亡國論)'을 주장하였다. 《宣祖實錄 1年 5月 26日》《南冥集 卷2 戊辰封事》

137 주자(朱子)가……일입니다 : 주희가 지남강군 겸 관내권농사(知南康軍兼管內勸農事)로 재직할 때 기근이 들자, 백성을 구제하기 위해 주장(奏狀), 차자, 방문(榜文), 포고를 100통 가까이 쓰고 구황 조치 법령을 제정하여 간사한 호족이 날뛰지 못하도록

소서.-

이른바 "검소한 덕을 숭상하여 사치를 혁파하소서."라고 한 것에 대해 말씀드리겠습니다. 예로부터 임금이면 누군들 백성의 사치한 풍속을 미워하지 않았겠습니까. 그러나 끝내 고칠 수 없었던 것은 임금이 스스로 능히 사욕을 극복하여 검소한 덕을 숭상하지 못했기 때문이니, 그 아랫사람들이 어찌 기꺼이 좋아하는 것과는 반대로 검약하라는 명령을 따르겠습니까. 풍속이 사치한 것은 역대 사책(史冊)을 상고해 보아도 오늘날처럼 심한 적이 없었습니다. 궁중의 일에 대해서는 신이 진실로 알 수 없거니와 여염에서는 눈을 놀라게 하고 마음을 아프게 하는 일 아닌 것이 없습니다. 가난한 사람 10명의 식량으로는 벼슬아치가 먹을 한 상의 반찬을 제공하기에 부족하고, 추위에 떠는 사람 100명의 의복으로는 벼슬아치가 입을 한 벌의 옷을 만들기에 부족합니다. 벼슬아치가 타는 말은 비대하여 내구마(內廐馬)와 맞먹고, 거처하는 방은 화려하여 후궁의 방에 필적합니다. 존비(尊卑)가 분명하지 않고 상하가 서로 뒤섞인 것도 한심한 일인데, 하물며 이것을 하는 데에 드는 비용은 사소한 것까지 백성의 고혈(膏血) 아닌 것이 없는 경우이겠습니까. 벼슬아치들이 이미 스스로 참람하므로 천한 종들도 서로 못된 점을

하였다. 그러나 그가 직책을 떠나자 그런 문서들은 조정의 교활한 신하들과 지방의 간사한 아전들에 의해 공허한 것이 되고 말았다. 《수징난, 주자평전(상), 김태완 역, 역사비평사, 2015, 853~876쪽》 그리고 《송자대전수차》 권10에 "주자는 지남강군(知南康軍)으로 재직할 때 전결이 균등하지 못하고 호족이 오래도록 농단하여 백성들이 더욱 곤궁해지자 개연히 변통하고자 하였으나 결국 횡포하고 교활한 자들에게 패하여 그 법을 시행하지 못하였다." 하였다.

본받아 신기한 것을 다투니, 낭비가 셀 수 없습니다.

백성의 마음이 안정되지 못하고 대자연의 산물이 날로 없어지는데, 이와 같이 하는 것을 그치지 않으면 반드시 나라에 남는 백성이 없을 것입니다. 옛사람이 "사치의 피해는 자연의 재앙보다 더 심하다."[138]라고 한 것은 오늘날에 증험할 수 있을 것입니다. 천하의 이치는 근본이 없으면서 말단이 있는 경우가 없고 보면 궁중 사이에서 앞장서서 사치하는 자가 있는 것은 일조일석의 일이 아닌 듯합니다.

동방삭(東方朔)이 한 무제(漢武帝)에게 대답하기를 "위에서 사치를 하면서 백성으로 하여금 사치를 못 하게 하는 것은 어려운 일입니다." 하였습니다. 삼가 바라건대 폐단을 혁파할 근본을 깊이 생각하소서. 성상께서 몸소 대우(大禹)의 비의(菲衣)[139]를 본받고, 내정(內庭)에서 마후(馬后)의 대련(大練)[140]을 사용하여 검약의 풍조가 궁중에서 시작되면 사대부의 집에서 보고 느껴 이를 취해 법도로 삼아 이 풍조가 하천(下賤)에까지 미치며, 그런 뒤에 인심이 방탕하지 않고 천하의 재물이 축나지 않아서 민폐가 점점 바로잡힐 수 있을 것입니다. 바라건

138 사치의……심하다 : 진(晉)나라의 거기사마(車騎司馬) 부함(傅咸)이 임금에게 올린 글에 나온다. 그는 악을 원수처럼 미워하고 충언(忠言)을 서슴지 않는 등 강직하고 절의가 있기로 유명하였다. 《晉書 傅玄列傳 咸》

139 대우(大禹)의 비의(菲衣) : 비의는 의복을 검소하게 입는 것이다. 하우(夏禹)는 제왕으로서 자신이 입고 먹는 의복과 음식은 매우 박하게 하고 제사 때 쓰는 음식과 예복은 풍성하고 아름답게 마련하였다. 《論語 泰伯》

140 마후(馬后)의 대련(大練) : 대련은 거친 베이다. 후한 광무제(後漢光武帝)의 비 명덕 마 황후(明德馬皇后)는 검소하게 생활하여 항상 거친 베를 입었다. 《後漢書 皇后紀 明德馬皇后》

대 신하와 백성으로 하여금 허물을 본받지 말고 덕을 본받게 하신다면 매우 다행이겠습니다.-신이 상고하건대 옛 성왕(聖王)은 반드시 몸소 검약함으로써 아랫사람을 교화하였습니다. 오늘날 논하는 자가 말하기를 "하천배도 오히려 아름다운 옷을 입고 좋은 음식을 먹는데, 군상(君上)이 도리어 하천배보다 덜해야 하겠는가." 합니다. 이것이 오늘날의 바뀌지 못할 정론(定論)이 되었으니, 그 또한 이상합니다. 예전에 대사간 윤황(尹煌)[141]이 기인목(其人木)[142]을 백성의 부세 가운데 가장 고통스러운 것으로 여겨 차자를 올리기를 "조종조에서는 숙의(淑儀) 이하는 판방(板房)에 거처했으므로 기인의 역(役)이 그다지 번거롭게 많지 않았으니, 지금 구례(舊例)를 회복할 것을 청합니다." 하였는데, 그 일이 대신(大臣)에게 내려지자, 모두 말하기를 "지금 사대부의 집 비복(婢僕)도 모두 온돌방에 거처하는데 후궁을 판방에 거처하게 하려는가." 하니, 윤황이 말하기를 "예로부터 위에서 행한 것을 아래에서 본받았다는 말은 들었어도 위에서 도리어 아래를 본받았다는 말은 듣지 못하였다." 하였습니다. 그때 대신은 임금을 의리로 섬기지 않고 아첨하여 이와 같이 임금에게 잘 보이려 하였으니, 나라를 기울게 만든 것은 괴이할 것이 없습니다. 장남헌(張南軒)이 나라의 치욕을 씻을 계책을 논하고 "나라를 다스리는 자는 늘 농사짓는 수고를 생각하고 후비(后妃)는 길쌈하는 노고를 잊지 않아야 할 것입니다." 하였으니,[143] 이 말이

141 윤황(尹煌) : 1571~1639. 본관은 파평(坡平), 자는 덕요(德耀), 호는 팔송(八松)이다.

142 기인목(其人木) : 조선 초의 기인은 매년 번갈아 가며 서울에 머물면서 탄(炭)과 소목(燒木) 등을 상공(上供)하는 각 고을의 향리를 가리킨다. 그런데 광해군 때 대동법 실시 이후로 이를 혁파하고 그 대신 각 고을에 무명을 배정해 그것으로 탄과 소목을 사서 쓰게 하였는데, 그 무명을 말한다.《續大典 工典 京役吏》

143 장남헌(張南軒)이……하였으니 : 남헌은 장식(張栻)의 호이다. 그가 임금을 뵐

참으로 격언입니다.-

이른바 "사부(師傅)를 엄선하여 세자를 보필하게 하소서."라고 한 것에 대해 말씀드리겠습니다. 보통 사람도 자식을 두면 모두 스승을 택해서 가르치려고 합니다. 하물며 제왕(帝王)은 조종(祖宗)께서 이룬 기업의 중책과 만세토록 이어 갈 생민(生民)의 목숨을 장차 세자에게 맡길 것인데, 그 가르침을 삼가지 않을 수 있겠습니까. 세자를 가르치는 방법은 《소대례(小戴禮)》에 약간 보이고 〈보부전(保傅傳)〉[144]에 자세히 갖추어져 있으며, 주자가 또 그 뜻을 발명하여 극진히 말하였으니,[145] 상고하면 알 수 있습니다.

우리나라에서 관직을 설치한 것이 비록 잘 갖추어졌다고 하나 사부와 빈객(賓客)[146]을 접견할 기회는 매우 드물고 궁료(宮僚)의 진강은 떠받드는 것만을 일삼아 권고하고 깨우쳐 주는 말은 드물게 올리며, 다만 장구(章句)와 훈고(訓詁)에서 글자 세고 글줄 찾는 것으로 문서에만 응대하는 도구를 삼습니다. 그러니 비록 두려워하며 절차탁마(切

때마다 금나라를 물리쳐 치욕을 씻을 계책을 아뢴 내용과 인용한 내용이 《회암집(晦庵集)》 〈우문전수찬장공신도비(右文殿修撰張公神道碑)〉에 나온다.

144 보부전(保傅傳) : 한(漢)나라 가의(賈誼)가 지은 것으로 알려진 《신서(新書)》의 편명이나, 《신서》는 작자의 진위 문제가 논란이 되고 있다. 또 《대대례기》 제48편의 편명이기도 한데, 〈보부편〉은 주로 고대 왕태자에게 가르치던 예를 기술하고 있다.

145 주자가……말하였으니 : 주희가 《의례》를 중심으로 《예기》와 경사(經史)에 있는 예설(禮說), 선유(先儒)들의 학설을 모아 편찬한 《의례경전통해(儀禮經傳通解)》를 가리킨다.

146 빈객(賓客) : 세자의 교육을 담당하던 세자시강원(世子侍講院) 소속의 정2품 관직으로, 좌빈객과 우빈객 각 1인이 있으며 겸관(兼官)이었다.

磋琢磨)하여 그 덕을 이루려고 하더라도 그 방법을 쓸 길이 없고, 또 직임을 전적으로 오래 맡겨 성과를 책임 지우지 않는다면 짧은 시일 안에 훈도(薰陶)하고 함양(涵養)하는 이익을 바라기 어려울 것입니다. 또 연석(筵席)에서 몸을 굽히고 무릎을 꿇는 예절에나 힘쓰게 하여 극도로 수고롭게 한다면 앞다투어 서로 꾀를 써서 피하고 들어가지 않을 것입니다. 또한 그 가운데는 간사하고 아첨하는 사람이 눈과 귀를 점점 물들게 하는 일이 없지 않을 것이며, 혹은 용렬하고 고루한 무리에게 경시와 모욕만을 받는데 환관과 사령(使令)이란 것들이 날마다 일상생활 속에서 일을 주선한다면 비록 덕성(德性)이 이미 성취되었다 하더라도 어찌 점점 무너져 버리지 않겠습니까. 하물며 우리 세자는 아직 나이가 어리고 뜻이 정해지지 못한 경우이겠습니까. 더욱 마음이 단정하고 선량하며 품행이 방정(方正)하고 견문이 넓으며 도덕과 학술이 있는 자를 속히 뽑아서 그로 하여금 전적으로 보양(輔養)[147]하게 하고 실효를 거두도록 권면하여, 스승을 높이고 벗과 친하게 지내며 덕성을 높이고 도를 즐기는 마음을 일으키고, 거만하고 정중하지 못하여 기이하고 사특한 것이 뒤섞여 들어오는 해악을 막아야 하니, 그런 뒤에야 학문이 날로 나아가고 덕성이 날로 이루어질 것입니다.

그러나 또 생각건대 궁관(宮官)이 밖에서 보양하는 것이 아무리 지극하더라도 전하께서 일상생활 속에서 몸가짐과 덕 기르는 것을 털끝만큼이라도 방기한다면 세자가 어디서 보고 느껴 본받겠습니까. 더구나 모자간에는 더욱 허물을 감싸 주기를 일삼아, 엄부(嚴父)에게 죄를 얻지 않게 함으로써 그 잘못을 조장하는 경우가 많습니다. 만일 내전에

147 보양(輔養) : 세자와 세손을 교육하는 것을 말한다.

서 지나치게 자애를 베풀어, 작은 것을 참지 못하거든 큰 계책을 어지럽히게 된다는 것[148]을 모른다면 더욱 작은 걱정이 아닐 것입니다. 삼가 바라건대 전하께서 이 점을 아울러 유념하신다면 매우 다행이겠습니다.-신이 살피건대 정자(程子)가 장차 진강(進講)하려고 할 때에 내시가 누런 비단으로 '용(容)' 자를 덮으면서 "상이 번저(藩邸)[149] 때 쓰던 혐명(嫌名)[150]이다." 하였습니다. 강석이 파하자, 정자가 진언하기를 "임금의 권세가 높지 않을까 걱정되는 것이 아니라 신하가 너무 지나치게 높여서 임금에게 교만한 마음이 생길까 걱정될 뿐입니다. 이것은 모두 근습(近習)이 조장한 것이니, 경계하지 않을 수 없습니다." 하였습니다. 신이 삼가 듣건대 요즘 궁료(宮僚)들이 세자를 떠받드는 예의에만 힘쓴다 하는데, 이것은 근습들이 짓는 태도요 유신(儒臣)이 할 일은 아닙니다. 정자의 이 말은 의리가 바르고 분명하니 세자가 몰라서는 안 되고 전하께서도 아셔야 할 일입니다.

○ 신이 삼가 생각건대 세자가 학문하는 일은 하루가 급한데, 지난번에 대신(大臣)은 상복(喪服) 때문에 강학을 철회할 것을 의논하였으니, 이는 주자가 산릉(山陵)을 아직 정하기 전에 사황(嗣皇)[151]에게 강학을 권면했던 뜻이 아닙니다. 유념하소서.-

148 작은……것 : 《논어》 〈위령공(衛靈公)〉에 "공교로운 말은 덕을 어지럽히고, 작은 것을 참지 못하면 큰 계책을 어지럽힌다."라고 하였다.

149 번저(藩邸) : 임금이 왕위에 오르기 전에 거처하던 집이다.

150 혐명(嫌名) : 피휘(避諱)할 경우 글자는 다르나 음이 서로 같은 것을 이른다. '용(容)' 자는 송(宋)나라 철종(哲宗)의 이름인 '조용(趙傭)'의 용(傭) 자와 음이 같다. 그러나 《예기》 〈곡례 상(曲禮上)〉에는 혐명은 피휘하지 않는다고 하였다.

151 사황(嗣皇) : 대를 이은 황제이다.

이른바 "정사를 닦아 외적을 막으소서."라고 한 것에 대해 말씀드리겠습니다. 공자가 《춘추(春秋)》를 지어 대일통(大一統)의 의리를 천하 후세에 밝힌 뒤로 혈기가 있는 부류라면 모두 중국은 존중해야 하고 이적(夷狄)은 추하게 여겨야 할 것임을 알았습니다. 주자가 또 인륜을 추리하고 천리(天理)를 깊이 따져 치욕을 씻는 의리를 밝히기를,

"하늘은 높고 땅은 낮으며 사람은 그 가운데 위치하였다. 하늘의 도는 음양(陰陽)을 벗어나지 않고 땅의 도는 강유(剛柔)를 벗어나지 않는다. 그렇다면 인(仁)과 의(義)를 놓아 버리고서는 또한 사람의 도를 세울 수 없다. 그러나 인은 부자(父子)보다 큰 것이 없고, 의는 군신(君臣)보다 큰 것이 없으니, 이를 삼강(三綱)의 요체요 오상(五常)의 근본이라 이른다. 인륜과 천리의 지극함은 천지의 사이에서 도망갈 수 있는 자가 없다. '군부(君父)의 원수와는 하늘을 함께 이지 못한다.'라고 한 것은, 하늘처럼 덮어 주고 땅처럼 실어 주는 군부에 대하여 무릇 군신과 부자의 본성을 지닌 자들이 모두 지극한 아픔을 스스로 그치지 못하는 같은 심정에서 한 말이지, 한 개인의 사사로운 마음에서 한 말이 아니다."

하였습니다. 신은 이 글을 읽을 때마다 '이 한 글자, 한 글귀가 혹시라도 세상에 드러나지 않으면 예악(禮樂)이 썩은 흙에 빠지고, 인도(人道)가 금수(禽獸)의 소굴에 들어가서 구제할 수 없게 될 것이다.'라고 생각하였습니다.

삼가 생각건대 우리 태조 고황제(太祖高皇帝 명 태조 주원장(朱元璋))는 우리 태조 강헌대왕(太祖康獻大王)과 동시에 창업하여 곧 군신(君臣)의 의리를 정하였으니, 소국을 사랑하는 은혜와 충정(忠貞)의 절의가 거의 300년 동안 변하지 않았는데 불행히도 지난번에 추악한 오랑캐

가 흉포하게 날뛰는 바람에 온 나라가 함락되어 당당한 예의지국이 온통 비린내에 더럽혀졌으니, 접때의 일을 차마 어떻게 말하겠습니까. 연달아 갑신년(1644, 인조22)의 변란을 만나서 황경(皇京)이 전복되어 천하에 임금이 없게 되었으니, 이는 비록 "이 오랑캐의 소행이 아니다." 라고는 하나[152] 시기를 타서 추악한 이들을 불러들여[153] 우리의 침묘(寢廟)를 무너뜨리고 우리의 황족(皇族)을 섬멸하게 하였으니, 가슴 아픈 일입니다. 홍광황제(弘光皇帝)[154]에 이르러 남쪽에서 즉위하여 대통(大統)이 존재하고 있으니, 우리나라가 비록 빙향(聘享)의 예를 행한 일은 없으나 이는 우리 신종황제(神宗皇帝)[155]의 골육인데, 군신(君臣)의 큰 의리를 어찌 멀리 있다고 하여 차이를 두겠습니까. 그런데 어찌 하늘이 재앙을 계속 내려 역적 오랑캐가 나시 시해를 자행할 줄을 생각했겠습니까. 해와 달이 비치고 이슬과 서리가 떨어지는 곳에 사는 모든 성명(性命)을 가진 무리라면 그들과 하늘을 함께 이지 못하는 의리를

152 갑신년의……하나 : 1644년 3월에 이자성(李自成)이 북경을 함락하자 결국 황제가 자살하였고, 4월에 영원 총병(寧遠摠兵) 오삼계(吳三桂)가 청군(淸軍)에 투항하자 결국 청이 북경에 도읍을 세운 것을 말한다. 《明史 莊烈帝本紀》

153 불러들여 : 두주에는 '聘恐騁'으로 되어 있다.

154 홍광황제(弘光皇帝) : 중국 남명(南明)의 제1대 황제인 안종(安宗)으로, 홍광은 연호이다. 본명은 주유숭(朱由崧)이다. 재위 기간은 1644~1645년이다. 명(明)나라 신종(神宗)의 손자이며 복왕(福王)의 아들로, 숭정(崇禎) 16년(1643)에 복왕을 습봉(襲封)하였다. 대순(大順)의 군사가 수도를 격파한 뒤 봉양 총독(鳳陽摠督) 마사영(馬士英) 등이 남경으로 맞아들였고, 감국(監國)이 되었다가 얼마 뒤 황제라 칭하였다.

155 신종황제(神宗皇帝) : 1563~1620. 중국 명나라의 제13대 황제로, 이름은 주익균(朱翊鈞)이다. 재위 기간은 1572~1620년이며 연호는 만력(萬曆), 시호는 현제(顯帝)이다. 신종의 재위 기간에 임진왜란이 일어났다.

가지지 않은 자가 없을 터인데, 더구나 우리나라는 신종황제의 은혜에 힘입어, 임진년(1592, 선조25)의 변란에 종사가 이미 폐허가 되었다가 다시 보존되고, 생민이 거의 다 없어졌다가 다시 소생하였습니다. 우리나라의 풀 한 포기 나무 한 그루, 백성의 체모 한 가닥 머리카락 한 가닥이 모두 황은(皇恩)을 입었습니다. 그렇다면 오늘날 온 천하에 그 누가 우리처럼 참으로 원통하겠습니까. 더구나 광해(光海)가 무도하여 강홍립(姜弘立)과 김경서(金景瑞)로 하여금 전 군사를 오랑캐에 투항하게 하여[156] 천하 사람들이 우리더러 다 같이 오랑캐가 된다고 말하게 하였는데, 우리 대행 대왕(大行大王)께서 정의를 내걸고 반정(反正)하여 더러운 오점을 통쾌하게 씻어서 해와 별처럼 밝은 세상을 만들어 놓았으니, 일국의 신하와 백성은 길이 천하 후세에 할 말이 있을 것입니다. 게다가 대행 대왕께서 지성으로 상국을 섬겨 늘 은혜와 격려를 받으며 시종 차이가 없었는데, 정묘년(1627, 인조5) 이후로 갑자기 북로(北虜)에게 위협을 당하여 울분을 꾹 참고 충절을 나타내지 못하였습니다. 정축년(1637) 이후의 일은 절대 신자(臣子)로서는 차마 말할 바가 아닙니다. 무엇보다도 조병(助兵)의 일[157]을 앞에서 차마 보아야 했고 역적 정명수가 대등한 예를 차릴 때도 끝내 처단하지 못하였으니, 신자가 한번 죽는 것이 이처럼 어렵단 말입니까.

156 광해(光海)가……하여 : 1619년(광해군11) 명나라가 후금국(後金國)의 건주(建州)를 칠 때 우리나라에 지원병을 청하자 우리나라는 강홍립을 원수(元帥)로, 김경서를 부원수로 삼아서 군사 2만 명을 이끌고 가게 하였는데, 강홍립과 김경서는 청병(淸兵)과 싸우다가 청에 투항하였다. 《宋子大全隨箚 卷2》

157 조병(助兵)의 일 : 인조가 삼전도(三田渡)에서 항복할 때 청 태종(淸太宗)이 "청이 명(明)을 정벌할 때 조선은 청에 원군(援軍)을 보내라."라고 요구한 일을 이른다.

아, 성대한 덕의(德義)를 지닌 선왕(先王)께서 이런 큰 변란을 만나, 병력은 약하고 장상(將相)은 용렬하여 황상의 원한이 깊은 원수를 섬기는 것을 끝내 면하지 못하고 또 오랑캐의 신하가 된 큰 수치를 씻지 못한 채 오랫동안 울분을 억누르다가 신무(神武)를 끝내 펴 보지 못하셨으니, 수명을 오래 누리지 못하신 것은 필시 여기에 말미암은 듯합니다. 그렇다면 신자의 심정은 또 어떠하겠습니까. 저 푸른 하늘은 어찌 그리도 한없는 곤욕을 주는 것입니까. 어쩌면 저들이 우리에게 깊은 원한을 쌓게 해서 삼호(三戶)의 형세[158]를 만들기 위한 것이 아니겠습니까. 전하께서는 하늘이 주신 용지(勇智)와 위덕(威德)이 이미 드러났으니, 황천의 보살핌과 선왕의 부탁이 필시 있을 것이고 신민의 기원이 바야흐로 그 일에 간절한데, 만일 이에 터럭만큼이라도 미진하다면 비록 임금의 위엄을 누린다 하더라도 어찌 즐겁겠습니까.

성상께서 계책을 반드시 마음속으로 벌써 정하고 계실 줄 알지만, 걱정되는 것은 아둔하여 이끗만을 탐하며 부끄러운 줄도 모르는 일종의 무리들입니다. 만일 "우리는 이미 저들에게 몸을 굽혀 명분이 정해졌다."라고 한다면, 홍광황제가 시해를 당한 일과 선조(先朝)가 받은 치욕을 돌아보지 못할 것이며, 이러한 주장이 세상에 유행하면, 공자 이래의 대경대법(大經大法)이 일체 땅을 쓴 듯 없어지고 장차 삼강(三綱)이 매몰되고 구법(九法)이 무너져[159] 아들은 아버지가 있음을 알지

158 삼호(三戶)의 형세 : 원수를 갚는 것을 말한다. 《사기(史記)》〈항우본기(項羽本紀)〉에 "초(楚)나라가 비록 세 집이 남더라도 진(秦)나라를 멸망시킬 자는 초나라 사람일 것이다.〔楚雖三戶, 亡秦必楚也.〕" 하였고, 그 주에 "초나라 사람이 진나라를 원망하여 비록 세 집이라 하더라도 오히려 진나라를 멸망시키기에 족하다는 것이다." 하였다.

159 삼강(三綱)이……무너져 : 삼강은 임금과 신하, 부모와 자식, 남편과 아내 사이

못하고 신하는 임금이 있음을 알지 못하여 인심이 어긋나고 천지가 막혀 모두 금수의 무리가 될 것이니, 두려워하지 않을 수 있겠습니까.

그러나 오늘날에 시세를 헤아리지 않고 경솔히 강포한 오랑캐와 관계를 끊었다가 원수는 갚지 못하고 재앙과 패망이 먼저 이르게 된다면, 또한 선왕께서 수치를 참고 몸을 굽혀 조종의 제사를 연장한 본래의 뜻이 아닙니다. 삼가 바라건대 전하께서는 마음에 굳게 정하시기를 '이 오랑캐는 군부(君父)의 큰 원수이니, 맹세코 차마 한 하늘을 함께 일 수 없다.'라고 하며 원한을 축적하고 원통함을 참고 견디며, 말을 공손하게 하는 가운데 분노를 더욱 새기고 금전을 바치는 가운데 와신상담(臥薪嘗膽)을 더욱 절실히 하여, 계책은 비밀스러워 귀신도 엿보지 못하고 지기(志氣)는 견고하여 맹분(孟賁)과 하육(夏育)[160]도 빼앗지 못하도록 하여, 5~7년 또는 10~20년까지도 마음을 늦추지 말고 우리 힘의 강약을 보고 저들 형세의 성쇠를 관찰하소서. 그러면 비록 창을 들고 죄를 문책하여 중원을 말끔히 쓸어 우리 신종황제의 망극한 은혜를 갚지는 못한다 하더라도 오히려 혹 관문(關門)을 닫고 조약을

에 마땅히 지켜야 할 도리로 군위신강(君爲臣綱), 부위자강(父爲子綱), 부위부강(夫爲婦綱)을 이른다. 구법은 《서경》〈홍범(洪範)〉의 구주(九疇)를 가리키는데, 이는 천하를 다스리는 아홉 가지 대법(大法)으로, 곧 오행(五行), 오사(五事), 팔정(八政), 오기(五紀), 황극(皇極), 삼덕(三德), 계의(稽疑), 서징(庶徵), 오복(五福)이다. 한유(韓愈)의 〈여맹간상서서(與孟簡尙書書)〉에 "양주와 묵적이 서로 어지럽히매 성현의 도가 밝아지지 못하고, 성현의 도가 밝지 못하면 삼강이 매몰되고 구법이 무너지며 예악이 무너지고 이적이 횡행할 것이니, 어찌 금수가 되지 않을 수 있겠는가." 하였다.

160 맹분(孟賁)과 하육(夏育) : 맹분은 전국 시대 제(齊)나라의 역사(力士)이고, 하육은 주(周)나라의 역사이다. 맹분은 맨손으로 쇠뿔을 뽑았다고 하고, 하육은 천균(千鈞)의 무게를 들어 올렸다고 하여 힘이 센 장사를 비유할 때 흔히 쓰는 표현이다.

끊으며 명분을 바로잡고 이치를 밝혀 우리 의리의 온편함을 지킬 수 있을 것입니다. 성패와 이둔(利鈍)은 예견할 수 없더라도 우리가 군신과 부자 사이에 이미 유감이 없고 보면, 굴욕을 당하고 구차하게 보존하는 것보다 훨씬 낫지 않겠습니까.

그러나 이 일은 더욱 전하의 한마음을 근본으로 삼지 않으면 안 되니, 반드시 자신을 극복하고 마음을 바루며, 집안을 다스려 충직(忠直)한 사람을 가까이하고, 공도(公道)를 넓혀 체통을 밝히고, 기강을 떨쳐 재용(財用)을 절약하고, 사치를 혁파하여 백성의 힘을 덜어 주며, 뜻을 용감하게 가지고 꾀를 밝게 가지며 기세가 충만하게 해야 하니, 그런 뒤에야 이 일을 말할 수 있습니다. 그렇게 하지 않으면 이 일을 아무리 쉴 새 없이 말하더라도 한갓 헛된 말로 한때 듣는 사람의 마음만 시원하게 할 뿐입니다. 그러므로 주자가 효종(孝宗)에게 고하기를,

"세상에 흔치 않은 큰 공은 세우기 쉬우나 지극히 은미한 본심은 보존하기 어렵고, 중원의 오랑캐는 쫓아내기 쉬우나 한 몸의 사사로운 뜻은 제거하기 어렵습니다. 그렇기 때문에 감히 구차하게 과장된 말을 하여 폐하를 속일 수 없습니다. 오직 폐하께서 마음을 바르게 하고 사욕을 극복하여 정사를 닦으면, 진실한 공효를 점차로 이룰 수 있습니다. 대개 이른바 '《역(易)》을 잘 아는 사람은 《역》을 말하지 않는다.'라는 것이니, 정말로 나라를 회복하는 데 뜻을 둔 사람은 칼을 어루만지거나 손뼉을 치는 사람들 사이에 있지 않습니다."[161]

161 세상에……않습니다 : 주희의 〈무신봉사〉에 보인다. 《晦庵集 卷11》 칼을 어루만지거나 손뼉을 치는 짓은 변방에 가서 공훈을 세우려는 일개 무신(武臣)의 행위이다. 《후한서(後漢書)》 〈장궁열전(臧宮列傳)〉에 "장궁과 마무(馬武) 무리는 우는 칼을 어

하고, 또 "그 근본은 위강(威强)에 있지 않고 덕업(德業)에 있으며, 그 방비는 변경에 있지 않고 조정에 있으며, 그 도구는 병식(兵食)에 있지 않고 기강에 있습니다." 하였으니, 이는 참으로 만세의 지론입니다. 삼가 바라건대 전하께서는 주자의 이 말을 좌우명으로 걸어 놓고 조석으로 살펴보소서.

아, 전하께서 이미 수치를 씻고 의리를 바로잡으려는 마음을 가지면 한 몸은 돌아볼 것이 못 됩니다. 온 천하의 만물이 족히 나의 마음을 감당할 수 없을 것인데, 하물며 안일한 향락이나 재물에 대한 탐욕이나 편폐(便嬖)에 대한 사사로운 정이 어찌 족히 터럭만큼이라도 전하의 뜻을 부려서, 떨쳐 일으켜야 하는 사업을 방해하겠습니까. 이와 같이 하신다면 비록 벙어리, 귀머거리, 절름발이 같은 사람이라 하더라도 또한 백배의 기운을 내어 큰일을 하시는 뜻을 도울 것입니다. 삼가 바라건대 성상께서 깊이 유의하여 소홀히 하지 않으신다면 종묘사직이 매우 다행이고 생민도 매우 다행이겠습니다.-신이 상고하건대 삼강, 오상은 천리와 인륜의 대체(大體)입니다. 여기에 결함이 있으면 나라는 나라답게 될 수 없고 사람은 사람답게 될 수 없습니다. 그러므로 유현(儒賢)은 은둔해 버리고 정의롭지 못한 자가 진출하여 중지(衆志)는 통제 아래 소속될 데가 없고 군상(君上)은 믿을 곳이 없게 되는 것이니, 비록 혼자만 오래도록 편안하려 한들 그렇게 될 수 없을 것입니다. 그러므로 주자가 처음 효종을 뵈었을 때 맨 먼저 이 의의를 진언했으니, 그 뜻을 또한 알 수 있습니다.

전하께서는 일찍이 서연(書筵)에서 한(漢)나라의 무제(武帝)가 문제(文帝)

루만지고 손뼉을 쳤으며, 뜻은 이오(伊吾)의 북쪽을 향해 달리고 있었다."라고 한 데서 온 말이다.

보다 낫다고 여기면서 평성(平城)에서의 원수를 갚았다고 하셨습니다.[162] 초야의 선비 중에는 이 소식을 듣고 감동하여 떨쳐 일어날 것을 생각하지 않은 자가 없었는데, 당시 연신(筵臣)이 그 뜻을 깨닫지 못하고 도리어 반론을 제기한 것이 애석합니다. 그러나 설치(雪恥)는, 그 실제는 있어도 '설치'라는 이름은 없어야 하니, 그런 뒤에야 일을 이룰 수 있습니다. 이름은 있으나 실제가 없는 것은 일을 할 때 크게 꺼리는 점입니다. 우리나라는 인심이 경박하고 금령(禁令)이 엄격하지 못합니다. 근년에 선조(先朝)에서 비밀히 일을 의논한 뒤에 신하들로 하여금 비록 부자간일지라도 누설하지 말게 하였는데, 인대(引對)를 파하자마자 그 설이 널리 퍼졌다고 하니, 매우 통탄하고 경악할 일입니다. 《역(易)》에서 말하기를 "모의는 비밀을 지켜 이루어지고 일은 누설되어 망친다."[163] 하였습니

162 전하께서는……하셨습니다 : 효종이 봉림대군(鳳林大君)으로 있을 적에 궁료(宮僚)들에게 한나라의 문제와 무제 중 누가 더 나은가를 물었는데, 모두 문제가 낫다고 대답하자, 효종은 "무제는 평성에서의 어려웠던 일을 잊지 않고 있었으니, 무제가 더 낫다."라고 한 일을 가리킨다. 《宋子大全 卷181 寧陵誌文》 한나라를 건국한 고조(高祖) 유방(劉邦)은 흉노(匈奴)와 싸우다가 평성에서 포위되어 묵특 선우(冒頓單于)에게 굴욕적인 조건으로 맹약을 맺고 돌아왔는데, 고조와 혜제(惠帝)를 이어 즉위한 문제는 백성들을 부유하게 하였으나 흉노에게 복수하지는 못하였다. 그러나 문제와 경제(景帝)의 뒤를 이어 즉위한 무제는 모든 국력을 들여 흉노를 대거 정벌하느라 국력이 소모되고 백성들이 고통에 시달렸다. 이 때문에 사가(史家)들은 문제를 더욱 훌륭한 군주로 평가하였으나 봉림대군은 청나라에 대한 복수심에 불타 무제가 더 낫다고 한 것이다. 봉림대군은 즉위하자, 북벌(北伐)을 계획하여 청나라에 대한 복수전을 전개하려 하였으나 일찍 승하하여 뜻을 펼치지 못하였다.

163 모의는……망친다 : 이와 관련하여 《주역》 〈계사전 상(繫辭傳上)〉에 공자가 "난(亂)이 발생하는 데는 말이 계제가 되니, 임금이 비밀을 지키지 않으면 신하를 잃고, 신하가 비밀을 지키지 않으면 몸을 잃으며, 일의 기미에 비밀을 지키지 않으면 성공을 해친다."라고 한 말이 있다.

다. 주자가 말하기를 "노인(虜人)은 할 일이 있으면 반드시 밀실에서 모의하며, 큰일일 경우에는 대인(大人) 약간 명만이 넓은 벌판에 모여서 손가락으로 모래에 그어 가며 의논하기 때문에 일이 누설되지 않고 반드시 성사된다."[164] 하였으니, 주자의 뜻을 또한 알 만합니다.

○ 신이 상고하건대 고려 때에는 예의에 밝지 못하였으나 송(宋)나라에 대한 군신의 의리는 잊지 않았습니다. 송나라에 궐내의 의원을 비밀히 요청하고 의원을 통해 일의 형편을 전달하였으며,[165] 또 일반 사신을 파견하여 갖은 고생을 하면서 송나라와 교류하였습니다. 논자(論者)가 말하기를 "고려 왕조가 500년을 이어 온 것은 실로 이에 말미암은 것이다."라고 하고, 주자도 고려의 풍속이 좋다고 말하였습니다.[166] 우리 왕조의 예의는 고려 왕조가 감히 바라볼 수 없지만 이런 교류에서는 도리어 부끄러운 점이 있으니, 이것이 어찌 의지할 만한 충의(忠義)로운 신하가 없어서 그런 것이겠습니까. 개탄을 금할 수 없습니다.

○ 오늘날 논하는 자들은 모두 병력이 약하기 때문에 해볼 수 없다고 하지만, 고구려는 우리나라 3분의 1 정도의 병력으로 수(隋), 당(唐)의 100만 대군을 물리쳤고, 또 당 태종(唐太宗) 같은 영웅도 안시성(安市城)에서 곤욕을 당하였던 것입니다.[167] 저 오랑캐는 견양(犬羊) 가운데 사납고 교활한 자에 불과하니

164 노인(虜人)은……성사된다 : 금나라 사람들의 모의하는 방식을 말한 것이다. 《주자어류》 권133에 보인다.

165 송나라에……전달하였으며 : 송 휘종(宋徽宗) 때 고려가 송나라에 사신을 보내 황제를 가까이에서 모시는 의원을 두 사람 보내 줄 것을 요청했는데, 실은 두 의원을 통해서 기밀을 유지하며 송나라 황제에게 여진과 우호를 맺는 것은 좋은 방도가 아님을 전달하려 한 것이었다. 《朱子語類 卷133》

166 주자도……말하였습니다 : 《주자어류》 권133에, 혹자가 고려 풍속이 좋냐고 묻자 주희가, 고려는 자제를 송나라에 보내 벽옹(辟雍)에 들어가 공부하게 하여, 과거에 급제하여 고려로 돌아간 자가 매우 많았다고 칭송하는 내용이 보인다.

어찌 감히 당 태종의 만분의 일이라도 되겠습니까. 하물며 우리나라의 포수(砲手)는 바로 천하의 정병(精兵)으로서 그 당시에는 없었습니다. 오늘날의 급선무는 오직 군사를 훈련하고 장수를 잘 가려 뽑으며, 군량을 비축하고 군율(軍律)을 엄격하게 하는 일뿐입니다.

○ 신이 또 생각건대 오늘날 곤궁한 백성 가운데 군대의 대오(隊伍)에 든 자가 더욱 가련한데, 그중에서도 조군(漕軍)과 수군(水軍)[168]이 가장 심합니다. 삼가 생각건대 진언한 자가 이미 그 폐단을 아뢰었을 것입니다. 반드시 급히 서둘러 그들을 곤경에서 구제한 뒤에야 위급할 때에 부릴 수 있을 것입니다.

○ 신이 또 생각건대 군액(軍額)이 날로 늘어나니, 반드시 자주 군호(軍戶)를 뽑은 뒤에야 고생하는 자만 고생하는 폐단이 완화될 수 있을 것입니다.

○ 신이 또 생각건대 곤수(閫帥)의 직임은 평시에도 신중히 뽑아야 하는데, 오늘날 곤수는 모두 채수(債帥)[169]들이어서 몽매하여 사리를 알지 못하니, 군정(軍政)이 너무도 거칩니다. 그 사례에 대하여 신이 보고 들은 것도 많으니, 성상께서는 유념하소서.

○ 신이 상고하건대 열성(列聖)의 시전(諡典)은 반드시 중조(中朝)에서 정해

167 고구려는……것입니다 : 수 양제(隋煬帝)가 612년에 100만 대군을 거느리고 고구려를 쳐들어왔다가 살수(薩水)에서 을지문덕(乙支文德)에게 격파당한 일과 당 태종이 645년에 100만 대군을 거느리고 고구려를 쳐들어왔다가 양만춘(楊萬春)이 성주(城主)로 있는 안시성에서 대패하여 막대한 타격을 입고 퇴각한 일을 말한다.

168 조군(漕軍)과 수군(水軍) : 조운창(漕運倉)의 조군과 수영(水營)의 수군이다. 이들은 천한 계급이 종사하는 일곱 가지 천역(賤役)에 속한다.

169 채수(債帥) : 빚을 진 장수라는 뜻이다. 당 대종(唐代宗) 이후 정치가 부패하여 장수가 내관(內官)에게 수많은 뇌물을 바쳐야 벼슬을 얻었는데, 돈이 없는 자는 부잣집에서 돈을 꾸어 뇌물로 바치고 벼슬을 얻은 뒤에 백성에게 수탈하여 그 이자를 갑절로 갚았으므로 생긴 용어이다. 《唐書 高瑀列傳》

져 내려왔는데, 지금 만일 저 오랑캐가 그것을 본받아 시전을 내려 주려 한다면 어떻게 대처하겠습니까. 한번 종묘의 신주에 오랑캐가 준 시호를 쓰면 백세토록 오점을 제거하기 어려울 텐데, 그들이 정해 준 시호를 사용하지 않다가 사실이 누설되면 반드시 재앙의 빌미를 불러들일 것입니다. 삼가 바라건대 미리 아름다운 시호를 강구하여 비밀히 중신(重臣) 및 제주관(題主官)[170]으로 하여금 상의하여 잘 처리하게 함으로써 흔적이 남지 않도록 하소서. 옛날에 사시(私謚)의 전례[171]가 있었고, 또 천자(天子)의 시호는 청할 곳이 없으므로 하늘을 칭하여 뇌(誄)하였으니,[172] 오늘날은 대명 황제(大明皇帝)를 칭하며 시호를 정해도 불가할 것이 없습니다. 일전에 휘호(徽號)가 온당하지 못하다 해서 논의가 매우 격렬했었거니와, 신이 깊이 염려하는 점은 오직 여기에 있습니다. 삼가 바라건대 신의 말로 명분을 바로잡고 의를 위하여 거사하는 계기로 삼으소서.

○ 신이 삼가 생각건대 정자(程子)는 소차(疏箚)를 올린 뒤에는 반드시 초고를 없애 버리고 자제들에게 보이지 않으면서 말하기를 "자신을 자랑하고 선행을 드러내 보이는 것은 마음에 부끄럽게 여기는 바이다." 하였습니다.[173] 더구나

170 제주관(題主官) : 신주(神主)의 글씨를 쓰는 일을 담당하는 사람이다.

171 사시(私謚)의 전례 : 옛날에 지위는 낮으나 덕망이 높은 인물이 작고했을 때 친속(親屬)이나 제자 들이 사적으로 시호를 올린 경우를 말한다.

172 천자(天子)의……뇌(誄)하였으니 : 《예기(禮記)》 〈증자문(曾子問)〉에 "천한 자가 귀한 이를 뇌하지 않고 어린 자가 어른을 뇌하지 않는 것이 예이다. 오직 천자만이 하늘을 칭하여 뇌하니 제후가 서로 뇌하는 것은 예가 아니다."라고 하고, 《예기주소(禮記注疏)》의 주에서 "뇌는 묶는다는 뜻이니 살았을 때의 행적을 엮는 것이다. 그것을 가지고 시호를 짓는다."라고 하였다. 따라서 뇌란 시호를 짓는 일을 말한다. 시호는 높은 사람이나 어른이 내리는 것이므로 천자의 경우에는 천자보다 높은 사람이 없기 때문에 마치 하늘에서 받는 듯이 한다는 것이다.

173 정자(程子)는……하였습니다 : 《근사록집주(近思錄集註)》 〈부설(附說)〉에 다

신의 이 상소는 더욱 감히 초고를 남에게 보일 수 없으니, 삼가 바라건대 대궐에 머물러 두고 내리지 마소서. 신이 감히 자신을 아껴서가 아니라, 물의가 야기되어 사체를 손상할까 염려해서입니다.-

이상 몇 조목은 신이 삼가 어리석은 견해로 참람되이 논해서 올린 것인데, 모두 전하의 한마음에 근본을 두었습니다. 미나리와 햇볕을 바치는 정성[174]은 주위 사람의 웃음을 면하지 못하더라도 반딧불과 촛불의 미약한 빛[175]이나마 해와 달의 빛에 도움이 되었으면 합니다.

아, 전하께서는 500년[176]의 운기를 만나 군사(君師)의 책임을 맡으셨으니, 천명(天命)의 돌봄이 막 새롭고 인심의 기대가 바야흐로 간절합니다. 애통하고 참담한 가운데 어지럽게 흔들리는 감정이 없고 보면, 선단(善端)의 발현이 마치 봄기운이 감돌기 시작하는 것과 같고 치세

음과 같은 내용이 있다. "신종(神宗)이 선생으로 하여금 인재를 추천하게 한 적이 있는데, 선생이 추천한 자가 수십 인이고 아버지의 표제(表弟)인 장재(張載) 및 아우 정이(程頤)를 우두머리로 삼았으며, 올린 상소는 번번이 초고를 제거하여 자제에게 보여주지 않으며 말하기를 '자기를 드러내거나 사람들에게 자랑하는 것은 내가 하지 않는 짓이다.' 하였다." 정자는 정호(程顥)를 가리킨다.

174 미나리와……정성 : 하찮은 것이라도 임금을 생각하는 갸륵한 정성을 말한다. 춘추 시대 송(宋)나라 사람이 봄철의 따스한 햇볕을 쬐며 다시없이 좋은 것이라고 여겨 임금에게 바치고자 한 고사와 콩나물만 먹던 사람이 미나리를 맛있다고 토호(土豪)에게 바쳤다는 고사에서 유래한 말이다. 《列子 楊朱》

175 반딧불과……빛 : 미약한 힘을 뜻하는데, 삼국 시대 위(魏)나라 조식(曹植)의 〈구자시표(求自試表)〉에 "반딧불과 밀초의 미약한 빛이나마 해와 달의 광휘에 보태고 싶다."라고 한 데서 온 말이다.

176 500년 : 《맹자》 〈공손추 하(公孫丑下)〉에서, 맹자가 "500년마다 왕자(王者)가 반드시 나오게 되어 있다."라고 한 데서 온 말이다.

(治世)를 바라는 뜻이 마치 물줄기가 바야흐로 터진 것과 같을 것이니, 이는 정말 시세를 타서 치세의 일을 할 기회입니다. 그런데 제왕의 성덕대업(盛德大業)을 스스로 기약하지 않고 세속의 자신을 낮추는 말과 뒤섞는다면 털끝만 한 차이가 나중에 어찌 천 리 정도만 어긋나겠습니까. 그러나 혹 제왕의 도에 뜻을 두고서도 그 이름만을 일삼고 그 실상을 궁구하지 않으며 그 말단만을 힘쓰고 그 근본을 탐구하지 않는다면, 오곡(五穀)의 아름다움이 피가 익은 것만 못한 격[177]이니, 한 잔의 물이 어찌 한 수레에 실린 섶에 붙은 불을 이기겠습니까.[178]

아, 도(道)는 가없이 드넓은데 어디에서 시작하겠습니까. 자사자(子思子)가 성인들이 전한 것을 기술하여 《중용》을 짓고 말하기를 "위대하도다, 성인의 도여. 물이 넘쳐흐르듯 끝없이 만물을 발육시켜 그 높은 도의 경지가 하늘에까지 닿았도다. 크고 넉넉하도다. 예의가 300가지요, 위의가 3000가지로다."라고 하면서도, 이어 그것을 행하는 방법을 제시한 것은 "덕성(德性)을 높인다."[179]라는 것에 불과하였습니다. 맹

177 오곡(五穀)의……격 : 제왕의 도에 뜻을 두었으면 중간에 포기하지 말고 끝까지 성실하게 매진하여 성취하라는 뜻이다. 《맹자》 〈고자 상(告子上)〉에 "오곡은 종자 중에 아름다운 것이지만 만일 익지 않으면 피만도 못하니, 인(仁) 또한 그것을 익숙히 하는 데에 달려 있을 뿐이다."라고 한 데서 온 말이다.

178 한 잔의……이기겠습니까 : 《맹자》 〈고자 상〉에서, 맹자가 "인이 불인을 이김은 물이 불을 이김과 같으니, 지금에 인을 행하는 자들은 한 잔의 물로 한 수레에 가득 실은 섶의 불을 끄는 것과 같다. 그리하여 불이 꺼지지 않으면 물이 불을 이기지 못한다고 말하니, 이는 또 불인을 돕기를 심히 하는 것이다."라고 한 데서 온 말이다.

179 덕성(德性)을 높인다 : 《중용장구》 제27장에 "그러므로 군자는 덕성을 높이고 학문을 말미암으니, 광대함을 지극히 하고 정미함을 다하며, 고명함을 다하고 중용을 따르며, 옛것을 잊지 않고 새로운 것을 알며, 후함을 돈독히 하고 예를 높이는 것이다." 하였다.

자는 자사의 뜻을 기술하여 호연지기(浩然之氣)를 발휘해 내기를 "그 기(氣)는 지극히 크고 강하여 천지의 사이에 꽉 차 있다."라고 하였으나, 그것을 행하는 방법을 제시한 것은 "반드시 무슨 일을 하되 잊지도 말고 조장하지도 말라."라는 것에 불과하였습니다. 그런데 정자(程子)는 한마디 말로 들어 이르기를 "천덕(天德)과 왕도는 그 요체가 근독(謹獨)에 있을 뿐이다."[180] 하였습니다. 대개 제왕의 도는 지극히 크고 높으면서도 그 법은 지극히 가깝고 간략하니, 다만 임금이 즐겨 하지 않는 것이 걱정일 뿐입니다.

아, 예로부터 임금으로서 여기에 즐겨 힘쓰고서 국가를 패망시킨 자가 있었다는 것은 신이 듣지 못하였는데도, 세속 의론에서는 대개 금지어로 여겨 한마디 말이라도 여기에 비치면 뭇사람이 기롱하고 비방하여 반드시 그로 하여금 용납받을 곳이 없게 만들고야 맙니다. 그리고 화리(貨利), 성색(聲色), 참사(讒邪), 근습(近習)에 이르러서는 곧 역대에서 패망을 본 흔적이 명백한데 이에 태연히 두려워할 줄을 모르니 아, 그 또한 이상합니다.

전하께서는 학식이 고명하고 연세가 젊으시니, 몸을 닦고 세상을 다스리는 일을 날로 새롭게 해 마지않으실 것입니다. 그러나 신이 걱정

180 천덕(天德)과……뿐이다 : 정호(程顥)가, 하늘의 덕과 합일할 수 있는 도덕적 경지에 이른 성인이어야 왕도를 행할 수 있다고 한 것을 말한다. 《근사록》 〈존양(存養)〉에 "공자가 시냇가에 있으면서 '가는 것이 이 물과 같구나. 밤낮을 그치지 않는구나.'라고 하였는데, 한나라 이래로 유자들이 모두 이 의미를 알지 못하였다. 여기에서 성인의 마음이 순수하여 또한 그치지 않음을 볼 수 있으니, 순수하여 그치지 않음이 천덕이다. 천덕이 있으면 문득 왕도를 말할 수 있으니, 그 요체는 신독(愼獨)에 있다."라고 한 것을 말한다. 근독은 홀로 있을 때 삼간다는 뜻인 신독과 같은 말이다.

하는 것은, 속론(俗論)이 바야흐로 횡행하고 정론(正論)은 오랫동안 소멸했으며, 아첨하는 무리들은 틈을 엿보고 정직한 선비는 친하기 어려우며, 이익을 취하는 습속이 이미 고질이 되어 의리를 숭상하는 기풍이 나타나지 않고, 구차히 책임을 모면하는 계책이 이미 관습이 되어 정대한 규범이 밝지 못한 점입니다. 그러니 어찌 전하께서 과연 거기로 들어가지 않고 여기로 나와 우뚝하게 이제 삼왕(二帝三王)을 기약하실지 알겠습니까.

구습을 버리지 못하고 구차하게 지내며 임시방편으로 미봉책만을 써서, 하늘의 보살핌은 날로 쇠하고 민심은 날로 떠나, 사방을 돌아보아도 아득하여 희망이 보이지 않는 데다 세월은 강물처럼 흘러가서 나이는 많고 지기(志氣)는 더욱 쇠약해진다면, 장차 시운(時運)이 어찌할 수 없다는 것으로 핑계를 대고 오직 눈앞의 즐거운 일만을 따를 것입니다. 예로부터 오늘에 이르기까지 뜻을 가진 임금이 처음에는 청명한 정치를 하다가 나중에는 시들어 버린 경우가 얼마나 많습니까. 이것이 신이 크게 두려워하고 깊이 걱정하는 바입니다. 그렇기 때문에 일에 앞서 어리석은 소견을 피력하지 않을 수 없었습니다. 신은 이미 물러나 전야(田野)에 엎드려 있으니 망녕되이 논설을 하여 직위에서 벗어나는 일을 해서는 안 된다는 경계를 범해서는 안 됩니다. 다만 임금을 사랑하는 정성이 주인에게 충성하는 견마(犬馬)의 천성에서 나와 능히 자제하지 못하고 이토록 함부로 범하였으니, 신의 죄는 만번 죽어 마땅합니다. 삼가 바라건대 성상께서는 불쌍히 여기고 관용을 베푸시어 중도에 맞는 사항을 택하소서. 신은 하늘을 우러르고 대궐을 그리는 마음을 금할 수 없습니다.

정유봉사[181] 8월 16일

丁酉封事 八月十六日

삼가 아룁니다. 신이 삼가 지난달 내리신 비답(批答)의 말씀을 받았는데, 마치 자상한 아버지가 어린 자식에게 하듯 신의 질병을 염려하셨습니다. 또 안심하고 조리할 것을 허락하며 신으로 하여금 집에서 더 머물게 하셨습니다. 신은 큰 은혜를 입고 감격의 눈물을 줄줄 흘렸습니다. 신은 아침저녁으로 약물을 복용하고 밤낮으로 조섭하여 병이 조금 나으면 달려가서 사례하는 소원을 펴기를 바랐는데, 그럭저럭 지낸 지 한 날 남짓 만에 병세가 더욱 악화되어 며칠씩 계속 침식을 제대로 하지 못하고 잠자리에서 끙끙 앓고 있어 바보 같고 미친 사람 같아 아침저녁으로 기다리는 것은 죽음뿐입니다. 운명은 피하기 어려운 것이라 달갑게 여겨야 하지만, 오직 이 성은을 갚지 못하고 외로운 충정을 바치지 못한 상태에서 하루아침에 죽는다면 참으로 눈을 감기 어려울 것입니다. 또 더군다나 세자시강원의 고위 관직을 오래도록 욕되게 차지하고 있으니 일의 체면을 헤아려 볼 때 매우 온당치 않습니다. 삼가 바라건대 성상께서는 가련히 여겨 신의 직임을 체차하도록 허락하셔서, 신으로 하여금 시골 사람의 옷을 입고 일을 하다가 죽게 하여, 지하에서 헛되이 성은을 입어 길이 죄를 지은 귀신이 되게 하지 말아 주소서.

181 정유봉사(丁酉封事) : 우암이 정유년(1657, 효종8)에 효종에게 올린 것으로, 19조목에 걸쳐 정치 경륜을 피력하였다.

신이 또 삼가 스스로 생각건대 임금을 사랑하는 마음이 천성에 뿌리를 내려서 사그라지게 할 수 없는데, 더구나 전하의 보기 드문 지우(知遇)를 받고서도 이미 능히 큰길에 나서서 견마(犬馬)의 힘을 다하지 못하고, 또 능히 한번 충언(忠言)을 드려 성덕(聖德)의 만분의 일도 돕지 못하였으니, 신은 장차 어떻게 죽어야 할지 모르겠습니다. 신은 자질이 누추한 후학으로서 비록 지식은 없지만 증자(曾子)가 말하기를 "사람이 죽을 무렵에는 그 말이 착하다."라고 했으므로, 이에 한두 가지 충심을 진언하여 보잘것없는 정성을 바치니, 혹 채택하시면 재변을 만나 열심히 구휼하는 마음에 도움이 없지 않을 것입니다. 다만 그 가운데에 혹 누설해서는 마땅치 않은 내용이 있으므로 감히 작은 책자에 손수 써서 종이로 세 겹을 싸고 각각 봉한 다음 대궐을 바라보며 절하고 올리니, 바라건대 성상의 앞에 이르거든 특별히 승지(承旨)와 사관(史官)으로 하여금 열어 점검하고 아뢰게 하소서. 이는 신이 창안한 것이 아니라 본래 주 부자(朱夫子)의 고사[182]에 있는 것입니다.

신은 고통에 신음하며 밤에 잠을 이루지 못하는 가운데 슬피 탄식하기를,

"황천(皇天)이 성상을 태어나게 하고 성고(聖考)가 전하에게 왕위를 넘겨주신 것이 어찌 우연한 일이겠는가. 그런데 전하께서는 왕위에 오르신 지 8년 동안에 그럭저럭 세월만 보내서, 위로는 황천과 성고의 뜻에 보답하고 아래로는 신하와 백성 들의 기대에 부응할 만한 조그마한 공효도 없이 오늘날에 이르렀으니, 사람들은 원망하고 하늘은 성을 내며 안팎이 소란스러워 위태로운 멸망의 화가 금방 닥쳐

182 주 부자(朱夫子)의 고사 : 주희(朱熹)가 봉사(封事)를 올린 일을 말한다.

올 것 같다. 저 녹봉과 벼슬자리만을 구차하게 보전하고 있는 답답한 신하들은 족히 말할 것이 못 되지만, 전하께서는 어찌 조종(祖宗)과 기업(基業)의 대통 및 사직(社稷)과 신민(臣民)에 대한 책임을 생각하지 않으신단 말인가. 요즘에 전하께서는 하늘이 보이는 경계로 인하여 근심스럽게 마음을 가다듬어 경계하고 두려워하시는 생각이 늘 호령하고 일을 하는 사이에 드러나니, 이와 같이 하기를 그치지 않는다면 거의 훌륭한 정치를 하실 수 있을 것이다. 그러나 심체(心體)는 유지하기 어렵고 지기(志氣)는 쇠하기 쉬우니 세월이 흐르면서 점차 타성에 젖어 태만히 한다면, 인애(仁愛)하는 하늘도 장차 포기해 버려서, 곧 망하고 말 것이다."

하였습니다. 생각이 여기까지 미치니, 심담(心膽)이 무너질 것 같습니다.

아, 오늘날의 일은 폐단이 아닌 것이 하나도 없는데, 모두가 그 근본이 단정하지 못한 데에 말미암습니다. 근본이 단정한데도 말류의 폐단이 있었다는 것을 신은 듣지 못하였습니다. 오늘날 나라의 형편이 이와 같은데, 이에 근본을 단정히 할 것을 말하는 것은 정말 7년의 병에 3년 묵은 쑥을 구하는 것과 같습니다.[183] 그러나 끝내 위험과 모욕을 당하는 것보다는 근본을 단정히 하는 일을 급급히 서둘러서 궁궐이 오히려 바로잡힐 수 있고, 조정이 오히려 맑아질 수 있고, 백성의 마음이 오히려 위로될 수 있고, 하늘의 뜻이 오히려 기뻐할 수 있게 하는

183 7년의……같습니다 : 미리 준비하지 않고 갑자기 구하려 하면 끝내 구하기 어렵다는 비유이다. 맹자가 이르기를 "지금 천하에 왕 노릇을 하려는 것은 마치 7년 된 병에 3년 묵은 약쑥을 구하는 것과 같으니, 만일 미리 약쑥을 비축해 두지 않으면 종신토록 얻지 못할 것이다."라고 한 데서 온 말이다. 《孟子 離婁上》

것이 낫지 않겠습니까.

그러나 근본은 능히 저절로 단정해지지 않으니, 이른바 "마음을 바르게 한다."라는 것이 바로 그 실증입니다. 공자 때부터 이미 이러한 설이 있었으나 2000년이 지나는 동안에 이미 상투적인 말이나 죽은 법이 되어 버렸고, 임금의 처지에서 말하면 더욱 실제와는 거리가 먼 것 같습니다. 그러나 주 부자가 논한 것을 가지고 보면, 그것이 임금께서 정치하는 데에는 가장 절실하여 이보다 더 좋은 법이 없습니다.

대개 조용히 홀로 있으면서 방자할 수 있는 곳에서부터 사람을 등용하고 일을 조처하는 즈음에 이르기까지, 그 정일(精一)하게 하여 극복하기를 마치 신명(神明)을 대하듯이 하고 깊은 연못이나 골짜기 위에 있는 것처럼 하여 감히 잠시라도 태만한 마음을 갖지 않으면서 은미한 사이에 혹시 잘못이 있는데도 스스로 알지 못하는 것이 아닌가 하고 두려워해야 할 것입니다. 그러므로 태사(太師)와 태보(太保)를 두어 밝게 계도하게 하고 간쟁하는 신하들을 두어 바르게 규정하게 하는가 하면 모든 음식, 술, 의복, 거처, 기용(器用), 재물과 환관, 나인에 관한 정무도 모두 다 총재(冢宰)가 관장하게 합니다. 그리하여 전후좌우와 일동일정을 모두 유사의 법으로써 제재하여 실오라기처럼 조그마한 틈이나 잠깐 사이에 털끝만 한 사욕도 숨어들지 않게 하여 늘 종묘나 조정에 임한 것처럼 하는데, 이것이 바로 마음속으로부터 밖에까지, 은미한 곳으로부터 현저한 데까지 깨끗하고 순수하여 조그마한 흠이나 가림이 없는 것이고, 그 남긴 풍속과 공적이 족히 후세의 본보기가 될 수 있는 것입니다. 이는 주자가 말한 "마음을 바르게 하는 일"로서 정치의 방도를 논할 때 반드시 지극히 절실하고 급한 일로 여기고 실제와 거리가 먼 것으로 여기지 않은 것입니다.

그렇기 때문에 그가 남강(南康)을 관장하고 형호(荊湖)를 총괄할 때[184] 그 관리하는 바는 재부(財賦)이고 다스리는 바는 군오(軍伍)였으나 당시 임금에게 아뢴 것은 바로 "향(鄕)은 현(縣)에 총괄되고, 현은 주(州)에 총괄되고, 주는 제로(諸路)에 총괄되고, 제로는 대성(臺省)에 총괄되고, 대성은 재상(宰相)에 총괄되고, 재상은 뭇 직책을 총괄하여 천자와 더불어 가부를 보아 정령(政令)을 내니, 이것이 천하의 강기(綱紀)입니다. 그러나 반드시 임금의 마음이 공평 정대하여, 당파에 치우쳐 반대하는 사사로움이 없어야만 기강이 매인 데가 있어서 확립되고 국토를 지키는 신하도 빛나는 위엄과 명성에 의지하여 임무를 제대로 수행할 수 있습니다."라는 말이었습니다. 대개 주자의 도덕으로 하나의 조그만 고을을 다스리면서도 반드시 임금의 마음이 바르게 되어야만 재부를 관리하고 군오를 다스릴 수 있었고 보면 그 관계되는 바가 어찌 크지 않겠습니까.

대개 마음이 바르게 되면 자신으로부터 조정, 조정으로부터 주현(州縣)에 이르기까지 모두 바르게 되어서 인심이 믿어 복종하고 국가의 형세가 저절로 강성해질 것입니다. 임금이 정치를 하는 도리에 절실한 것이 어찌 이보다 더할 수 있겠습니까. 진실로 그렇게 하지 않는다면 한마음에 주장이 없어 만사에 기강이 없게 되고 맑고 밝은 마음에 물욕이 꽉 들어차 사람을 등용하고 일을 조처하는 데에 한 가지도 합당하게 되지 않을 것입니다. 그러므로 주자가 말하기를 "벼슬을 함부로 높여

184 남강(南康)을……때 : 주희는 1178년 8월 남강군(南康軍)의 지사(知事)로 차임되어 1181년 9월 22일 우상(右相) 왕회(王淮)의 천거로 제거절동상평다염공사(提擧浙東常平茶鹽公事)에 임명될 때까지 3년여 동안 재직한 것을 말한다.

주고 뇌물이 유행하며, 굄 받는 자들이 권세를 부리고 장수가 사졸에게 각박하게 구는 것은 모두 임금의 한마음이 올바르지 못한 데 관계되니, 두려워하지 않을 수 있겠습니까." 하였습니다.

신이 우선 근일에 있었던 한 가지 일을 가지고 말씀드리겠습니다. 무릇 변방의 장수와 지방의 수령 된 자는 비록 반드시 의리를 다 알지는 못하더라도 누군들 명성과 공적을 드러내어 발탁되기를 도모하지 않겠습니까. 그런데 오직 조신(朝臣)의 요구에 몰려 비록 뇌물죄에 빠진다는 것을 뻔히 알면서도 돌아볼 겨를이 없습니다. 자기 한 몸도 돌아볼 겨를이 없는데 하물며 군민(軍民)을 돌아보겠습니까. 아무리 엎어진 수레의 바퀴 자국이 앞에 있고 준엄한 법이 뒤에 있더라도 또한 밖으로는 지치고 병든 백성의 고혈을 짜내고 안으로는 처자를 먹일 녹봉을 깎아서 조신의 요구에 응하고 있는데, 서북 지방이 더욱 심합니다. 이는 신이 변방의 장수와 지방의 수령에게 직접 들은 것입니다. 다만 이 한 가지 일만 가지고도 전하께서 능히 마음을 바르게 해서 조정을 바르게 하지 못하고 있다는 것을 증험할 수 있고, 주자가 우리를 속이지 않은 것을 더욱 믿을 수 있습니다. 이를 유추해 볼 때 나머지는 모두 알 수 있을 것입니다.

만일 전하께서 한마음을 참으로 바르게 하고 한 몸을 참으로 닦아 안팎을 환하게 꿰뚫어서 조금도 비방받을 만한 것이 없다면, 조정 신하 중에 누가 감히 공경하고 두려워하는 태도와 순일하고 정결한 마음으로 아름다운 덕을 받들지 않겠습니까. 제왕의 도는 단연코 여기에서 벗어나지 않습니다. 그래서 주자가 비록 당세 임금이 듣기 싫어할 줄 알면서도 반드시 이것을 가지고 말씀을 드렸던 것입니다. 신이 또 들으니 "마음은 거저 바르게 되지 않고, 반드시 먼저 격물치지(格物致知)를 해야 하는데, 그 힘쓰는 방법은 또 글귀에만 매달리는 선비의 일보다 쉽다."라고 하였습니다. 대개 중대한 일을 처리할 때에는 그 시비를 따지고, 사람을 등용할 때에는 현명함과 어리석음을 분별하고, 말을 듣는 사이에는 득실을 분변하며, 또 그것을 몸과 마음에서 증험하고 역사에서 상고하며, 노력의 많고 적음에 따라 바로 얼마나 힘을 얻었는지 볼 수 있을 것입니다. 그리하여 마땅히 해야 할 것을 곧 한다면 천만 명 사람 속에라도 뛰어들 용기가 있게 되고,[185] 그쳐야 할 데에서 곧 그친다면 한 무고한 사람을 죽여 천하를 얻는다 해도 그런 일은 하지 않는 뜻이 있게 될 것입니다.[186] 이와 같이 한다면 마음을 어찌 바르게 하지 못하고 사욕을 어찌 이기지 못하겠습니까. 그렇다면 임금의 정치하는 방법은 이 몇 가지 말보다 절실한 것이 없으며, 이 몇 가지 말이 임금에게 절실한 것은 대개 보통 사람보다 만배나 될 것입니다.

삼가 바라건대 전하께서 "나라의 형편이 이와 같은데 어느 겨를에 이에 미칠 수 있겠는가."라고 하지 말고 당일로 공부에 착수하여 아침

185 천만……되고 : 용기 있는 사람이 된다는 말이다. 증자가 자양(子襄)에게 "그대는 용기를 좋아하는가? 내 일찍이 선생님께 큰 용기에 대해 들었으니 '스스로 돌이켜서 정직하지 못하면 비록 갈관박(褐寬博)이라도 내 두려워하지 않겠는가. 그러나 스스로 돌이켜서 정직하다면 비록 천만 명이 있더라도 내가 가서 대적할 수 있다.' 하셨다."라고 하였다. 《孟子 公孫丑上》

186 한……것입니다 : 의롭지 못한 일을 하지 않는 것을 말한다. 《맹자》 〈공손추 상〉에서 백이(伯夷), 이윤(伊尹), 공자(孔子)는 어떤 점이 같으냐는 공손추의 물음에 대해, 맹자가 "100리 되는 땅을 얻어서 임금 노릇을 하면 모두 제후들에게 조회를 받고 천하를 소유할 수 있거니와, 한 가지라도 의롭지 못한 일을 하거나 한 사람이라도 죄 없는 이를 죽이고서 천하를 얻는 짓은 모두 하지 않을 것이니, 이것이 같은 점이다."라고 하였다.

저녁으로 태만히 하지 않으시면, 오늘 비축한 것이 곧 3년 묵은 약쑥이 되지 않을지 어찌 알겠습니까.

미천한 이 신하의 충성을 바치려는 정성이 실로 마음에 간절하여 마음속을 돌아보건대 다른 뜻이 없습니다. 그러므로 감히 죽음을 무릅쓰고 이 말씀을 드리니, 혹 전하께서 유념하여 채납(採納)하셔서 만에 하나라도 도움이 된다면, 미천한 신하의 소원은 매우 만족하여 이제 죽더라도 여한이 없겠습니다. 신은 하늘을 우러르고 성상을 그리는 마음 그지없습니다.

1. 신이 삼가 듣건대 맹자가 이르기를 "만일 약이 독해서 정신이 어지러울 정도가 아니면 그 병이 낫지 않는다."[187] 하였고, 주자가 당시를 개탄하며 말하기를 "대승기탕(大承氣湯)을 써야 할 증세에 사군자탕(四君子湯)을 쓰면 어떻게 효과를 얻겠는가."[188] 하였습니다. 신이 괴이하게 여기는 것은, 전하께서 큰 뜻을 분발하고 계시는데 시행하시는 일들을 보면 평상시와 마찬가지라는 점입니다. 이와 같으면 또한 어떻게 신하들을 격려하고 사업을 일으킬 수 있겠습니까. 우 임금은 짧은 시간도 아꼈고,[189] 탕 임금은 이른 새벽에 크게

187 만일……않는다 : 병을 고치려면 독한 약을 써야 한다는 말이다. 맹자가 《서경》 〈열명(說命)〉의 내용을 인용하여 말한 것이다. 《孟子 滕文公上》

188 대승기탕(大承氣湯)을……얻겠는가 : 대승기탕은 강렬한 약이고 사군자탕은 보통 보약이니, 곧 나라의 형편이 위급한데 느슨한 정책을 쓰고 있다는 말이다. 《晦庵集 卷34 答呂伯恭》

189 우……아꼈고 : 진(晉)나라 황보밀(皇甫謐)이 지은 《제왕세기(帝王世紀)》에 "우 임금이 부친인 곤(鯀)의 뒤를 이어 홍수를 다스릴 적에, 몸을 수고롭게 하고 부지런히 힘쓰면서, 직경 한 자 되는 벽옥(璧玉)은 중하게 여기지 않고 날마다 짧은 시간도

덕을 밝혔습니다.[190] 오늘날을 우 임금과 탕 임금의 세대에 비하면 어떠하기에, 구중궁궐에 깊이 처해 계시면서, 여러 신하와 더불어 치도(治道)를 강론하지 않으시니 신은 민망하고 답답함을 견디지 못하겠습니다. 삼가 바라건대 전하께서는 지금부터 제학(帝學)에 성의를 기울이고 시무(時務)를 급급히 서두르되, 한결같이 우 임금과 탕 임금을 본보기로 삼으소서.

2. 신이 듣건대 공자가 말하기를 "군자는 공경하지 않는 것이 없으나 몸을 공경하는 것을 가장 중하게 여긴다." 하였으며, 맹무백(孟武伯)이 효도에 대해 묻자 공자는 말하기를 "부모는 오직 자식이 병에 걸릴까 걱정한다." 하였습니다.[191] 하물며 임금은, 위로는 하늘과 땅의 신령들이 보살피고 아래로는 신하와 백성이 의지하니, 그 몸을 보호하기 위하여 조심하는 일을 마땅히 어떻게 해야 하겠습니까. 신이 삼가 듣건대 전하께서는 늘 후원(後苑)에서 몸소 말달리기를 하신다 합니다. 신은 물론 성상의 뜻이 어디에 있는지 압니다마는, 혹시 말이 넘어지는 사고를 당하시지나 않을까 염려될 때마다 두려움을 금할 수 없습니다. 진언(進言)하여 미약한 충성을 바치고 싶은 마음이 간절하나 신분이 미천하여 말이 무게가 없고 또 성상의 귀를 번거롭게 할까 염려되어 이제껏 감히 진언하지 못하였으니, 신의

아끼셨다." 하였다.

190 탕……밝혔습니다 : 이른 새벽에 일어나 공부했다는 말이다. 《서경》 〈태갑 상(太甲上)〉에, 이윤(伊尹)이 태갑(太甲)에게 경계하기를 "선왕이신 탕 임금께서는 이른 새벽에 크게 덕을 밝히시어 앉아서 아침이 되기를 기다리셨습니다."라고 하였다.

191 맹무백(孟武伯)이……하였습니다 : 《논어》 〈위정(爲政)〉에 보인다. 맹무백은 춘추 시대 노(魯)나라 대부(大夫)이다.

불충한 죄는 죽어도 남습니다.

옛날 송 효종(宋孝宗)이 친히 활과 화살을 다루다가 활시위가 끊어지는 사고를 당하자,[192] 대신(大臣) 진준경(陳俊卿)이 능히 미리 경계의 말씀을 아뢰지 못하였음을 통렬하게 자책하고 비밀 상소를 올리기를,[193]

"폐하께서 한 달이 지나도록 외조(外朝)에 납시지 않으니, 말들이 많습니다. 신이 형편없이 보필하는 바람에 일이 터지기 전에 아뢰지 못하여 성상을 놀라게 하고 성대한 덕을 손상하였으니, 작은 일이 아닙니다. 얼마 전에 이미 면대해 아뢰고 죄를 기다리는 중인데, 성상의 체후가 편찮으시므로 감히 다시 청하지 못하였습니다. 그러나 신의 어리석은 생각을 감히 먼저 말씀드려 혹시 폐하의 마음이 깨닫기를 바라지 않을 수 없으니, 그렇게 된다면 신은 형벌을 받아 죽어도 유감이 없겠습니다.

신이 듣건대 예로부터 임금은 부귀가 극도로 높은 위치에 처해 있어 자만심이 대단하므로 도(道)로써 욕심을 제어하지 못하면 사냥 놀이, 노래와 여색, 거마와 의복, 궁전 중에 어느 것에 깊이 빠지는 일이 없지 않아 덕을 온전하게 가진 임금이 될 수 없다 합니다. 폐하께서는 나라를 걱정하여 정사에 부지런하며 공손하

192 송……당하자 : 송 효종이 궁중에서 쇠뇌를 쏘다가 줄이 끊어져 눈을 다친 일을 말한다. 이에 재상인 진준경이 일개 무사가 할 일을 제왕이 해서는 안 된다고 극구 간언했다. 《宋史 陳俊卿列傳》

193 진준경(陳俊卿)이……올리기를 : 주희가 쓴 진준경의 행장인 〈소사 관문전대학사 치사 위국공 증태사 시정헌 진공 행장(少師觀文殿大學士致仕魏國公贈大師謚正獻陳公行狀)〉에 보인다. 《晦庵集 卷96》

고 검소하며 맑고 깨끗하여 욕심이 적어서, 모든 지나간 시대의 훌륭한 임금들이 면치 못했던 것을 모두 끊어 버리셨는데, 말 타고 활 쏘는 말단의 기예에 대해서는 오히려 잊지 못한 것이 있습니다. 폐하께서 그것을 특별히 좋아해서가 아님을 신은 압니다. 대개 신무(神武)를 갖춘 폐하의 지략에 국토의 회복을 도모할 뜻이 있으므로 이에 종사하여 무비(武備)를 검열하고 사기를 높이려는 것일 뿐입니다. 그러나 정말 그러하시다면, 신은 또한 잘못이라 여깁니다. 무릇 활과 화살의 이로움은 비록 성인(聖人)이 천하를 제압하는 것이기는 하나 본래 제왕이 마땅히 몸소 다룰 바는 아닙니다. 칼 한 자루를 잘 쓰는 일은 오기(吳起)도 종사하기를 부끄러워했는데,[194] 하물며 만승(萬乘)의 임금이겠습니까. 조왕(趙王)이 검술(劍術)을 좋아하자 장주(莊周)는 천자(天子)의 검술을 말해 주었고,[195] 초왕(楚王)이 사냥을 좋아하자 장신(莊辛)은 왕패(王霸)의 사냥을 말해 주었습니다.[196] 폐하께서 이미 무공(武功)

194 칼……부끄러워했는데 : 《자치통감》 권205에, 오기가 전쟁을 하려고 하자 좌우에서 모시는 자가 칼을 올렸는데, 오기가 "장군은 북을 들고 북채를 휘두르며 적과 마주하여 의심을 결단해야 하니, 칼 한 자루의 임무는 장군이 할 일이 아니다."라고 하였다고 한다.

195 조왕(趙王)이……주었고 : 《장자(莊子)》 〈설검(說劍)〉에, 조(趙)나라 문왕(文王)이 검술을 좋아하자, 장자가 천자의 검은 천하의 산천이 그 실체이고 자연과 인사(人事)의 이치가 그 운용 원리라서 한번 사용하면 제후들을 바로잡을 수 있다고 하며 천자의 검을 좋아할 것을 권하는 이야기가 있다.

196 초왕(楚王)이……주었습니다 : 장신은 초나라의 충신이다. 초 경양왕(楚頃襄王) 18년에, 가벼운 화살과 가느다란 실로 기러기를 쏘아 맞추는 사람이 있다는 말을 듣고 왕이 그를 불러 물어보니, 그가 "옛날에 삼왕(三王)은 도덕을 사냥하고, 오패(五

에 뜻을 두셨으니, 진실로 능히 지모 있는 사람을 임용하여 심복으로 삼고 용맹한 사람을 선발하여 무사로 삼으며 상벌을 밝혀 사졸을 고무하고 신의를 넓혀 귀순한 자를 품어 주시면, 아름다운 명성과 장렬한 의기가 알려져 담판하는 자리에서 나가지 않아도 적이 벌써 천만 리 먼 거리에서 머뭇거리고 두려워할 텐데, 어찌 100보 사이에서 구구하게 말달리고 활쏘기를 할 필요가 있겠습니까. 태조황제(太祖皇帝)는 수과(手撾)를 바치는 것을 여지없이 물리치셨으니,[197] 대개 여기에서 본 것이 있었을 것입니다. 또 더군다나 폐하께서는 조종(祖宗)이 쌓은 아름다운 덕을 이어받고 태상황(太上皇)께서 부탁하신 중책을 맡으셨으니, 한 몸의 움직임에 종묘사직과 백성의 기쁨과 슬픔이 달렸는데, 자중하여 천하의 무궁한 계책으로 삼지 않을 수 있겠습니까.

오늘날의 일은 오히려 천지와 조종이 은밀히 돌보아 상처가 낫게 되었습니다. 만일 이보다 심하게 되었더라면 태상황께 염려를 끼치고 사방의 이목을 놀라게 했을 것이니, 비록 좌우에서 활쏘기를 주선한 사람을 처벌한다 하더라도 무슨 소용이 있겠습니까. 그러므로 신은 바라건대 폐하께서는 늘 오늘날의 일을 길이

霸)는 여러 나라를 사냥했습니다."라고 대답하였다. 도덕을 사냥한다는 것은 도덕으로 천하를 이끌었다는 뜻이고, 여러 나라를 사냥했다는 것은 여러 나라의 지지를 받았다는 뜻이다. 《史記 楚世家》 그러나 장신이 이 말을 했는지는 자세하지 않다.

197 태조황제(太祖皇帝)는……물리치셨으니 : 수과는 속에 칼이 숨겨진 지팡이로 개인이 호신용으로 썼다. 사마광의 《속수기문(涑水記聞)》 권1에, 송 태조는 신하가 바친 수과를 땅에 던지며 "내가 직접 이 물건을 쓰게 된다면 사태가 장차 어떻게 되겠는가. 그런 때를 당한다면 이 물건이 진실로 믿을 만하겠는가."라고 하였다고 한다.

장래의 경계로 삼아 오직 성상의 마음에만 새길 것이 아니라 또 반우(盤盂)에도 쓰고, 궤장(几杖)에도 새겨서 잠시라도 잊지 않게 하신다면, 천하가 매우 다행이겠습니다.

또 옛날에 대신(大臣)을 임명하는 것은 그로 하여금 조석으로 좋은 말을 드려서 덕을 돕고 과실을 고쳐 잘못을 바로잡게 하기 위해서였으니, 이는 임금의 과실이 나타나기 전에 바루어서 밖에 드러나지 않도록 하려는 것이었습니다. 당 태종(唐太宗)은 매를 팔뚝에 얹고 장차 사냥하러 나가려다가 위징(魏徵)을 보고 중지하였고,[198] 헌종(憲宗)은 봉래지(蓬萊池)에 놀러 가려다가 이강(李絳)을 꺼려 가지 않았으니,[199] 이것이 그 증험입니다.

신은 사람이 비천하고 명망이 가벼워 이상의 두 사람처럼 강직하게 직간하는 절조가 없어서, 폐하의 과실이 밖에 알려지게 하고서 이제 처벌이 장차 몸에 미치게 되어서야 말씀을 드리니, 또한 기왕의 허물에 무슨 도움이 되겠습니까. 그러나 국물에 덴 자는 반드시 부추 냉국도 불어서 마시고, 복숭아를 먹고 아파 본 자는 혹 오얏도 주의합니다.[200] 활과 화살의 기예는 사람이 늘 익히는

198 당……중지하였고 : 당 태종이 매 한 마리를 구해서 어깨 위에 올려놓고 놀다가, 당시 명재상 위징이 오는 것을 보고는 그 매를 소매 속에 숨겼는데, 위징이 일부러 오랫동안 나가지 않고 국사를 말하니, 매가 마침내 소매 속에서 죽고 말았다고 한다. 《舊唐書 魏徵列傳》

199 헌종(憲宗)은……않았으니 : 이강은 당대(唐代)의 재상이며 직간(直諫)으로 명성이 높았던 명신이다. 헌종이 대궐 근처에서 사냥하기 위해 배를 타고 봉래지에 이르렀다가 이강이 틀림없이 간언할 것이라 생각하여 그만두었다는 고사가 전한다. 《資治通鑑 卷238 唐紀54》 봉래지는 장안(長安)의 대명궁(大明宮) 봉래전(蓬萊殿) 부근에 있던 연못이다.

것이라서 숙련하기 쉬운데도 오늘날의 우환을 면하지 못하였습니다. 하물며 격구(擊毬)는 본래 무예에 도움이 되지 않으며 세차게 부딪칠 걱정과 말이 넘어지는 변고 또한 활과 화살보다 심한 경우이겠습니까. 요즘 폐하께서 약간 좋아하기에 신이 여러 번 말씀드렸으나 받아 주지 않으셨습니다. 오늘의 이 실수는 바로 하늘이 폐하를 사랑하여 놀라고 두려워할 일을 보여서 그 작은 것으로 인하여 큰 것을 경계하도록 한 것이니, 참으로 종묘사직의 무궁한 복입니다. 폐하께서 진실로 활시위가 끊어진 변고를 가지고 생각하신다면 지난날 왕성한 기운으로 달리고 뛰고 치고 쫓고 하는 사이에 말을 달리면서 넘어진 일이 없었던 것은 요행이니, 어찌 한심하지 않겠습니까. 태조황제는 일찍이 말에서 떨어졌던 까닭에 사냥을 그만두었고 또 술 취해서 잘못을 저질렀던 까닭에 술 마시는 것을 경계하여 즉시 개과천선하셨으니, 이는 자손 된 제왕으로서 만세토록 지킬 큰 교훈입니다.

신은 바라건대 폐하께서 사욕을 이기고 품행을 힘씀에 한결같이 태조를 본보기로 삼아 격구의 모임을 파하고, 말달리고 활 쏘는 훈련을 그만두며, 위의(威儀)의 의절을 삼가고, 경전(經典)의 교훈을 탐구하신다면 성덕(盛德)의 광휘가 장차 날로 천하에 새로워질 것이니, 전날의 과실이 어떻게 해와 달처럼 밝은 성상을

200 복숭아를……주의합니다 : 당나라 손광헌(孫光憲)이 지은 《북몽쇄언(北夢瑣言)》 권20에, 오대(五代) 때 재상을 지낸 풍도(馮道)가 어전(御前)에 있는 과일을 가리키며 "이를테면, 복숭아를 먹고 속이 편치 않으면 다음 날 오얏을 보고 주의해야 합니다."라고 한 데서 온 말이다.

손상하겠습니까."

하였습니다. 신은 이 상소를 읽을 때마다 그 충성에 감동하는데, 오늘날 이것으로 전하께 말씀드리는 자가 없는 것이 매우 한스럽습니다. 삼가 바라건대 전하께서는 조금 유의하여 살피소서.

신은 이 일을 생각할 때마다 근심과 탄식으로 밤을 지새웁니다. 전하께서 무엇 때문에 이처럼 자신을 가볍게 하시는지 괴이하고 또한 오늘날의 대신 중에 진준경처럼 임금 사랑하는 마음을 가진 자가 아예 없음을 한스럽게 여기며, 답답한 마음에 다만 저절로 눈물이 날 뿐입니다.

3. 신이 삼가 듣건대 고려가 거란(契丹) 때 송(宋)나라에 의원(醫員)을 요청하면서 비밀히 충성스러운 생각을 아뢰었고, 금(金)나라 때에는 또 송나라 조정에 달려가 위문한 일이 있었는데, 당시에는 의롭게 여기고 후세에는 올바르다고 여겼으며, 모두 "고려의 500년 왕업이 진실로 이에 말미암았다."라고 했다 하니, 이것은 참으로 사리를 아는 말이라 하겠습니다. 대체로 삼강과 오상은 천지의 경서(經書)이니, 사람이 사람답게 되고 나라가 나라답게 되기 위한 도구입니다. 그 가운데는 또 가장 크고 더욱 간절한 것이 있으니, 이른바 "인(仁)은 부자(父子)보다 더 큰 것이 없고 의(義)는 군신(君臣)보다 더 큰 것이 없다."라는 말이 바로 그것입니다. 군신 가운데 막대한 은혜를 받은 일은 또 조선이 명나라에게 받은 것 같은 경우가 없으니, 어찌 고려가 송나라에게 받은 것과 비교하겠습니까. 삼가 듣건대 오늘의 한 줄기 정통(正統)은 오직 중국의 남방(南方)에 붙어 있다는데, 전하께서는 고려 조정에서 하던 일을 이미 하고 계시는데도 기밀에 관한 일이라 아랫사람들이 알지 못하는 것입니까? 만일

그렇다면 하늘의 노여움이 저절로 그치고 민심이 저절로 기뻐하여 우리나라가 잘될 희망이 있겠습니다마는 만일 그렇지 않다면 대륜(大倫)에 어그러지고 대의(大義)가 무너졌는데도 하늘이 돕고 백성이 복종하는 일은 없을 것입니다. 끝없이 넓은 바다에 막혀 소식을 전하기 어려우나 정성이 있으면 아무리 멀어도 전할 수 있는 것입니다. 한 국가의 군민(軍民)이나 문무(文武)의 신하 가운데 충성과 신의가 깊어 모집에 응해서 가기를 원하는 자가 어찌 없겠습니까. 삼가 바라건대 전하께서는 신묘한 슬기를 깊이 운용하여 심복이나 대신과 은밀히 모의해서 도모하소서.

신은 비록 노둔하고 못났으나 부신(符信)을 품고 몰래 가서 우리 임금의 충의로운 마음을 전달하고 조종(祖宗)의 정성스러운 생각을 극진히 밝히고 싶습니다. 그렇게 하면 성상께서 배양해 주신 은혜를 조금 갚을 희망이 있을 것이며, 가령 전달하지 못하고 만 장 높은 파도에 휩쓸려 익사한다 하더라도 마음에 매우 달게 여겨서 무궁한 영광으로 생각할 것입니다. 그러나 애석하게도 지금 병이 심하므로 남쪽을 바라보면서 길이 통탄하며 단지 〈비풍(匪風)〉[201]의 생각만을 가질 뿐입니다. 삼가 바라건대 전하께서 유념하고 경홀히 여기지 않으신다면 천만다행이겠습니다.

4. 신이 듣건대 성인의 말씀에 "말은 누설되어 망치고, 모의는 비밀을 지켜서 이루어진다." 하였고,[202] 주자가 말하기를 "노인(虜

201 비풍(匪風) : 《시경》 〈회풍(檜風)〉의 편명이다. 나라를 걱정하는 내용이 담겨 있다.

202 성인의……하였고 : 《주역》 〈계사전 상(繫辭傳上)〉에 나온다. 95쪽 주163 참조.

人)은 모의할 일이 있으면 한집에 모여서 말은 전혀 하지 않고 막대기로 땅에 그어 가며 모의하고, 결정하기 어려울 경우는 사람 없는 야외로 나가서 상의한다."[203] 하였으며, 주자는 또 효종(孝宗)이 문자(文字)를 누설한 죄인을 힐문할 때 총애하는 마음에 구애되어 끝까지 다스리지 않은 것을 탄식하였습니다. 신이 삼가 듣건대 오늘날은 기밀이 새 나가지 않는 일이 없다 하니, 매우 한심합니다. 근년에 탑전(榻前)에서 이야기한 것을 누설하지 말라고 특명을 내렸는데, 입시한 신하가 나가서 전파하였습니다. 그런데도 모든 대신(大臣) 이하는 다 원대한 생각 없이 함께 구제에 나서서 그 사람으로 하여금 형을 받지 않게끔 하였습니다. 심지어 역적 김련(金鍊)[204]의 아내는 공공연하게 편지를 들려 사징을 내통하였는데도 오히려 목숨을 보전하고 있습니다. 이는 전하께서 원훈(元勳)을 보전하려는 지극한 뜻에서 그렇게 한 것이나, 아버지의 공과 자식의 죄가 어찌 서로 상쇄될 수 있겠습니까. 이 금법(禁法)을 엄하게 하지 않는다면, 고려 말기의 일[205]이 반드시 장차 이르게 될 것입니다. 삼가 바라건대 깊이 생각하고 멀리 내다보아 소급하여 전형(典刑)을 행

203 노인(虜人)은……상의한다 : 금나라 사람들의 모의하는 방식을 말한 것이다. 《주자어류》 권133에 보인다.

204 김련(金鍊) : 김자점(金自點)의 맏아들로, 김자점의 역모가 발각되어 김자점이 처형될 때 곤장을 맞아 죽었다.

205 고려 말기의 일 : 고려가 원(元)나라의 제재를 받던 일을 가리킨다. 고려 충선왕(忠宣王)이 원나라 진왕(晉王) 감마라(甘麻剌)의 딸 보탑실련공주(寶塔實憐公主)에게 장가들었다가 질투가 심하므로 원나라에 보내 버리니, 원나라가 결국 충선왕을 폐위시키는 등 제재를 가한 일이 많았다. 《高麗史 忠宣王世家》

하소서.

5. 신이 듣건대 주자가 말하기를 "고종(高宗)이 장계(張戒)에게 묻기를 '어느 때에나 중원(中原)을 볼 수 있겠는가?' 하니, 장계가 대답하기를 '옛사람은 안락한 세상에 처해 있을 때 위태로운 상황을 생각하였는데, 오늘날은 위태로운 상태에 처해 있으면서 안락한 상황을 생각합니다.' 하였다."[206] 하였습니다. 가만히 듣건대 논하는 자들은 모두 "인심이 의심하고 두려워하며 또한 성상의 귀를 번거롭게 하니 군정(軍政)을 폐지해야 한다."라고 하지만 신은 그렇게 생각하지 않습니다. 대개 사변(事變)의 단서는 어두운 속에 잠복해 있어 그것이 어느 때에 드러날지 모르니, 창졸간에 임기응변할 도구가 없어서야 되겠습니까. 더구나 지금은 금성(金星)과 화성(火星)이 궤도를 벗어나 운행하고 있어서 그 징조가 두려워할 만한 상황[207]이니, 비록 군정을 급급히 서두르더라도 오히려 일에 미치지 못할까 두렵습니다. 그러나 민심을 얻는 것을 우선으로 하지 않으면 이는 다만 공연히 설치한 것이 되고, 억제하지 않으면 제 몸을 태우는 화를 빚게 될 것입니다. 대개 민심의 원한과 고통은 부역(賦役)의 번거로움에 말미암고, 부역의 번거로움은 경비를 절약하지 못한 데 말미암습니다. 그러므로 주자가 말하기를 "이집(李楫)이 광서(廣西)에서 반란을 일으키며 방문(榜文)을 내걸어 '10년 동안 세(稅)를

206 고종(高宗)이……하였다 : 송 고종과 장계가 묻고 답한 내용이다. 《주자어류》 권127에 보인다. 장계는 1141년 진회(秦檜)에게 불만을 갖고, 조정(趙鼎), 악비(岳飛) 등과 함께 금나라와 강화를 논의하는 것에 반대하다가 파직되었다.

207 금성(金星)과……상황 : 병란의 조짐을 보이는 천문 현상이 일어났다는 말이다. 금성은 살벌(殺伐)을 주관하고, 화성은 재난의 발생을 상징한다고 한다.

거두지 않겠다.'라고 약속하니, 따르는 자들이 구름처럼 모여들며 도리어 관병(官兵)을 적이라 했다." 하였습니다. 주자가 또 말하기를 "쓸데없는 경비를 옮겨서 군대 양성의 자본으로 삼기만 하면 오랑캐의 머리를 효시(梟示)할 수 있다." 하였습니다. 신의 생각에, 오늘날의 급선무는 오직 모든 일을 제쳐 두고 백성을 보살피고 군대를 양성하는 것만을 일삼는다면 근본이 튼튼해지고 대비할 수 있어서 국사를 잘할 수 있을 듯합니다.

지금 언자(言者)들이 말하기를 "내수사(內需司)는 혁파해야 한다."[208]라고 합니다. 신은 모든 일에 반드시 공(公)과 사(私)가 있다고 생각합니다. 그러므로 주자가 일찍이 말하기를 "태조는 내탕(內帑)을 내서 거란 병사의 머리와 바꾸었다."[209] 하였습니다. 지금 만약 전하께서 한 푼의 돈, 한 자의 베라도 아껴서 사졸(士卒)을 양성하신다면, 외사(外司)에 붙여 주어 이서(吏胥)의 주머니에 들어가게 하

208 내수사(內需司)는 혁파해야 한다 : 내수사는 궁중에서 쓰는 미곡(米穀), 포목(布木), 잡화(雜貨) 등을 조달하고 소속 노비(奴婢)의 신역(身役)과 신공(身貢)을 관장하던 정5품 아문(衙門)의 하나이다. 조선 왕조 초에는 고려 왕실로부터 물려받은 왕실 재산과 함경도를 중심으로 한 이성계(李成桂) 일족의 사유 재산을 아울러 본궁(本宮)이라 했었는데, 세종(世宗) 초에 이를 내수소(內需所)라 하였다가 세조(世祖) 때 내수사로 고쳤다. 왕실에 직속되어 있었기 때문에 갖가지 특권이 자행되어 그 폐해가 많았는데, 특히 내수사 장리(長利)는 연 5할의 고율(高率)로 정부의 통제 밖에서 자행되었고, 장토(莊土)에는 면세(免稅)와 면역(免役)의 특혜가 부여되어 부역을 피하려는 농민이 다투어 투탁(投託)하였기 때문에 이미 성종(成宗) 때 그 농장(農莊)이 325개나 되었다고 한다.

209 태조는……바꾸었다 : 주희의 〈무신봉사〉에 보인다. 《晦庵集 卷11》 내탕은 제왕의 사재(私財)이다.

는 것보다 어찌 낫지 않겠습니까. 그렇게 하지 않고 다만 사적인 연회 비용이나 여러 궁전에 내리는 하사품으로 쓴다면, 또 외사에라도 붙여 주어서 임금에게 사사로움이 없는 뜻[210]을 보이는 것만 못합니다.

6. 신이 듣건대 나라를 다스리는 데는 체통(體統)이 있어야 하고, 일을 다스리는 데는 완급(緩急)의 조절이 있어야 한다 합니다. 이러니저러니 말이 많고 자잘한 일을 하는 것은 태평한 세상에도 오히려 하지 않는데, 더구나 어렵고 위태로운 시대인 경우이겠습니까. 옛날 송 고종(宋高宗) 때 어느 상서(尙書)가 말하기를 "남검(南劍) 사람은 지전(紙錢)을 만들고 농상(農桑)은 폐지하니, 금지하소서." 하니, 주자가 탄식하기를 "점한(粘罕)[211]의 긴 창과 큰 칼이 이와 같이 막강한 때에 이런 무리들로 하여금 국사를 도모하게 하겠는가." 하였습니다. 또 어떤 어사(御史)가 글을 올려 아뢰기를 "성절(聖節)에 닭과 거위를 많이 잡는데 양과 돼지만을 잡게 하소서." 하자, 당시 사람들이 비웃으며 계아 어사(鷄鵝御史)라고 했는데, 이때 마침 용호대왕(龍虎大王)-금나라의 장수이다.-이 남침한다는 소식을 듣고 사람들이 말하기를 "여기에 계아 어사가 있으니, 충분히 용호대왕을 당해 낼 것이다." 하였습니다. 당시의 상황이 이와 같았으니, 남송

210 임금에게……뜻 : 임금이 만백성을 공평무사하게 다스리는 것을 말한다. 《예기》 〈공자한거(孔子閑居)〉에 "하늘은 사사로이 덮어 줌이 없고, 땅은 사사로이 실어 줌이 없으며, 해와 달은 사사로이 비춰 줌이 없으니, 이 세 가지를 받들어 천하를 다스린다. 이것을 세 가지 사사로움이 없는 것이라고 한다." 하였다.

211 점한(粘罕) : 금나라 장수 완안종한(完顔宗翰)의 본명이다. 송나라의 변경(汴京)을 함락한 뒤 휘종(徽宗)과 흠종(欽宗)을 사로잡아 갔다. 《宋史 洪皓列傳》

(南宋)이 떨치지 못한 것은 당연합니다.

신이 듣건대 오늘날의 대신들은 대간(臺諫)의 시비는 분별하지 않고 단지 황공(惶恐)이라는 두 글자로 성상의 물음에 대답하고 있습니다. 그러므로 외방에서 비웃으며 그들을 황공 정승(惶恐政丞)이라 합니다. 대신이 국사를 담당하여 이처럼 사람들의 비웃음거리가 되고 있으니, 한심하기 짝이 없습니다.

7. 옛날 사안(謝安)은 부견(苻堅)이 쳐들어왔을 때 환온(桓溫)이 들어왔는데도 개의치 않고 태연하기만 하였습니다. 남들은 그를 지모도 있고 역량도 있다고 여겼으나 주자는 논하기를 "사안이 도망가지 않은 것은 북쪽으로 낯을 들고 적을 섬기려는 심산이었다." 하였습니다.[212] 신이 삼가 보건대 오늘날 위급한 형세가 이와 같은데 대신 이하가 태평한 세상처럼 태연하게 지내며 황급하게 여기는 마음이 없으니, 신이 염려하는 바는 그들의 평소 심산이 다만 사안과 같다는 것입니다. 그렇다면 어찌 그들을 믿을 수 있겠습니까.

선조(先朝)의 정온(鄭蘊)[213]은 충성이 금석(金石)을 뚫고 의열(義

212 사안(謝安)은……하였습니다 : 《주자어류》 권136에 있는 내용이다. 사안은 동진(東晉)의 재상이고, 부견은 전진(前秦)의 3대 군주이며, 환온은 동진의 권신이다. 부견이 100만 대군을 이끌고 회비(淮肥)까지 진군하여 동진의 서울이 진동하며 모두 두려움에 떨고 있을 때에, 정토대도독(征討大都督)에 임명된 사안은 조카인 사현(謝玄)을 보내 격파하게 하고는 자신은 손님을 상대로 담소하며 태연히 바둑을 두어 흉흉한 인심을 진정시키면서 승첩의 보고를 기다렸다. 《晉書 謝安列傳》

213 정온(鄭蘊) : 1569~1641. 본관은 초계(草溪), 자는 휘원(輝遠), 호는 동계(桐溪)·고고자(鼓鼓子), 시호는 문간(文簡)이다. 이조 참의, 대제학, 이조 참판 등을 역임하였다. 병자호란 당시 항복이 결정되자 칼로 자결하였으나 목숨이 끊어지지는 않았다. 이후 덕유산에 은거하여 스스로 농사를 지어 먹으며 살다가 타계하였다.

烈)이 일월과 빛을 다툴 만합니다. 그리고 조정에서의 풍채는 무너진 풍속을 격려하고, 위험에 임하여 세운 큰 절의는 오래오래 사람을 장려할 만한데 유독 지난번에 사소한 일을 가지고 시전(諡典)을 내리지 않으셨으니, 온 세상 사람이 매우 답답해합니다. 신이 생각건대 이러한 때를 당하여 이 같은 사람에게는 더욱 융숭하게 보답하지 않을 수 없습니다. 삼가 바라건대 특별히 유사에게 명하여 속히 시호를 의논하여 정하게 함으로써 탐욕스럽고 비겁한 자들을 권면하는 바탕으로 삼도록 하시면 매우 다행이겠습니다.

8. 신이 상고하건대 《춘추(春秋)》에서 《강목(綱目)》에 이르기까지 대일통(大一統)[214]을 위주로 하였습니다. 대개 대통(大統)이 분명하지 못하면 인도(人道)가 어지럽고 인도가 어지러우면 나라가 따라서 망합니다. 우리나라는 병자년(1636, 인조14)과 정축년(1637) 이후로 인심이 점점 어리석어져서 거짓을 참이라 하고 참람함을 바름이라 하는 자가 많습니다. 만일 다시 십수 년이 지나면 정통(正統)의 설을 벼슬아치들 사이에서 듣지 못할 것입니다. 이는 대개 다음과 같은 일에 말미암습니다.

허형(許衡)은 근세의 유자(儒者)로서 원(元)나라에 실신(失身)하였으며,[215] 이에 제요(帝堯)의 대통을 여진(女眞)에 접속하였고,

214 대일통(大一統) : 천하의 제후국 모두가 중국 황제에게 복속되어 그 문물과 제도를 따르는 것을 말한다. 《춘추》 은공(隱公) 원년 첫머리에 "원년 춘 왕정월(元年春王正月)"이라고 한 연대 표기 방식과 관련해, 《공양전(公羊傳)》에서 "어째서 왕정월이라고 하였는가. 크게 하나로 통일하기 위해서이다.〔何言乎王正月? 大一統也.〕"라고 한 말에서 나왔다.

215 허형(許衡)은……실신(失身)하였으며 : 허형은 송나라 한족 출신으로 원나라에

또 요금(遼金)에 대하여 대통을 일컫고 송(宋)을 열국(列國)으로 대접하였으니, 이는 참으로 어물전에 들어가서 그 비린내를 맡지 못하는 것과 같습니다. 그는 드디어 더럽고 잘못된 지론을 천하에 처음으로 주장하였는데, 후세 사람들이 이에 의거하여 주장을 내세우니, 매우 부끄러운 일입니다.

아, 황천(皇天)이 전하에게 거룩한 왕위를 부여해 주신 이유는 장차 천리(天理)를 잡아 인심을 바루고 왕도(王道)를 밝혀 백성의 준칙을 세우며, 간사한 언론을 배척하여 선비들의 나아갈 방향을 통일하도록 한 것입니다. 삼가 바라건대 전하께서는 허형의 종사위(從祀位)[216]를 내침으로써 공자와 주자의 공을 이으소서. 천운(天運)이 순환하고 상제(上帝)가 총애하여 우왕(禹王)과 무왕(武王)의 큰 책임을 부여함으로써 제 환공(齊桓公)과 진 문공(晉文公) 따위는 족히 말할 것이 못 되게 될는지 어찌 알겠습니까.

9. 신에게는 삼가 소회가 있으므로 감히 죽음을 무릅쓰고 간청하겠습니다. 삼가 보건대 전하께서는 지극한 덕성이 착하고 아름다워 인륜의 표준이 되고, 지친(至親)을 대우하는 태도가 옛날 사람보다

서 벼슬하여 비난을 받았는데, 정주학(程朱學)을 연구하였으며 인재를 양성하는 데 공이 있었다. 중국에서 허형을 문묘(文廟)에 모신 대로 조선에서도 동묘(東廟)에 위패를 모셨는데, 우암이 상소하여 문묘에 배향된 허형의 위패를 제거할 것을 청하였다. 실신했다는 것은 절개를 굽혔다는 뜻으로, 《율곡전서(栗谷全書)》 권32 〈어록 하(語錄下) 우계집(牛溪集)〉에 "허노재(許魯齋)가 원나라에 벼슬한 것에 대하여 사람들이 많이 비방한다. 그러나 이것은 실신이지 실절은 아니다. 노재가 원나라에서 벼슬한 것은 비록 마땅하지는 않지만 그는 원래 북방에서 생장하였으니, 저 송나라 유민들과는 같지 않은 것이다."라고 하였다.

216 허형의 종사위(從祀位) : 문묘의 종사위에 모신 허형의 신패를 말한다.

훨씬 뛰어나, 후세 제왕이 미치지 못할 정도일 뿐만이 아닙니다. 비록 섬 가운데 있는 사람이 석방되어 돌아오지 못했으나 성교(聖敎)에 "또한 깊이 염려되는 바가 있어서이지, 묵은 원한이 있어서 그런 것이 아니다." 하였습니다. 원근의 사람들이 그 말을 전해 듣고 그 누가 감동하여 울지 않겠습니까. 이는 신이 아첨하는 말이 아니라 실제가 그렇습니다.

다만 한 가지 일이 사람들에게 의심을 하지 않을 수 없게 합니다. 인평대군(麟坪大君)[217]은 깊숙한 궁중에서 성장하여 일찍이 말을 타는 노고를 익히지 못하였고, 또 두역(痘疫)을 겪지 않았기 때문에 우리 선왕(先王)께서는 늘 이것을 무척 염려하셨으니, 그를 보호할 책임은 정말 전하에게 있는 것입니다. 그런데 어찌하여 늘 그에게 사신의 임무를 맡겨서 돌아오면 다시 가게 하여 앉은 자리가 따뜻해질 때가 없게 만드십니까. 머나먼 길을 피곤하게 오가게 하는 것은 이미 안전한 방도가 아닌데 하물며 승냥이와 호랑이의 소굴은 무슨 일이 일어날지 헤아리기 어려우니 어찌 시종 무사하기를 보장하겠습니까. 전날의 일은 또한 한심스럽습니다.

지난날 선조(先朝)에서 능원대군(綾原大君)[218]은 이런 행차를 다닌 적이 없으니, 이 어찌 성조(聖朝)의 가법(家法)이 아니겠습니까. 한편 항간에 떠도는 말은, 전하께서 그를 저들이 주는 물자로써 부유

217 인평대군(麟坪大君) : 인조(仁祖)의 셋째 아들이며 효종(孝宗)의 아우인 이요(李㴭)로, 자는 용함(用涵), 호는 송계(松溪)이다. 1628년(인조6)에 봉군되었다.

218 능원대군(綾原大君) : 선조(宣祖)의 다섯째 아들인 정원군(定遠君) 이부(李琈)의 아들이며, 인조의 동생인 이보(李俌)이다.

하게 해 주려는 것이라고 하니, 이는 더욱 정리에 가깝지 않습니다. 천금을 가진 부자의 아들은 몸을 아껴 마루 가장자리에 앉히지 않는다고 하였는데, 저 몸 밖의 물건이 나에게 무슨 관계가 있기에 위험을 무릅쓰고 험난한 곳을 간단 말입니까. 더구나 빼저린 수치도 씻지 못하였으니 비록 부득이 겉으로 예경(禮敬)을 표시한다 하더라도 저들의 물건을 보고 어찌 차마 이익을 보려는 마음을 가지겠습니까.

삼가 듣건대 임진왜란 이후에 전조(銓曹)가 평씨(平氏) 성을 가진 사람을 벼슬에 의망(擬望)하자, 선조대왕(宣祖大王)께서 하교하기를 "어찌 다른 사람이 없기에 이 성을 가진 사람을 의망하였는가." 하셨으니, 이 어찌 성군(聖君)의 노여움으로 후손들이 마땅히 모범으로 삼을 일이 아니겠습니까.[219] 또 《대학(大學)》의 전(傳)에 이르기를 "부자 형제에게 본보기가 되기에 충분한 뒤에야 백성들이 이를 본받는다." 하였습니다. 신하와 백성이 바야흐로 전하의 지극하신 인(仁)으로 수신(修身), 제가(齊家)의 효험을 기대하고 있는데, 항간의 소인들이 이욕을 품은 마음이라며 전하의 골육지친을 의심하니, 신은 통탄스럽습니다. 삼가 구구한 충성과 사랑의 마음을 이기지 못하여 감히 이런 말씀을 진달합니다.

10. 신이 듣건대 익(益)이 순(舜)을 경계하기를 "마음 놓고 놀지 말고 지나치게 즐기지 마소서." 하였다 합니다. 신이 삼가 듣건대

219 임진왜란……아니겠습니까 : 임진왜란을 일으킨 풍신수길(豐臣秀吉)의 본래 성이 평씨이기 때문에, 선조가 평씨 성을 가진 이를 미워한 것이다. 풍신수길은 어렸을 때 평신장(平信長)의 양아들이 되어 성을 평씨라 했는데, 평신장의 뒤를 이어 관백이 된 후에는 풍신(豐臣)이라는 성을 썼다.

전하께서는 자주 희빈(姬嬪)과 공주들로 하여금 쌍륙 놀이를 즐기게 하고서 이내 놀이에서 진 사람들에게 돈을 거두어서 술과 음식을 푸짐하게 차려 먹게 함으로써 모두 앞다투어 풍성함과 사치를 숭상하게 한다 합니다. 멀리서 전해 들은 것이라 참으로 그런지는 알 수 없지만 과연 그런 일이 있다면 성상의 마음에 방탕한 바가 있을 뿐만 아니라, 또한 어찌 덕으로써 아랫사람을 검속하는 도리이겠습니까. 오늘날은 방탕을 즐기고 검속을 꺼려 이미 강좌(江左)의 풍습[220]이 이루어졌는데 전하께서 또 이것으로 몰아가시니, 풍속의 추향이 날로 무너져 바로잡지 못하게 될까 신은 두렵습니다.

신이 삼가 생각건대 전하께서 이것을 즐기신 것이 아니라, 다만 성효(聖孝)가 무궁하기 때문에 자전(慈殿)의 의지할 곳 없는 슬픔을 위로하여 하루의 기쁨이라도 다하도록 하시려는 것인 듯합니다. 그러나 이렇게 백성이 궁핍하고 재물이 바닥난 때를 당하여 이런 오락을 펼치면 백성으로 하여금 더욱 머리를 앓고 이맛살을 찌푸리게 할 뿐만 아니라, 산림에 은둔한 현사(賢士)로 하여금 전하께서 사소한 오락을 즐기며 원려(遠慮)를 잊는 마음을 가지신 것으로 의심하여 대궐 아래에 나아가려 하지 않게 할 것입니다. 더구나 전하께서 몸소 폐단의 근원을 열어 풍속이 패퇴하고 선비가 사치하여 국운이 전복되는 데 이른다면 또한 어찌 왕대비를 위안하는 도리이겠습니까. 증자(曾子)가 이르기를 "효자가 노부모를 봉양할 때에는 그 마음을 즐겁게 해 드리고 그 뜻을 어기지 않는다." 하니, 해설하는 자가

220 강좌(江左)의 풍습 : 강좌는 지금의 중국 강소성(江蘇省) 등지이다. 옛날 가무(歌舞)가 성행하던 곳이다.

말하기를 "부모를 도(道)로 깨우치는 것이다." 하였습니다. 그렇다면 성상께서 효도를 극진히 하실 수 있는 방법이 어찌 노래자(老萊子)의 장난[221] 이외에 없겠습니까.

삼가 바라건대 전하께서는 지금부터 이 같은 잡희(雜戲)의 경우는 비슷한 종류조차 통렬히 끊으소서. 더구나 춘궁(春宮)은 나이가 어리니, 더욱 마땅히 예(禮)로 방지하여 〈관저(關雎)〉와 〈인지(麟趾)〉[222]의 교화를 닦아야 할 것입니다. 인도하여 교화하는 방법에 대하여 다시 유의하소서.

11. 신이 듣건대 함양(涵養)하는 공부가 성학(聖學)에서 요점이 된다 하는데, 만일 이에 힘쓰지 않고 욕정(欲情)을 마음대로 부린다면, 그 덕성(德性)에 누가 됨은 어떻게 다 말할 수 있겠습니까. 전하께서는 지난번에 한때의 분노로 갑자기 김홍욱(金弘郁)을 죽임으로써 인심을 크게 잃었습니다.[223] 성상의 학식이 고명하신데, 어찌 언

221 노래자(老萊子)의 장난 : 노래자가 70세에 색동옷을 입고 어버이 곁에서 아이들의 장난을 하다가 거짓으로 땅에 넘어져서 어린아이처럼 울어 어버이를 즐겁게 해 드린 고사이다. 노래자는 중국 춘추 시대 초(楚)나라 사람으로 어질고 효성이 지극하기로 유명하였다. 《孝子傳》

222 관저(關雎)와 인지(麟趾) : 《시경》 〈주남(周南)〉의 편명으로, 〈관저〉는 주(周)나라 문왕(文王)과 후비가 금슬이 좋아 그 교화가 백성에게 미친 것을 찬미한 시이고, 〈인지〉는 임금의 집안에 훌륭한 자손들이 많은 것을 읊은 시이다.

223 김홍욱(金弘郁)을……잃었습니다 : 김홍욱은, 본관은 경주, 자는 문숙(文叔), 호는 학주(鶴洲)이다. 김자수(金自粹)의 8대손이다. 《효종실록》 5년 7월 7일 기사에, 8년 전인 1648년(인조26)에 사사된 회빈(懷嬪) 강씨(姜氏)의 억울함을 풀어 줄 것을 아뢴 황해도 관찰사 김홍욱의 상소가 있다. 이에 격노한 효종에 의해 김홍욱은 친국을 받던 중 장살되었다. 그 뒤 1659년(효종10) 3월 11일 우암이 효종과 독대한 자리에서

자(言者)를 죽여서는 안 된다는 것을 모르셨겠습니까. 다만 어느 날 아침에 일이 심경을 거스르자 너무 급하게 노여워하여 미처 생각하지 못하셨으니, 전하의 함양 공부에 지극하지 못한 바가 있는 듯합니다. 그 뒤 전하께서 교외의 막사(幕舍)에 나가셨을 적에도 남은 위엄이 오히려 격발하여 언성이 매우 높았습니다. 신이 삼가 듣건대 당시 따라간 신하들 중에 기백이 적은 자는 놀랍고 두려워 어찌할 줄을 몰랐고, 정신이 있는 자는 입을 가리고 몰래 웃었다 합니다. 그러므로 바깥 의론은 김홍욱의 죽음에 대해 더욱 불만을 갖고 있습니다.

대개 임금이 격노하면 그 덕성을 해칠 뿐만 아니라, 또한 기혈(氣血)을 손상하니, 수명을 보양하는 방도가 아닙니다. 장역(張繹)이 마부를 꾸짖자, 정자(程子)가 말하기를 "어찌 동심인성(動心忍性)하지 않는가." 하고,[224] 또 안자(顏子)의 불천노(不遷怒)를 논하면서 말하기를 "이를테면 순 임금이 사흉(四凶)을 처벌했을 적에 노여워할 만한 이유가 저들에게 있으니 자신이 관여할 것이 무엇이었겠는가." 하였습니다.[225] 가령 김홍욱에게 죽을 만한 죄가 있었다면, 마땅

김홍욱의 신원(伸冤)에 대해 말했다는 내용이 우암의 독대 설화(獨對說話)에 있다. 회빈 강씨는 소현세자(昭顯世子)의 빈이다.

224 장역(張繹)이……하고 : 《심경(心經)》 〈대학(大學) 정심장(正心章)〉에 보인다. 장역은 정이(程頤)의 문인이다. '동심인성'이란 원래 맹자가, 사람이 큰 고통과 어려움을 겪어야 비로소 큰일을 할 수 있다고 하면서 사용한 말이다. 주희가 《근사록》에 이 말을 인용하고 그 주(註)에서 "동심인성이란 그 마음을 분발시키고 그 성격을 강인하게 하는 것을 이른다."라고 풀이하였다.

225 안자(顏子)의……하였습니다 : 《이정유서(二程遺書)》 권18에 보인다. '안자의

히 유사로 하여금 죄를 의논해서 정하여 왕법(王法)을 바로잡게 하는 것이 옳지, 어찌 안색을 붉히고 언성을 높여서 지나치게 진노하여 오래도록 그치지 않으셨단 말입니까. 여론이 지금까지도 멈추지 않아 김홍욱의 이름이 가면 갈수록 더욱 아름다워지니, 참으로 이른바 "먼저 성을 내면 스스로 해칠 뿐이니 어찌 남을 해칠 수 있겠는가."라고 한 경우입니다. 신은 삼가 슬퍼합니다.

또 전하께서는 대신을 공경하고 신하를 부리되 예로써 하는 도리를 모르지 않으실 터인데, 저번에 대신을 노복처럼 나무라고 서관(庶官)을 돼지처럼 꾸짖으셨습니다. 이는 주자가 매우 놀라 탄식하던 바[226]인데, 심지어는 경연(經筵)의 유신(儒臣)이 살을 드러내어 매를 맞기까지 하였습니다. 《예기(禮記)》에 이르기를 "사람을 물리치되 예로써 해야 한다." 하고, 또 이르기를 "사람을 죽이는 데에도 또한 예가 있다." 하였습니다. 가령 신하에게 죄가 있다면, 물리치든 죽이든 형법에 따라 처리하는 것이 무엇이 불가하기에 도리어 혈기

불천노'는 《논어》 〈옹야(雍也)〉에 보이는데, 공자의 제자 안회(顔回)가 노여움을 남에게 옮기지 않은 것으로, 갑(甲)에게 화난 일로 을(乙)에게 화를 내지 않는다는 뜻이다. 사흉은 요 임금과 순 임금 때의 네 악인(惡人)인 공공(共工), 환도(驩兜), 삼묘(三苗), 곤(鯀)이다. 《서경》 〈순전(舜典)〉에 "공공을 유주(幽洲)에 유배하고 환도를 숭산(崇山)에 유치(留置)하고 삼묘를 삼위(三危)로 몰아내고 곤을 우산(羽山)에 가두어 네 사람을 죄주니, 천하가 다 복종하였다."라고 하였다.

226 주자가……바 : 주희가 유공보(劉共甫)에게 보낸 편지에 "삼가 11월 5일 임금이 내린 조서를 읽어 보니, 대신을 노비처럼 꾸짖고 신하들을 돼지처럼 쳐다본 것이 너무 심하였습니다.……이 조서를 본 이후로 3일 동안 자고 먹는 것이 편안치 않았으니, 그 곡절은 한마디로 말하기 어렵습니다. 이로부터 임금의 마음이 더욱 방자해지고 기세는 더욱 외로워질 것입니다."라고 하였다. 《晦庵集 別集 卷1 劉共甫》

에 부림을 받아 성상의 덕을 손상하고 나라의 체통을 파괴한단 말입니까. 신은 상심하고 탄식하는 마음을 금할 수 없는데 이는 모두 전하께서 능히 함양을 못 하신 소치입니다.

삼가 바라건대 지금부터는 성상께서 여기에 깊이 유의하고 겸하여 성찰(省察)의 공부를 가하여 희로(喜怒)의 감정에 동요하지 마시어 신하와 백성으로 하여금 해처럼 사랑하고 하늘처럼 두려워하게 하소서.

12. 신은 김홍욱의 죄가 어떠한 것인지 알지 못하지만, 삼가 듣건대 교지에 응하여 진언(進言)한 일로 죽었다 합니다. 이미 교지에 응하였다면 진언한 것이 비록 망언이라 하더라도 죄주는 일이 없어야 하는데 이미 구언(求言)을 하고서 또 언자(言者)를 죽였으니, 나라의 체통을 크게 손상했을 뿐만 아니라, 훗날에 비록 눈앞에 반드시 망할 일이 있더라도 누가 감히 말을 하겠습니까. 비위를 크게 거스르지 않는 것만 골라서 형식적으로 응하는 데에 불과할 것입니다. 위에서 형식적으로만 구하고 아래에서 형식적으로만 응하면 국사가 장차 어느 곳에 가서 붙겠습니까.

근래에 언자들은 모두 김홍욱을 가지고 청원을 하는데, 이것이 어찌 모두가 이미 죽은 사람에게 사정(私情)을 두어서 그런 것이겠습니까. 이에서 뭇사람의 마음이 동일함을 알 수 있으니, 뭇사람의 마음이 동일한 데에는 곧 하늘의 뜻이 있는 것입니다. 죽은 자는 다시 살아날 수 없고 그의 자손과 친척은 아울러 금고(禁錮)되었습니다. 삼가 바라건대 전하께서 마음을 돌이켜서 그 억울함을 씻어주고 또 그 자손을 용서해 주신다면 인심이 기뻐하여 천지처럼 인자하고 일월처럼 밝은 성상을 함께 받들며 살 것입니다.

또 사람이 이미 역적으로 처형되어 죽었으면 그만이지, 어찌 일찍이 호역률(護逆律)[227]을 제정하여 사람의 입을 막았다는 것을 들었겠습니까. 이것이 뭇사람의 의심을 야기하고 김홍욱에 관한 소장(疏章)을 나오게 하였으니, 신은 한탄합니다.

또 윤강(尹絳)은 논사(論思)를 담당하는 관서의 장관을 지내며 아침저녁으로 가르침을 드렸으니, 성상에게는 가까운 자 중에서도 가장 가까운 자입니다. 그러니 비록 실수를 했다 하더라도 어떻게 뭇사람이 보는 앞에서 곤욕을 주고 매를 때릴 수 있겠습니까. 옛날 송(宋)나라 임금이 사대부를 경시하는 말을 하자 그 신하가 용감하게 물러간 일이 있었는데,[228] 만일 윤강이 조금이라도 사대부의 마음을 가졌다면 어찌 차마 수치를 무릅쓰고 다시 소성의 반열에 있겠습니까. 전하께서 노예로 대우하기 때문에 그도 노예로 자처한 것이니, 그렇다면 계급이 어찌 높은 것이 될 수 있으며 조정이 어찌 존엄한 곳이 될 수 있겠습니까. 이래서 식자는 한심하게 여기고 자중하는 선비는 머뭇거리면서 감히 나오지 않는 것입니다. 또 전하께서 신하들을 꾸짖는 것이 어찌 전하께서는 큰일을 해 볼 뜻을 가지고 계시나 뭇 신하들은 변변치 못하여 그 뜻을 감당할 자가 한 사람도 없기 때문이 아니겠습니까. 그러므로 언사(言辭)에 발하시는 것이 때로 혹 이와 같았던 것입니다. 그러나 전하께서 만일 그들을 예의로 대우

227 호역률(護逆律) : 역적을 두둔하는 자를 다스리는 법이다.

228 옛날……있었는데 : 송 진종(宋眞宗)이 유창언(劉昌言)을 재상에서 파직한 뒤에 전약수(錢若水)에게 "창언이 울더냐, 안 울더냐?"라고 묻자, 그는 '신하로서 지절(志節)이 뛰어나지 못하고 명세(名勢)를 멀리하지 못하여 임금으로부터 경시를 당하였다.'라고 생각하고 드디어 관직을 그만두었다 한다. 《宋子大全隨箚 卷2》

하고 의리로 책망하신다면, 뭇 신하들이 스스로 힘써서 충절을 바치지 않을 줄을 어찌 알겠습니까.

옛날 송나라 임금이 천장각(天章閣)을 개설하여 뭇 신하들을 독려하니,[229] 신하들은 각자 분발하여 끝내는 경력(慶曆)의 성치(盛治)[230]를 열었습니다. 명나라는 항장(桁杖)으로 신하를 대우하자, 약간 지절(志節)이 있는 자는 모두 물러가 버렸고, 북경(北京)이 깨질 때 한 사람도 나라를 위해 죽은 자가 없었으니,[231] 이것이 이전에 있었던 분명한 증거입니다. 대체로 노예나 돼지로 대우하면서 사대부의 임무를 요구하는 것은 참으로 될 수 없는 일입니다.

229 옛날……독려하니 : 천장각은 송 진종 때의 장서각(藏書閣)이다. 뒤에 학사(學士), 직학사(直學士), 대제(待制) 등의 관원을 두어 학문에 전념하게 하였다.

230 경력(慶曆)의 성치(盛治) : 경력은 송 인종(宋仁宗)의 연호이다. 경력 연간은 송나라의 국운이 극도로 융성한 기간으로 문물이 성대하고 인재가 배출되어, 명신(名臣)으로는 한기(韓琦)·범중엄(范仲淹)·부필(富弼)·구양수(歐陽脩)·사마광(司馬光) 등이, 명유(名儒)로는 호원(胡瑗)·주돈이(周敦頤)·소옹(邵雍)·장재(張載)·정호(程顥)·정이(程頤) 등이, 문호(文豪)로는 구양수·소순(蘇洵)·증공(曾鞏)·매요신(梅姚臣) 등이 있었고, 소식(蘇軾)·소철(蘇轍) 형제 및 왕안석(王安石)의 문명(文名)도 이때에 드러났으므로 당시에 '경력지치(慶曆之治)'라고 일컬었다. 《續資治通鑑長編 卷140》

231 북경(北京)이……없었으니 : 1644년 봄에 이자성(李自成)의 군대에 의해 북경이 함락당하여 의종(毅宗)이 자결하고 명나라가 멸망할 당시 적에게 불복하고 죽은 사람이 순무도어사(巡撫都御使) 위경원(衛景瑗)·주지빙(朱之馮)과 태학사(太學士) 범경문(范景文) 이하 수십 명 있었으나 그 당시 청나라에 볼모로 잡혀가 있던 세자(世子)의 종신(從臣)이 다급한 상황 속에서 자세한 내막을 모르고 본국에 급히 아뢸 때 절사(節死)한 자가 아무도 없다고 하였으므로 우리나라에서는 그렇게 알고 있었다. 《明史 莊烈帝本紀》

삼가 바라건대 전하께서는 관자(管子)가 멸망에 대해 한 경계[232]와 가의(賈誼)가 임금의 대우에 따라 신하가 보답한다고 한 논의[233]를 깊이 생각하여 속히 전일의 잘못을 고치고, 한결같이 염치로써 신하들을 대우하시면 매우 다행이겠습니다.

13. 옛날 유공(劉珙)이 국가의 깊은 수치를 알고 있으면서 저택을 짓자, 주자가 꾸짖기를 "흉노(匈奴)가 멸망하지 않았는데, 어찌 저택을 짓는단 말인가." 하였습니다.[234] 저번에 전하께서 중론을 따르지 않고 궁전을 건축하셨는데, 이는 비록 성상의 효성이 지극하여 속히 자전(慈殿)을 편안히 모시고 싶어서 한 일[235]이겠으나 성인의 효도는 뜻을 기르는 것을 우선으로 삼습니다. 비록 자전의 뜻으로 말한다 하더라도, 종묘의 수치를 씻지 못하였는데 어찌 웅장하고 화려한 궁전 가운데에 편안히 거처하고 싶어 하시겠습니까. 그러나 이것은 그래도 이유를 내세울 수 있습니다마는, 공주(公主)의 저택

232 관자(管子)가……경계 : 《관자》 〈목민(牧民)〉에 "사유(四維), 즉 인의예지(仁義禮智)가 신장되지 않으면 나라가 멸망한다." 하였다.

233 가의(賈誼)가……논의 : 《신서(新書)》 〈계급(階級)〉에 "위에서 예의염치(禮義廉恥)로 신하를 대우하는데 신하로서 절행(節行)으로 임금에게 보답하지 않는 자는 사람이 아닙니다." 하였다.

234 유공(劉珙)이……하였습니다 : 《주자어류》 권132에 보인다. 유공은 자가 공보(共甫), 시호는 충숙(忠肅)이며, 유자우(劉子羽)의 아들로 유자우의 아우인 유자휘(劉子翬)의 후사가 되었다. 주희는 아버지의 친구인 유자휘를 사사(師事)하였으므로 유공과는 절친한 사이였다.

235 저번에……일 : 1656년(효종7) 효종이 모후인 자의대비(慈懿大妃) 조씨(趙氏)를 위하여 인정전(仁政殿) 북쪽 구 흠경각(欽敬閣) 터에 만수전(萬壽殿)을 건축한 일을 말한다.

의 경우는 사람마다 너무 사치스럽다고 말하지 않는 자가 없습니다. 백성이 곤궁하고 재물이 고갈된 때에 누차 큰 공사를 일으켜 백성의 수심과 원망을 늘리는 것은 마땅치 않을 뿐만이 아니라, 예로부터 국가가 망한 날에는 공주와 부마가 사노(私奴)가 되기를 빌어도 그것 역시 될 수 없는데, 하물며 궁실을 보유할 수 있겠습니까. 가령 백성이 편안하고 재물이 풍부하며 국가가 반석처럼 견고하다면, 자손이 저절로 번영을 누릴 수 있을 터인데, 하필 이에 급급하여 백성의 기대를 저버리고 하늘의 뜻을 거스를 것이 있습니까. 또 뜻있는 선비는 이것으로써 전하에게 와신상담(臥薪嘗膽)의 뜻은 없고 연안짐독(宴安鴆毒)[236]에 미혹되었다고 의심하고 일체 맥이 풀려 버릴 것이니, 작은 일이 아닙니다. 삼가 바라건대 전하께서 깊이 생각하고 속히 반성하여 마땅히 해야 할 일에 전념하시면 매우 다행이겠습니다.

14. 신이 듣건대 주자가 군대를 논하여 말하기를 "근본이 강하면 정신으로 적을 제압하여 승리할 수 있고, 강하지 않으면 재앙을 초래한다." 하였습니다. 오늘날은 기강이 온통 무너졌는데, 그중에도 군율(軍律)이 더욱 엄하지 않습니다. 신이 생각건대 강도(江都)가 함락될 당시의 장령(將領) 이상[237]은 모두 용서할 수 없고 남한산성(南漢山城)에서 사졸(士卒)을 격동시켜 변을 일으킨 자[238]는 모두 죽이

236 연안짐독(宴安鴆毒) : 연안짐독(宴安酖毒)과 같은 말로, 안락에 탐닉하여 몸을 망치는 것을 비유한다. 《춘추좌씨전(春秋左氏傳)》 민공(閔公) 원년에 "안일은 독약과 같으니 생각할 수 없습니다."라는 관경중(管敬仲)의 말이 보인다.

237 강도(江都)가……이상 : 검찰사(檢察使) 김경징(金慶徵), 부검찰사 이민구(李敏求), 유수(留守) 장신(張紳) 등을 말한다. 《燃藜室記述 卷26 江都敗沒》

는 것이 옳습니다.

전하께서 오늘날 교련시킨 금위군(禁衛軍)은 모두가 매우 정예로우니 위급할 때에 쓸 수 있을 것이라고 여기시겠지만, 이미 교만하고 사나워 진신(搢紳)을 경멸하고 사람을 살해하는 자가 있는 데다 또 늘 도성에 모여 있으니 매우 온당하지 않습니다. 삼가 바라건대 전하께서는 거듭 엄하게 단속하여 조금이라도 죄를 범한 자가 있으면 일절 용서하지 마소서.

신이 상고하건대 주자가 이르기를 "오늘날 군사는 교만하고 또 편하게 길러져서 노고를 알지 못하니, 다급할 때 어떻게 쓰겠는가." 하였습니다. 이는 바로 오늘날의 폐단이니, 성상께서는 유의하소서.

주자가 또 이르기를 "한(漢)나라 때 숙위(宿衛)는 모두가 자제들이었으니, 군졸을 쓰지 않았다." 하였습니다. 이 말이 매우 의미가 있으니, 아울러 유념하소서.

15. 신이 삼가 상고하건대 송나라 왕실이 어지러울 즈음에 주자의 스승인 호공 헌(胡公憲)[239]이 등용되자, 주자는 그를 위하여 시무(時務)의 요령을 올렸는데, 그 말에 "천하의 형세는 유독 그 근본을 바로잡는 데 달려 있을 뿐입니다. 이른바 그 근본을 바로잡는 방법은

238 남한산성(南漢山城)에서……자 : 구인후(具仁垕), 구인기(具仁基) 및 훈련원(訓鍊院)의 장관(將官)들을 선두로 성을 지키는 군사 수백 명이 칼을 들고 체찰부(體察府)에 난입하여 화친을 배척하는 사람들을 내놓으라고 외치며 소란을 부렸다. 《燃藜室記述 卷25 丁卯虜亂》

239 호공 헌(胡公憲) : 호헌(胡憲, 1084~1162)을 말한다. 자는 원중(原仲), 호는 적계(籍溪)이며, 복건성(福建省) 숭안(崇安) 사람이다.

천하의 인망이 높은 사람을 보아 그를 들어 쓰는 것에 불과할 뿐이니, 그렇게 되면 천하의 인심이 한마음으로 조정에 모여 그 기력이 쉽게 진작될 것입니다. 이는 마치 쇠약해진 병자에게 침약(鍼藥)의 효력이 미치지 못하는 단전(丹田)과 기해(氣海)에 뜸을 뜨면 기혈이 근원에 모여서 눈과 귀, 손과 발에 이로운 것과 같습니다." 하였습니다. 대체로 주자는 도덕이 훌륭한 분으로서 군사(君師)를 위하여 그 충성과 지혜를 다했는데, 그 방책은 이와 같은 것에 불과하였으니, 시무의 요령을 깊이 알고 제왕의 도리에 부합하였다고 할 만합니다.

오늘날 명망이 있는 인사들을 전하께서는 이미 다 불러 조정에 배치해 놓았습니다. 그러나 버려둔 인사 중에 또 이들보다 더 어진 자가 있는데 전하께서 알지 못하고 계신지 어찌 알겠습니까. 삼가 바라건대 천지 같은 도량을 넓히고 일월처럼 밝은 빛을 드리워 한때의 좋음과 싫음에 이끌리지 말고 한결같이 시대의 어려움을 함께 구제하는 것을 마음으로 삼으신다면, 국가가 매우 다행이겠습니다.

신은 몽매하여 식견이 없습니다. 그러나 신이 보는 바로는, 이유태(李惟泰)[240]와 유계(兪棨)[241]는 실로 쓸 만한 어진 인재입니다. 이유태는 당초 특별한 대우에 감격하여 소회를 극력 진언했다가 그만 한 세상의 분노를 불러일으켰습니다. 불길한 무리가 결국 고을 사람으로 하여금 먼저 비방하는 글을 지어서 상달하도록 하

240 이유태(李惟泰) : 1607~1684. 본관은 경주(慶州), 자는 태지(泰之), 호는 초려(草廬)이다.

241 유계(兪棨) : 1607~1664. 본관은 기계(杞溪), 자는 무중(武仲), 호는 시남(市南)이다. 김장생(金長生)의 문인이다.

였으니, 귀신이나 물여우처럼 남을 해친 일은 진실로 차마 말할 수가 없습니다.[242]

유계는 시호를 의논하여 정하는 일로 매우 무거운 죄를 얻었습니다.[243] 설령 유계가 헐뜯고 비방하는 데 뜻을 두었다 하더라도 한(漢)나라 조정에서는 오히려 하후승(夏侯勝)을 용서하였는데,[244] 하물며 유계는 그런 일이 전혀 없었습니다.

이 두 신하는 다 유림에서 인망이 두터운 인물로서 태평성대의

242 이유태는……없습니다 : 유학 안적(安績)의 상소 중에, 금산(錦山) 사람 박정(朴珽)의 아들 박취문(朴就文)이 상언(上言)하여 전 좌랑 이유태를 모함한 것을 해명하는 내용이 있고, 이유태는 효종이 즉위한 초기에 현사(賢士)로 초빙하여 특별한 예우를 입었으나 김자점(金自點)의 당을 배척한 뒤에는 도리어 사람들에게 비난을 받았다는 내용도 있다. 《孝宗實錄 2年 4月 17日》

243 유계는……얻었습니다 : 1649년(인조27)에 효종이 즉위하여 선왕(先王)의 묘호(廟號)를 정할 때, 응교(應敎) 심대부(沈大孚)가 상소하여, 창업한 군왕만 조(祖)로 호칭하고, 그 밖의 선대의 뒤를 이은 군왕들은 큰 공덕이 있다 하더라도 종(宗)으로 호칭하는 것이 예에 맞는다고 논하였으나, 효종이 따르지 않았다. 그러자 다음 날 부수찬(副修撰) 유계가 상소하여, 이미 인묘가 있으므로 다시 묘호에 인(仁) 자를 쓰는 것은 예에 맞지 않는다고 논하고, 이어 조와 종의 호칭에 대한 심대부의 주장을 옹호하였다. 그러나 심대부는 중도부처(中道付處)되고 유계는 극변(極邊)으로 귀양 보내도록 하여 온성과 영월에 유배되었다. 《孝宗實錄 卽位年 5月 23日, 1年 4月 4日》

244 한(漢)나라……용서하였는데 : 한 선제(漢宣帝)가 무제(武帝)를 존숭하여 세실(世室)을 세우고 묘악(廟樂)을 연주하고 싶다는 조서를 내리자, 조정의 백관이 모두 조서대로 하는 것이 옳다고 하였으나 장신소부(長信少府) 하후승은 "무제가 비록 사방 오랑캐를 무찌르고 국토를 확장한 공은 있으나 군사를 많이 죽이고 국가의 재정이 바닥나게 하였으니, 그렇게 하는 것은 옳지 않다."라고 반론을 제기하였다. 그 일로 일단 하옥되었다가 몇 년 후에 사면을 받고 간대부급사중(諫大夫給事中)이 되었다. 《漢書 夏侯勝傳》

명신인데 버림받아 떠돌다가 이미 반평생을 지냈습니다. 저들은 비록 불만이 없더라도 어찌 밝은 시대의 유감이 되지 않겠습니까. 삼가 바라건대 전하께서 신이 가지고 있는 직명(職名)을 회수하여 이들 두 신하에게 주어 조정에 초치하신다면 크게 이로울 것입니다. 신이 만일 좋아하는 자를 편애하여 군부를 속인다면 신명(神明)이 굽어보고 반드시 주륙을 가할 것입니다.

16. 신이 듣건대 믿음이란 것은 임금의 큰 보배라 합니다. 성인이 군대와 양식은 버릴 수 있어도 믿음은 버릴 수 없는 것이라 하였습니다.[245] 그러므로 예로부터 국가가 망할 무렵에는 신의(信義)가 먼저 없어집니다. 신이 보는 바로는 조정에서 군사와 백성에게 신의를 잃은 것이 너무도 많습니다. 호서(湖西)에서 대동법(大同法)을 실시하던 초기에는 수령들이 베자〔布尺〕가 너무 길다는 이유로 추고(推考)를 받고 또 그 나머지는 잘라서 백성에게 돌려주었는데, 지금은 정해진 치수 외에 또 여분의 치수를 정해 놓고는 자가 짧다는 이유로 퇴짜를 놓아서 그 치수를 채우도록 하고 있습니다. 지난해에 속오군(束伍軍)에게 급복(給復)하라는 영이 내려지자 군졸들이 매우 기뻐하였는데, 올해에는 그 영이 벌써 없어져 버렸습니다. 이와 같이 한다면 상하가 어떻게 서로 믿겠습니까. 삼가 바라건대 전하께

245 성인이……하였습니다 : 《논어》 〈자공(子貢)〉에 자공과 공자의 다음과 같은 문답이 있다. 자공이 정사에 대해 물으니 공자가 "양식과 군대를 충실히 하면 백성들이 믿을 것이다."라고 하였다. 자공이 부득이하여 하나를 버린다면 무엇을 버려야 하느냐고 묻자 공자는 "군대를 버려야 한다."라고 하였고, 다시 같은 질문을 하자 공자는 "양식을 버려야 하니, 자고로 사람은 모두 죽지만 백성들은 믿음이 없으면 존립할 수 없다."라고 하였다.

서는 유념하소서.

또 대동법은 다만 수입을 헤아려서 지출을 해야 하는데, 지금은 지출을 헤아려서 수입을 하고 있고 또 너무 남게 거두므로 지금 남은 쌀이 각 읍에 쌓여서 오랫동안 탐관(貪官), 간리(奸吏)의 모리(牟利)와 화적(和糴)[246]의 바탕이 되고 있습니다. 신은 바라건대 주자가 말한 파분법(破分法)의 가르침[247]에 의거하여 그 남은 수량을 가지고 거두어들일 수량을 헤아려서 감해 주소서. 그렇게 하신다면 백성들이 반드시 크게 기뻐할 것입니다.

17. 신이 삼가 듣건대 지금 이변(異變)을 논하는 자들은 모두가 "천운인데 어떻게 하겠는가." 하나, 이는 절대 그렇지 않습니다. 주자가 일찍이 말하기를 "흠종(欽宗)은 근검하고 인자한 자질을 타고 나셨고, 친히 조서(詔書)로 내린 답은 논한 것이 모두 옳았다. 즉위할 때는 겹햇무리가 져서 해 주위를 돌았으니, 이는 태조(太祖)가 진교역(陳橋驛)에서 즉위할 때 있었던 상서다. 그로부터 3, 4일 후에 짙은 안개가 사방에 끼었으니, 이는 경남중(耿南仲)의 사설(邪說)이 흠종의 총명을 가렸기 때문이다. 만일 흠종이 이강(李綱)에게 국사를 전임(專任)했더라면, 어찌 태조의 훈업을 회복하여 겹햇무리가 해 주위를 돈 상서에 부합되지 않았겠는가."[248] 하였으니, 그렇

246 화적(和糴) : 관청에서 값을 백성과 의논하여 교역한다는 명분으로 강제로 곡식을 사들이던 일인데, 거의 수탈하다시피 거두어들여서 백성에게 고통을 주기도 하였다. 《資治通鑑綱目 47編 下》

247 주자가……가르침 : 주희가 〈무신봉사〉를 올려, 황제가 재용을 절약하지 않아 조종 이래로 전해 온 부세의 9분만 징수하는 파분법이 폐지되자 세금이 무거워진 백성이 도망가는 바람에 재물을 얻을 곳이 없어졌다고 아뢰었다. 《晦庵集 卷11》

다면 사람이 하는 일이 하늘을 감동시키는 것이 매우 명백합니다.

또 신은 전하께서 친히 비를 빌면 하늘이 비를 내리지 않은 때를 보지 못하였습니다. 이것으로 미루어 보면 오늘날의 재변을 어찌 그치게 할 수가 없겠습니까. 오늘날의 이변이 이와 같은데 신하들 중에는 근심하여 사라지게 할 계책을 내는 자가 없습니다. 신은 포선(鮑宣)[249]이 쓴 재이에 대한 글을 읽을 때마다 일찍이 탄식하고 눈물을 흘리지 않은 적이 없으며, 국가가 위태로워 망할 것 같은 날에 충신이 애통하고 절박하여 임금을 깨우쳐 나라를 보전시키기에 급급해도 임금이 들어주지 않은 것을 매우 슬퍼합니다. 지금 그 글을 다음에 붙여 보니 엎드려 바라건대 더 살펴보소서.

한 애제(漢哀帝) 때 공광(孔光), 사단(師丹), 하무(何武), 부희(傅喜)[250]는 바른 논의를 했다가 모두 관직에서 물러나게 되었고,

248 흠종(欽宗)은……않았겠는가 : 《주자어류》 권127 〈흠종조(欽宗朝)〉에 보인다. 경남중은 흠종이 동궁(東宮)으로 있을 때에 12년간이나 섬겼으므로 즉위하게 되면 자기가 제일 높은 지위를 차지하리라 여겼는데 오민(吳敏)과 이강이 오히려 자기보다 지위가 높자 불만을 품고 그들의 의론이면 무엇이든 배척하고 따르지 않았다. 이때 금(金)의 침략이 심화되어 화의(和議)가 일었는데, 이강 등이 반대하자 경남중은 끝까지 그들을 비방하고 화의를 주장하였다. 이 때문에 전쟁 준비를 전혀 하지 않아 송나라는 결국 멸망하고 말았다. 《宋史 耿南仲列傳》

249 포선(鮑宣) : 한나라 애제 때 사람으로 학문을 좋아하고 경서(經書)에 밝았다. 간의대부(諫議大夫)가 되어 재상의 전제(專制)를 꺾었다 한다. 《漢書 鮑宣傳》

250 공광(孔光)……부희(傅喜) : 공광은 유학자로 공자의 14대손이며, 경학(經學)에 밝아 지위가 승상까지 이르렀다. 사단은 충절로 이름난 사람으로, 애제 때 좌장군(左將軍)이 되었다. 하무는 성품이 인후(仁厚)하고 양주 자사(揚州刺史)를 지낼 적에 선정을 베풀었으며 벼슬이 대사공(大司空)에 이르렀다. 부희는 애제 때 대사마(大司馬)를 지냈으며, 애제의 조모인 부 태후(傅太后)가 정사에 관여하자 간언하는 상소를 올렸

외척 정씨(丁氏)와 부씨(傅氏)의 자제들[251]은 아울러 등용되었으며, 동현(董賢)[252]은 애제에게 총애를 받았습니다. 이때 포선이 다음과 같은 글을 올렸습니다.

"효성제(孝成帝) 때 외친(外親)이 권세를 잡아 천하를 어지럽게 만들고 사치가 정도에 지나쳐 백성을 곤궁하게 만들었습니다. 이런 까닭에 일식(日蝕)이 열 번이나 일어나고 혜성(彗星)이 네 번이나 나타났으니, 위태로워 망할 것 같은 징조는 폐하께서 친히 보셨습니다. 지금 어찌하여 전일보다 지나치게 되풀이하십니까. 조정 신하 중에 논의가 고금을 통하고 나라 걱정을 굶주리고 목마르듯 절실하게 하는 대유(大儒)와 강직한 선비는 없고, 외척의 소년과 총신(寵臣) 동현 등은 친애하여 중앙 관서에 두고 있으니, 폐하께서 이들과 더불어 천지를 받들고 천하를 안정시키려고 하시나 매우 어려울 것입니다. 옛날 요(堯) 임금이 네 명의 죄인을 내쫓자 천하가 복종하였는데 지금은 한 관리를 제거하자 뭇사람이 모두 의혹하며, 옛날에는 형벌을 가하여도 오히려 복종을 하였는데 지금은 상을 주어도 도리어 의혹하고 있습니다.

다가 미움을 받아 축출되었다. 《漢書 史丹傳喜傳》

251 외척……자제들 : 정씨는 애제의 모후인 정 태후의 친정 식구들을 가리키고, 부씨는 애제의 할머니인 부 태후의 친정 식구들을 가리킨다.

252 동현(董賢) : 한나라 운양(雲陽) 사람으로, 자는 성경(聖卿)이다. 애제의 총애를 받아 왕의 좌우에서 떠난 적이 없었으며 고안후(高安侯)에 봉해졌다. 22세에 벼슬이 대사마 위장군(衛將軍)에 이르렀는데, 애제가 죽자 왕망(王莽)의 탄핵을 받고 파직되어 자살하였다. 《漢書 董賢傳》

지금 인민을 실업자가 되게 하는 길이 일곱 가지가 있으니, 수재(水災)와 한재(旱災)가 그 첫째요, 무거운 부세(賦稅)가 그 둘째요, 탐리(貪吏)의 수탈이 그 셋째요, 권세가의 토지 잠식(蠶食)이 그 넷째요, 혹독한 아전이 농번기를 가리지 않고 부역에 동원하는 것이 그 다섯째요, 마을에서 북을 쳐 남녀를 불러 모아 도적을 잡으러 다니는 것이 그 여섯째요, 도적이 재물을 약탈해 가는 것이 그 일곱째입니다. 일곱 가지 실업자가 되는 길은 그래도 괜찮지만 이 밖에 또 일곱 가지 죽는 길이 있으니, 혹리가 때리고 죽이는 것이 그 첫째요, 옥사를 매정하게 다스리는 것이 그 둘째요, 무고한 자를 억울하게 모함하는 것이 그 셋째요, 도적이 여기저기서 일어나는 것이 그 넷째요, 원수끼리 서로 해치는 것이 그 다섯째요, 흉년이 들어 기아에 허덕이는 것이 그 여섯째요, 시절에 의한 유행병이 도는 것이 그 일곱째입니다. 백성들이 일곱 가지 실업자가 되는 길은 있으면서 한 가지도 얻는 것은 없으니 나라가 편하기를 바라더라도 참으로 어렵고, 백성에게 일곱 가지 죽는 길은 있으면서 한 가지 사는 길은 없으니 형벌을 쓸 일이 없기를 바라더라도 진실로 어렵습니다. 이 어찌 공경(公卿), 군수(郡守), 재상 들의 탐욕과 잔악함이 풍속을 이루어 생긴 일이 아니겠습니까.

신하들 중에 요행히 높은 관직에 앉아 많은 녹봉을 받아먹더라도 어찌 기꺼이 잔약한 백성을 측은히 여기고 폐하를 도와 교화를 널리 전할 자가 있겠습니까. 오직 사가(私家)를 경영하고 빈객(賓客)의 요구를 들어주기 위하여 불법으로 재리(財利)를 얻을 것에만 뜻을 둘 뿐이며, 아첨하고 복종하는 것을 현명함으로 삼고, 묵묵히 앉아서 녹봉이나 타 먹는 것을 지혜로움으로 삼으며, 신 같은 자들을 어리석다고 말합니다.

천하는 바로 황천(皇天)의 천하입니다. 폐하께서는 하늘을 위하여 백성을 보살피되 그들 보기를 동일하게 하여야 합니다. 지금 가난한 백성은 나물죽도 배불리 먹지 못하고 옷은 또 해져 구멍이 나서 부자와 부부가 능히 서로 보호하지 못하고 있습니다. 그런데 어찌 유독 외척과 총신만 사사로이 보살펴 막대한 상을 하사하여 그들의 노복과 빈객에 이르기까지 술을 물처럼 고기를 콩처럼 흔하게 먹게 하십니까. 이는 하늘의 뜻이 아닙니다. 관작(官爵)은 폐하의 관작이 아니고 바로 천하의 관작입니다. 그런데 폐하께서는 적당하지 않은 사람에게 벼슬을 주고서 하늘이 기뻐하고 백성이 복종하기를 바라니, 어찌 어렵지 않겠습니까.

손총(孫寵)과 식부궁(息夫躬)[253]은 간사한 사람의 우두머리로서 세상을 더욱 심하게 의혹시키는 자들이니, 마땅히 시기를 보아 파면하여 물리쳐야 합니다. 그리고 외척의 어린아이로서 아직 경술(經術)을 잘 알지 못하는 자는 모두 마땅히 물러가서 사부(師傅)에게 나아가 공부하도록 해야 합니다. 급히 부희(傅喜)를 불러서 외척을 다스리도록 하소서. 하무(何武), 사단(師

253 손총(孫寵)과 식부궁(息夫躬) : 한나라 애제 때의 변설가들이다. 손총은 식부궁과 친교를 맺어 함께 애제의 부름을 받았다. 식부궁은 흉노가 쳐들어온다고 애제를 설득했다가 승상인 왕가(王嘉)의 비판을 받았으며, 나중에 황제를 속인 죄로 죽음을 당했다. 《漢書 息夫躬傳》

丹), 공광(孔光), 팽선(彭宣),[254] 공승(龔勝)[255]은 크게 위임할 만한 사람들입니다. 폐하께서는 오히려 공덕(功德)이 없는 자도 능히 여러 명을 포용하는데, 어찌 하무 등을 능히 포용하지 못하십니까. 천하를 다스리는 자는 마땅히 천하의 마음을 마음으로 삼아야 하지, 자기 마음대로만 할 수는 없는 것입니다."

18. 신이 듣건대 주자가 말하기를 "옛날 성왕(聖王)은 음식(飮食)과 주장(酒醬) 그 어느 것도 총재(冢宰)에게 영속(領屬)시키지 않은 것이 없었다. 그러므로 안으로부터 밖에 이르기까지, 은미한 것에서부터 드러난 것에 이르기까지 정수(精粹)하고 순백(純白)하여 후세의 본보기가 될 만하였다." 하였습니다. 신이 삼가 듣건대 올해 봄에 한 영남의 장수가 울산의 전복을 독촉해 징수하면서 매우 다그치기를 "상께서 훈척대신(勳戚大臣)을 통하여 요구하신 것이다." 하였다고 합니다. 과연 그런 일이 있었습니까? 혹시 훈척이 자기 개인을 위하면서도 성교(聖敎)를 빙자한 것은 아닙니까? 맹자가 이르기를 "음식을 탐하는 사람은 남들이 천하게 여긴다."[256] 하였으니, 보통 사람도 오히려 그러한데 하물며 제왕의 존귀한 신분으로 그런 일을 한다면 그 아래에 끼치는 모욕이 어떠하겠습니까. 신은 몹시 놀라고 괴이하게 여깁니다. 삼가 바라건대 전하께서는 자신을 반성하여 그

254 팽선(彭宣) : 한나라 회양(淮陽) 사람으로, 대사공(大司空)을 지냈으나, 왕망(王莽)이 집권한 뒤 치사(致仕)하고 고향으로 돌아갔다. 《漢書 彭宣傳》

255 공승(龔勝) : 한나라 애제 때 광록대부(光錄大夫) 등의 벼슬을 지냈는데, 왕망이 집권하자 물러났다. 《漢書 龔勝傳》

256 음식을……여긴다 : 《맹자》 〈고자 상(告子上)〉에 보인다. 그 이유는 입과 배만을 기르느라 큰 체통을 잃어버리기 때문이다.

런 일이 있으면 고치고 없으면 더욱 힘쓰소서.

그 일이 있었는지 없었는지는 신이 감히 알 수 없으나 항간에 말들이 자자한데 그중에서도 영해(嶺海)가 더욱 심합니다. 성덕(聖德)에 누를 끼친 것이 적지 않으므로 죽음을 무릅쓰고 감히 진언합니다.

19. 신이 삼가 살펴보건대 주자가 처음 효종(孝宗)을 뵈었을 적에는 맨 먼저 토복(討復)의 의리를 가지고 극력 진언하였는데, 20년 후에는 다시 그 말을 가지고 진언하지 않고 다만 말하기를 "오직 바라건대 폐하께서 먼저 동남쪽을 다스리지 못한 것을 걱정하면서, 마음을 바루고 사욕을 극복하여 조정을 바로잡으시면 거의 진실한 공효가 점점 이를 수 있고, 별도로 걱정거리를 만들어서 원대한 계획을 해치는 데 이르지 않을 것입니다. 대개 《역(易)》에 정통한 사람은 《역》을 말하지 않고, 참으로 국토 회복에 뜻을 둔 자는 과연 손뼉을 치거나 칼을 어루만지는 사람들 사이에 있지 않습니다."[257] 하였습니다. 대개 그 당시 효종이 이미 근습(近習)에게 미혹되고 안일한 생활에 빠져 근본에 매우 염려되는 점이 있었기 때문에 주자의 말이 이와 같았으나, 이것이 어찌 그 당초의 마음이겠습니까. 또한 비탄스럽습니다.

신이 전하의 곁을 떠난 지 8년째인데, 대궐을 사모하는 마음이

257 오직……않습니다 : 《회암집》 권11 〈무신봉사〉에 보인다. 손뼉을 치거나 칼을 어루만지는 행동은 변방에 가서 공훈을 세우려는 일개 무신(武臣)의 행위이다. 《후한서(後漢書)》 〈장궁열전(臧宮列傳)〉에 "장궁과 마무(馬武) 무리는 우는 칼을 어루만지고 손뼉을 쳤으며, 뜻은 이오(伊吾)의 북쪽을 향해 달리고 있었다."라고 한 데서 온 말이다.

어찌 일각인들 해이해졌겠습니까마는, 스스로 무능하고 또 병든 모친이 있기 때문에 차마 멀리 떠나서 벼슬하지 못하였던 것입니다. 지금은 죄를 받은 몸이 이미 모친을 잃었고[258] 충성심만 있어 군부(君父)에게 다 바치기를 바랄 뿐인데, 질병이 침범하여 일찍이 마음먹었던 뜻이 허사로 돌아갔습니다. 그러나 그 의리를 다하기를 바라는 소원만은 땅속에 들어간다 하더라도 사라지기 어렵습니다. 그러므로 감히 미친 말을 이처럼 진언하는 것입니다. 이 밖에도 말씀드리고 싶은 것이 어찌 한이 있겠습니까마는, 신은 정신이 혼미하여 앞뒤에서 잊어버리므로 능히 두루 열거할 수 없거니와 지금 이렇게 말한 것 또한 두서가 없으니, 그 죄가 만번 죽어 마땅합니다.

또한 신은 어릴 적에 주자의 글을 읽으면서 늘 요순(堯舜)과 공맹(孔孟)의 도가 모두 여기에 있다고 여겼습니다. 그러므로 시종 이 글을 드리는데, 그 가운데에는 또 별도로 느낀 바가 있습니다. 효종의 무신년(1188)은 바로 주자가 59세 되던 해입니다. 이해의 봉사(封事)에서 아뢰기를 "근년 이래로 세월이 유수처럼 흘러가서 한번 가면 다시 돌아오지 않으니 오직 신의 늙은 얼굴과 허연 머리털만이 이미 노년에 이르렀을 뿐 아니라, 삼가 폐하의 얼굴을 우러러보니 또한 옛날과 같지 않음을 깨달았습니다. 신은 고루하여 진실로 성청(聖聽)을 도울 만한 충언(忠言)과 기모(奇謀)가 없지만, 폐하의 날로 새로워지는 덕도 능히 신으로 하여금 옛날의 걱정을 시원하게

258 지금은……잃었고 : 우암은 49세인 1655년(효종6) 모친 선산 곽씨(善山郭氏)의 상을 당해 옥천 월이동(月伊洞)에 모친을 안장하고 1657년까지 3년간 시묘하였다. 《宋子大全 附錄 年譜》

잊게 할 수 없으니, 신이 이에 어찌 깊은 비감이 들고 더욱 슬퍼하지 않을 수 있겠습니까." 하였습니다. 신은 이 말을 욀 때마다 감격하여 눈물을 흘립니다.

삼가 바라건대 전하께서는 마음을 가다듬고 돌아보아, 세월이 머물지 않음을 깨닫고 장년(壯年)이 쉽게 가는 것을 애석히 여기셔서, 쉬지 말고 분발하여 덕업(德業)을 높임으로써 황천(皇天)이 크게 명한 마음과 선왕(先王)이 부탁한 뜻에 부응하시면 매우 다행이겠습니다.

신이 상고하건대 주자의 봉사에 "첩황(貼黃)을 올리니, 어전(御前)에 이르거든 열어 보시기 바랍니다."[259] 하고, 또 "주머니를 거듭 봉하여 올립니다. 손수 글씨를 쓰다 보니 눈이 어두워서 붓이 멋대로 움직였습니다." 하고, 또 "봉사를 궁중에 남겨 두시기 바랍니다."라는 말들이 있습니다. 소신은, 이렇게 봉사를 올리는 일이 극히 참람하고 외람된 줄 알지만 상고한 바가 없지 않으니, 성명(聖明)께서는 헤아려 용서하소서.

259 첩황(貼黃)을……바랍니다 : 《회암집》 권11 〈교진주소장(繳進奏疏狀)〉에 보인다. 첩황은, 신하들이 주장(奏狀)이나 차자를 흰 종이에 써서 올리는데 거기에 미진한 뜻이 있을 경우 요점을 간추려 누른 종이에 따로 써 본문의 뒤에 첨부하는 것을 말한다. 《陔餘叢考 卷27 貼黃》

송자대전

제6권

소 疏

동궁을 보도하라는 명을 사양하는 상소 을유년(1645, 인조23) 11월

辭輔導東宮之命疏 乙酉十一月

삼가 아룁니다. 신이 이달 22일에 승정원에서 이달 13일에 성첩(成貼)한 유지(有旨)를 받들어 보니, 신이 동궁(東宮)을 보도(輔導)하기에 실로 적합하므로 속히 올라오라는 내용이었습니다. 신은 그 명을 듣고는 놀랍고 황공하여 몸 둘 곳이 없었습니다.

신은 삼가 생각건대, 사람이 경외하고 두려워하는 것은 황천(皇天)만 한 것이 없으나 그 황천은 아무런 간극 없이 덮어 주고 굽어보기에 기맥(氣脈)이 막힘없이 두루 통하고, 그리하여 질병으로 고통을 겪거나 가슴속에 답답함이 맺힌 자가 있으면 누구 하나 울부짖으며 호소하고 그리워하지 않는 이가 없는 것입니다. 더구나 천지처럼 길러 주시는 우리 전하의 은덕이 골고루 베풀어지고 구석구석 비추어짐으로써 마치 아주 가까운 곁에 부모님을 모시고 있는 것 같은 이때에, 신이 만약 애처롭고 불안한 심정을 토로하여 과분한 은혜로부터 벗어나게 해 달라고 빌지 않고 시종 잠자코만 있는다면, 이는 신이 성명(聖明)의 인애(仁愛)를 스스로 도외시하여 그 죄과를 더욱 무겁게 만드는 일이 될 것입니다. 이러한 까닭에 문득 소원하고 미천한 처지를 문득 망각한 채 염치 불고하고 비루한 진정을 아뢰니, 삼가 바라건대 참람한 죄에 대한 주벌을 조금 용서하시고 시험 삼아 굽어살펴 주소서.

신은 본래 지극히 우매하고 비루하여 무엇 하나 잘난 것이 없는 자입니다. 젊은 시절 과거 시험에 눈독을 들였으나 재주가 용렬한 탓에 아무런 성취도 이루지 못하였으니 그대로 물러나 평민과 섞여 살아도 모자란데, 꿈에도 생각지 못하게 말단 벼슬[1]을 얻게 되었습니다. 그 후 새로 저위(儲位)에 오른 저하(邸下)가 궁 안에 계시던 지난날 거의 1년에 걸쳐 강청(講廳)에 드나들었는데, 그 기간 동안 분수에 넘치게 영광스러운 은총을 입어 하사품이 빈번하게 이어졌고, 이에 신은 실로 감격하여 매양 분골쇄신할 것을 생각하였으나 보답할 길이 없었습니다. 그러다 얼마 뒤 양궁(兩宮)이 북으로 떠나는 날[2]이 되었는데, 그때 신은 실로 관직을 맡고 있던 터라 마땅히 말고삐를 잡고 수행하여 호위하는 대열에 참여해야 했습니다. 그렇지만 신의 노모가 멀리 남쪽 고을에 있었는지라 전란이 휩쓸고 간 와중에 달려가 문안하는 일에 급급한 나머지, 허둥지둥 찾고 묻는 사이에 양궁의 행차는 이미 연(燕)나라와 진(秦)나라의 거리만큼이나 멀어져 버렸습니다. 그 결과 보잘것없는 미약한 진심조차 바칠 길이 없어졌으니, 의리를 저버리고 은혜를 망각한 신의 죄는 실로 속죄하기가 어려웠는데도, 자애로운 성상께서는 형벌을 내리지 않고 도리어 현령을 맡기셨습니다.

신은 돌아보건대 모친의 연세가 늘그막에 이른 상황에서 콩과 물 같은 변변찮은 음식조차 계속 봉양해 드리지 못하는 형편이니, 현령으로서 받는 녹봉을 가지고 봉양함으로써 반포(反哺)의 정을 펴게 되기

1 말단 벼슬 : 경릉 참봉(敬陵參奉)을 가리킨다. 우암은 27세가 되던 해인 1633년(인조11) 10월, 품계 최말단의 종9품직인 참봉(參奉)으로 생애 첫 관직 생활을 시작하였다.《宋子大全 附錄 卷2 年譜》

2 양궁(兩宮)이……날 : 1637년 봄에 인조가 청나라 태종에게 항복한 뒤 소현세자(昭顯世子) 부부와 봉림대군(鳳林大君) 부부, 그리고 당시 주전파 대신들이 볼모로 압록강(鴨綠江)을 건너 심양(瀋陽)으로 간 일을 가리킨다.

를 어찌 시종 바라지 않았겠습니까. 그러나 그것은 실로 곤란한 상황은 남에게 맡기고 편한 일을 좇는 격인지라 의리로 따져 볼 때 몹시도 어긋나는 일이고, 게다가 신의 몸이 병든 상태라 고을에서 처리해야 할 문서의 번다함을 실로 감당하기 어렵기에 누차 스스로 겁을 내면서 감히 전관(前官)과 임무를 교대하지 못하였습니다. 그리하여 이때부터 문을 닫아걸고 깊숙이 숨어, 산골짜기에 묻혀 살다 죽는 것을 분수로 달게 받아들이고 있었는데, 뜻하지 않게 헛된 명성이 위에 잘못 전달된 나머지 지난겨울과 올봄에 누차 사헌부의 직임에 제수되었습니다. 이는 문관에게도 오히려 선직(選職)에 해당되는데, 신이 어떤 인물이라고 감히 이 명을 받는단 말입니까. 명기(名器)를 더럽히고 욕보일 바에야 차라리 명을 어기는 죄를 범하는 편이 낫겠기에 즉시 숙음을 무릅쓰고 면직을 청하기는 하였지만 그 여파로 남은 두려운 감정은 여전히 남아 있습니다. 더구나 지금 새로 내리신 명은 실로 세상에 드문 특별한 예우이자 전에 없던 새로운 은전이라, 비록 도를 간직한 거유(巨儒)나 숙덕(宿德)이나 대신(大臣)에게 내린다 하더라도 선뜻 받아들이기 어려울 것입니다. 하물며 신은 이에 대해 원숭이에게 관을 씌우고 다람쥐에게 고삐를 채우는 것이라는 말로도 그 못남을 비유하기에 부족한 자입니다. 신의 일신은 족히 걱정할 필요도 없지만 삼가 두려운 것은 식견 있는 자들이 성명하신 전하의 행동에 남모르게 시비를 따지지나 않을까 하는 점입니다.

또 신이 삼가 보건대 새 왕세자는 예성(睿性)이 영특하기가 매우 출중하여 장구(章句)와 훈고(訓詁)의 지엽적인 것조차도 신에게 의지할 필요가 없고 신 역시 감히 만분의 일이나마 도움을 드리지 못하였습니다. 그렇고 보면, 애당초 이미 사직하고 물러날 뜻을 품고 있었으나 단지 사사로이 받은 은총에 연연한 탓에 머뭇거리며 구차스레 머물렀으니, 지금에 와서 뒤미처 생각해 보면 오히려 부끄러운 일입니다. 더구나 들리는 말에, 현재에는 근심과 번뇌 속에서 완전한 성장을 이룩하여 덕업(德業)이 성대해졌다고 하니, 그야말로 명신(名臣)과 대유(大儒) 가운데 제왕의 학문에 밝은 자를 두루 찾아냄으로써 훈도하고 함양하는 공을 이루어야 마땅한 상황인데, 어찌 하찮고 잡스러운 자까지 아울러 뽑아 그 주변을 추잡하게 만들고 그 눈과 귀를 더럽힐 수 있겠습니까.

신이 또[3] 듣건대 지난번 전하께서 새 왕세자에게 "너는 마땅히 더욱 도심을 밝히라."라고 권면하셨다고 하니, 아아, 이는 실로 요(堯), 순(舜), 우(禹)가 서로 전수한 심법(心法)[4]이면서 삼대(三代) 이후 제왕의 입에서 일찍이 나오지 않았던 것입니다. 아, 전하께서 기대하고 책망하는 것이 이렇듯 지극히 원대(遠大)하고 고심(高深)하니 누군들 마음을 깨끗이 씻고 눈을 비비며 당우(唐虞)의 성세[5]를 바라지 않겠습니까. 그러나 그 보양의 도구로 삼으려고 하는 대상이 이처럼 엉성하고

3 또 : 두주에는 '又下恐脫'로 되어 있다.

4 요(堯)……심법(心法) : 《서경》 〈대우모(大禹謨)〉에 "인심은 위태롭고 도심은 은미하니, 정(精)하게 하고 한결같이 하여야 진실로 그 중도(中道)를 잡을 것이다."라고 하였고, 〈탕고(湯誥)〉에 "훌륭하신 상제(上帝)가 하민들에게 충(衷)을 내려 주어서 순히 하여 떳떳한 성(性)을 소유하였으니, 능히 그 도에 편안하게 하는 이는 군주인 것이다."라고 하였으며, 〈중훼지고(仲虺之誥)〉에 "하늘이 내신 백성들이 욕심이 있으니, 군주가 없으면 마침내 혼란하므로 하늘이 총명한 사람을 내심은 쟁란(爭亂)을 다스리려고 하신 것입니다."라고 하였다. 주희(朱熹) 등 송유(宋儒)가 이것을 유가의 도통(道統)으로 삼은 뒤로 수양과 치국의 원리로 숭상하였다.

5 당우(唐虞)의 성세 : 태평성세를 가리킨다. 당(唐)은 요 임금이 다스리던 나라이고 우(虞)는 순 임금이 다스리던 나라이다.

부적당한 자라면 먼 곳에서 그 소식을 전해 들은 자가 또 누군들 깊이 근심하고 탄식하면서 영영 그 소망을 잃게 되지 않겠습니까.

신은 실로 고루하여 글 뜻을 풀이하고 구두를 끊는 일조차 아직 두루 통달하지 못하였으니, 비록 선유(先儒)가 남긴 가르침의 편린들을 주워 모아 형식에 따라 수효나 채운다 하더라도 오히려 십중팔구 막힐까 염려되는 처지입니다. 더구나 전하께서 요순(堯舜)으로부터 이어받아 공경을 다하는 아들에게 물려주실 것은 연원이 분명한 성학(聖學)과 정미하고 순수한 심법을 하나로 꿰뚫는 오묘한 경지인데, 어찌 감히 신이 그에 대해 털끝만큼이나마 함께 의논할 수 있단 말입니까. 이것이 신이 차라리 명을 어긴 죄로 벌을 받을지언정 더욱 감히 함부로 나아가 성조(聖朝)에 누를 끼치지 못하는 까닭입니다.

다시금 거듭 생각해 보건대 전하께서 그동안 신을 거두어 불러 주신 것은 살뜰함 그 이상의 대우였습니다. 그러나 신의 노모는 나이가 일흔에 육박한지라 겨울마다 번번이 기침이 발작합니다. 하물며 해가 서산(西山)에 이른 상황은 옛사람이 깊이 슬퍼하던 것[6]이며, 신 또한 오랜 병치레 끝에 겨우 붙어 있는 목숨을 위태로운 심정으로 근근이 이어나가고 있으니, 이런 와중에 무리하게 앞으로 나아간다면 필시 길 위에서 죽어 전하의 명을 초야에 폐기하는 꼴이 될 것입니다. 이러한 까닭에 불안하고 근심스러워서 머뭇거리고 주저하는 것이니, 신의 곤란하고

6 해가……것 : 진 무제(晉武帝) 때 이밀(李密)이 일찍이 조모(祖母) 유씨(劉氏)를 봉양하기 위해 〈진정표(陳情表)〉를 올려 "다만 조모 유씨가 마치 해가 서산에 이른 듯 기식이 곧 끊어질 지경이니, 목숨이 위태롭고 얕아서 아침에 저녁 일을 예측할 수 없는 형편입니다."라고 한 것을 가리킨다.

절박한 사정은 실로 천지 귀신이 굽어살피는 바입니다. 삼가 바라건대 자애로운 성상께서는 특별히 통촉해 주시어 원래 내린 소지(召旨)를 속히 거두어 어리석은 신의 분수를 온전히 지키고 모자(母子)가 서로를 보전할 수 있도록 해 주신다면, 실로 천지 부모의 시종 한결같은 큰 은혜가 될 것입니다. 신은 지극히 두려운 마음을 견디지 못하겠습니다.

지평을 사직하는 상소 을유년(1645) 12월

辭持平疏 乙酉十二月

삼가 아룁니다. 신은 지난번 스스로의 비천함을 생각지 않고 함부로 소장을 올려 보도(輔導)하라는 명에서 벗어나게 해 달라고 청함으로써 의리를 범하고 분수에 넘는 행동을 하였습니다. 그 죄는 만번 죽어 마땅하기에 아침저녁으로 거적을 깔고 앉아 처벌만을 기다리고 있었는데, 뜻밖에 소장이 전달되기도 전에 은혜로운 명이 연거푸 내려 신을 사헌부 지평으로 삼으셨고, 얼마 뒤 또 받은 성상의 비답에는 "내 마음이 서운하니 속히 올라와 상하의 기대에 부응하도록 하라."라는 전교까지 담겨 있었습니다. 아아, 성상께서 대신에게 예모를 갖추어 하는 말씀조차 이보다 더할 수는 없으니, 신은 실로 당혹스러워 어찌할 바를 모르겠습니다. 자고로 신하 된 몸으로 입은 은혜가 이번처럼 지극히 융숭한 경우는 없었으니, 실로 생명이 있는 무리라면 누군들 감히 감격하고 분발하는 심정으로 곧장 앞으로 나아가 머리가 부서지고 강물에 빠져 죽는 것도 신경 쓰지 않으며 보답하기를 생각지 않겠습니까. 신은 비록 지극히 우매하나 다행히도 사람의 형체는 갖추고 있어 군신의 의리에 대해서 대강이나마 알고 있으니, 어찌 감히 거듭 번거롭게 아룀으로써 명을 어긴 죄에 스스로 빠질 수 있겠습니까. 다만 신은 자신이 어떤 사람인지 아주 분명히 알고 있으며 자신이 어떤 역량을 가지고 있는지도 매우 자세히 가늠하고 있습니다. 비록 사사로이 받은 은총에 연연한 나머지 아무것도 모른 채 그 일을 담당하고자 하더라도 당대의 공론(公論)이 지극히 엄하고 후대의 청의(淸議)가 가히 두려우니, 신이 어떻게 감히 거짓을 무릅쓰고 얼굴을 쳐들면서 부승(負乘)의 경계[7]를 서슴없이 위반하고 성조(聖朝)의 명기(名器)를 거듭 더럽힐 수 있겠습니까. 아, 대부(大夫)를 부르는 예법을 가지고 우인(虞人)을 부르자 우인은 죽어도 감히 가지 못하였는데,[8] 더군다나 현자를 대우하는 예법을 전혀 당치도 않은 몸에게 베푼다면 비웃음을 당하고 비난을 부르는 것이 어찌 한 사람에 그치고 말 뿐이겠습니까.

게다가 신의 홀어머니가 노년에 임하여 질병이 오래도록 낫지 않고 있기에 까마귀의 사사로운 마음[9]이 차마 잠시도 그 곁을 떠날 수가 없고, 신 또한 질병이 추위를 만나 더욱 심해지는 바람에 머뭇거리고 주저하면서 문을 나서다 다시 들어오기를 반복하고 있으니, 신의 사정은 실로 곤궁하고 절박하다 하겠습니다. 하늘이 내려다보고 있는데

7 부승(負乘)의 경계 : 분수에 맞지 않은 지위에 있음으로써 우환을 초래하는 것에 대한 경계를 뜻한다. 《주역》 〈해괘(解卦) 육삼(六三)〉에 "짐을 짊어져야 하는데 수레를 타는지라 도적을 오게 한다.〔負且乘, 致寇至.〕"라고 한 데서 나온 말이다.

8 대부(大夫)를……못하였는데 : 《맹자》 〈등문공 하(滕文公下)〉에 나오는 말이다. 우인은 임금의 원유(苑囿)를 관리하는 하급 관리이다. 제(齊)나라 경공(景公)이 사냥을 나갔을 때 정(旌)을 써서 우인을 불렀으나 오지 않자 그를 죽이려 하였다. 예법상 우인은 피관(皮冠)으로 불러야 하는데 대부를 부르는 정을 써서 불렀기 때문이다. 이 일을 두고 맹자가 "대부를 부르는 예법을 가지고 우인을 부르자 우인은 죽어도 감히 가지 못하였으니, 선비를 부르는 예법을 가지고 서인(庶人)을 부른다면 서인이 어찌 감히 갈 수 있겠는가. 하물며 어질지 못한 사람을 부르는 예법을 가지고 현인(賢人)을 부르는 것은 어떻겠는가."라고 하였다.

9 까마귀의 사사로운 마음 : 까마귀가 먹은 것을 토해 어미를 먹이듯 부모를 봉양하려는 마음을 말한다. 진(晉)나라 이밀(李密)이 조모를 봉양하기 위해 벼슬을 사양하면서 올린 〈진정표(陳情表)〉에 "까마귀의 사사로운 마음은 봉양을 마치기를 원합니다."라고 하였다. 《古文眞寶 後集 卷1》

신이 어찌 거짓을 말하겠습니까. 삼가 바라건대 자애로운 성상께서는 신의 애처롭고 간절한 처지를 불쌍히 여기고 신의 위태로운 심정을 보살피시어, 그동안 내린 동궁을 보도하라는 명과 사헌부에 제수한다는 명을 속히 전부 거둠으로써, 신으로 하여금 전야(田野)에서 분수를 지키고 살면서 모자가 서로를 보살피며 살도록 해 주신다면, 신은 응당 은혜를 생각하고 영광을 머금은 채 눈을 감고 죽더라도 여한이 없을 것입니다. 신은 감격하여 눈물을 흘리며 지극히 두렵고 황공한 심정을 견디지 못하겠습니다.

두 번째 상소 병술년(1646, 인조24) 1월

二疏 丙戌正月

삼가 아룁니다. 미천한 소신은 위태롭고 간절한 사정을 재차 아뢰어 하늘 같은 위엄을 지니신 전하를 번거롭게 하면서까지 불쌍히 여기고 보살펴 주시는 은혜를 입기 바랐습니다. 비록 지극히 인자한 전하께서 은택을 베풀어 주시어 대번에 처형되는 정도까지는 이르지 않았지마는, 스스로 지은 죄를 돌아보니 도끼로 치고 가마솥에 삶아 죽이는 것조차 오히려 너그러운 형률에 해당하였습니다. 그런데 그러던 중 뜻밖에 지금 "조리하고 올라와 나의 지극한 마음에 부응하도록 하라." 라고 하는 따뜻한 유지(諭旨)를 다시 받으니, 신은 거적에 엎드린 채 눈물을 흘리다 피눈물이 나오는 것을 금할 수 없습니다.

아, 신이 변변치 못하다는 것은 나라 사람들이 모두 아는 사실임에도, 융숭한 은혜와 무거운 보살핌은 갈수록 더 지극해져만 갑니다. 신은 비록 견줄 데가 없을 정도로 지극히 고루한 사람이기는 하나, 사람의 도리를 전혀 모르는 산야의 금수와 혹 다르다고 한다면, 은혜로운 영광에 감격하면서 죽음으로 충성을 바칠 줄을 어찌 모르겠습니까. 이에 두렵고 황송한 마음으로 서둘러 병든 몸을 이끌고 앞으로 나아가려고 하였지만 미천한 신이 위태롭고 고통스러운 질병 때문에 혼자 힘으로 움직이기가 어려울 뿐만이 아니라, 만에 하나 숨이 끊어지지 않고 대궐 아래에 이른다 한들 백관들은 손가락질하고 도성 사람들은 깔보고 비웃으면서 "저자가 바로 그동안 부름을 받으면서 누차 우리 임금의 총애하는 명을 욕되게 한 자인가?"라고 누구 하나 화내며 말하지 않을 자가 없을 것입니다. 함께 논의해 보면 까맣게 동서도 분간하지 못할 것이고 직무를 시험해 보면 전연 두서를 파악하지 못할 것이니, 비루한 자질을 가진 이는 빛나는 성상을 가까이해서는 안 되며 외우기만 일삼는 버릇은 단지 주연(冑筵)을 더럽히기에 충분할 뿐입니다. 낭패를 겪고 차질을 빚다 본색이 탄로 나기라도 한다면 사람들이 장차 성명하신 전하의 거조에 대해 무어라 하겠습니까. 또 어쩌면 너그럽게 감싸고 길러 줌으로써 만물이 각자 저마다의 삶을 이룰 수 있게 해 주는 대성인(大聖人)의 지극한 뜻이 아닐 것입니다.

또 신은 대대로 녹을 받아 온 신하로서 오래도록 과거 시험에 매달렸으니, 본래부터 영리를 도모하던 자입니다. 그러한즉 예전에 벼슬길에 나아가기에 급급하다가 지금에 와서 염치가 있게 된 것은 아닙니다. 실로 성상의 배려가 융숭할수록 신의 나아가는 길이 더 막히는 것은, 감히 일신의 낭패를 걱정해서가 아니라 서캐 같은 미천함이 일월 같은 밝음에 누를 끼치지나 않을까 하는 절박한 두려움 때문입니다. 이런 까닭에 신은 매번 '신하 된 몸으로 헛된 이름을 훔쳐 군부를 기만한다면 그 죄는 용서받을 수 없다. 오직 가당치 않은 은혜를 서둘러 사양하여 청명한 조정을 더럽히지 않는 것만이 만분의 일이나마 스스로 속죄할 수 있는 일이 될 것이다.'라고 제 자신에게 맹세하였습니다. 신의 어리석은 진심이 단연코 이에 있으니, 기실 감히 짐짓 사양하는 체하며 아름다운 명성을 훔쳐서 성명하신 전하를 속이는 것은 아닙니다. 게다가 생각해 보니 신이 차지한 사헌부의 직임은 그 기한을 넘긴 지가 이미 오래이니, 명을 어기고 법을 무시하는 것은 그 죄가 더욱 큽니다. 이러나저러나 근심스럽고 절박한 마음 한이 없습니다.

삼가 생각건대 하늘은 만물을 덮어 주어 그 어떤 미물도 길러 주지 않음이 없어서 벌레 같은 이의 정성이라도 하소연하면 반드시 전달됩니다. 그러한 까닭으로 소원하고 미천한 처지를 문득 망각한 채 거듭 성상의 귀를 번거롭게 합니다. 엎드려 바라건대 성상께서는 부름을 받고도 오지 않는 우인(虞人)의 죄[10]를 용서하고 백성을 복종시키는 것에 대한 선성(先聖)의 가르침[11]을 생각하여, 신이 그동안 입은 은혜로운 명을 일률적으로 모두 개차(改差)하여 주소서. 그리해 주신다면 청명한 정사가 티끌 없이 깨끗해질 뿐 아니라 신 또한 병든 모친과 함께 교대로 생명을 돌보게 됨으로써 영원히 큰 거리에서 요(堯) 임금을 축수하는 백성[12]으로 길이 남을 것입니다. 신은 황공하고 감격스러운 마음을 주체하지 못하여 대궐을 바라보며 눈물을 흘리고 다시 죽음을 무릅쓰고 아뢰옵니다.

10 부름을……죄 : 160쪽 주8 참조.

11 백성을……가르침 : 공자의 "곧은 사람을 들어 쓰고 모든 굽은 사람을 버려두면 백성들이 복종하며, 굽은 사람을 들어 쓰고 모든 곧은 사람을 버려두면 백성들이 복종하지 않는다."라는 말을 가리킨다. 우암 자신은 굽은 사람에 해당되므로 사헌부 지평에 제수하는 명을 거두고 그 자리에 자신과는 다른 곧은 사람을 등용하라는 의미이다.

12 큰……백성 : 태평성대에 성군(聖君)을 찬양하는 백성을 뜻한다. 중국의 고대 성군인 요 임금이 천하를 다스린 지 50년이 될 무렵 천하가 제대로 다스려지고 있는지 살피기 위해 미복(微服) 차림으로 사통팔달의 큰 거리로 나갔는데, 아이들이 "우리 백성들에게 곡식을 먹임이 모두 임금님의 지극한 덕이니, 나의 지식 주장하여 아는 체하지 않고 오직 임금님 법칙 따르리라."라고 노래하였다는 고사가 있다. 《列子 仲尼》

익선을 사직하는 상소 정해년(1647, 인조25) 5월

辭翊善疏 丁亥五月

삼가 아룁니다. 신은 지난달 22일에 승정원에서 16일 성첩한 성지(聖旨)를 받들었는데, 신을 세자시강원(世子侍講院)의 익선(翊善)으로 삼으니 서연(書筵)에 긴급히 입번(入番)해야 하므로 속히 올라오라는 내용이었습니다. 신은 그 명을 듣고 놀랍고 황송한 나머지 어찌할 바를 몰랐습니다. 그리하여 그날 대궐을 향하여 공경히 성지를 받들고 난 뒤 다음과 같이 엎드려 생각하였습니다.

신은 초야에 사는 천한 사질의 소유자이며 서캐와 이 같은 미물에 불과한데도 요 몇 해 사이 누차 영광된 은총을 받으니 그 은혜는 하해만큼이나 깊고 그 의리는 산악만큼이나 무겁습니다. 그러나 분수와 재능을 헤아리고는 그때마다 위태롭고 미천한 처지를 아뢰어 성상의 귀를 자주 번거롭게 만들었고, 이에 고라니와 사슴같이 야성(野性)을 지닌 신은 끝내 스스로 벗어나 자유의 몸이 되었습니다. 그러나 그에 따라 분수는 편안해졌지만 의리는 어그러졌고, 뜻은 이루어졌으나 죄는 심해졌으니, 사실에 근거해 형률을 논해 볼 때 어찌 천지 사이에서 용납될 수 있겠습니까. 그리하여 시골집에서 숨이 가쁠 정도로 두려워하며 지내면서 날마다 처벌이 내릴 것을 기다렸는데 이번에 뜻밖에도 성상께서 넓은 도량으로 허물을 감싸 주어 다시 거두어 불러 주셨습니다. 신은 삼가 소원하고 용렬한 이 몸이 어떻게 성명께 이러한 대우를 받는지 알지 못하겠습니다. 스스로 돌아볼 때 부끄럽고 두려워 가슴이 내려앉는 듯합니다.

신은 타고난 자질이 최하등이라 애당초 조금도 장점이 없는 자입니다. 일찍부터 녹봉과 이익을 탐하여 오래도록 과장(科場)을 드나들었습니다만 재주가 일천하여 뜻을 이루지 못하였으니, 본래부터 산림을 추구하는 고상한 풍치의 소유자도 아닐뿐더러, 명목상 한가한 직책을 차지하게 된 것 또한 꿈에서조차 의도하지 않았습니다. 게다가 이번에 새롭게 내려진 이 명은 실로 일반 규정에서 벗어나는 처사로서, 특별히 자리를 만들고는 서연에 출입하면서 세자 교육을 전적으로 보좌하도록 한 것은 실로 세상에 드문 대단한 은전입니다. 이 어찌 도와 덕을 가슴에 품고 용처럼 물러나 있고 봉황처럼 날아오르는 뛰어난 선비에게 베풀어야 할 대우가 아니겠으며, 세자가 바라는 것 또한 어찌 그와 같은 사람을 얻음으로써 그 토론에 도움을 얻고 그 덕성에 감화되는 것이 아니겠습니까.

신은 우매하고 미천한 자인데도 되레 일찍이 세자 저하를 가까이 모시면서 대략이나마 어리석은 생각을 바친 적이 있습니다. 그러나 지식이 일천하고 말은 어눌한 나머지 일을 맡아 행한 2년 동안 털끝만큼도 도움이 되지 못하였으니, 비록 그 큰 도량으로 감싸 주면서 외람되게도 예모(禮貌)를 갖추어 주시기는 하였어도 신의 불초함에 대해서는 애당초 이미 분명히 알고 계십니다. 하물며 그때로부터 지금까지 어느덧 12년의 세월이 지났는데도 신의 견해는 해가 갈수록 더욱 오활해지고 꽉 막히기만 하니, 뒤늦게 허물을 바로잡기가 어려워서 개탄스럽고 뜻과 기운이 점점 더 꺾여 가서 슬픕니다. 그리하여 온갖 상념들이 꺼진 재처럼 싸늘하게 식은 채 그저 기꺼이 골짜기에 묻혀 살려고 생각하였습니다. 그런데 삼가 전하는 이야기를 듣건대 세자가 제왕의 학문에 스스로 힘쓰는 것이 더 이상 〈인지(麟趾)〉의 아름다움[13]을 단지 선망만 하던 예전 그 모습이 아니라고 하니, 또 어찌 감히 날로 폐해져 가는 비루한 학문으로 날로 새로워져 가는 세자의 공부를 가까이하고, 훈고(訓詁)나 일삼는 지엽적인 학문으로 계속해서 빛나는 성인의 학문에 누를 끼칠 수 있겠습니까. 신이 비록 염치 불고하고 직분에 나아간다 한들 영민하고 총명한 세자는 반드시 '제 분수도 헤아리지 못하고 부끄러움도 없이 은혜에 따른 영광만을 탐내는 일개 비루한 인간'이라고 여겨 신을 자문을 구하는 반열에 두지 않을 것입니다. 신이 겪을 곤경은 물론 말할 거리조차 못 되거니와, 삼가 생각건대 성조(聖朝)의 중대한 조처가 누차 식견 있는 이들의 비평거리가 되게 해서는 안 될 것입니다.

이이, 세자가 명을 받들어 동궁(東宮)에 자리 잡자, 그 넘쳐흐르는 명성에 온 땅 백성들이 목을 빼며 기대하면서 조그만 재주라도 있으면 어느 누구 하나 보탬이 되고자 하지 않는 사람이 없습니다. 더구나 신의 경우에는 이전에 지우(知遇)를 입어 한없이 은혜로운 대접을 받았기에 일족이 다 멸하는 것조차 불사할 정도의 보답을 염원하였습니다. 만약 신이 만분의 일이나마 보탬이 될 만한 학술을 조금이라도 소유했다면 어찌 후광에 의지해 그 미미한 역량을 바침으로써 기쁜 심정으로 학업의 대성을 목도하고 싶지 않겠습니까. 그런데도 오직 주저하고 머뭇거리며 밝은 시대를 등지는 것을 달게 여기면서 초목과

13 인지(麟趾)의 아름다움 : 〈인지〉는 《시경》 〈주남(周南)〉의 편명으로, 문왕의 훌륭한 자손을 노래한 시이다. 임금이 수신(修身)은 물론이고 먼저 문왕처럼 궁중 내부부터 시작해서 제가(齊家), 치국(治國), 평천하(平天下)의 도를 행해야만 《주례(周禮)》에 나오는 여러 가지 제도를 행할 수 있는 자격이 생긴다는 말이다.

함께 소리 소문 없이 썩어 없어지기만을 기다리고 있으니, 신의 처지가 실로 애처롭다 하겠습니다. 신이 비록 감히 직분을 수행하지 못하지만 실로 한 차례 대궐에 나아가 미천한 이 진심을 모두 진달하려고 하였습니다. 그런데 근년 이래로 질병이 닥쳐와 심신이 맥을 못 추게 된 까닭에 억지로 길을 나설 시 필시 도중에 쓰러져 살아서는 성덕에 보답하지 못하고 죽어서는 초야에 명을 내팽개치는 꼴이 될 것인바, 그렇게 되면 신의 죄는 더욱 심해지는 것입니다.

게다가 홀어머니가 올해 마침 70세를 넘겨 실낱같은 호흡을 겨우 유지하며 아침저녁조차 보장하지 못하는 상황이니, 자식 된 심정으로 이 또한 어찌 멀리 떠나 벼슬살이할 시기이겠습니까. 신의 위태롭고 절박한 마음이 시종 이와 같았기 때문에 명을 받은 뒤로부터 머뭇거리고 주저하면서 대궐을 그리며 얼굴을 감싼 채 눈물을 흘리는 한편, 누워 천장만 바라보고 장탄식을 내뱉으며 어떻게 처신해야 맞는지 도저히 알 수 없었습니다. 이에 감히 진정을 피력하여 존엄을 모독하게 되었으니, 삼가 바라건대 자애로운 성상께서는 두루 살펴 속히 체차(遞差)를 명하여 어리석은 신의 분수를 편안하게 해 주시고, 아울러 아들과 어미로 하여금 서로를 의지하여 목숨을 부지할 수 있도록 해 주소서. 그렇게 해 주신다면 실로 천지와 부모가 시종 낳아 주고 길러 주는 은혜가 될 것입니다. 신은 하늘과 성상을 바라보며 지극히도 간절하고 황공한 마음을 견딜 수 없습니다.

소명에 응해 물러나기를 청하는 상소 기축년(1649, 효종 즉위년) 6월 14일

赴召乞退疏 己丑六月十四日

삼가 아룁니다. 신은 초야에 물러나 있는 동안 삼가 대행 대왕(大行大王 인조)께서 문득 신민들을 저버리셨다는 소식을 듣게 되었고, 이에 한없이 울부짖은 나머지 오장이 다 문드러질 지경이었습니다. 신은 고을 관아 뜰에서 수령과 함께 망곡(望哭)을 하였습니다. 그런데 성복(成服)이 끝날 즈음 신의 오랜 병이 고질이 되어, 즉각 달려가 곡하여 신자(臣子)의 구구한 마음을 펼칠 기회를 얻지 못하였고, 북쪽으로 대궐을 바라보고 눈물만을 삼키며 곧 아래로 고꾸라질 것처럼 황송해 하였습니다. 그러다 지난달 24일 도신(道臣)이 소명(召命)을 가지고 왔는데, 그 말씀이 정성스럽고도 간절하였으며 그 성의는 애처롭고 애달파, 그 의지할 데 없는 모습으로 슬픔 속에 거하며 딱한 모습으로 근심하는 의중이 말씀 밖으로 넘쳐흘렀습니다. 이에 신은 한 줄도 채 읽기 전에 목소리가 나오지 않을 정도로 길게 울부짖으며 눈물을 마구 떨구었습니다.

아아, 하늘이시여. 우리 대행 대왕께서 성덕(聖德)으로 중흥(中興)을 이루시어 복록이 막 일신되려 하였는데,[14] 겨우 중년의 몸이 되자마자 갑자기 세상을 떠나 전하께서 아직 잠저(潛邸)에 머무르고 있을

14 우리……하였는데 : 1623년(광해군15) 이귀(李貴) 등이 광해군을 쫓아내고 인조를 옹립한 인조반정(仁祖反正)을 말한다.

때 갑자기 이 어렵고 중대한 일을 맡게끔 하셨으니, 걱정스럽고 슬프기 이를 데 없을 듯합니다. 아아, 하늘이시여. 언제나 그 걱정과 슬픔이 끝나겠습니까.

신이 변변치 못한 몸으로 영광스러운 총애를 분수 넘치게 받아 온 지 이제 거의 20년이 다 되어 갑니다. 그동안 언제나 스스로의 분수를 헤아리면서 기꺼이 깊은 산중에 숨어 살다가 혹 하늘의 신령함에 힘입어 경망스럽고 비루한 이 기질을 조금이라도 변화시킬 수 있다면 변변찮은 재주나마 바쳐 만분의 일이라도 보탬이 되기를 평소부터 바랐습니다. 그러나 이제 이미 보답할 그 시간마저 사라져 버렸기에, 천지가 다한들 그 슬픔은 해소되기 어려울 것인지라 끝내 몸을 숨겨 한을 머금은 채 죽기만을 바랐는데, 생각지 못하게 전하께서 다시금 정사를 새롭게 베푸는 시점에 가장 먼저 신을 불러 주셨습니다.

아아, 전하께서 새로 천명을 받으셨으니, 응당 그 덕을 일신하셔야 할 것입니다. 그런데 그 덕의 일신 여부는 바로 인재등용을 잘하느냐 못하느냐에서 드러날 뿐이므로, 의당 나이 많고 덕이 높은 이를 맞아들여 등용하고 뛰어나고 출중한 이를 정밀히 선발함으로써 떠맡은 소임을 보필하도록 하시리라 여겼는데, 어찌하여 우둔하고 졸렬하여 도무지 같잖은 이 몸을 통하여 이제 막 시작하는 정사에 누를 끼치시는 것입니까. 소공(召公)은 성왕(成王)에게 "초기의 정사란 마치 자식의 모든 일이, 자식이 갓 태어났을 때에 좌우되어, 스스로 밝은 명(命)을 초래하는 것과 같습니다."라고 경계하였고,[15] 주자(朱子)는 송 효종(宋

15 소공(召公)은……경계하였고 : 《서경》 〈소고(召誥)〉에 나오는 말로, 주(周)나라 소공이 새로 즉위한 성왕에게 고한 말이다. 사람이 태어나 처음 들인 버릇이 인생 전체

孝宗)에게 "폐하는 우리 송나라의 성대한 군주이시며, 지금은 폐하의 성대한 때입니다."라고 하였습니다.[16] 대개 모든 것이 새롭게 시작되어 사람들의 기대가 일어나는 때에는 사람을 등용하는 방도에 대해 털끝만큼이라도 면밀하게 하지 못하여 사람들의 이목을 경악하게 해서는 안 됩니다. 그러한 까닭에 신은 명을 받든 이래로 밤낮 불안해하면서 '전하께서 혹여 스스로 이제 삼왕(二帝三王)의 도를 추구하지 않는 까닭에 어진 자에게 요구하지 않고 그렇지 못한 자에게 요구하며 우수한 자에게 요구하지 않고 졸렬한 자에게 요구하시는가.'라고 마음속으로 의구심을 품었습니다. 한편 임금이 사람을 등용할 때 대상을 제대로 파악하지 못하여 그릇되게 취하는 경우가 간혹 있는데, 신의 경우는 지난날 전하께서 동궁(東宮)에 계시던 시절에 모신 적이 있는지라, 그 같잖고 형편없는 실체가 남김없이 드러났으니 일월처럼 밝은 전하께서 어찌 그것을 모르시겠습니까. 제대로 알지 못하고 등용하는 것도 인재를 알아보는 임금의 명철함에 누가 되는데, 하물며 제대로 알면서도 등용하시니, 이것이 곽공(郭公)이 만세토록 경계가 되고 있는 까닭[17]입니다. 전하께서는 어찌하여 그렇게 하십니까. 아아, 전하께서는

의 행동 성향을 결정하는 것처럼, 임금이 즉위하여 처음 시행하는 정사는 향후 나라의 운명을 좌우하므로 가장 중요하게 생각해야 한다는 말이다.

16 주자(朱子)는……하였습니다 : 《회암집(晦庵集)》 권11의 〈임오응조봉사(壬午應詔封事)〉에 나오는 말이다. 〈임오응조봉사〉는 1162년 남송(南宋)에 효종이 새로 즉위하여 정치적 조언을 구하는 조칙을 내리자 주희(朱熹)가 그에 응하여 올린 글이다.

17 제대로 알면서도……까닭 : 곽공은 괵공(虢公)이라고도 하는데, 춘추 시대 괵(虢)나라의 군주로 나라를 잃고 조(曹)나라로 귀순한 인물이다. 제 환공(齊桓公)이 곽(郭) 땅에 가서 "곽나라가 왜 망하게 되었느냐?"라고 묻자, 그곳의 부로(父老)들이 "선을

큰일을 이룩할 자질로 큰일을 이룩할 기회를 만났으니, 당연히 장차 성학(聖學)에 더욱 힘쓰고 대업에 더욱 뜻을 떨치시어, 정밀하게 살피고 전일하게 지켜 사욕을 극복하고 분노를 다스리며 욕망을 억제하여 선으로 옮겨 가고 허물을 고침으로써 몸을 닦고, 통분과 원망과 미워함의 감정 속에서 도에 따라 물러났다가 잘 헤아림으로써 그 효를 마치려 하십니다. 이러한 때에 신 같은 이가 수백 수천 명이 있다 한들 어찌 전하의 의승(疑丞)[18]을 발끝이나마 감히 넘볼 수 있겠습니까. 이것이 신이 주저하고 머뭇거리며 감히 소명을 받들지 못하는 까닭입니다. 그리고 또 신의 홀어머니가 연로하여 거듭 병에 걸렸으니, 자식 된 심정으로 갑자기 곁을 떠남으로써 남들보다 가장 늦게 분곡(奔哭)할 수는 차마 없는바, 신의 죄는 이에 이르러 더욱 커져 버렸습니다.

아, 군신간의 의리는 하늘이 부여한 것이므로 누구도 속이기 어려울 만큼 분명하지만 현재 신이 이토록 부족하고 피폐하니, 옛일을 상고하여 예서(禮書)를 읽는 일[19]이 또 어찌 조금이나마 걸맞겠습니까. 신은

좋아하고 악을 미워했기 때문입니다."라고 대답하였다. 이에 환공이 의아하게 생각하자, 부로들이 다시 "선을 좋아하면서도 등용하지 못했고, 악을 미워하면서도 제거하지 못했으니, 이것이 바로 망하게 된 이유입니다."라고 하였다. 《春秋大全 莊公24年》

18 의승(疑丞) : 고대 천자의 자문에 응하며 허물을 바로잡아 주던 신하이다. 《예기(禮記)》〈문왕세자(文王世子)〉에 "우(禹), 하(夏), 상(商), 주(周)에는 사(師), 보(保)와 의(疑), 승(丞)이 있었다."라고 하였고, 《상서대전(尙書大傳)》에는 "옛날에 천자에게는 네 이웃이 있었으니, 앞은 의(疑), 뒤는 승(丞), 왼쪽은 보(輔), 오른쪽은 필(弼)이라 한다."라고 하였다.

19 옛일을……일 : 거상(居喪) 중에 상례 및 제례와 관련된 예서를 읽는 것을 말한다. 《예기》〈곡례 하(曲禮下)〉에 "장사 지내기 전에는 상례를 읽고, 장사 지낸 뒤에는 제례를 읽는다."라는 말이 있다. 여기서는 효종의 장례에 참석하는 일을 가리킨다.

진정 감히 그 일을 함부로 받아들임으로써 성조(聖朝)를 더럽힐 수 없기에 감히 속마음을 토로하여 외람되이 애처롭고 간절한 뜻을 아룁니다. 삼가 바라건대 자애로운 성상께서는 신의 어리석고 광망함을 가련하게 여기고 신의 사정을 굽어살피시어 특별히 벼슬에서 물러나 고향으로 돌아가도록 허락하여 어리석은 신의 분수를 편안하게 해 주소서. 그리해 주시면 미천한 신의 모자는 서로의 목숨을 돌볼 수 있게 되어 효를 근본으로 하는 다스림에 흠뻑 젖게 될 것인지라, 실로 천지 부모가 처음부터 끝까지 보살펴 주시는 은혜가 될 것입니다. 신은 지극히 떨리고 두려운 마음을 견딜 수 없습니다.

진선을 사직하고 늠전을 사양하는 상소 기축년(1649, 효종 즉위년) 6월 18일

辭進善及廩典疏 己丑六月十八日

삼가 아룁니다. 신은 어제 애처롭고 간절한 심정을 상중에 계신 전하께 호소하였다가 도리어 더없이 융숭하고 정중하며 정성스러운 유시(諭示)로써 도신으로 하여금 병든 모친을 문병하도록 해 주시기까지 하는 은혜를 입었습니다. 이에 신은 황공하고 감격한 나머지 몸 둘 바를 몰랐는데, 얼마 뒤 주휼(賙恤)하는 은전과 주연(胄筵)을 맡으라는 명이 내려졌습니다. 이는, 하는 일도 없는데 그릇되게 은혜를 받은 것이고 물러나기를 원하는데 나아감을 얻은 것인지라, 염치에 관계되고 농단에 가까운 행위이므로, 성상의 교화가 새롭게 시작되는 이때에 있어서는 안 됩니다. 신이 비록 몇 달을 더 머무르면서 인산(因山)[20]을 마치기를 기다리고 싶지만, 특별한 은혜를 감당하기 어렵고 명기(名器)를 공연히 더럽히는 일이기에 결국 물러나 달아나야 될 뿐입니다.

한편 신이 또 하나 드릴 말씀이 있습니다. 자고로 인재를 등용하는 방법이 비록 다양하기는 해도 결국 두 가지에 지나지 않습니다. 한 가지는 학교에서 선비를 논평하여 사마(司馬)에게 추천해 올리면 사마가 왕에게 보고하여 그 논평을 결정하는 경우인데, 논평이 결정된 뒤에야 관직을 맡기고 관직을 맡긴 뒤에야 작위를 주며, 조정에서 사람에게

20 인산(因山) : 임금이나 왕비, 또는 왕세자 등의 국장(國葬)을 말한다. 여기서는 인조의 장례를 가리킨다.

작위를 줄 때에는 여러 사람이 그 과정에 함께 참여합니다. 또 한 가지는 후세에 또 이러한 과정을 거치지 않고서 곧바로 부름을 받는 경우가 있는데, 그런 경우에는 임금이 또한 반드시 직접 만나 보고서 그 실상을 자세히 살핀 뒤에야 임용을 합니다. 학교에서 사마에게 선발되었다면 그 검증이 이미 충분히 이루어진 것이나 반드시 그 논평이 결정되는 것을 기다리고, 초야에서 임금의 부름을 받았다면 그 명성이 이미 드러난 것이나 반드시 직접 만나 보는 것을 기다리니, 그 신중하여 갑작스럽게 하지 않은 것이 이와 같았습니다.

옛날 송 철종(宋哲宗)이 제위를 이어받았을 때 이천(伊川)을 불렀는데, 이천이 경사(京師)에 도착하자 철종은 그를 교서랑(校書郎)에 제수하였습니다. 그런데 이천은 "부름을 받았으니 아직 입궐하여 뵙지 못하였으니, 감히 명을 받들지 못하겠습니다."라는 말로 사양하였고, 왕암수(王巖叟) 역시 "한마디 말씀으로 모(某)를 시험해 본 뒤에 관직을 임명하신다면 관직을 주는 일과 받는 일 모두 마땅하게 될 것입니다."라고 하였습니다.[21] 이천은 도(道)로 자임한 사람이니 그 포부가 어떠했겠습니까. 그런데도 명확한 시험을 거치지 않으면 성급히 직임을 받들지 않았으며, 조정의 신하 역시 이상과 같이 말하였습니다. 지금 이 새로운 명은 지나치게 성급하여 정사의 체통을 무너뜨리지 않겠습니까.

또 이 늠전(廩典)은 비록 맹자(孟子)께서 말씀한 '구원해 주는 의리'[22]라고는 하나 신은 아침저녁도 못 먹어 문을 나설 수 없는 지경까지

21 송……하였습니다 : 《회암집》 권98 〈이천선생연보(伊川先生年譜)〉에 나온다. 왕암수는 북송(北宋)의 문신으로, 자는 언림(彦霖), 시호는 공간(恭簡)이다.

는 이르지 않았으니, 또한 어찌 감히 염치를 무릅쓰고 그것을 받을 수 있겠습니까. 송 신종(宋神宗)이 상이보(常夷甫)를 불러 녹봉을 넉넉히 주려고 하자 상이보는 전부 받아들였고, 신종이 그와 똑같이 이천을 대우하자 이천은 고사하였습니다. 이에 대해 양시(楊時)는 상이보를 비판하면서 "도학(道學)이 밝아지지 않아 사람들은 상공(常公)이 후한 녹봉을 받아들인 행동을 잘못이라고 하지 않고 이천이 사양한 행동을 옳다고 하지 않는다."라고 하였습니다.[23] 지금 신이 지례 직임을 받든다면 실로 고의(古義)를 손상하는 일이라 반드시 왕암수 같은 이가 나타나 비판할 것이고, 외람되이 은혜로운 늠전을 받는다면 실로 예방(禮防)을 무너뜨리는 일이라 반드시 양시 같은 이가 나타나 비판할 것입니다. 전하께서는 어찌 분토(糞土)처럼 천한 신 때문에 위로는 거조의 마땅함을 잃고 아래로는 예양(禮讓)의 풍조를 손상하십니까. 더구나 신은 노모를 멀리 떠나온 처지로, 노인의 일이란 조석도 보장하기 힘들고, 신 또한 언제 죽을지 감히 예단할 수 없습니다. 그런데도 느닷없이 그 직임을 받들어서 은총의 영광을 헛되이 훔친다면, 신은 남들에게 어떻게 설명해야 할지 모를 것입니다. 삼가 바라건대 자애로

22 맹자(孟子)께서……의리 : 맹자가 벼슬에 나아가는 세 가지 경우를 설명하면서 마지막에 "아침도 먹지 못하고 저녁도 먹지 못하여 굶주려 문호를 나갈 수 없을 때 군주가 이 말을 듣고 '내가 크게는 그 도를 행하지 못하고 또 그 말을 따르지 못해서, 내 땅에서 굶주리게 하는 것을 나는 부끄러워한다.'라고 하며 구원해 준다면 또한 그것을 받을 수 있거니와, 죽음을 면할 정도로만 받을 뿐이다."라고 하였다. 《孟子 告子下》

23 송……하였습니다 : 《회암집》 권98 〈이천선생연보〉에 나온다. 상이보는 송나라 신종 때 사람인 상질(常秩)로 자가 이보(夷甫)인데 경학(經學)에 통달하였다. 양시는 자는 중립(中立), 호는 구산(龜山), 시호는 문정(文靖)이며, 복건성 장락(將樂) 사람이다.

운 성상께서는 신의 참람함을 해량해 주시어 진선(進善)에 제수한 명을 특별히 거두고 아울러 구원해 주는 은전을 거두어들여 낭패를 면하도록 해 주소서. 그렇게 해 주신다면 실로 천지 부모 같은 은혜가 될 것입니다. 신은 황공하고 감격스러우며 지극히 두려운 심정을 이기지 못합니다.

장령을 사직하는 상소 기축년(1649, 효종 즉위년) 6월 23일

辭掌令疏 己丑六月二十三日

삼가 아룁니다. 소신이 누차 과분한 은총을 받아 감히 그것을 감당할 수 없어 사양하였는데, 총애 어린 관작은 갈수록 높아지고 격려하는 말씀은 갈수록 정중해진 까닭에 감히 더 번거롭게 하지 못하고 마치 본분 안의 일인 것처럼 행동하였습니다. 이에 신은 실로 안으로는 부끄럽고 밖으로는 면목이 없으며 자면서도 놀라고 꿈에서조차 놀라 몸 둘 곳을 몰랐습니다. 그러다 이번에 또 사헌부의 직임을 맡으라는 명을 받았는데, 분수를 생각해 볼 때 두려움이 더할 뿐 아니라, 신의 성품이 본래 엉성하고 어리석은 데다 초야에서 출사하여 당세의 일에 대해 전혀 익숙지 못한 실정이므로 백관의 말단 자리조차 오히려 감당하지 못할까 두렵습니다. 하물며 풍헌(風憲)의 직임[24]은 관계되는 바가 심히 무거운지라, 신 같은 비루하고 졸렬한 사람이 결코 함부로 차지하기 어려운 것입니다. 또 신은 오랜 병으로 목숨이 얼마 남지 않았는데 수고롭게 일하는 가운데 온갖 병들이 일제히 침범한다면 거의 버틸 수 없을 것입니다. 스스로 생각건대 체력상 직무를 수행할 기약이 전혀 없으니, 삼가 바라건대 자애로운 성상께서는 특명으로 직명을 삭탈하여 미천하고 졸렬한 분수를 지키도록 해 주시고, 아울러 실낱같은 목숨을 보전하여 고향으로 돌아가 노모를 만나도록 해 주신다면 실로 천지

24 풍헌(風憲)의 직임 : 조정의 풍기(風紀)를 바로잡고 관리를 감찰하는 직임으로, 우암에게 제수한 사헌부 장령을 가리킨다.

가 생성해 주는 지극한 은혜가 될 것입니다. 신은 지극히 두렵고 떨리는 심정을 이기지 못합니다.

두 번째 상소 기축년(1649, 효종 즉위년) 6월 24일

二疏 己丑六月二十四日

삼가 아룁니다. 보잘것없는 미천한 신이 거듭 성상의 귀를 어지럽혀 그 죄가 이미 용서할 수 없는 지경에 이르렀습니다. 그러나 임금과 신하 관계는 아버지와 자식 같은바, 속에 있는 생각을 모두 다 드러내지 않으면 저버리고 기망하는 죄가 더욱 무거워지므로, 감히 만번 죽기를 무릅쓰고 다시금 서글픈 속마음을 호소합니다.

신이 듣기로 임금은 명령하고 신하는 이행하는 것이 천지의 법도이며, 자기의 역량을 헤아려 명령을 받는 것이 신자(臣子)의 의리라고 하였습니다. 스스로가 어느 정도의 사람인지 신이 이미 분명하고 자세히 아는데도 함부로 나아간다면, 실로 염치를 손상하는 일일 것입니다. 구구하게 스스로의 소신을 지키는 문제야 말할 것도 없고, 실로 한 자리의 인원수나 채우면서 나라 사람들의 비웃음과 손가락질을 받는 것은 차마 할 수 없는 일입니다. 게다가 받은 은혜에 대한 의구심과 두려움 속에서 고질병이 갈수록 심해져 병상에 누운 채 두려움에 떨고 있는데, 이 모습을 보는 자들은 죽지나 않을까 염려할 정도입니다. 이러다 갑자기 임금과 어버이를 동시에 등지면 어쩌나 하는 깊은 두려움에 휩싸인 채 객지를 떠도는 와중에 오만 가지 감정이 모여듭니다. 이에 불안하고 간곡한 심정을 죄다 아뢰어 성상의 눈을 다시금 어지럽히니, 모독을 저지른 데 대한 처벌을 실로 기꺼이 받고자 합니다.

또 신이 그동안 받았던 성지(聖旨)는 지극히 융숭한 것이었습니다. 예(禮)는 비천한 이에게까지 미치는 것을 경계하고[25] 시혜는 실속 없이 부화한 것을 꺼리는 법이라, 눈과 귀는 갈수록 놀라고 놀라움과 두려움은 더욱 깊어만 갑니다. 삼가 바라건대 자애로운 성상께서는 새로 제수한 사헌부의 직임을 속히 체차하고, 내린 비답을 일일이 거두어들임으로써 어리석은 신이 분수에 안주하며 살 수 있도록 해 주소서. 그렇게 해 주신다면 공적으로나 사적으로나 매우 다행하겠습니다. 신은 황공하고 떨리는 지극한 심정을 견딜 수 없습니다.

25 예(禮)는……경계하고 : 《예기》 〈곡례 상(曲禮上)〉에 "예는 서인(庶人)에게 미치지 않고, 형벌은 대부(大夫)에게 미치지 않는다."라고 한 데서 온 말이다.

사은숙배하고 청대하였으나 윤허받지 못하여 대궐에서 귀향을 고하는 상소 기축년(1649, 효종 즉위년) 6월 26일

肅謝請對未蒙允許自闕告歸疏 己丑六月二十六日

초야의 신하 송시열은 참으로 황공한 마음으로 머리를 조아리고 삼가 백번 절한 뒤에 주상 전하께 말씀을 올립니다. 삼가 아뢰건대 신은 본래 산야의 몸으로 이렇게 크나큰 슬픔[26]을 만났고, 또 소명(召命)까지 받았기에 감히 나오지 않을 수 없었습니다. 그런데 나온 뒤로 직명을 연거푸 받아 네 번에 걸쳐 사양하면서 돌아가게 해 달라고 청하였으나 비답은 갈수록 간곡해졌습니다. 이에 신은 어떻게 할 도리가 없어 마침내 용안을 한번 뵈면서 혹 무릎이 맞닿을 정도로 가까운 자리를 마련해 주신다면 바로 한두 가지 미천한 정성을 진달함으로써 새롭게 펼쳐질 정사에 만분의 일이나마 보탬을 드리고, 그렇게 한 뒤에는 물러나 골짜기에 파묻혀 죽으려고 소원하였습니다. 그렇게 된다면 신의 소원에 충분히 만족할 만하겠기에 애써 병든 몸을 일으켜 대궐에 나와 사은숙배를 하면서 우둔함을 무릅쓰고 청대(請對)하였던 것입니다. 이는 실로 먼 시골의 어리석고 광망한 자가 사리를 알지 못해서 한 행동이었습니다.

다만 신은, 전하께서 선비를 사랑하는 정성이 여느 왕들보다 특히 깊어서, 상중이라 비록 편치는 않지만 아마 정자(程子)의 말[27]에 따라

26 크나큰 슬픔 : 인조의 죽음을 가리킨다.

27 정자(程子)의 말 : 1085년 북송(北宋)의 신종(神宗)이 죽고 철종(哲宗)이 즉위한

예법에 구애받지 않고 편안하고 느긋하게 면대할 기회를 주시리라 삼가 바랐습니다. 그런데 지금 신이 윤허를 받지 못하였고 보면 보잘것없는 몸임을 스스로 잘 알기에 미움과 박대를 받는 것은 당연한 일입니다. 실로 백관의 말석에 낄 면목이 없고, 재야에 있는 선비들 또한 자기 주제도 모른 채 입궐한 신의 행동에 비웃음을 보내는지라 부끄럽고 위축되어 이곳에 나온 것을 스스로 후회하고 있지만 되돌릴 수는 없습니다.

이제 신은 옛 도리에 누를 끼침으로써 선유(先儒)에게 죄를 짓기보다는 별나게 행동하고 마음 내키는 대로 하여 전하의 유사(有司)로부터 법의 처분을 받는 것이 차라리 낫겠기에, 감히 어리석은 진정을 토로하여 끝내 사직을 청하는 한편, 감히 비답을 기다리지 않고 바로 도성 문을 나섭니다. 하늘의 태양이 한번 멀어짐에 따라 은혜를 갚을 길이 없어지니, 고개를 돌려 대궐을 바라보매 눈물이 줄줄 흐릅니다. 바라건대 전하께서는 미천한 신의 불초함 때문에 선비를 경시하는 마음을 갖지는 마소서. 그리하신다면 진정 크나큰 다행이겠습니다. 신은 충을 품고 의를 사모하는 지극한 심정을 이기지 못합니다.

다음 북송의 학자 정이(程頤)가 1086년 수렴청정을 하던 태황태후(太皇太后)에게 신하와 격의 없이 대하여야 한다는 취지로 한 말을 가리킨다. 《二程全書 卷7 論經筵箚子, 上太皇太后書》

성 밖으로 돌아와 대죄하는 상소 기축년(1649, 효종 즉위년) 6월 26일

還到城外待罪疏 己丑六月二十六日

죄를 지은 신 송시열은 참으로 황공한 마음으로 머리를 조아리고 삼가 백번 절한 뒤에 주상 전하께 말씀을 올립니다. 삼가 생각건대 군신간의 의리는 벌과 개미 같은 미물조차도 가지고 있으나 소신은 미록(麋鹿) 같은 천성[28]을 가지고 오래도록 저 너머 산수에서 자유롭게 지냈으므로 대체로 혹 그에 대한 이해가 부족하였고, 동시에 또 고집스럽고 꼬장꼬장한 성미가 병이 되어 걸핏하면 그 병이 발작하곤 하였습니다. 그러한 까닭으로 지금 이렇게 지레 물러나 버리는 일을 저질렀으니, 실로 만 번 죽어 마땅한 죄를 지은 것입니다. 그럼에도 전하께서는 벌을 내리지 않고 되레 승지(承旨)를 인견하여 지극한 뜻을 보이면서 감당할 수 없는 하교까지 내리시고, 또 승지 신 김익희(金益熙)[29]를 시켜 그 뜻을 개인적으로 전하는 한편, 뒤쫓아 와서 힘써 만류하도록 하시니, 신 김익희는 눈물로 오열하면서 차마 성지(聖旨)를 전하지 못하고 "신자

28 미록(麋鹿) 같은 천성 : 초야에 머물고자 하는 마음을 이른다. 미록은 고라니와 사슴이다. 소식(蘇軾)의 〈차운공문중추관견증(次韻孔文仲推官見贈)〉에 "나는 본디 사슴의 성질을 지녔고, 진정 수레 끄는 말의 자질은 아니라네.〔我本麋鹿性, 諒非伏轅姿.〕"라고 하였다. 《蘇東坡詩集 卷8》

29 김익희(金益熙) : 1610~1656. 본관은 광산(光山), 자는 중문(仲文), 호는 창주(滄洲)로 김장생(金長生)의 손자이다. 1633년(인조11) 증광 문과에 병과로 급제하여 홍문록(弘文錄)에 올랐으며, 병자호란 때 척화를 주장하였다.

(臣子)가 이러한 상황에서 어찌 감히 자신의 뜻을 이룰 수 있겠는가." 라고 하였는바, 신은 땅에 엎드려 눈물을 삼키며 몸을 어디에 두어야 할지 몰랐습니다. 이에 즉시 전하의 앞으로 다시 나아가 머리를 조아리고 사죄해야 하나, 신이 며칠 전부터 이질(痢疾)이 몹시도 심해지고 오늘 아침에는 억지로 몸을 일으켜 사죄하러 가려다 한층 더 병세가 심해져 거의 절명할 지경에 이르렀습니다. 이에 문밖에 움츠리고 엎드린 채 몸을 움직일 방도가 없어 이렇게 죄를 저지르게 되었으니 어찌 온전히 살기를 바라겠습니까. 삼가 바라건대 자애로운 성상께서는 우선 신이 맡은 직명을 체차하고 속히 유사에게 명하여 신이 저지른 그동안의 망녕된 행동에 대한 죄를 다스리도록 하신다면 몹시 다행이겠습니다.

두 번째 상소 기축년(1649, 효종 즉위년) 6월 28일

二疏 己丑六月二十八日

삼가 아뢰옵니다. 신은 군신간의 의리에서 언제나 아무런 잘못이 없고자 하였습니다. 그런데 어제 신이 실로 망녕된 행동으로 이미 도성 문을 나섰으니, 도로 들어와 직무를 수행한다면 염치를 심각하게 손상하게 됩니다. 융숭하게 돌보고 아껴 주시는 전하께서 어찌 신을 잘못을 저지르는 지경에 밀어 넣고자 하시겠습니까. 또 전하께서 그동안 외람되게도 은총 어린 대우를 해 주신 이유가 어찌 조금이나마 구구하게 자신의 지조를 지키려는 뜻이 있었기 때문이 아니겠습니까. 그런데 이제 졸지에 그것을 무너뜨린다면 대우해 주셨던 실제 근거를 잃게 되는 것이니, 전하께서 어찌 그렇게 하시겠습니까.

신은 듣기로 "신하가 임금을 섬길 때 자신의 지조를 지키는 것이 첫 번째이고 은혜에 보답하는 것은 그다음이니, 능히 자신의 지조를 지키는 것이 바로 은혜에 보답하는 것이다."라고 하였습니다. 신은 언제나 이 말을 외면서 가슴에 새겨 마지않았습니다. 그런데 어제 신이 감히 결심대로 떠나지 않고 잠시 성 밖에 머물렀던 것은 실로 전하가 베풀어 주신, 세상에 드문 특별한 예우에 감격한 나머지 다시 이 작은 진정을 드러내어 그 망녕된 행동에 대한 사죄를 드리고자 해서입니다. 그런데 간절한 하교와 넘치는 성의가 담긴 성상의 비답을 연이어 받으매 신은 실로 감격의 눈물을 흘리며 오직 몸이 부서지도록 보답해야겠다는 생각만 하게 되었습니다. 그러나 신이 처한 상황은 기실 일전에 아뢴 바와 똑같기에 고향에 돌아가려는 뜻은 흐르는 물과 같이 되돌릴 수가 없습니다. 이에 종남산(終南山)을 바라보노라니 마음속 굽이굽이 근심이 맺혀 떠나지 않습니다만, 신이 비록 명을 어기는 죄를 지었다고는 하나 부족하나마 염우(廉隅)를 보존한다면 나라 사람들의 비웃음과 손가락질을 그렇게 심하게 받지는 않을 것입니다. 그런데도 전하께서 끝내 버리지 않으시면 차후에 응당 스스로 몸을 깨끗이 하고 새로워져 전하의 은택을 입는 반열에 염치를 무릅쓰고 참여할 것입니다. 원컨대 전하께서도 슬픔을 절제하여 몸을 보호하고, 예를 강론하여 상사(喪事)를 신중히 처리하며, 학문에 힘써 마음을 바르게 하고, 자신을 수양하여 집안을 잘 다스리고, 말만 번지르르하게 잘하는 사람을 멀리하여 충직한 사람을 가까이하고, 사사로운 은혜를 억제하여 공도(公道)를 넓히고, 선임(選任)을 정밀하게 하여 체통을 밝히고, 기상을 떨쳐 풍속을 면려하고, 재용을 절약하여 나라의 근본을 굳건하게 하고, 스승을 엄선하여 세자를 보필하게 하고, 공안(貢案)[30]을 바로잡아 백성들의 힘을 덜어 주고, 검소한 덕을 숭상하여 사치의 풍조를 혁신하고, 군비를 수선하여 외부의 침입을 막으소서. 이 모두는 전하께서 응당 스스로 격려하고 힘쓰되 어느 하나라도 없어서는 안 될 것입니다. 전하께서 만약 이에 대한 설을 끝까지 듣고자 하신다면 신은 집으로 돌아가 모친을 뵙고 난 뒤에 끝내 그에 대한 설을 지어 바치겠습니다. 신은 보잘것없는 처지로 임금을 사랑하고 나라를 걱정하며 하늘을 바라보고 대궐을 그리는 성심을 이기지 못합니다. 삼가 죽음을 무릅쓰고 아룁니다.

30 공안(貢案) : 공물(貢物)의 품목과 수량을 기록한 문부(文簿)로 공적(貢籍)이라고도 한다.

고향에 돌아간 뒤에 사직하는 상소 기축년(1649, 효종 즉위년) 7월

還鄕後辭職疏 己丑七月

삼가 아룁니다. 소신은 고향으로 돌아가려는 뜻을 이전 소장에서 모두 말씀드리고 난 뒤 사실(私室)에서 두려움에 웅크린 채 엄한 견책이 내리기만을 엄숙히 기다리고 있었습니다. 그런데 뜻하지 않게 자애로운 성상께서 다시 따스한 비답을 내려 마치 아버지와 자식 간에 오가는 대화처럼 간절하고 정성스러운 말씀을 해 주셨고, 그로 인하여 또 자애로운 성상께서 지난번 재차 예관(禮官)을 보내는 한편, 신이 출발하기 전까지 따로 유서(諭書)를 보내 힘써 만류하려 하셨다는 사실을 알게 되었습니다. 이에 신은 실로 황공하고 감격하여 더욱 몸 둘 곳이 없었습니다. 그런데 성상의 하교에 "오늘부터 문득 깨닫는 마음이 있기를"이라고 하셨으니,[31] 이는 전하께서 죄주지 않았을 뿐만 아니라 관대한 뜻을 통해서 서둘러 오라고 독책하지 않음을 보여 주신 것입니다. 이에 또한 부족하나마 염치를 지키려는 신을 성상의 덕으로 포용해 주셨음을 알 수 있었습니다. 비록 만물을 생성하는 천지의 은혜라 할지라도 이보다 더할 수는 없을 것입니다.

31 성상의……하셨으니 : 효종이 "바라건대 선대 조정에서 지우(知遇)를 입은 은혜를 생각하여, 다시 그 조목을 들어 훤하게 가르쳐 준다면 내가 비록 민첩하지 못하지만 감히 힘써 행하지 않겠는가. 앞으로 문득 깨닫는 마음이 있기를 내가 날마다 바라겠다." 라고 답한 것을 말한다. 《承政院日記 孝宗 卽位年 6月 28日》

아아, 세도(世道)는 이미 나빠지고 고의(古義)는 점차 어두워짐에 따라, 신하를 부리는 자는 오직 구속하고 몰아붙이는 것만 의리인 줄 알고 임금을 섬기는 자는 다만 분주히 받들고 "예예." 하며 순종하는 것만 공경인 줄 알면서 위아래가 서로 영합하니, 몹시도 한심합니다. 그런데 이 무슨 다행인지, 천년이 지난 뒤에 예양(禮讓)으로 다스리시는 성상의 시대를 마주하고 또 신이 친히 목도하게 되었으니, 덕화(德化)의 훈도를 받은 나머지 기쁘기 그지없습니다.

또 생각건대 풍헌(風憲)은 중한 자리인지라 오래 비워 둘 수가 없으며, 더구나 신은 이전에 누차 명을 어겼고 이후에는 여러 번 재앙이 겹쳤던바, 신이 삼가 '따지고 탄핵하는 말이 나오지 않으면 필시 전례대로 체직될 것이다.'라고 스스로 생각하였기 때문에, 직임을 그만두기로 처신하고 사직을 청하는 일을 단념한 지 오래입니다. 그런데 신이 이제 저보(邸報)를 보니, 신의 후임자가 아직도 차출되지 않고 있었습니다. 이는 여전히 신을 기다리고 있는 것인지라 놀라움과 두려움이 더욱 심해지고 죄와 허물이 한층 깊어졌습니다. 삼가 바라건대 자애로운 성상께서는 신의 우매한 뜻을 살피고 신의 낭패한 상황을 긍휼히 여겨 속히 파직을 명하여 어리석은 분수에 편안히 지내도록 해 주소서. 그렇게 해 주신다면 실로 시종 망극한 은혜가 될 것입니다. 신은 하늘을 바라보고 성상을 바라보며 지극히 격절하고 두려운 심정을 이기지 못하겠습니다.

진선을 사직하는 상소 기축년(1649, 효종 즉위년) 9월 25일

辭進善疏 己丑九月二十五日

삼가 아룁니다. 시일이 점차 흘러 상여가 먼 곳으로 떠나려 하니, 슬픔이 오장에 사무쳐 울부짖고 그리워하나 더 이상 어떻게 해 볼 수 없게 되었습니다. 그런데 신의 노모가 근자에 한질(寒疾)을 앓게 되어 날마다 차츰차츰 기력을 잃어 가 자식 된 사사로운 정으로 차마 그 곁을 갑자기 떠날 수는 없기에, 상여가 행단(行端)을 막 넘어갈 때가 돼서야 비로소 달려 나갔으니, 태만하고 불경한 죄가 이에 이르러 더욱 커졌습니다.

또 신이 전일에 고향으로 돌아간 것은 다만 구구한 필부의 뜻을 지키려는 것인바, 피할 수 없는 분의(分義)를 어찌 감히 망각하였겠습니까. 그렇지만 신의 행동은 명을 위반했고 저지른 일은 전에 못 보던 것이었으니, 시의가 분분한 것은 진정 당연합니다. 이에 산골짝에 영영 폐기된 채 기꺼이 농사짓는 백성이 되어 방문을 닫아걸고 허물을 반성하며 부모를 모시고 책을 읽는 생활을 함으로써 성화(聖化)의 여파에 젖어야겠다고 스스로 생각하였습니다. 그런데 뜻하지 않게 성상의 은혜가 더욱 융숭해져서 다시 거두어 불러 주시니 신은 실로 두렵고 당혹스러워 머뭇거리며 몸 둘 바를 몰랐습니다. 그러나 세월에는 정해진 때가 있고 거리가 멀고 가깝고 할 것 없이 모두 달려가 울부짖기에, 염치를 불고하고 나아간다는 혐의를 생각할 겨를이 없었습니다. 그리하여 참고 견디며 상경하여 신자(臣子)의 정을 조금이나마 풀었으니, 망망한 천지에 슬픔과 원망이 어찌 끝이 있겠습니까.

신은 지난날 차마 들을 수 없을 만큼 슬프게 울부짖는 전하의 모습을 보고 삼가 길가에 엎드린 채 퍼붓듯이 피눈물을 흘리는 한편, 이어 스스로 '무릇 사람의 자식 된 자는 일을 되돌릴 수 없다는 사실을 반드시 생각해야 하니, 한번 봉양할 기회를 잃어버리면 뒤늦게 슬퍼한들 무슨 소용이 있겠는가.'라고 생각하였습니다. 게다가 신의 어미는 이미 칠순을 넘겨 기력이 몹시도 쇠하였습니다. 흐르는 강물과도 같은 세월에 남은 날이 얼마 되지 않으니, 고개 돌려 서산에 걸린 해를 바라볼 때마다 놀랍고 두려운 마음이 간절합니다. 또 앓고 있는 질병도 극히 위중하니 신의 마음은 이미 심란한 정도를 넘어서는지라 하루도 그 곁을 떠날 수 없는 실정입니다.

삼가 바라건대 전하께서는 신의 이 심정을 살펴 특별히 체직을 허락함으로써 사사로운 정을 펼 수 있도록 해 주소서. 그렇게 해 주신다면 효로써 다스리는 정치가 널리 퍼져 단 한 사람도 유감이 없게 될 뿐만 아니라 조정의 염치를 배양하는 의리에도 거의 만분의 일이나마 보탬이 있을 것입니다. 미천한 신이 절박한 심정으로 어리석음을 무릅쓰고 그지없이 슬프고 괴로운 전하께 진달하니, 두려운 마음이 특히 더합니다. 사죄하고 또 사죄드립니다. 신은 지극히 격동되고 간절한 심정을 이기지 못합니다.

겨우살이 옷감을 사양하는 상소 기축년(1649, 효종 즉위년) 10월 7일

辭禦冬衣資疏 己丑十月七日

삼가 아룁니다. 소신이 삼가 호조가 전한 성지를 받들어 보니, 신이 머물고 있는 여사(旅舍)가 싸늘하고 협소하므로 옷감을 넉넉하게 지급하여 겨우살이에 대비하도록 한다는 내용이었습니다. 신은 그동안 받아 왔던 은혜에 털끝만큼의 보답도 못하였는데 지금 이렇게나 성대한 은전이 또다시 미천한 신에게 이르렀습니다. 《시경》에서는 〈단하(檀河)〉를 귀하게 여기고[32] 《주역》에서는 반대(鞶帶)를 빼앗기는 것에 대해 경계하였습니다.[33] 신이 내면을 스스로 성찰해 보건대 이를 감당할 자격이 없습니다. 하물며 노모가 멀리 고향 마을에 있어 조만간 병이 났다는 소식이라도 듣게 된다면 신은 응당 불시에 사직을 청하고 돌아가야 하니, 이렇게 되면 신은 또다시 허망하게 성은을 등짐으로써 거듭 죄를 짓게 됩니다. 이 때문에 신은 두렵고 당혹스러워 더욱 몸

32 시경에서는……여기고 : 〈단하〉는 《시경》 〈위풍(魏風) 벌단(伐檀)〉을 가리키는데 "꽝꽝 박달나무 베어, 하수 가에 쌓아 두네.〔坎坎伐檀兮, 寘之河之干兮.〕"라고 한 말에서 왔다. 이 시는 관직에 있는 자가 욕심을 내어 공도 없이 녹만 받아먹는 것을 풍자하는 내용인데, 여기서는 우암이 공적도 없이 벼슬에 있다는 겸양의 마음을 부친 듯하다.

33 주역에서는……경계하였습니다 : 《주역》 〈송괘(訟卦) 상구(上九)〉에 "반대를 내려 준다 하여도 하루아침에 세 번 빼앗기리라.〔或錫之鞶帶, 終朝三褫之.〕"라고 하였는데, 반대는 가죽으로 만든 큰 혁대로, 반대를 빼앗는다는 것은 벼슬을 그만두게 한다는 의미이다.

둘 바를 모르겠습니다. 삼가 바라건대 자애로운 성상께서는 신의 이러한 사정을 살펴 특별히 명을 회수하여 미천한 분수에 편안하도록 해주소서. 신은 지극히 두렵고 떨리는 심정을 이기지 못합니다.

사직하고 아울러 소회를 진술하는 상소 기축년(1649, 효종 즉위년) 10월 18일

辭職兼陳所懷疏 己丑十月十八日

삼가 아뢰니다. 어리석은 신의 불초한 실상은 그동안의 논열을 통해 벌써 남김없이 다 드러났기에 전하께서도 이미 그 점을 환히 알고 계시겠지만, 그럼에도 신을 거두어 써 주신 것은 과거의 허물을 깨끗이 씻어 낸 뒤에 기량에 맞게 쓰시려는 의도였을 것입니다. 그러나 허물을 씻어 내면 씻어 낼수록 흠결만 더욱 드러났으니, 신이 일전에 인피(引避)한 일[34]도 그것을 입증하는 하나의 사례입니다.

신은 태만한 데다 병까지 겹쳐 우제(虞祭)와 졸곡(卒哭) 등 총 여덟 제사 가운데 절반이나 참여하지 못했고, 더구나 동향제(冬享祭)는 그 예(禮)가 특히나 중한데도 역시 나아가 참석하지 못하였습니다. 따라서 응당 서둘러 법관의 의율(擬律)에 따라 다른 관원들과 똑같이 추감(推勘)을 받아야만 의리상 편안하겠기에, 병든 몸을 억지로 이끌고 나아가 사은한 뒤 곧바로 인퇴(引退)하였는데, 동료들이 다시금 출사(出仕)를 요청했습니다. 그러나 요행으로 구차히 면죄되는 것은 애당

34 일전에 인피(引避)한 일 : 1649년 10월 14일 사헌부 장령으로 있던 우암이 신병으로, 인조에게 올리는 제례(祭禮) 및 효종이 친히 행한 동향 대제(冬享大祭)에 참여하지 못하였다고 하면서 물러나 체직을 청한 것을 말한다. 이달 11일, 의정부 사록(議政府司錄)이 삼공(三公)의 뜻으로 아뢰면서 반우(返虞) 이후 행해진 인조의 제사와 영사전(永思殿)에서 열린 동향 대제에 참석하지 않은 관원들을 모두 추고할 것을 청한 바 있다.《承政院日記 孝宗 卽位年 10月 11日, 14日》

초 신이 원했던 바가 아니며, 아울러 관원들을 규찰하여 바로잡는 책임 또한 헌부(憲府)에 있는 것입니다. 자신에게 잘못이 없어야 남의 잘못을 지적할 수 있다는 것은 그 이치가 너무도 분명하니 신이 아무리 염치가 없기로 어떻게 감히 뻔뻔하게 남의 잘못을 꾸짖을 수 있겠습니까. 더구나 요사이 조정의 신하들이 연일 복합(伏閤)하면서 권제(權制)를 행해 주시기를 청하고 있는데,[35] 신은 개인적 사정 탓에 그들과 함께 호소하며 신자(臣子)의 걱정되고 다급한 진심을 펼치지도 못했으니, 신의 죄는 여기에서 특히 커졌습니다. 이것이 이른바 "어느 벼슬에 임명되든 작은 벼슬이면 작은 낭패를 보고 큰 벼슬이면 큰 낭패를 보며, 가까운 벼슬이면 가까운 낭패를 보고 먼 벼슬이면 먼 낭패를 볼 것이다."라는 경우이니, 한 개인만 낭패를 보는 때는 바로 그 사람이 관직을 버려두고 있는 동안일 것입니다.

게다가 신은 오랜 병치레 끝에 다시 한질(寒疾)에 걸렸는데, 며칠 동안 땀을 흘리지 못한 채 갈수록 증세가 위독해져 지켜보는 자들이 죽지는 않을까 염려할 정도입니다. 신은 외롭게 타향살이하는 신세로 얼음이 꽁꽁 어는 여관방에서 쓸쓸히 지내고 있으니, 이러다가는 하루아침에 별안간 죽게 됨으로써 동구 밖에서 하염없이 돌아오기를 염원하는 노모의 바람을 저버리게 되지는 않을까 깊이 염려됩니다. 삼가 바라건대 자애로운 성상께서는 특별히 가엽게 여겨 주어 속히 체직을

35 요사이……있는데 : 여러 날 동안 쉬지 않고 인조의 장례 절차를 수행하느라 건강에 무리가 온 효종을 염려해서, 대신들이 나서서 복합하면서 임시변통으로 예법을 적당히 수행해 달라고 청한 것을 말한다.《孝宗實錄 卽位年 10月 16日》권제는 거상(居喪) 중에 예제(禮制)를 철저히 지켜 몸이 상하기까지 하는 경우 임시변통으로 예제를 간소히 하여 절차를 생략하고 술과 고기 등으로 기력을 보충하는 것을 가리킨다.

허락함으로써 고향으로 일찌감치 돌아가게 해 주신다면 그만한 다행이 없겠습니다.

또 삼가 생각건대 전하께서 아래로는 신료들의 간청에 못 이기고 위로는 자전(慈殿)의 뜻에 순종하여 이미 권제를 따르셨으니, 이는 실로 종묘사직과 백성의 다행입니다. 그런데 전하께서 억지로 그것을 행하신다면 결국 마음속에 불안이 생겨날 것인데, 마음이 불안한 데서 병은 생겨나는 법입니다. 그런데 예경(禮經)을 참고하고 사세(事勢)를 참작해 본다면 불안해하실 이치가 전혀 없습니다. 더구나 정자(程子)는 "중(中)이 항상 정(正)보다 중요하다. 정은 꼭 중이 된다고 할 수 없지만 중을 말하면 정은 그 가운데 있다."[36]라고 하였습니다. 삼가 바라건대 이렇게 한다고 미안하게 여기지 말고 당연한 일로 여기소서.

신은 또 생각건대 전하께서 천성으로 타고난 효성을 끝까지 다 이루고 양암(諒闇 임금의 거상(居喪))의 예제를 시종일관 여한이 없게 하려고 하신다면, 옛날 성왕들이 신하를 벗으로 삼아 도움을 받았던 것보다 더 좋은 방법이 없습니다. 삼가 바라건대 연신(筵臣)을 가려 뽑아서 낮에는 세 번씩 접견하고 밤에도 역시 돌아가며 입시하게 하여 경사(經史)를 논하기도 하고 치도(治道)를 강구하기도 하며 일상적인 대화를

36 중(中)이……있다 : 북송(北宋)의 학자 정이(程頤)가 《주역》〈항괘(恒卦) 구이(九二)〉, 〈손괘(損卦) 구이(九二) 상(象)〉, 〈진괘(震卦) 육오(六五)〉, 〈이괘(離卦) 육이(六二) 상(象)〉 등을 해석하며 한 말을 절충한 것이다. 본래 《주역》에서 상괘(上卦)와 하괘(下卦)의 중효(中爻)를 '중(中)'이라 하고 양의 자리에 양효가 놓이고 음의 자리에 음효가 놓이는 것을 '정(正)'이라고 하는데, 우암은 정보다 중을 더욱 중시하는 정이의 해석을 인용함으로써, 거상 중에 무리하게 정제(正制)를 지키기보다는 적절하게 권제를 행하는 것이 더 중요하다는 근거로 삼았다. 《周易傳義》

나누기도 하다가 한밤중이 되어서야 주무시고 이른 새벽에 일어나 크게 덕을 밝히는 일을 일상사로 삼으소서. 그렇게 하면 전하께서 거상하시는 예가 순수하고 명백해져서 조금도 하자가 없게 될 뿐만 아니라 총명이 날로 더해지고 지기(志氣)가 날로 강해져서 성학(聖學)에 큰 보탬이 있게 될 것입니다. 《시경》에 이르기를 "그대가 군자와 벗할 때에는 행여 잘못이 있지나 않을까 하는구나. 그대가 집에 있을 때에도 옥루(屋漏)에 부끄럽지 않게 해야 할 것이다."라고 하였습니다.[37] 삼가 바라건대 전하께서 능히 근독(謹獨)[38]의 공부를 극진히 하여 천덕(天德)과 왕도(王道)의 요체로 삼으신다면 매우 다행이겠습니다.

그러나 신하를 벗 삼는 도리가 만약 친밀하고 화목한 방식으로 이루어지지 않는다면 싫증과 괴로움이 생겨나기 쉽습니다. 그러므로 정자가 경연에서 사관으로 하여금 임금의 말과 행동을 기록하지 못하게 하려 한 것은 대개 임금이 꺼리는 마음을 가질까 염려하였기 때문이고, 한두 사람만 때때로 전대(專對)하게 하려 한 것은 대개 여러 신하가 늘어서 있으면 임금이 편안하지 못할까 염려하였기 때문이며, 일상적으로 나누는 대화를 바로잡지 못하게 하려 한 것은 대개 임금이 그 제약을 견디지 못할까 염려하였기 때문입니다.[39] 이 모두는 어진 사대

37 시경에……하였습니다 : 《시경》 〈대아(大雅) 억(抑)〉에서 인용한 말로, 타인이 알 수 없는 은밀한 내면부터 허물이 없도록 해야 한다는 뜻이다. 옥루는 실내의 서북쪽 구석에 휘장을 설치하고 신주(神主)를 안장한 곳이다.

38 근독(謹獨) : 홀로 있을 때 삼간다는 뜻인 신독(愼獨)과 같은 말이다. 《중용장구》 제1장에 "숨겨진 것보다 더 나타나는 것이 없고, 미세한 것보다 더 드러나는 것이 없다. 그러므로 군자는 혼자 있을 때를 삼가는 것이다.〔莫見乎隱, 莫顯乎微, 故君子愼其獨也.〕"라고 하였다.

부를 가까이하도록 함으로써 궁중의 편안한 생활에 젖어드는 것을 방지하고자 하는 의도에서 나온 것으로 임금을 위한 그 염려가 깊고 절실하다고 이를 만합니다. 삼가 바라건대 밝은 성상께서 이 점에 유의하신다면 그 도움 되는 바가 예방(禮防)만으로 그치지 않을 것입니다.

현재 전하께서는 선왕을 그리워하는 마음이 바야흐로 간절하여 밤낮으로 쉬지 않고 근신하고 계십니다. 신이 이러한 때에 감히 이런 말씀을 드리는 것이 어찌 감히 전하께 장차 털끝만큼이라도 미진한 바가 있다고 생각해서이겠습니까. 대개 태만하게 노닐고 오만과 포악을 부리는 것은 결코 대순(大舜)께서 하실 행동이 아니지만 백익(伯益)은 단주(丹朱)처럼 하지 말라고 경계하였고, 작은 행동에 조심하지 않는 것은 결코 무왕(武王)께서 하실 행동이 아니지만 소공(召公)은 공(功)이 한 삼태기의 흙이 모자라는 데서 무너질 것이라고 경계하였는바,[40] 대순과 무왕은 마음을 비우고 경건하게 그 말을 받아들였습니다. 그러니 신이 어찌 감히 대순과 무왕처럼 되시기를 전하에게 바라지 않을 수 있겠습니까. 삼가 바라건대 살펴 용서해 주소서.

39 정자가……때문입니다 : 정자는 북송의 학자 정이(程頤)를 가리킨다. 북송의 신종(神宗)이 죽고 철종(哲宗)이 즉위한 이듬해인 1086년 정이가 숭정전 설서(崇政殿說書)에 임명되어 누차 조정에 글을 올렸는데, 그때 올린 글인 〈논경연차자(論經筵箚子)〉와 〈상태황태후서(上太皇太后書)〉에 해당 내용이 실려 있다. 《二程全書 卷7》

40 태만하게……경계하였는바 : 《서경》 〈익직(益稷)〉에 우(禹)가 순(舜)에게 "단주처럼 오만하게 행동하지 마십시오. 그는 오로지 태만하게 노는 것만 좋아하였으며, 오만하고 포악한 짓을 저지르기만 하였습니다."라고 하였고, 《서경》 〈여오(旅獒)〉에 소공이 무왕에게 "대수롭지 않은 예절을 삼가지 않으면 마침내 커다란 덕에 누를 끼쳐, 마치 아홉 길의 산을 만드는 데 한 삼태기의 흙이 모자라 공(功)이 무너지는 것처럼 될 것입니다."라고 하였다. 단주는 요 임금의 아들이다.

신이 삼가 보건대 요사이 조정에서 한창 시비를 다투는 일이 일어나 갈등이 날로 심화되니, 이야말로 나라의 안위(安危)와 사정(邪正)의 소장(消長)이 갈리는 기회입니다. 대개 요 몇 년 동안, 총애를 입은 권신이 위세를 떨쳐 매우 굳건하게 자리를 틀어쥐자 소위 명류(名流)라는 자들까지도 온통 그에 물들어 예의도 염치도 죄다 사라져 안팎이 서로 따르면서 예사로 여기고 두려워할 줄도 모르니, 어찌 관자(管子)가 정말 어리석은 사람이라서 "나라가 결국 멸망하고 만다."라고 한 그의 말이 도리어 빈말이 되겠습니까.[41]

김경여(金慶餘)와 송준길(宋浚吉)은 초야에 사는 소원하고 한미한 처지에 임금으로부터 받은 세상에서 보기 드문 지우(知遇)에 감동하여, 조정에서 선악을 분명하게 밝혀내어 지성(至誠)으로 사람들에게 호령하면서 강한 자도 두려워하지 않았으니,[42] 비록 적용한 형률과 구사한 언어 가운데 혹 과격한 부분이 없지는 않으나 정당한 논의를 제언

41 어찌……되겠습니까 : 관자는 춘추 시대 제(齊)나라의 정치가 관중(管仲)이다. 한(漢)나라 학자인 가의(賈誼)가 한 문제(漢文帝)에게 올린 상소에서 예의염치(禮義廉恥)가 사라진 당대의 현실을 개탄하면서 "관자는 '예의염치를 사유(四維)라고 하는데, 사유가 펼쳐지지 않으면 나라가 결국 멸망하고 만다.'라고 하였습니다. 관자가 어리석은 사람이라면 괜찮겠지만, 관자가 조금이라도 정치의 요체를 알았다고 한다면 이 어찌 한심한 일이 아니겠습니까."라고 하였다. 《漢書 賈誼傳》

42 조정에서……않았으니 : '강한 자'란 인조반정의 1등 공신으로서 인조 집권 말기까지 강한 정치적 영향력을 발휘하였던 김자점(金自點)을 가리킨다. 인조가 죽고 효종이 즉위하자 우암을 비롯한 신진 사류들이 대거 정계에 진출하였는데, 김경여와 송준길도 이때 각각 대사간(大司諫)과 집의(執義)에 제수되어, 재물을 탐내고 저택이 사치스럽고 참람하며 나라를 저버리고 사욕만을 꾀했다는 죄목을 들어 김자점을 파직하고 유배 보낼 것을 청하였다. 《孝宗實錄 卽位年 6月 22日, 9月 13日》

하여 즉위 초기에 펼치는 정사에 도움이 된 것만은 분명하였습니다. 그런데 예상치도 못하게 세도(世道)가 혼탁하여 잘못되어 가고 시론(時論)이 도리에 어긋나게 펼쳐짐에 따라 시끌벅적하게 온갖 방법을 동원하여 공격함으로써 송준길을 낭패스럽게 만들어 인책(引責)하고 들어가 떠나려 해도 떠날 수 없도록 만들었으니, 이 또한 한스러울 뿐입니다.

송(宋)나라 효종(孝宗) 초년에 위섬지(魏掞之)[43]가 평민의 신분으로 부름을 받고 나아가 직언을 하다가 내쳐지자, 주자(朱子)가 탄식하기를 "조정에 잘못이 있을 때 재집(宰執)과 대간(臺諫)이 물끄러미 보고 뒤로 물러나 서서 소신(小臣)으로 하여금 분수를 넘어 간하다가 낭패를 당하게 하였으니 그것부터가 이미 조정의 아름다운 일이 아니다. 게다가 너그럽게 포용하고 장려하지 못하여 도리어 그로 하여금 물러나 떠나가게 하였으니, 몹시도 이목을 놀라게 한다."라고 하였는데,[44] 오늘날의 일이 불행하게도 이 경우와 가깝습니다. 대저 요사이 논의되는 조목의 수가 매우 많습니다만, 논핵을 당한 저들 가운데 제대로 분수를 헤아려 비판에 잘 대처하는 자는 이시해(李時楷)와 이행진

43 위섬지(魏掞之) : 남송(南宋)의 학자로 자는 자실(子實), 호는 간재(艮齋)이다. 호헌(胡憲)을 사사하였으며, 주희(朱熹)와 교유하였다. 평민의 신분으로 입조(入朝)하여 효종에게 치도(治道)를 아뢰고 태학록(太學錄)에 제수되었는데, 이후 여러 차례 시폐(時弊)에 대해 직언하다가 태주 교수(台州敎授)로 좌천되어 병으로 죽었다. 《晦庵集 卷83 跋魏元履墓表》《宋史 隱逸列傳 魏掞之》

44 주자(朱子)가……하였는데 : 주희가 1169년 7월 26일 당시 이부 상서(吏部尙書)로 있던 왕응신(汪應辰)에게 답한 편지의 일부분을 가감한 것이다. 《晦庵集 卷24 答汪尙書書》

(李行進) 등 2, 3인에 불과할 뿐 그 나머지는 눈을 부릅뜨고 분노하면서 끝도 없이 비난을 퍼붓고 있습니다. 잘못을 듣고 스스로 반성하는 것은 실로 군자가 할 일인지라 물론 지금 그것을 감히 바랄 수 없겠지만 그 패악한 말과 지나친 분노에는 사대부의 기상이 더 이상 없습니다. 심지어 송준길의 지우(知友)와 친구에게까지 압박하고 이간하면서 연좌제로 함께 다스리지 않는 일이 없었습니다. 이를 통해 보건대 송준길이 적용한 형률과 구사한 언어는 저들에게 아마도 좋은 구실이 되었던 것입니다.

그 밖에 이천기(李天基) 같은 자는 법조문을 가혹하게 적용한다고 하면서 도리어 공의(公議)에 대해 비난하는가 하면 심지어 "기관(機關)이 위구(危懼)스럽다."라는 말로 단안(斷案)을 내렸는데,[45] 기관이라는 것은 바로 소인의 간교한 꾀를 바꾸어 말한 것입니다. 그러므로 정자(程子)가 말하기를 "후세에는 허다하게 기관을 부리기 때문에 하늘이 성현을 내지 않으니, 이는 실로 천지의 화기(和氣)를 상하게 하는 것이다."라고 하였던 것입니다. 모르겠습니다만 오늘날 염치없는 부류

45 이천기(李天基)……내렸는데 : 1649년 10월 9일 사간원 헌납(司諫院獻納) 이천기가 동료들과의 불화를 이유로 스스로 파직을 청하는 계사(啓辭)를 올렸는데, 그 가운데 9월 13일 송준길이 김자점과 그 측근 세력의 전횡을 비판하면서 그들을 사판(仕版)에서 삭제해 달라고 청한 것을 비판하였다. 그러면서 "사판에서 삭제하는 형률은 오직 준론(峻論)을 하는 자만이 하는 것이니 '인자(仁者)라야 사람을 제대로 미워할 수 있다.'라는 본의로부터 나온 행동은 아닐 듯합니다."라고 하는 한편 "집의 송준길이 인피한 말을 보건대 '사(私)가 있는 줄만 알고 공(公)이 있는 줄은 모르니 장차 좋지 않은 일이 있을까 두렵습니다.'라는 등의 말들로 심각하게 공격을 하였으니, 신은 오늘날 이렇게까지 기관이 위구스러울 줄은 생각지도 못하였습니다."라고 하였다. 《承政院日記 孝宗卽位年 10月 9日》

들을 내쫓아 조정을 맑게 만드는 자는 그 마음이야말로 충성스럽고 그 의리야말로 바르기만 한데 어찌하여 이 지경에 이르렀단 말입니까. 옛날 주자는 공격을 해 대는 당대 사람들의 말이 갈수록 새로워지는 것으로 말미암아 결국 "이전 말을 윤색하여 한 차례 선명하게 빛나도록 도모한다."라고 탄식하였는데,[46] 이천기의 의도가 만일 이런 데에서 나왔다면 그가 말한 기관이란 결국 자신을 두고 말하는 것이 되지 않겠습니까. 이 점에 대해서는 반드시 변론할 자가 있을 것입니다.

정승명(鄭承明)이 당초 '인친(因親)의 경계'를 삼가지 않았던 것으로 말하자면,[47] 그는 소외되어 외로운 처지로서 능히 자립할 수 없는 상황이었으니, 애써 대립되는 의견을 내세운 것은 그저 부득이한 행동에 불과하였습니다. 그러나 임성익(林聖翊)이 이미 정승명이 그르다고 하면서 체직을 청하였으니, 이 또한 감히 전계(前啓)를 공론이 아니라

46 주자는……탄식하였는데 : 남송 영종(南宋寧宗) 때 주희의 학문을 위학(僞學)으로 규정하여 당세의 명사들을 쫓아냈던 이른바 '경원당금(慶元黨禁)'의 와중에서, 한탁주(韓侂胄)가 우승상 조여우(趙汝愚)를 축출하려다 뜻을 이루지 못하자 조여우를 지지하던 팽귀년(彭龜年)을 대신 유배 보냄으로써 잠깐 위축된 위세를 다시금 떨친 일이 있었다. 이렇게 한탁주 일당의 공격이 대상과 내용을 달리하여 날로 새롭게 진행되자 주희가 제자이자 사위인 황간에게 편지를 보내어 해당 말로 탄식한 것이다. 《晦庵集 續集 卷1 答黃直卿》《退溪集 卷11 答李仲久問目》

47 정승명(鄭承明)이……말하자면 : 정승명이, 가까이할 만한 사람을 의지의 대상으로 삼아야 한다는 가르침을 위배하였다는 말이다. '인친의 경계'는 《논어》 〈학이(學而)〉의 "의지할 대상을 정할 때 가까이할 만한 사람을 잃지 않는다면 그 사람을 높여 종주로 삼을 수 있다.〔因不失其親, 亦可宗也.〕"라는 말에서 유래하였다. 정승명은 자가 경여(慶餘), 호는 월담(月潭)으로, 1649년 9월 13일 송준길이 김자점과 그 일당을 논핵하자 10월 15일에 동료와 의견이 불일치한다는 이유로 사헌부 지평을 체차해 달라고 청하면서 송준길의 행동이 지나치다고 비판하였다. 《承政院日記 孝宗 卽位年 10月 15日》

고는 하지 않았던 것입니다. 이미 공론이라 여겼으면서도 도리어 뒤질세라 급급하게 정계(停啓)를 한 것은 무슨 이유란 말입니까. 과연 그렇다면 김중일(金重鎰)과 조수익(趙壽益) 등은 또 무슨 이유로 체직을 당하였는데 삼사(三司)가 여러 날 고생해 가며 논의한 것이 갑자기 한 사람의 손에 의해 제지되었단 말입니까. 참으로 괴이한 일입니다.

신이 언젠가 장로(長老)에게 들으니, 옛일은 논할 것도 없이 계해년(1623, 인조1) 중흥(中興)하던 초기만 하더라도 대간(臺諫)의 풍도(風度)에 그래도 볼만한 것이 있었다고 합니다. 대체로 양사(兩司)에서 함께 제기한 의론은 반드시 함께 모여 두루 상의한 뒤에야 비로소 정지하였고 또 반드시 의론을 제기한 사람과도 함께 논의하였으니, 이와 같이 한 것은 모두 조정을 높이고 공의를 두려워하였기 때문입니다. 그런데 그 뒤로는 이러한 풍토가 무너져서 지금에 와서는 그 정도가 더욱 심해졌습니다. 그리하여 대각(臺閣)의 신하가 제 한 몸이 있는 줄만 알 뿐 조정이 있고 공의(公議)가 있다는 것은 더 이상 알지 못하여, 동료와도 상의하지 않고 의론을 제기한 사람과도 논의하지 않고는 오직 자기 편의에 따라 멋대로 정계하면서 조금도 거리낌이 없으니, 이 또한 한심하다 하겠습니다. 지금 새로 교화를 펴는 초기에 이와 같은 습관을 만약 깊이 미워하고 통렬히 징계하지 않는다면 뒤에 나타날 일을 징계할 방도가 없게 될 것입니다.

또 하나 제기되는 주장이 있는데, 마치 역아(易牙)가 오미(五味)를 조절하듯, 사광(師曠)이 오성(五聲)을 조화롭게 하듯[48] 애써 노성(老

48 역아(易牙)가……하듯 : 뛰어난 요리사와 음악가가 각각 여러 맛과 음을 잘 어우러지게 하듯이, 제기되는 상반된 주장에 대해 어느 한쪽 편을 들지 않고 조정한다는

成)하고 너그러운 말을 하는 것입니다. 그 말을 들어 보면 기분은 좋아지나, 그 실상을 캐 보면 결국 양쪽을 모두 보전하려고 하나 실상 양쪽 다 상하게 하는 것입니다. 대저 향초(香草)와 악초(惡草)는 같은 밭에 있을 수 없고 얼음과 숯은 같은 그릇에 담길 수 없는 법입니다. 그 실정이 이미 다른데 억지로 같게 하려고 한다면 같게 될 리가 결코 없을 것입니다. 그러나 만약 논핵을 당한 사람이 과연 능히 문을 닫고 들어앉아 모습을 감추고 허물을 고쳐 스스로 새로워진다면, 어진 사람이 되고 충성스러운 사람이 되는 것을 누가 막을 수 있겠습니까. 이렇게 한 뒤에 구슬이 한 가닥 끈에 같이 꿰이듯이 일맥이 상통하여 함께 대도(大道)로 나간다면 이것이 진정한 평평탕탕(平平蕩蕩)의 모습[49]인 것입니다.

그런데 지금은 그렇지 못해 음과 양이 서로 다투고 옳음과 그름이 저마다 갈라져 이쪽이 저쪽을 이기지 못한다면 곧 저쪽이 이쪽을 이기게 될 것이므로, 양쪽이 서로 버티며 끝까지 결판나지 않을 이치는 애당초 없는 것입니다. 그런데 도리어 어진 자와 그렇지 않은 자를 분별하지 않는 것과 이쪽과 저쪽을 구분하지 않는 것이 공평한 도리라고 여기고 싶어 한다면, 다만 저쪽 세력을 도와 목표를 달성하게 함으로써 저들로 하여금 기고만장하게 하여 감히 누구도 건들 수 없게 되는

비유이다. 역아는 춘추 시대 제(齊)나라 환공(桓公)의 총신으로 요리를 잘하였으며, 사광은 춘추 시대 진(晉)나라 악사(樂師)로 음률에 능통하였다.

49 평평탕탕(平平蕩蕩)의 모습 : 어느 한쪽으로 치우치지 않고 공평하고 정대한 정치가 이루어지는 모습을 말한다. 《서경》〈홍범(洪範)〉에 "편벽됨이 없고 편당함이 없으면 왕도가 탕탕할 것이며, 편당함이 없고 편벽됨이 없으면 왕도가 평평할 것이다.〔無偏無黨, 王道蕩蕩; 無黨無偏, 王道平平.〕"라고 한 데서 유래한 말이다.

결과를 초래할 것입니다. 이것이 원우(元祐)의 조정책(調停策)과 건중(建中)의 지평책(持平策)[50]이 후세에 비웃음을 받게 된 까닭입니다.

또 한편, 전야(田野)의 인물인 김경여와 송준길이 난데없이 악류(惡類)를 배척하고 선류(善類)를 찬양하는 의론을 함으로써 교천언심(交淺言深)[51]의 경계를 저버린 것은 도리에 맞지 않는다고 하는 주장이 있습니다. 이 말이 역시 그럴듯하나 또한 지당한 주장은 못 됩니다. 무릇 사대부의 임금을 사랑하고 나라를 걱정하는 마음이야 어찌 조정과 전야 사이에 차이가 있겠습니까. 그러므로 주자도 일찍이 강개한 심정으로 스스로 말하기를 "초야의 외로운 신하가 의리를 다하고 충성을 바란다."라고 하였으며, 또 매양 당시 사람들의 혼탁하고 어지러운 행동을 미워하면서 일찍이 말하기를 "보르셨다, 하늘에 계신 소종(祖宗)의 영령께서 이들에게 무엇을 등졌기에 차마 이렇게 하는가."라고 하였습니다.

50 원우(元祐)의……지평책(持平策) : 원우와 건중은 각각 북송(北宋)의 철종(哲宗)과 휘종(徽宗)의 연호이다. 조정책과 지평책은 당시 사마광의 구법당(舊法黨)과 왕안석의 신법당(新法黨)이 대립할 때 어느 한쪽을 일방적으로 배제하지 않고 포용하려 하였던 정책을 가리킨다. 범순인(范純仁)과 여대방(呂大防)이 그 대표적 주창론자이다. 훗날 남송의 주희는 이러한 노선을 몹시 비판하여 "대개 천하에는 단지 하나의 옳음과 하나의 그름만 있으니, 옳은 것에는 모름지기 옳은 것이 돌아가고 그른 것에는 모름지기 그른 것이 돌아가야 비로소 자연스러운 공평함이 됩니다. 만약 사정(邪正)도 구분하지 않고 시비(是非)도 분별하지 않으면서 단지 공평해지기만 바란다면 결코 공평해질 수 없으니, 이것이 원우의 조정(調停)과 원부(元符)의 건중이 실패한 까닭입니다."라고 하였다. 《晦庵集 續集 卷5 答黃直卿》《宋名臣言行錄 後集 卷12 劉安世》

51 교천언심(交淺言深) : 교분이 일천한데 말은 심각하다는 뜻으로, 오래 알던 사이가 아님에도 함부로 깊은 말을 하는 것을 말한다. 《戰國策 趙策4》

김경여와 송준길은 모두 대대로 녹을 받아 온 집안의 신하로서 아무리 전야에 있다고 해도 본디부터 의리를 다하고 충성을 바라는 뜻을 가지고 있었습니다. 또 전하께서 기용하여 언관(言官)의 자리에 두셨으니, 당연히 그 마음가짐을 보건대 전야에 있을 때와 똑같아서는 안 되는 것이거니와,[52] 좋지 못한 사람이 눈앞에 와 있고 손끝에 다가와 있는데 잠자코만 있으면서 7년이란 오랜 세월을 기다린다면,[53] 《주역》에서 "끝내 허물이 없으리라."라고 한 것[54]이 이와 같지는 않을 듯하고, 한유(韓愈)와 구양수(歐陽脩)가 하는 비판[55]도 단지 엄준(嚴峻)하게

52 당연히……것이거니와 : 당 덕종(唐德宗) 때 간관(諫官)의 직임을 맡은 지 5년이 되도록 직언을 하지 않았던 간의대부(諫議大夫) 양성(陽城)에 대해서, 혹자가 "자리에 있은 지 5년이나 되었으나 그 마음가짐을 보건대 초야에 있을 때와 같으니, 그가 어찌 부귀(富貴)로써 그 마음을 바꾸겠는가."라고 그 초심을 옹호하자, 한유가 자리에 따라 마음가짐이 달라야 한다고 반박하였다.《韓昌黎集 卷14 爭臣論》한유의 이 글을 인용하여 김경여와 송준길이 언관이 되어 간쟁(諫爭)을 사명으로 삼은 이상 초야에 있을 때와 같은 마음가짐이면 안 된다고 옹호한 것이다.

53 7년이란……기다린다면 : 당 덕종 때 양성이 간의대부가 되고 7년 동안이나 간쟁을 하지 않다가, 덕종이 육지(陸贄)를 내쫓고 배연령(裴延齡)을 재상으로 삼자 그제야 "배연령을 재상으로 삼으면 신이 의당 조서를 취하여 찢어 버리겠습니다."라고까지 하는 등 직언하여 배연령의 임명을 막았다.《新唐書 陽城列傳》당나라 구양수는 〈상범사간서(上范司諫書)〉에서 양성의 그러한 행위가 간관으로서 부당하다고 비판하였다.《唐宋八大家文鈔 卷38》

54 주역에서……것 :《주역》〈정괘(鼎卦) 구이(九二)〉에 "나의 원수에게 병이 있으니 나에게 오지 못하게 해야 한다."라고 하고 "나의 원수에게 병이 있다는 것은 끝내 허물이 없는 것이다."라고 하였다. 불선한 적대 세력을 용인하지 말고 그 관계를 끊어 버려야 한다는 뜻이다.

55 한유(韓愈)와……비판 : 당나라의 한유는 〈쟁신론〉으로, 구양수는 〈상범사간서〉로 언책(言責)을 다하지 못한 간관을 호되게 비판하였다. 위의 주52, 주53 참조.

하는 정도뿐만이 아닐 것입니다.

대저 오늘날의 일에 대해서는 많은 말을 할 필요가 없습니다. 단지 송준길로 하여금 낭패스럽게 달아나 떠나도록 하시려면 그저 시세(時勢)를 알지 못하고 함부로 행동한 잘못이 있다고 질책하면 될 것이며, 만일 그의 말이 조금이라도 시행되어 조정이 혹 맑아지고 기강이 혹 확립되도록 하시려면, 《주역》에서 말한 "조금씩 바로잡는 것이 길하다."[56]라는 것은 실로 송준길의 차지가 될 것입니다. 이 두 가지는 다만 임금과 상신의 뜻에 달려 있을 뿐입니다.

삼가 바라건대 성명(聖明)께서는 속히 시비(是非)를 정하여 시끄러운 갈등이 오래 지속되지 않도록 해 주신다면 매우 다행이겠습니다. 불초한 소신은 분수에 만족하며 사리에서 물러나 더 이상 세상에 대한 생각이 없으니, 애당초 거리낄 것이 없으므로 감히 이런 말씀을 드리는 것입니다. 또 생각건대 조정에서 언론을 책임지는 자리에 신을 두었음에도 탄핵하는 말을 올리지 않는다면 신더러 "용렬하고 비루하여 필시 김경여나 송준길처럼 하지 못하는 것이다."라고 할 것인데, 이는 소과경(蕭果卿)조차 부끄럽게 여겨 한탄했던 경우[57]입니다. 그 때문에 끝내

56 조금씩……길하다 : 《주역》 〈둔괘(屯卦) 구오(九五)〉에 "구오는 은택을 베풀기가 어려우니, 조금씩 바로잡으면 길하고 크게 바로잡으면 흉하리라."라고 하였다. 송준길의 말을 채택하여 조금씩 시행해 나간다면 길할 것이라는 뜻이다.

57 소과경(蕭果卿)조차……경우 : 소과경은 송나라 때의 사람으로 당시 승상 우윤문(虞允文)의 뜻에 따라 어사(御史)에 제수되었다. 사람들이 이에 대해 하례하자 소과경은 탄식하기를 "저자는 내가 어리석어 말하지 못할 것이라 여겨 나에게 이 자리를 준 것이다. 나를 경멸함이 심하구나."라고 하고, 며칠 안 되어 제일 먼저 그의 무리를 논박하였는데, 사람들이 그의 용기에 탄복하였다 한다. 《晦庵集 卷28 與張元善書》

침묵을 지키고 있을 수 없었던 것입니다. 삼가 바라건대 성명께서는 신의 어리석음을 애달프게 여기고 그 참람함을 용서하소서. 위중한 천질(賤疾)이 날로 위독해져 완전히 회복되기를 기대하기는 어려우니, 다시 바라건대 속히 물리쳐 주소서. 신은 지극히 황공하고 두려운 심정에 어찌할 바를 모르겠습니다.

제례에 참석하지 못한 죄를 인책하는 상소 기축년(1649, 효종 즉위년) 10월 20일

未參陪祭引罪疏 己丑十月二十日

삼가 아뢥니다. 신이 어제 성상의 비답을 받고서 몹시도 황공한 나머지 사퇴할 마음이 더 이상 싹트지 않았습니다. 그러나 제례에 참석하지 못한 관리로서 바야흐로 고하여 병으로 인퇴한 경우가 몹시도 많았으니, 이는 신과 같은 경우입니다. 그 일이 이미 같다면 그 처벌이 어찌 다를 수가 있겠습니까. 비록 다른 일반적인 관직에 있더라도 오히려 마땅히 그 실상을 자백함으로써 속이지 않는 도리를 다해야 하는데, 하물며 법관이 어찌 감히 스스로 죄를 저지르면서 남을 질책할 수 있겠습니까. 사람이 비록 말을 하지 않더라도 마음은 실로 안으로 부끄러워하는데, 더구나 듣건대 요사이 여론이 자못 비등하여 모두 편안하지 못해서 안으로는 부끄러운 마음이 들고 밖으로는 여론이 있게 되니, 신이 계속 자리를 차지하고 있을 수 없음이 사리로 보아 몹시 분명한 바, 그 마음을 억누르고 행한다면 심히 염치를 훼손하게 될 것입니다. 또 천질(賤疾)이 아침저녁 사이에 매우 극성해져서 쓰러지고 맥이 풀려 생기가 이미 적으니, 비록 물러나도록 허락받는다 하더라도 돌아가기 어려운 형세인데, 하물며 직분을 수행하기를 바랄 수 있겠습니까.

아, 한마디 말로써 사람을 부리면 그 사람이 그를 위해 죽음을 바치는 법입니다.[58] 전하의 융숭한 은혜와 두터운 권념(眷念)이 갈수록 더

58 한마디……법입니다 : 한마디 말로써 사람을 감동시켜 그 말을 한 사람을 위해

해지니, 그 은덕에 보답하고자 하지만 하늘같이 한량이 없으니 어쩌겠습니까. 타고난 운명이 기박하고 일들이 마음과 어긋나서 털끝만큼도 보답할 수가 없어 심히 낭패스러우매 몸을 어루만지며 장탄식을 하고, 슬픈 데다 두렵기까지 합니다.

삼가 바라건대 자애로운 성상께서는 애처로운 간청을 굽어살펴 속히 직책을 체차해 주신다면 공적으로나 사적으로나 몹시 다행이겠습니다. 신이 받은 은혜가 몹시도 무거우니, 감히 관직의 유무를 진퇴의 의리로 삼지 못합니다. 삼가 바라건대 성명께서는 아울러 헤아려 주소서.

목숨까지도 바친다는 뜻이다. 소식(蘇軾)이 지은 〈사마온공신도비(司馬溫公神道碑)〉에 "천금을 남에게 주어도 그 사람이 기뻐하지 않는데, 혹은 한마디 말로써 사람을 부리면 그 사람이 죽음을 바치는 것은 성실함과 성실하지 못함 때문이다."라고 하였다. 《唐宋八家文 卷24》

퇴직을 구하는 상소 기축년(1649, 효종 즉위년) 10월 26일

乞退疏 己丑十月二十六日

삼가 아룁니다. 보잘것없는 어리석은 신은 스스로에 대해 매우 분명히 알고 있으나 크나큰 은혜에 감격하였기에 감히 떠나기를 청하지 못하였습니다. 그리하여 마지못해 애써 출사하여 시험 삼아 스스로를 고찰해 보았는데, 난쟁이의 작은 키는 그 몸의 일부분만 봐도 짐작할 수 있는 것처럼 신의 무능함이 이를 통해 그 전모가 드러났습니다. 대개 신은 재주와 식견이 일천하고 학술은 공소(空疏)하여 뜻은 고고하지만 수단은 거칠고 기운은 가벼우며 뜻은 막혀 부릇 한 가지 사안을 만날 때마다 꼭 마음과 입이 모순되고 발과 눈이 상치되어 직분을 수행한 지 수일 만에 후회가 만 가지로 쌓였습니다. 신 또한 저의 쓸모없는 실상을 알지 못하여 끝내 이 지경에 이른 것이니, 《주역》에서 "나의 행위를 살펴본다."라고 한 경계[59]를 더욱 가슴에 새겨야 할 것입니다.

아울러 또 타고난 본성이 몹시도 조급하여 어떠한 생각이 마음에 일어나자마자 말이 벌써 입 밖으로 나오니 계책대로 마음이 따라 주지 않고 경계한 만큼 행동이 따라 주지 못합니다. 그리하여 명관(名官)과 재열(宰列) 가운데 신의 망언 때문에 불안해하는 자가 또한 많고, 신 또한 소란하고 안정되지 못하여 패망하는 것이 작은 일이 아님을 자각

59 주역에서……경계 : 《주역》 〈관괘(觀卦) 육삼(六三)〉에 "나의 행위를 살펴보아서 나아가고 물러난다."라고 하였다. 여기에서는 자신의 행위를 반성해 본다는 뜻으로 사용하였다.

하고 있습니다. 모르겠습니다만, 타인의 입장에서 보건대 또한 어떠하다고 생각하겠습니까. 그렇다면 신이 성은에 보답하고자 하는 것은 다만 성상의 안목에 우러러 누가 될 뿐입니다. 그러므로 요사이 물러나 고향에 돌아가고자 하는 뜻이 더욱 서게 되어 감히 다시는 머뭇거릴 수 없었습니다.

또 신이 노모와 멀리 떨어져 있게 된 지도 이미 두 달이나 되었습니다. 비록 한창의 나이라도 그리워하는 마음은 오히려 절실할 것인데, 하물며 늘그막에 부모를 그리워하는 마음을 어찌 견딜 수 있겠습니까. 모친이 보낸 편지를 받아 볼 때마다 "내 걱정은 하지 말고 성주(聖主)를 부지런히 섬겨 입신양명하여 죽은 네 아버지를 현양하라."라고 하는데, 그 뜻이 간절하여 진실로 역시 저버리기가 힘듭니다. 그러나 군신의 의리가 천륜의 은혜를 가리는 처지에서는 으레 반드시 애모의 감정을 참고 견뎌야 하는 법이라 하더라도 신이 유독 무슨 마음으로 그 정을 참고 억누를 수 있겠습니까. 밤에 꿈을 꾸면서 누차 노모를 만나는데 창백한 얼굴과 하얗게 센 머리카락 등 보이는 것 모두가 처량한 모습이라 노모의 무릎을 감싸 안고 젖을 빨며 재롱을 부리곤 합니다. 그러면 노모는 기뻐하는 듯 화를 내는 듯 알 수 없는 모습을 보이고, 그러다 꿈이 깨면 모든 것은 시야에서 사라지고 눈물만이 눈언저리에 가득합니다. 이를 보면 신의 사정은 가히 애처롭다고 하겠습니다.

또 신은 타고난 운명이 기박하여 몹시도 일찍 부친을 잃었으니 생을 마감할 때까지 이어질 고통을 달랠 방법이 없습니다. 절사(節祀)를 할 때마다 선영에 가서 성묘하는데, 묵은 풀들이 가득하고 여우와 토끼들의 발자국이 있어 슬프게 술잔을 올리매 천지가 아득합니다. 죽기 전 남은 일은 오직 이러한 것들뿐인데, 국상 이후에 사사로운 마음을 펼 수가 없고 가을의 서리와 이슬이 수차례 내리매 슬픔은 더욱 절박해졌습니다. 살아 계신 이가 마음에 떠나지 않고 돌아가신 이는 그리워하면서 이 마음 가눌 길이 없습니다.[60]

삼가 바라건대 자애로운 성상께서는 신의 애처롭고 간절한 상황을 가련하게 여겨 속히 물러나도록 허락해 주어서 인정과 도리를 펼 수 있게 해 주신다면 너무도 다행이겠습니다. 전하께서 만약 영영 직임에서 물러나게 하고 싶지 않다면 혹 신에게 말미를 주어서 기한을 정해 내려가게 해 주소서. 그렇게 해 주신다면 그 뒤에 서울로 올라와 분골쇄신함으로써 미천한 정성을 다하도록 하겠습니다. 신은 지극히 두렵고 떨리는 심정을 이길 수 없습니다.

60 없습니다 : 대본에는 '若'으로 되어 있다. 문맥에 근거하여 '無'로 바로잡아 번역하였다.

경연 출입을 사양하는 상소 기축년(1649, 효종 즉위년) 11월 2일
辭出入經筵疏 己丑十一月二日

삼가 아룁니다. 신이 오늘 옥당(玉堂)의 지시를 받았는데, 대신이 의논하여 신으로 하여금 경연에 출입하도록 하는 것이었습니다. 신은 그 명을 받고 놀라서 어찌할 바를 몰랐습니다.

신은 초야의 소원하고 미천한 사람으로서 학술이 전혀 없습니다. 비루한 자질은 성명(聖明)을 가까이하기에 부족하고 과문한 학식은 성상의 학문에 도움이 되기에도 부족합니다. 그리하여 다만 화려한 궁실을 더럽혀 한갓 참람하다는 죄만 받을 것입니다.

신은 이미 깊이 스스로의 분수를 헤아리고 있습니다. 아무리 숙고해 보아도 연신(筵臣)[61]이 인용한 선정신(先正臣) 성혼(成渾)의 일[62]은 증명한 것이 마땅하지 않고 비교한 것이 알맞지 않아 더욱 감당하기 어렵습니다. 또 성혼 같은 도덕과 학문을 지닌 자도 오히려 힘써 사양했는데, 하물며 전연 그만 못한 신의 경우야 말해 무엇 하겠습니까.

삼가 바라건대 전하께서는 신의 말이 정말로 겉으로만 사양하는 것이 아니라는 사실을 헤아려서, 속히 이미 내린 명을 거두어 어리석은 분수를 편안하게 해 주신다면 몹시 다행이겠습니다. 신은 지극히 두렵고 떨리는 심정을 이기지 못합니다.

61 연신(筵臣) : 대본에는 '臣'으로 되어 있다. 《송자대전》 부록(附錄) 권2 〈연보(年譜)〉에 근거하여 앞에 '筵'을 보충하여 번역하였다.

62 연신(筵臣)이……일 : 한 연신이 선조(宣祖) 때 성혼의 전례에 근거하여, 우암을 비롯한 현인들이 함께 경연에 나오도록 할 것을 청한 것을 가리킨다. 《宋子大全 附錄 卷2 年譜》

인혐하고 체직을 청하는 상소 기축년(1649, 효종 즉위년) 11월 6일

因嫌請遞疏 己丑十一月六日

삼가 아룁니다. 신이 죽음을 무릅쓰고 질병에 따른 정소(呈訴)를 올리자 뜻밖에도 말미를 준다는 명이 홀연 내려지니, 신은 실로 황공하고 감격하여 어찌할 바를 몰랐습니다. 의리상 응당 노둔한 능력을 다 쏟아부어 만분의 일이나마 정성을 바쳐야 하겠으나, 불행히도 천질이 더욱 위독해져 이미 위태로운 지경에 이르렀습니다. 열흘이 넘게 밥을 먹지 못하고 죽만 마셨으며, 그 죽마저도 며칠 전부터는 역시 못 마시고 있는 실정이라 실낱같은 숨이 가느다랗게 이어져 보는 자들이 놀라고 걱정하니, 이는 조정에서 같이 일하는 자들이 모두 다 알고 있는 사실입니다. 신이 비록 몸을 바쳐 의리를 다하고 싶지만 방법이 없으니, 신이 은혜를 저버린 것이 아, 또한 심합니다.

또 신은 새로 장령(掌令)에 임명된 이홍연(李弘淵)과 더불어 응당 상피(相避)해야 할 혐의가 있습니다.[63] 비록 "그는 이미 양자로 나갔으니 법으로 보아 상피할 필요가 없다."라고 하지만, 고인이 말하기를 "법을 세운 뜻을 상고하고 찾아 조종하여야 한다."라고 하였습니다.[64]

63 신은……있습니다 : 이홍연(1604~1683)은 우암의 부인인 한산 이씨(韓山李氏)의 종형(從兄)이므로 이렇게 말한 것이다. 이홍연의 자는 정백(靜伯), 호는 삼죽(三竹)이다.

64 고인이……하였습니다 : 북송(北宋)의 유학자 호안국(胡安國)이 "삼척(三尺)을 삼가 법을 세운 뜻을 상고하고 찾아 조종하면, 정치를 함이 남보다 뒤에 있지 않을

신이 삼가 상피의 의미를 궁구해 보건대 그 관계가 가까울수록 그 정은 두터워지므로 가까운 자가 반드시 피해야 하는 것은 그 정이 두터워서이고, 소원한 자가 상피하지 않는 것은 그 정이 박해서입니다. 그러한즉 상피하고 상피하지 않고는 언제나 정의 두터운 정도에 의해 결정된다는 사실을 알 수 있습니다. 그런데 지금은 관계를 의리로 말미암아 억지로 소원하게 만들지만 정은 본디부터 인척이라는 이유로 두터우니, 어찌 억지로 소원하게 만드는 것을 가지고 본디부터 두터운 것을 완전히 덮어 버릴 수 있겠습니까. 그러므로 계해년(1623, 인조1)의 반정(反正)[65] 초기에 여러 선정신(先正臣)은 본족(本族)의 세계(世系)를 따라 상피한 경우가 많았는데, 비록 법에서 말하는 바가 아니라도 그 속에 담긴 뜻을 고찰하는 것은 심히 엄밀하였습니다. 대개 법에 구애되어 실질을 무시하는 것보다는 뜻을 견지하여 혐의를 피하는 것이 더 낫습니다. 신의 병이 이미 이와 같고 의리 또한 편안할 수 없습니다.

삼가 바라건대 자애로운 성상께서는 미천한 정성을 굽어살펴 속히 체직을 허락해 주신다면 심히 다행일 것입니다. 신은 일말의 보답도 하지 못하면서 날마다 번독스럽게 하니, 만번 죽어야 할 죄를 지었습니다. 신은 떨면서 죄를 기다리는 지극한 심정을 견디지 못합니다.

것이다."라고 한 것을 가리킨다.《胡氏傳家訓》

65 계해년의 반정(反正) : 1623년 서인(西人) 일파가 광해군과 대북파(大北派)를 몰아내고 인조를 왕으로 옹립한 인조반정(仁祖反正)을 가리킨다.

사직하고 이어 경계할 것을 진언하는 상소 기축년(1649, 효종 즉위년) 12월

辭職仍陳戒疏 己丑十二月

삼가 아룁니다. 소신은 자애로운 성상께서 특별히 내려 주신 휴가를 받아 병든 어머니를 찾아와 보게 되었으므로 몸이 가루가 되어도 갚기 어려운 그 큰 은혜에 감격할 따름이었습니다. 그런데 한 달도 채 못 되어 또 "사헌부 집의(司憲府執義)로 임명하니 속히 올라오라."라는 소지(召旨)를 받게 되니 신은 황공하여 몸 둘 바를 모르겠습니다. 신이 전에 대면하여 하직하던 날 속히 돌아오라고 간곡히 부탁하신 성상의 말씀이 아직도 귀에 쟁쟁하니, 침식 가운데에서도 그 말을 어찌 감히 잊을 수 있겠습니까. 더구나 지금 새로운 명이 거듭 내렸으니, 의리상 즉시 나아가 융숭한 성은에 사은하고 이어 불초의 정상을 진달한 뒤에 퇴척을 기다리는 것이 바로 신의 지극한 소원입니다.

그런데 저번에 신이 내려올 때 어머니의 병환이 어떤 상황인지를 알지 못해 풍설(風雪)을 맞아 가며 밤낮으로 쉬지 않고 급히 달려가다가 중간도 채 오기 전에 묵은 병이 다시 발작하여 길에서 거의 죽을 뻔하였습니다. 간신히 기다시피 하며 겨우겨우 집에 당도하게 되었는데 그래도 숨이 다행히 끊어지지 않아 곧 의원에게 가서 백방으로 치료를 받았으나 원기가 이미 떨어진 탓으로 효험이 없으니, 장차 운명에 맡긴 채 죽을 날만 기다리고 있는 형편입니다. 이에 망극한 성은에 대해 갚을 기약이 없게 되고 보니 멀리서 대궐만 바라보며 자신도 모르게 오열할 뿐입니다. 삼가 바라건대 자애로운 성상께서는 불쌍히 여겨 내린 명을 속히 거둠으로써 공적으로나 사적으로나 온편하게 해 주신다면 몹시 다행이겠습니다.

신이 이어 생각하건대 제왕(帝王)의 학문은 극기(克己)하는 것보다 절실한 일이 없고, 제왕의 정치는 백성을 보호하는 일보다 우선시되는 것이 없습니다. 비록 잘 다스려져 안정을 구가하는 시대라 할지라도 이 두 가지를 버린다면, 임금의 덕이 날로 어지러워지고 나라의 근본이 날로 흔들려서 망하지 않는 경우가 없을 것입니다. 더구나 오늘날의 형세는 '거센 파도 속의 난파선'이라고 해도 그 위급함을 비유하기에는 부족하고 '쌓아 놓은 계란 위의 몇 층의 바둑돌'이라고 해도 그 위태로움을 비유하기에 부족한 상황으로, 정말이지 불에 타는 사람을 구해 내듯 물에 빠진 사람을 건져 내듯 황급히 서둘러도 오히려 때를 놓쳐 상황을 수습하지 못할까 두려운 실정입니다. 신이 삼가 듣건대 전하께서 요사이 간언(諫言)을 따르는 미덕이 점점 처음만 못해지고 있다고 하는데 이는 극기하는 공이 성실하지 못한 것이고, 아랫사람에게 손해를 입히는 말을 거침없이 하신다고 하는데 이는 백성을 보호하는 마음이 지극하지 못한 것이라 하겠습니다. 신은 청컨대 그 가운데 한두 가지를 지적하여 진언드릴까 합니다.

근자에 대신(臺臣)이 누차 내수사(內需司)의 폐단을 진언하면 전하께서는 한결같이 망설이며 간혹 거만한 기색을 보이시고, 소관(小官)이 감히 포척(布尺)의 수를 늘리면 전하께서는 특별히 그를 더 애호할 뿐 원한을 많이 사리라는 것은 생각하지도 않고 계십니다. 이 두 가지 일만 가지고도 성명의 마음을 알 수 있을뿐더러 족히 지사(志士)의 마음을 떠나게 하고 하민(下民)들의 마음을 떠나게 하여 더욱 어떻게 할 수 없는 지경으로 돌아가게 할 것이니, 어찌 탄식하고 통탄하지 않겠습니까. 주자(朱子)가 일찍이 송(宋)나라 효종(孝宗)에게 고하기를 "중원의 오랑캐는 쫓아내기 쉬워도 한 몸의 사사로운 마음은 제거하기 어렵습니다."라고 하였으니, 신은 이를 통해 임금이 사욕을 극복하기가 그처럼 몹시도 어렵다는 사실을 알게 되었습니다. 주자가 일찍이 성자현(星子縣)의 세전(稅錢)을 감면해 달라고 청하여 곧장 허락을 받았으나,[66] 중간에서 그것을 가로막아 은혜가 아래에까지 내려가지 못하였습니다. 그러자 주자는 또 성지(聖旨)를 그 현(縣)에 직접 내리도록 청하였으니, 신은 이것으로써 또 하민(下民)이 은혜받기가 이처럼 매우 어렵다는 것을 알았습니다. 대저 효종 같은 임금에 주자 같은 신하인데도 오히려 이 정도였는데, 더구나 오늘날은 선악이 뒤섞이고 미봉책만을 일삼는 때인즉 하늘의 노여움과 백성의 원한이 앞으로 어느 지경에 도달할지 모르는 상황이니 생각이 여기에 미치면 심담(心膽)이 떨어질 것만 같습니다. 삼가 바라건대 성명께서는 그 까닭을 통렬히 생각하여 사욕을 막고 선을 좇는 것을 극기(克己)의 실상으로 삼고, 세금 징수를 줄이고 이익을 멀리하는 것으로 백성을 보호하는 근본으로 삼으소서. 그리고 충직(忠直)한 말은 혹시 지체될세라 속히 받아들여 쓰고 세금을 긁어모으라는 말은 남김없이 배척하소서. 그리하시면 나라를 훌륭하게 만들고 안정되게 만들어 쇠퇴한 형세를 일으키는 방도에서 만분의 일이나마 효과가 있을 것입니다.

신은 향리(鄉里)에 엎드려 날마다 탄식하고 근심하는 소리를 듣는

66 주자가……받았으나 : 성자현은 남강군(南康軍)의 속현(屬縣)으로, 토질이 척박한 곳인데도 조세가 과중하여 백성들의 원성이 많았다. 1178년에 주희가 남강군에 재직하면서 여러 차례 성자현의 세금을 감면해 달라고 상주하였다. 《晦庵集 卷99 公移》

데, 그 원망을 성주(聖主)에게 돌리지 않는 자가 없으니, 신은 실로 걱정하고 감개한 심정을 견디지 못하겠습니다. 그리하여 성상의 앞에 차마 숨길 수 없고, 고질병이 몸을 감싸고 있어 고통스럽고 혼미하므로 말을 자제할 줄 모르게 되었습니다. 삼가 바라건대 성상께서는 유념하고 헤아려 용서하소서. 신은 황공하고 두려운 지극한 심정을 견디지 못하겠습니다.

사직하는 상소 경인년(1650, 효종1) 2월 2일

辭職疏 庚寅二月二日

삼가 아룁니다. 신은 질병이 고질이 되어 죽음을 무릅쓰고 정고(呈告)하였는데, 홀연 말미를 내리는 명이 격례를 뛰어넘어 나왔으니 신은 실로 황송하고 감격스러워 어찌할 바를 몰랐습니다. 신의 병이 만약 터럭 한 올 정도나마 감당할 수 있는 상태라면, 어찌 스스로 독려하여 병든 다리를 이끌고 혼미한 정신을 일깨움으로써 성은에 만분의 일이나마 보답하고자 하지 않겠습니까. 그러나 실로 길을 달리는 도중에 숙환이 섬자 악화되어 여러 날 동안 치료를 하였으나 조금도 효험을 보지 못하였고, 더욱이 풍담(風痰)이 크게 발작하고 비옹(鼻癰)마저 함께 일어나 기운이 빠지고 쓰러져 곧 목숨이 끊어질 것 같습니다. 비록 다행히 죽지 않는다 하더라도 달포 사이에 결코 직무를 행하기 어려우니, 신의 처지는 실로 낭패스럽습니다.

삼가 바라건대 자애로운 성상께서는 특별히 가련하게 여겨 속히 체직을 허락함으로써 이 쇠잔한 몸으로 하여금 바위와 골짜기에 돌아가 죽도록 해 주신다면 실로 천지 부모가 생성해 주는 은덕이 될 것입니다. 신은 지극히 황공하고 두려운 심정을 가누지 못합니다.

두 번째 상소 경인년(1650, 효종1) 2월 5일

二疏 庚寅二月五日

삼가 아룁니다. 신은 천질(賤疾)로 인하여 누차 사직을 청하였는데, 말미를 내리는 은혜와 몸을 조리하라는 명이 전후로 이어졌습니다. 이에 신은 스스로를 돌아보고 분수를 헤아리고는 감격이 극에 달하여 두려움으로 바뀌었습니다. 그러나 신은 비단 질병이 빌미가 되었을 뿐 아니라 소패(召牌)에 나아가지 않은 것에는 그에 따른 정해져 있는 법이 분명히 있는바, 파직되어야 하는데 계속 함부로 그 자리를 맡는다면 염치는 사라질 것입니다.

전하께서는 바야흐로 곁의 신하들과 함께 갈고닦아 지극한 다스림을 도모하여 성취하시는데, 신이 도리어 영광된 은혜를 탐내어 마음속의 지조를 상하게 한다면 어찌 전하의 지우에 누가 되고 밝은 시대의 풍교에 흠결이 되지 않겠습니까.

삼가 바라건대 성명께서는 신이 처한 낭패스러운 상황을 살펴 속히 체직을 허락해 줌으로써 어리석은 분수를 편안하게 해 주신다면 심히 다행이겠습니다.

송자대전

제7권

소疏

나라의 연제에 나아가지 못해 대죄하는 상소[1] 경인년(1650, 효종1) 5월 25일

未赴國練待罪疏 庚寅五月二十五日

삼가 아뢰니다. 세월이 빠르게 흘러 어느덧 연제(練制 소상(小祥))를 지내게 되니 신민들의 아픈 마음이 이에 더욱 간절합니다. 신의 한 가닥 쇠잔한 숨이 아직 가슴에 붙어 있으니 몸을 부지하여 이끌고 대궐에 나아가 신하 된 자의 그리워하고 사모하는 정성을 어찌 펴고 싶지 않겠습니까. 그러나 신에게는 팔순에 가까운 늙은 어머니가 있는데 지난번에 감기를 앓아 거의 목숨을 지탱하지 못할 듯하고, 신이 또 얼굴에 크기가 단지만 한 종기가 나서 얼굴 반쪽이 썩어 나가고 새살이 아직 돋지 않아 사람들이 바로 보지 못하고 냄새도 나서 가까이하

1 나라의……상소 : 연제(練祭)는 사람이 죽은 지 한 돌 만에 지내는 제사인 소상을 말하는데, 인조가 사망한 지 한 해가 지났기에 한 말이다. 인조의 둘째 아들인 효종은, 인조의 맏아들인 소현세자(昭顯世子)가 의문의 죽음을 당하고 세자빈 강씨(姜氏)와 그 집안이 역적 음모의 죄를 받고 주살되었으며 세자의 두 아들이 의문의 죽음을 당하고 살아남은 유일한 왕위의 적통(嫡統)인 이석견(李石堅)이 해남으로 유배된 상황에서 즉위하였다. 효종은 이러한 사실에 대하여 비판적 시각을 견지하고 있던 재야 사림을 조정으로 끌어들임으로써 정치적 위기 상황을 극복하려 했으며 그 대표적인 인물이 김상헌(金尙憲)과 우암이었다. 1649년에 〈기축봉사(己丑封事)〉를 올린 뒤 바로 10월에 장령, 12월에 집의가 되었으나 효종 1년(1650) 우암의 스승인 김집(金集)이 대동법에 대한 의견의 차이로 김육(金堉)과 불화하여 벼슬을 그만두자, 우암 자신도 의리상 홀로 남기 어렵다는 이유로 2월에 귀향한 뒤에 올린 상소이다.《오항녕, 기억의 시냅스 : 孝宗과 宋時烈 그리고 正祖, 한국동서철학연구회논문집 제48호, 한국동서철학회, 2008, 50~52쪽》

기 어렵습니다. 이렇게 몹시 더운 계절이 되었는데도 늘 따뜻한 모자로 머리와 얼굴을 가려 보호하고 있으니 눈을 뜨고 숨은 아직 붙어 있으나 실지로는 한 마디로 시체와 같습니다. 그러하기에 신이 움직일 수 없을 뿐만 아니라 또한 감히 나아가지 못하는 것입니다. 멀리서 배반(陪班 임금을 모시는 행렬)을 볼 적에 오장이 탈 것만 같았으니 신하가 되어 이와 같다면 살지 않는 것만 못합니다. 다행히도 여러 날 전에 어머니의 병이 조금 차도가 있고, 신은 들것에 실려 의원에게 나아가 침과 약에 몸을 맡기고 있었는데 이런 차에 도신(道臣)이 성지(聖旨)를 전하니, 신이 연제에 나아가지 못한 것이 반드시 중병이 있어서라고 여기고 특별히 약물(藥物)을 지급하셨습니다. 신은 스스로 죄가 무거워 천지 사이에 용납되지 못할 줄 알았는데, 뜻밖에도 성상께서 넓은 도량으로 포용하여 죽이는 형벌을 베풀지 않고 오히려 더욱 불쌍히 여겨 주시니 신은 땅에 엎드려 눈물을 삼키며 죽을 길을 찾아도 길이 없었습니다.

이어 가만히 엎드려 생각건대, 형벌을 내리고 상을 주며 권면하고 징계하는 것은 임금이 지닌 큰 권한이니, 시행할 때 어그러지기라도 한다면 나라가 망하고 말 것입니다. 신이 그동안 저지른 죄는 만번 죽더라도 오히려 남음이 있는데 전하께서 늘 용서해 주셨습니다. 올해까지 목숨을 보전할 수 있었던 것은 더욱이나 전하의 지극한 인(仁)이 곡진히 보전해 주셨기 때문입니다. 비록 감히 말은 못 하고 마음에 숨기고 있으나 이렇게 극진한 은혜를 받는 까닭을 모르겠습니다. 지금 또 전에 없는 특별한 예우를, 옛날에 범하고 새로 저버려 결코 달아나기 어려운 죄를 지은 몸에 베푸시니, 신이 가만히 생각건대 후세에 전하께서 내리신 형벌과 상에 대하여 의심할까 염려됩니다. 삼가 바라건대 약을 지급하라는 명을 거두시고 서둘러 담당 관사에 명하여 신의 무례한 죄를 다스려 군신간의 의리를 밝히소서. 그렇게 되면 신은 은덕을 입은 영광을 지니고 분수를 미루어, 죽더라도 사는 것과 같을 것입니다. 신은 사실(私室)에서 자리를 깔고 머리를 진흙 바닥에 대고서 벌을 기다리며 지극히 황송함과 두려움을 견딜 수 없어 삼가 죽음을 무릅쓰고 아룁니다.

소명을 사양하고 겸하여 성학을 논하는 상소[2] 경인년(1650, 효종1) 8월 27일[3]

辭召命兼論聖學疏 庚寅八月二十七日

삼가 아룁니다. 신은 질병이 위중하여 오래도록 소명(召命)에 달려가지 못하고 소장(疏章)을 올려 애걸함으로써 성상의 위엄을 범하였으니, 명을 거스르고 소홀히 한 행위이기에 처벌을 기다리고 있는 중이었습니다. 그런데 뜻밖에 소장이 미처 도달하기도 전에 특별한 성은을 지나치게 입어 영광스럽게도 교서(敎書)를 받으니, 문장이 찬란하고 포폄(褒貶)의 말씀이 빛났습니다. 이는 관례에 벗어나는 일로서 분수 밖의 은혜라 하겠습니다. 신이 어떤 사람이기에 감히 이런 예우를 감당하겠습니까. 조심스러우며 부끄럽고 두려워 몸 둘 곳이 없었습니다. 그런데 이어서 또 상소에 대한 비답을 공경히 받드니, 더욱 온화하게 말씀하며 특별히 천한 신의 질병을 염려하셨으므로 신은 감격스러운 눈물을 하염없이 흘리며 대궐을 바라보면서 슬피 부르짖었습니다.

이러한 즈음에 삼가 듣건대, 대간(臺諫)의 평론이 준엄하고 죄목이 가볍지 않았다[4] 합니다. 신은 전하는 말을 들었으므로 자세히 알 수는

2 소명(召命)을……상소 : 1650년 6월에 우암을 진선(進善)에 임명하고 7월에 불렀으나 우암은 오지 않고 이 상소를 올렸다. 상소는 우암이 하고 싶은 말을 주희의 〈행궁편전주차(行宮便殿奏箚)〉와 〈연화주차(延和奏箚)〉를 인용하여 아뢰는 방식으로 서술하였는데, 앞에서는 학문하는 방법을 논하고 뒤에서는 천리(天理)와 인욕(人慾) 사이의 다툼으로 인하여 정사에 효험이 없으므로 스스로를 돌이켜 보라는 등의 말을 하고 있다.

3 27일 : 《효종실록》에는 4일에 올린 것으로 기록되어 있다.

없으나 마음속으로 반성해 보건대, 처음부터 지금까지 죄 되는 일 아닌 것이 없었습니다. 남들은 말하지 않는다 하더라도 신은 진실로 자책하고 있었습니다. 구차하게 형벌을 면한다면 의리상 어찌 편안하겠습니까. 또 생각건대 신은 평소 헛된 명성을 많이 누리고 오래도록 부당한 성은을 입었기에 경험을 쌓지 못하여 매번 근심과 부끄러움이 더해집니다. 그런데 별안간 죽어 버림으로써 끝내 이조의 의론을 모면한다면, 살아서는 세상을 속인 사람이 되고 죽어서는 이름을 도둑질한 귀신이 될까 몹시 두렵습니다. 이제 항상 요행하라는 법이 없고 세상에 공의(公議)가 있어 본말이 이미 드러나고 진위가 저절로 판명되었으니, 신은 실로 다행스럽게 여기며 다시는 여한이 없습니다. 삼가 바라건대 성명(聖明)께서는 공정하게 여론을 따르는 한편 신의 질병을 측은히 여겨서 속히 직명(職名)을 삭제하고, 아울러 은총의 글을 거두어서 사람들의 말에 보답하며, 신의 분수를 편안하게 해 주시면 매우 다행이겠습니다.

4 대간(臺諫)의……않았다 : 우암이 1651년 백강(白江) 이경여(李敬輿)에게 올린 글에 "지난가을에 문득 들으니, 어떤 사람이 상소하여 '멀리서 조정의 권세를 잡는 죄를 지었습니다.……'라고 했다 합니다. 이는 아마 김자점(金自點)의 사주로 인해 장응일(張應一)이 상소한 것인 듯합니다."라고 하였다는 내용이 《송자대전수차》 권2에 실려 있다. 《효종실록》을 살펴보면 사간(司諫) 장응일이 올린 상소의 내용은 당파의 폐단을 시비를 가려 처리하라는 것으로 "산림(山林)의 고사(高士)들까지도 색목(色目) 속에 걸려 있고, 천하의 대로(大老)도 붕비(朋比)의 논의를 주장하고 있습니다."라는 등의 말이 있다. 인조 때 친청파의 핵심으로 권력을 휘두르던 김자점은 효종이 즉위하자마자 대간의 탄핵을 받고 광양으로 귀양을 가게 되었는데 그가 정치적 복귀를 꾀하기 위해, 효종이 북벌을 모의하고 인조 능의 지문(誌文)에 명나라 연호를 쓴 일 등을 청나라에 고자질하였다. 또 우암과 송준길(宋浚吉) 등 산림의 인사를 청나라로 압송할 것을 도모하였으며, 장응일 등을 부추겨 효종이 불러들인 산림의 인사들을 조정에서 내치려고 하였다. 《孝宗實錄 1年 7月 7日, 2年 12月 13日, 3年 3月 2日》

그러나 신의 목숨이 아직 붙어 있는 이상 충성을 다 바치려는 마음을 그만둘 수가 없어 삼가 말씀드리겠습니다. 신이 병으로 먼 지역에 엎드려 있으면서도 수시로 길에서 전하는 말들을 듣고 있는데, 전하께서 선정(善政)을 행하신다는 소식을 들으면 기뻐서 밥 먹는 일조차 잊고, 실정(失政)이 있다는 말을 들으면 걱정하며 잠을 이루지 못하고 눈물을 흘리기까지 하였습니다. 지금 일일이 말씀을 드린다면 신의 병이 이미 위중해서 정력이 미치지 못할 것이고, 또 생각건대 탄핵을 입은 몸으로 망녕되이 시사를 논한다는 것도 의리상 감히 할 수 없는 일입니다. 그러나 끝내 말 한마디 없이 죽고 나면 외로운 충정이 간절하여 무궁한 한을 품게 되겠기에, 감히 병든 몸을 애써 부지하여 아픔을 참아 가며 대략 변변찮은 정성이나마 바쳐 채택하실 자료로 드립니다.

신은 삼가 듣건대 전하께서 요즘 성학(聖學)에 더욱 힘을 기울여 하루에 세 번씩 경연(經筵)에 나아가신다 하니, 이는 대체로 뜻을 겸허하게 하여 어느 때고 배우려는 정신으로, 스스로를 수양하고 정사를 바로 세우는 근본으로 삼으시려는 의도에서였을 것입니다. 먼 지방에서 이 소식을 전해 듣고 공경하고 우러러 마지않았습니다. 그러나 학문은 요체를 아는 것이 귀중하고 일은 성실 여부에 달려 있다 하겠습니다. 그렇지 못하여 밖으로 형식만을 차릴 뿐, 속은 실로 어둡고 위태롭다면[5] 날마다 수많은 책을 읽어 마음속에 만 축(軸)의 글을 담는다

5 어둡고 위태롭다면 : 배움과 생각이 균형을 이루지 못하면 초래되는 결과를 말한 것으로, 《주자대전차의(朱子大全箚疑)》에서는 《논어》의 "배우기만 하고 생각하지 않으면 어두워지고 생각하기만 하고 배우지 않으면 위태로워진다."라는 뜻을 가지고 있음을 설명하고 있다.

해도 그것은 보고 듣기에 좋을 뿐 자신을 위해 날로 새롭게 하는 공부에는 아무 보탬이 없을 것입니다.

신이 젊었을 때 주자(朱子)의 글을 읽었는데, 한 글자 한 글귀마다 지론(至論)과 격언(格言) 아닌 것이 없었습니다. 그런데 그중에는 또 제왕(帝王)의 학문에 더욱 절실한 것이 있으며, 또한 오늘날의 병통에 그대로 적중한 것도 있어 마치 우리 성명(聖明)을 위하여 미리 준비해 놓은 듯하였습니다. 그래서 감히 아래와 같이 몇 조목을 엮어 올립니다. 삼가 생각건대 이 말에 대해서는 이미 살펴보셨을 것이고 경연(經筵)에 든 신하들도 이미 강론하여 아뢰었을 것입니다. 그러나 이렇듯 지극한 교훈을 마땅히 은(殷)나라 탕(湯) 임금의 반명(盤銘)[6]에 견주어서 싫증 내지 않고 늘 마음에 간직하신다면, 또다시 올리는 것을 어찌 꺼리겠습니까. 신이 배운 것은 이러한 정도일 뿐이니, 가령 죄를 용서받아 죽지 않고 전하의 앞에 이르게 되더라도 자문에 대해 말씀드릴 것은 역시 이에 지나지 않습니다.

삼가 바라건대 전하께서는 이것을 법칙으로 삼고 이것으로 스스로를 살펴 마음에 체험하고 일에서 검증해 보심으로써, 뚜렷이 건순(乾淳) 연간에 대유(大儒)를 날마다 접견했던 것[7]처럼 하소서. 그러면 성학(聖學)이 날로 고명해지고, 다스리는 도가 날로 아름다워져서 우뚝하게 동방의 요순 같은 임금이 되실 것입니다. 신이 임금을 사랑하는

6 은(殷)나라……반명(盤銘) : "진실로 어느 날 새로워졌거든, 나날이 새롭게 하고 또 날로 새롭게 하라."라는 내용으로, 날마다 자신의 덕을 새롭게 향상할 것을 경계하는 말이다. 《大學章句 傳2章》

7 건순(乾淳)……것 : 건순은 남송 효종(南宋孝宗)의 연호인 건도(乾道)와 순희(淳熙)를 말한다. 이 기간에 효종은 주희 같은 큰 선비들을 접견하여 학문을 넓혔다 한다.

보잘것없는 정성은 타고난 천성에 뿌리를 두고 있어서 없애려야 없앨 수 없는데, 앓고 있는 고질이 근래에 더욱 심해져 조만간에 죽을 것이기에 다시는 세상에 대한 생각이 없습니다. 따라서 죄명(罪名)을 받는다 해도 스스로 혐의스러워하지 않고 이렇게까지 우매함을 무릅쓰는 것입니다. 삼가 생각건대 자애로운 성상께서는 이러한 신을 불쌍히 여겨서 살펴 주실 것입니다. 신은 성은을 받고 매우 감격스러워서 삼가 죽음을 무릅쓰고 아룁니다.

주자는 다음과 같이 그 임금에게 고하였습니다.[8]

"학문을 하는 방법은 이치를 궁구하는 것보다 우선하는 것이 없고, 이치를 궁구하는 요령은 반드시 책을 읽는 데 달려 있습니다. 책을 읽는 방법은 순서를 따라 정밀하게 하는 것보다 귀중한 것이 없고, 정밀하게 하는 근본은 또 몸가짐을 경건히 하고 뜻을 굳게 가지는 데 달려 있으니, 이는 바꿀 수 없는 이치입니다.

대저 천하의 일에는 이치가 있기 마련이어서 군신간에는 군신의 이치가 있고, 부자간에는 부자의 이치가 있으며, 부부는 부부대로 형제는 형제대로 붕우는 붕우대로의 이치가 있으며, 출입하고 기거

8 주자는……고하였습니다 : 《회암집(晦菴集)》 권14 〈행궁편전주차(行宮便殿奏箚)〉에 나오는 내용이다. 송 광종(宋光宗) 소희(紹熙) 5년(1194) 7월에 영종(寧宗)이 즉위한 뒤 주희를 불러들이자, 10월에 입궐하여 일을 아뢰었다. 이때의 주차가 다섯 번 있는데 그중 두 번째 주차이다. 우암이 인용한 부분은 특별히 학문을 하는 태도와 자세에 대하여 말하고 있다. 학문을 하는 방법으로는 이치를 궁구하는 것이 가장 우선되며 그 요령은 독서를 하는 것이고 독서를 하되 순서를 따라 정밀하게 읽어 중단하거나 많은 내용을 읽으려 하지 말고 깊이 침잠하여 무젖는 것이며, 정밀하게 하는 근본은 몸가짐을 굳건히 하고 뜻을 굳게 가지는 것이라는 등의 내용이다.

하며 일에 응하고 물건을 접하는 즈음에 이르기까지 또한 제각기 이치가 없는 것이 없습니다. 이것을 잘 궁구해 보면 크게는 군신으로부터 작게는 사물에 이르기까지 그 소이연(所以然)과 소당연(所當然)[9]을 알게 되어 조금도 의심할 것이 없어집니다. 그리하여 착한 것은 따르고 악한 것은 버려서 조금도 누가 없게 되는 것이니, 이것이 바로 학문하는 방법으로는 이치를 궁구하는 것보다 우선하는 것이 없는 이유입니다.

천하의 이치를 논함에는 오묘하고 정미하여 제각기 합당한 바가 있어서 예로부터 지금까지 바꿀 수 없는 것입니다. 이에 대하여는 오직 옛 성인만이 능히 그 이치를 다하였으므로 그의 언행이 천하 후세에 바꿀 수 없는 큰 법이 되었던 것입니다. 그 나머지로 말하면 순응하는 자는 군자가 되어 길하고, 위배하는 자는 소인이 되어 흉하였습니다. 크게 길한 자는 사해(四海)를 잘 보호했으니 법으로 삼을 만하고, 심히 흉한 자는 그 몸도 제대로 보전하지 못했으니 경계로 삼을 만합니다. 이는 찬란히 빛나는 자취이고 필연적인 효험으로, 대개 경전의 가르침과 역사책 속에 빠짐없이 잘 갖추어져 있습니다. 따라서 천하의 이치를 궁구하려 하면서 여기에 나아가 구하지 않는다면, 이는 바로 담장을 마주 보고 서 있는 격이니, 이것이 바로 이치를 궁구하려면 반드시 책을 읽어야 하는 이유입니다.

9 소이연(所以然)과 소당연(所當然) : 소이연은 그렇게 된 원인, 즉 본체를 일컫는 말로, 인(仁), 의(義), 예(禮), 지(智), 신(信)의 오성(五性)과 태극(太極), 천도(天道) 등의 형이상(形而上)을 말하고, 소당연은 사람이 마땅히 행해야 할 도리로, 충(忠), 효(孝)나 오륜(五倫) 등의 인륜(人倫)을 말한다.

책을 읽는 것으로 말하면, 책 읽기를 좋아하지 않는 자는 본디 게을리하고 중단하여 성취가 없을 것이고, 좋아하는 자는 또 많은 양을 읽으려 탐내고 광범위하게 읽는 데 힘쓰는 나머지 이따금 그 단서도 열지 못하면서 불쑥 그 종말을 탐구하려고 하고, 이쪽을 연구하지도 못했으면서 문득 저쪽에 뜻을 두곤 합니다. 그래서 아무리 종일토록 수고해도 휴식을 얻지 못한 채 생각의 갈피가 총총하여 항상 분주하게 달리고 쫓기는 듯하므로 여유를 가지고 푹 무젖는 즐거움이 없습니다. 이렇게 하고서야 또 어떻게 제대로 깊이 믿고 자득하여 오래도록 싫어하지 않아서, 저 게을리하고 중단하여 성취가 없는 자와 다른 점이 있겠습니까. 공자가 '서둘러 이루려고 하면 도리어 이루어지지 않는다.'라고 말한 것이나, 맹자가 '나아가는 것이 빠르면 후퇴하는 것도 빠르다.'라고 말한 것은 바로 이를 두고 한 말입니다. 진실로 이를 거울삼아 반성할 수 있다면, 마음이 한곳에 침잠하여 오래도록 옮겨 가지 않아 읽은 글의 뜻이 이어지고 혈맥이 관통됨으로써 자연히 점점 몸에 배어 마음과 이치가 하나로 합쳐져 선을 권면하는 것은 깊어지고 악을 경계하는 것은 절실하게 될 것입니다. 이렇게 순서에 따라 정밀하게 공부하는 것이 독서하는 법이 되는 것입니다.

정밀하게 하는 근본은 마음에 있는데 마음이란 지극히 비어 있고 신령스러워 헤아릴 수 없이 신묘합니다. 그래서 항상 한 몸의 주인이 되어 모든 일의 강령을 이끌어 가니 잠시라도 간직하지 않아서는 안 되는데, 한결같이 자각하지 못하고 내달리고 날뛰어서 몸 밖의 물욕을 따르게 되면 몸에는 주인이 없게 되고 일에는 강령이 없게 되므로, 비록 잠시 주위를 둘러보는 사이에도 이미 그 몸의 소재를 스스로 깨닫지 못하게 될 텐데, 더구나 성인의 말씀을 반복 음미하고 사물을 참고하여 의리의 지당한 귀결처를 탐구하는 경우이겠습니까. 공자가 '군자가 무게가 없으면 위엄이 없으니, 학문도 견고하지 못하게 된다.'라고 말한 것이나, 맹자가 '학문하는 법은 다른 데 있지 않고 놓쳐 버린 마음을 구하는 것일 뿐이다.'라고 말한 것은 바로 이를 두고 한 말입니다. 진실로 엄숙하고 공손하며 삼가고 두려워하여, 항상 이 마음을 간직하여 종일토록 엄숙하게 있으면서 물욕이 침범하여 마음이 어지럽게 되지 않을 수 있다면 책을 읽든 이치를 관찰하든 간에 장차 어디를 간들 통할 것이고, 일에 응하든 사람과 교제하든 간에 장차 어느 곳인들 합당하게 될 것입니다. 이렇게 경건하게 몸을 단속하고 뜻을 굳게 가지는 것이 책을 읽는 근본이 되는 것입니다.

이상 몇 가지의 말은 모두 어리석은 신이 평소 학문을 해 오면서 몹시 애쓴 끝에 이미 그 효험을 시험해 보았습니다. 생각건대 성현이 다시 나온다 해도 사람을 가르치는 방도는 이와 같은 데 지나지 않을 것입니다. 따라서 벼슬이 없는 한미한 선비만 종사할 것이 아니라 제왕의 학문이라 하더라도 자못 바꿀 수 없을 것입니다. 다만 근년 이래로 풍속이 야박해졌기 때문에 사대부들 사이에서는 이런 말을 들으면 으레 모두가 도학(道學)이라고 지적하고는 기어이 배척하고야 맙니다. 이러한 까닭에 초야에 묻힌 학덕(學德)이 높은 선비는 스스로 통할 길이 없어 늘 성현이 남긴 경서(經書)를 안고 한갓 개탄만 절실히 하고 있었습니다. 그러나 이제 황제 폐하께서 비로소 맑은 정치를 하시면서 달리 기호(嗜好)하는 것이 없이 오직 학문에만 부지런히 힘쓰는 시기를 만나게 되었습니다. 신이 이런 때를 당하여 특별히 인대(引對)하는 은혜를 입었기에 감히 고루함을 잊고서 문득 이와 같은 말씀을 드립니다.

삼가 생각하건대 성명(聖明)께서는 깊이 살펴 이 말을 시험하시되 몸소 경험하여 부지런한 마음가짐으로 오늘의 뜻을 잊지 말고 쉼 없이 스스로 힘써 덕의 교화가 환히 빛나게 하여, 뒷날 상(商)나라 고종(高宗)처럼 나라를 아름답게 안정시키고 주(周)나라 선왕(宣王)처럼 쇠퇴한 국세를 재건하여[10] 임금의 강학하는 효험을 밝게 드러냄으로써 우뚝하게 만세 제왕의 표준이 되도록 하소서. 그렇게만 된다면 신은 비록 물러나 전야(田野)에 살면서 세상과 영원히 멀어진다 하더라도 영화롭게 여길 것입니다."

또 다음과 같이 고하였습니다.[11]

10 상(商)나라……재건하여 : 상나라는 은(殷)나라와 같은 말로, 은나라 고종과 주나라 선왕은 모두 나라를 중흥한 임금이다. 고종은 소신(小辛)과 소을(小乙)에 이르러 쇠락한 은나라를 부흥할 계책에 고심하여, 꿈에서 본 부열(傅說)을 찾아 등용하여 정사를 바로잡고 은덕을 베풀었다. 《史記 殷本紀》 주나라 선왕은 포악한 여왕(厲王)의 뒤를 이어받아 국내의 혼란을 평정하고 북서쪽 변방 지역의 이민족을 정벌하여 변경의 위협을 제거하였다. 《詩經 大雅 雲漢》

11 다음과 같이 고하였습니다 : 이하는 〈연화주차(延和奏箚)〉에 나오는 내용인데, 〈연화주차〉는 《회암집》 권13에 신축년(1181)에 올린 일곱 편이 실려 있고, 권14에 무신년(1188)에 올린 다섯 편이 실려 있다. 우암의 상소에서 인용한 이 부분은 무신년에 올린 주차 중에서 다섯 번째로, 우암은 이 상소문에서 주희의 말을 빌려 자신이 효종에게 하고 싶은 말을 하고 있다. 즉위 초에 공손하고 검소하며 부지런히 힘써서 안으로는 정사를 잘 다스리고 밖으로는 오랑캐를 물리치는 데 애썼으나 그 효험이 나타나지 않는 이유는, 적임자에게 일을 맡기지 않았거나 올바른 도를 말미암지 않았거나 지기(志氣)가 확립되지 못해서가 아니라 천리(天理)가 순수하지 못하고 인욕(人慾)을 다 제거하지 못해서 생각할 때마다 공사(公私), 사정(邪正), 시비(是非), 득실(得失)의 기미가 항상 서로 나뉘어 대립하며 마음속에서 서로 싸우기 때문이라는 내용이다.

"신이 생각건대 폐하께서는 크게 성취할 자질을 가지고 크게 성취할 뜻을 분발해서 즉위 초에 과감하게 분발하며 공손하고 검소하며 부지런히 힘써서, 안으로는 정사를 잘 다스리고 밖으로는 오랑캐를 물리치는 데 힘쓰셨습니다. 그런데 그럭저럭 덧없이 세월을 보내다 보니 위로 폐하의 뜻에 보답하고, 아래로 사람들의 기대에 답할 만한 효험이 조금도 없는 형편입니다. 폐하께서도 일찍이 밤이 깊도록 생각하여 그렇게 된 까닭을 찾아내셨습니까? 일을 맡긴 자가 적임자가 아니기 때문이라고 한다면, 폐하의 신명(神明)에 비추어 볼 때 일을 맡긴 자가 어찌 모두 적임자가 아니라고 할 수 있겠습니까. 말미암은 것이 올바른 도가 아니라고 한다면, 폐하의 인성(仁聖)에 비추어 볼 때 말미암은 것이 어찌 다 바른 도가 아니라고 할 수 있겠습니까. 규모가 정해지지 못해서라고 한다면 폐하의 규모는 일찍이 정해졌고, 지기(志氣)가 확립되지 못해서라고 한다면 폐하의 지기는 일찍이 확립되었습니다. 그런데도 이와 같이 된 것은 무엇 때문이겠습니까.

깊숙한 궁궐에서 한가로이 계시는 중이나 텅 비고 밝은 마음으로 사물을 대하실 때에 이른바 천리(天理)가 순수하지 못하고 이른바 인욕(人慾)을 다 제거하지 못해서 그런 것이 아니겠습니까. 천리가 순수하지 못한 점이 있기 때문에 선을 행해도 항상 제대로 그 양을 채우지 못하고, 인욕을 다 없애지 못한 점이 있기 때문에 악을 제거하면서도 항상 그 뿌리를 제거하지 못하는 것입니다. 선을 행하면서도 그 양을 채우지 못하고 악을 제거하면서도 그 뿌리를 제거하지 못하기 때문에 한 번 생각하는 순간에도 공사(公私), 사정(邪正), 시비(是非), 득실(得失)의 기미가 항상 서로 나뉘어 대립하며 마음속에서 싸우는 것입니다.

그러므로 대신(大臣)을 후하게 예우하면서도 간사하고 아첨하는 자를 도리어 심복으로 깊이 의지하며, 자나 깨나 호걸 영웅을 간절히 생각하지만 음흉하고 용렬한 무리가 도리어 조정의 권한을 오래도록 훔칠 수 있게 되는 것입니다. 그리고 천하의 공정한 의론을 듣기 좋아하면서도 용납하지 않을 때가 있고, 천하의 헐뜯는 말이 선한 행실을 끊어 없애는 것을 미워하면서도 아첨하는 것을 충직한 말로 잘못 알아듣는 것을 면하지 못하며, 나라의 원수를 갚으려고 하면서도 혹 두려워하고 겁을 내어 일시적인 편안함만을 구하는 계책을 면하지 못하고, 백성의 재력을 아끼고 기르려 하면서도 혹 탄식과 원망의 소리가 나오는 것을 면하지 못하는 것입니다. 이와 같은 종류를 들자면 한이 없습니다.

그렇기 때문에 임명한 사람이 모두 적임자가 아닌 것은 아니지만 또한 모두 적임자를 얻은 것도 아니며, 행하는 일이 비록 다 도리에 맞지 않는 것은 아니지만 그렇다고 다 도리에 맞는 것도 아닙니다. 그리고 규모가 일찍이 조금 정해지려다가 결국은 정해지지 않는 데 이르고, 지기(志氣)가 일찍이 조금 확립되려다가 마침내 확립되지 못하는 지경에 이르렀습니다. 그리하여 헛되이 세월만 보내면서 오늘에 이르니, 치세를 이루기에 부족할 뿐만이 아니라 도리어 난리를 불러들이기에 충분하게 되었으며, 남과 계획을 세울 수 없을 뿐만 아니라 실제로 자기의 소신을 지키기에도 부족하게 되었으니, 천하 사람이 폐하를 위하여 애석히 여길 뿐만이 아니라 폐하의 마음 역시 이 점을 한스럽게 여기지 않을 수 없다는 것을 신은 알고 있습니다.

요즈음 폐하께서 거룩한 마음을 열어, 날로 성대한 덕을 새롭게 하고 분발하여 영명한 결단을 내려 기강을 바로잡으니, 이는 대개 천리를 순수하게 하고 인욕을 모두 제거하려는 뜻이 있어서일 것입니다. 그러나 신이 그 일을 관찰해 보건대 오히려 선악이 마음에서 서로 싸우는 근심을 면치 못하시는 듯합니다. 대개 전사(傳寫)하여 문자를 누설한 죄를 힐책하면 간사하고 아첨하는 무리들이 두려워할 줄 알게 될 텐데도 떠난 자는 머지않아 다시 돌아오고 그대로 있던 자도 다시 진출하여 더욱 성해지고 있는 것을 보면 폐하께서 이 무리를 총애하시는 뜻이 쇠하지 않았다는 것을 알겠습니다. 수년 동안 직위와 권한을 도둑질한 간사한 사람을 파직하면 음흉하고 용렬한 무리가 두려워할 줄 알게 될 텐데도 다음에 보임되기를 바라는 자들은 그 자취를 답습하면서 요행으로 여기고 꾸짖지 않으며, 언론의 책임을 담당한 자들은 사사로운 마음을 품고는 입을 다물고 묻지 않으니 이를 보건대 폐하께서 이 무리에게 위임하시는 뜻이 아직 있다는 것을 알겠습니다.

간원(諫員)을 더 두어 간사하고 아첨하는 사람을 물리쳐 멀리하면, 여러 사람의 말을 아울러 경청하는 미덕이 진실로 전과 다르게 될 것입니다. 그러나 간할 만한 사달이 무궁하니 혹 계속 진언하며 더욱 절실하게 간한다면 폐하께서는 과연 이를 용납하여 쓸 수 있겠습니까? 억울한 무고(誣告)를 분명히 밝혀내고 고고하고 꼿꼿한 자들을 위로하면 가려진 곳을 비추는 밝음이 진실로 전과 다르게 될 것입니다. 그러나 말을 지어내는 사람을 꾸짖지 않는다면 혹 날쌔게 빠져 나가면서 더욱 교묘한 짓을 할 텐데, 폐하께서는 과연 이들을 멀리하고 끊어 버릴 수 있겠습니까? 오만한 오랑캐 사신을 물리치고 대담한 계책을 장려하여 일시적으로 편안하려고 하는 뜻을 극복하도록 격려해야 마땅할 것 같은데, 장수를 두는 권한이 임금 가까이 있는 환관에게서 나와 군정(軍政)이 무너지고 사졸(士卒)이 원망을 하게 되면 천하의 변란에 대처하지 못할 듯싶습니다. 백성을 진휼하고 조세를 감면하며 백성을 괴롭히는 일을 엄중히 금하여 피곤한 백성의 힘을 덜어 주어야 마땅할 텐데, 감사(監司)를 가려 보내지 않아 수령이 탐욕을 부리며 정사가 번거롭고 부세가 무거워 백성이 생업을 잃었으니 나라의 근본이 견고해지지 못할 듯싶습니다.

이상 몇 가지 점을 두고 논하건대, 이른바 천리(天理)가 조금 우세한 듯하지만 이른바 인욕(人慾)이 결국 다 제거되지 않은 것입니다. 대저 폐하께서 신령스럽고 거룩하며 어질고 밝은 덕으로 오래 정사를 해 오시면서 간절히 잘 다스려지기를 도모하였으니, 벌써 오래전에 편안히 팔짱을 끼고 앉아서 공이 이루어지고 정치가 안정된 안락함을 누렸어야 마땅합니다. 그런데 세월이 가면 갈수록 사방이 망망하고 음양이 막 다투어 승부가 결정 나지 않고 있으니, 장차 어느 날 어느 때에나 지극히 잘 다스려지는 정치가 이루어지는 것을 조금이라도 볼 수 있을지 모르겠습니다.

길에서 듣건대 요즘 진언하는 사대부들이 많다고 합니다. 그러나 근본은 탐구하지 않고 한갓 말단을 지적하며, 어려운 것을 먼저 다루지 않고 우선 쉬운 것만 다루며, 천하의 소소한 일만 세세하게 들추어내고 폐하의 입장에 근본을 두지 않고서 이해가 걸린 말류(末流)의 일에만 골몰하고 있습니다. 신은, 이리하여서는 정치가 나오는 근본을 바르게 하고 사물에 응하는 근원을 맑게 하여 폐하의 크고 원대한 계획을 도움으로써 천하의 일 모두가 폐하가 뜻하시는 대로 되게 하기에는 부족할까 염려스럽습니다.

옛날 순(舜) 임금과 우(禹), 공자(孔子)와 안연(顔淵) 사이에서도 일찍이 이 점을 병통으로 여겨 강구했던 적이 있습니다. 순 임금이 우를 경계하여 '인심(人心)은 위태하고 도심(道心)은 미약하니, 정밀하고 전일하게 하여 그 중도를 지켜야 한다.'라고 말하였으며, 반드시 이어서 '근거 없는 말은 듣지 말고, 의논하지 않은 계책은 쓰지 말라. 그대의 임금 자리를 신중히 하여 백성들이 바랄 만한 것을 삼가 행하라. 사해 백성이 곤궁하면 하늘의 복록이 영원히 끝나리라.'라고 하였습니다. 그리고 공자가 안연에게 '자신의 사욕(私慾)을 이기고 예(禮)로 돌아가는 것이 인(仁)이니, 하루만이라도 이렇게만 된다면 천하 사람이 다 인으로 돌아올 수 있을 것이다. 인을 행하는 것은 자신에게 달려 있으니, 남에게 의존할 수 있겠는가.'라고 하고, 또 당부하여 '예가 아닌 것은 보지 말고, 예가 아닌 것은 듣지 말고, 예가 아닌 것은 말하지 말고, 예가 아닌 것은 행하지 말라.'라고 하였습니다. 삼대(三代)의 예악(禮樂)을 가감하라는 말로 일러주고 나서 다시 당부하여 '정(鄭)나라의 음악을 금지하고 아첨 잘하는 사람을 멀리할 것이니, 정나라의 음악은 음탕하고 아첨하는 자는 위험하기 때문이다.'라고 하였습니다. 아, 이것이야말로 성인들이 서로 전한 심법(心法)의 요체로서 천리의 온전함을 지극히 하고 인욕이 다 없어지도록 살피는 것이니, 정말 그 근본과 말단, 크고 작은 것을 빠짐없이 거론했다고 하겠습니다. 양한(兩漢 서한(西漢)과 동한(東漢)) 이후로 치세를 이루려고 하는 임금이 없지 않았으나 제대로 여기에 뜻을 두지는 못했습니다. 이 때문에 혹 세상에 따라 공명(功名)을 성취하였다 하더라도 끝내 위대한 제왕의 반열에는 들 수 없었으니, 이는 이른바 성인들이 서로 전한 심법의 요체를 이에 다시 강구하지 않았기 때문입니다.

어리석고 불초한 신은 폐하께서 오늘날의 다스린 효험에 대하여 위로 거슬러 올라가 그렇게 된 까닭을 찾아보고 순 임금과 우, 공자와 안연이 주고받았던 심법에 대해 조금 유의해 주시기를 바랍니다. 그리하여 이제부터는 한 생각이 싹트면 반드시 삼가서 이것이 천리인지 인욕인지를 살펴 과연 천리라면 공경하는 마음으로 확충하여 조금도 막힌 데가 없도록 하고, 과연 인욕이라면 공경하는 마음으로 극복하여 조금도 걸리지 않도록 해야 합니다. 그리고 이를 미루어 말하고 행동하는 사이나 사람을 등용하고 일을 처리할 때에도 모두 이것으로 헤아려야 합니다. 그것이 옳다는 것을 알고 행하는 경우에는 오직 힘을 다 쏟지 못할까를 걱정해야지 그 힘을 지나치게 쓸까를 염려해서는 안 되며, 그것이 그릇된 것임을 알고 제거할 경우에는 오직 과감하게 제거하지 못할까만 걱정해야지 너무 단호할까를 염려해서는 안 됩니다. 훌륭한 인물이라는 것을 알고 쓸 경우에는 그에게 전권을 주지는 못할까, 어진 사람들을 모을 경우에는 오직 그런 사람을 많이 모으지 못할까만 걱정해야지 그들이 붕당을 지을까를 걱정해서는 안 됩니다. 능력이 없는 인물이라는 것을 알고 물리칠 경우에는 속히 물리치지 못할까, 모두 제거하지 못할까만 걱정해야지 치우친 점이 있지나 않을까를 걱정해서는 안 됩니다.

이와 같이 하신다면 폐하의 마음이 환히 밝아지고 안팎이 융화되고 통하여 사욕이 조금도 그 사이에 끼일 수 없고 천하의 일이 모두 폐하가 하고 싶어 하시는 대로 될 것입니다. 《시경》에 이르기를 '풍수(豐水)에도 기초(芑草)가 있는데, 무왕(武王)이 어찌 일하지 않겠는가.[12] 천하를 잘 다스릴 계책을 자손에게 전하여 그들을 도와서 편안하게 하였으니, 무왕이야말로 임금다웠도다.' 하였습니다. 더구나 지금은 조종(祖宗)의 밝고 성대한 왕업이 폐하에게 맡겨져 장차 무궁하게 전해질 것이고, 사해(四海) 안에서 폐하에게 바라는 것이 여러 대(代)에 걸쳐 은혜를 끼치는 인(仁)[13]만이 아닌 경우이겠습니까. 《서경》에 이르기를 '약이 현기증 날 정도로 독하지 않으면 그 병이 낫지 않는다.' 하였습니다. 오직 폐하께서는 깊이 유념하여 통렬히 스스로 애쓰고 힘껏 행하여 만세 뒤에라도 후세 성인의 법도가 되게 하소서. 그렇게 되면 종묘사직의 신령이 길이 의탁할 바가 있고, 온 세상의 어진 백성들이 길이 의탁할 곳이 있게 될 것이니 참으로 천하의 다행이라 하겠습니다."

신은 생각건내 삼대(三代) 이후로 습속이 천박해져 도학(道學)을 두고 사리에 어둡고 세상 물정을 잘 모른다고 여겨 시행하는 것을 절실하게 여기지 않았으므로 끌어대어 하는 짓이라곤 권모술수밖에 없었습니다. 그래서 도학과 정사(政事)가 두 길로 나뉘고 도학이 무용지물이 되었으니, 어찌 탄식을 금할 수 있겠습니까. 주자는 일생 동안 이를 개탄하여 학문을 논할 때면 현실을 외면하지 않았고 정치를 논할 때에도 반드시 학문에 근본을 두었습니다. 현실적인 일을 빠뜨리지 않았기 때문에 학문이 유용하게 되었고, 반드시 학문에 근본을 두었기 때문에 다스림에서 그 도를 얻었던 것입니다. 지금

12 풍수(豐水)에도……않겠는가 : 《시경》 〈대아 문왕유성(文王有聲)〉에 나오는 구절로, 풍수 하류에 주(周)나라의 서울인 호경(鎬京)이 있는데, 풍수 가에 기초가 무성한 것처럼 무왕이 어찌 후손들을 위한 계책을 세워 돕지 않겠느냐는 말이다.

13 여러……인(仁) : 나라를 안정시키고 다스리는 훌륭한 계책을 남겨 그 자손이 오래도록 나라를 향유하도록 한 주나라 무왕과 같은 인(仁)을 말한다. 《禮記 表記》

올린 두 조목은 그 대략입니다만 대개 본체와 작용이 근원이 같고 현상과 실체 사이에 간격이 없는 것이 이와 같습니다. 이는 제왕의 정통(正統)이고 성현의 연원(淵源)이니, 삼가 바라건대 깊이 유념하소서.

사직하고 이어 이징과 이숙[14] 등의 일을 논하는 상소 임진년(1652, 효종3) 2월

辭職仍論澂潚等事疏 壬辰二月

삼가 아룁니다. 비천한 신이 오랫동안 병에 시달린 나머지 그동안 소명(召命)을 받고서도 그때마다 병들어 누추한 사정을 아뢰어 성상을 번거롭게 하였으니, 지극히 분수에 넘치고 너무도 책임을 회피하고 게을리하였습니다. 그래서 황량한 집에 엎드려서 벌이 내리기를 기다리고 있었는데, 뜻하지 않게 성상께서 넓은 도량으로 포용하여 다시 불러주시니 비천한 신의 빈방하고 설박한 심정이 날이 갈수록 더욱 심해집니다.

신은 이미 도(道)를 가슴에 품고 자중하는 사람도 못 되고, 또 세상을 피해 은거하는 자도 못 되며, 또 기미를 알고 멀리 떠나는 자도 못 됩니다. 이 세 가지 중 어느 하나에도 해당되지 않으니, 누차 죽음을 무릅쓰고 간곡히 사직해 마지않았던 이유는 참으로 쇠잔한 몸이 탈진되어 죽을 날이 임박하였기 때문입니다. 만일 억지로 일어나서 출발할 경우 도중에 죽어 거듭 맑은 조정의 수치가 될까 두렵습니다. 미천한 신의 형편이 단연코 이와 같으니, 삼가 바라건대 성명께서는 불쌍히

14 이징(李澂)과 이숙(李潚) : 효명옹주(孝明翁主)와 함께 조 귀인(趙貴人)과 인조의 소생이다. 조 귀인이 효종을 음해할 때 누이인 효명옹주가 옷소매에 사람의 뼛가루를 담아 대궐 안과 효종의 아우 인평대군(麟坪大君)의 집에 뿌리고, 그 외에 다른 더럽고 흉한 물건도 많이 묻는 등 저주를 행한 사건에 연루되어, 둘 다 강화도에 위리안치되었다.

여겨 굽어살펴서 제수하신 직명을 거둘 것을 속히 허락해 주소서. 그리고 해당 부서에 명을 내려 다시는 추천하지 말게 함으로써 신이 영원히 전리(田里)에 돌아가 여생을 마치게 해 주소서. 그렇게만 되면 실로 시종 낳고 길러 주시는[15] 지극한 은혜가 되겠습니다. 신은 간절히 빌어 마지않습니다.

신이 비록 먼 지방에 있다고는 하나 임금을 사랑하는 마음은 밥 먹을 때나 쉴 때나 늘 잊지 못하고 있습니다. 조정에서 한 가지 선정(善政)을 행하였다는 소식을 들을 때면 기뻐서 잠을 이루지 못하였고, 한 가지라도 일을 잘못 거행하였다는 소식을 들으면 밥 먹는 것도 잊은 채 탄식을 하였으니, 이는 대개 보잘것없는 충성심이 천성에 근본을 두고 있어 그만둘 수 없기 때문입니다.

근래에 국운이 불행하여 저주가 안에서 일어나고 반역 행위가 밖에서 싹텄습니다. 그러나 다행히도 상제(上帝)께서 도우셔서 원흉은 죽음을 당하고, 위협에 못 이겨 추종한 자는 사면을 받는 등, 음기(陰氣)는 걷히고 양기(陽氣)가 신장되어 지극한 인(仁)이 흘러 퍼졌으므로 나라 안의 민생들이 모두 거룩한 덕을 칭송하고 있으니, 이는 참으로 전하께서 전화위복을 하신 성대한 때라 하겠습니다.

지난번 조정의 신하인 김세룡(金世龍)의 처(妻)[16]를 논죄할 때, 성상

15 낳고 길러 주시는 : 군왕은 천지 만물의 부모라는 입장에서 하는 말이다.

16 김세룡(金世龍)의 처(妻) : 김세룡은 김자점(金自點)의 손자로서 인조의 서녀인 효명옹주에게 장가들었다. 효명옹주는 조 귀인의 소생으로서 신묘년(1651, 효종2) 김자점의 모역 사건과 어머니 조씨가 숭선군(崇善君) 이징의 부인 신씨(申氏)를 저주한 사건에 연좌되어 서인(庶人)이 되었고, 통천(通川)에 안치된 뒤 이듬해 이천(伊川)으로 이배(移配)되었다가 풀려났으나 복호(復號)되지는 못하였다. 《宋子大全隨箚 卷7》

의 유시(諭示)가 간절하고 측은하여 우애의 정이 말씀에 넘쳐흘렀으므로 아무리 완고하고 어리석은 천한 사람이라도 다들 감격하여 눈물을 흘렸으니, 이로 말미암아 백성의 덕이 두터워지고 천리가 밝아졌습니다. 그리하여 어질지 못하고 반역을 도모하는 무리의 싹이 원근에서 모두 잠잠히 사라졌으니, 어찌 훌륭하고 아름다운 일이 아니겠습니까. 이제 공의(公議)를 따라 그냥 안치(安置)하는 형벌을 시행하셨는데, 이는 실로 삼대 이후로는 없었던 훌륭한 일입니다. 그러나 신은 또한 전하의 지극한 정리(情理)로 볼 때 또한 이에 차마 하지 못하실 바가 있을 줄 알고 있습니다.

신이 생각건대 그 나이가 아직 상년(殤年 19세 이하)이니만큼 예(禮)에서 말하는 미성년이라 하겠습니다. 그런데 강보에 싸여 있을 때부터 그 어머니의 흉악하고 간사한 가르침이 귀에 젖고 눈에 익은 나머지 결국 그것을 당연시하고는 천륜을 두려워해야 한다는 것과 역적을 따라서는 안 된다는 것을 알지 못한 채 마침내 이 지경이 되었으니, 그 근본을 추구하면 실로 그 어머니에게 죄가 있다고 할 것입니다. 아, 문왕(文王)의 어질고 효성스러운 기운이 문강(文姜)[17]의 사악한 몸에 붙어 이토록 우리 〈인지(麟趾)〉의 교화[18]에 누를 끼치게 될 줄이야 그 누가 알았겠습니까. 다만 생각건대 그녀는 구중궁궐에서 생장하여

17 문강(文姜) : 춘추 시대 제(齊)나라 양공(襄公)의 누이동생인데, 노 환공(魯桓公)에게 시집온 이후에도 자주 친정에 가서 양공과 간통하였으며, 나중에는 제나라 양공이 사주한 사람에 의하여 남편인 환공이 살해당하였음에도 이를 방조한 품행이 나쁜 여인이다. 여기서는 조 귀인을 가리킨다.

18 인지(麟趾)의 교화 : 백성을 선으로 가르치고 이끄는 다스림을 말한다. 〈인지〉는 《시경》 〈주남 인지지(麟之趾)〉를 가리킨다.

거처나 음식에 지극히 안락한 생활을 누려 왔는데, 하루아침에 유폐당하여 죽기라도 할 경우 그의 죽음이야 애석하지 않으나 전하께서 제 명대로 온전히 살게 하려는 마음에 상처가 나지나 않을까 걱정됩니다.

옛날 한(漢)나라 유장(劉長)[19]이 반역을 도모하다가 일이 발각되자, 문제(文帝)가 그를 촉(蜀) 땅으로 옮기면서 "나는 단지 그에게 고생을 좀 시키려 할 뿐이니, 장차 돌아오게 할 것이다."[20]라고 말했는데, 그는 끝내 길에서 죽었습니다. 이에 대해 주자가 논하여 "문제가 회남왕(淮南王)을 옮긴 일은 생각을 조금 잘못한 것으로서 척포두속(尺布斗粟)의 민요[21]로 종신토록 시달렸다. 형으로서 그 아우를 용서하지 못했으

19 한(漢)나라 유장(劉長) : 한나라 회남 여왕(淮南厲王)으로, 고조(高祖) 유방(劉邦)의 아들이다. 회남왕(淮南王) 영포(英布)의 반란 뒤에 회남왕으로 봉해졌다. 문제가 등극한 뒤 문제와 가까운 혈연임을 자부하여 교만하고 방자한 행위를 일삼았으며, 재지(才智)와 용력(勇力)을 자랑하였다. 곡구현(谷口縣)에서 반란을 일으키면서 민월(閩越)과 흉노(匈奴)에 사신을 보낸 사실이 발각되자 조정 대신들이 법대로 다스릴 것을 건의하였으나 문제는 수족(手足)의 정의(情義)로 사죄를 면하고 왕위를 폐하며 촉군(蜀郡)으로 보내는 선에서 그쳤다. 문제는 또한 날마다 고기 다섯 근과 술 두 말을 지급하고 총행(寵幸)을 받은 적이 있는 비빈(妃嬪) 10명을 함께 따라가게 해 주었으나, 압송하는 수레의 봉쇄된 문을 보고서 유장은 울분을 견디지 못하여 음식을 끊고 먹지 않음으로써 자살하였다. 《史記 淮南衡山列傳》

20 나는……것이다 : 원앙(袁盎)이 문제에게 "상이 평소 회남왕의 교만함에 대해서 엄한 스승을 두고 가르치지 않아서 이 지경에 이르도록 하였습니다. 또 회남왕의 사람됨이 강퍅한데 이제 갑작스레 그 기가 꺾였으니 가는 길에 이슬이나 안개를 맞고 병이 생겨 죽게 되면 아우를 죽였다는 악명을 얻게 될 것인데 이를 어찌겠습니까."라고 하자 문제가 한 말이다. 《史記 淮南衡山列傳》

21 척포두속(尺布斗粟)의 민요 : 한 문제 형제가 불화한 것을 빗대어 당시 "한 자의 베도 오히려 꿰맬 수 있고 한 말의 곡식도 오히려 찧을 수 있건만 형제 두 사람은 서로 용납하지 못하였네."라는 민요가 유행하였다 한다. 《史記 淮南衡山列傳》

니, 아무리 어진 임금이라 하더라도 스스로 용서할 수 없는 것이다."라고 하였습니다. 삼가 바라건대 전하께서는 시종일관 목숨을 보전해 주어 그가 조만간 은혜를 입고 궁궐에 들어와서 부끄러워하며 "전하 생각이 몹시 났습니다."라고 말하게 하소서. 그러면 전하께서도 기뻐하는 마음이 생겨 반드시 화기애애하게 될 것입니다.

신은 또 듣건대 조정의 신하들이 이징과 이숙에 대해 선처할 방도를 계속 논의하다가 안치하자는 논의에 도달했다 합니다. 이는 아무리 격리하여 목숨을 보전해 주려는 의도에서 나온 것이라 해도 외부 사람의 입장에서 보면 그 누가 추방한 것이라고 말하지 않겠습니까. 대개 생각건대 오늘날 조정 신하들의 청이 또한 어찌 이징 등에게 죄가 있다 하여 법으로 다스리려고 하는 것이겠습니까. 그저 죄의 싹이 이미 텄는데 만일 격리하지 않아 간사한 사람에게 훗날 구실을 만들어 준다면 성상께서 아무리 시종일관 보전하려 해도 되지 않을 것이기에 멀리 떨어진 곳에 안치하여 간사한 사람이 엿볼 싹을 미리 끊어서 보전하는 방법을 강구하는 것만 못하다고 여겨서 그렇게 하였을 것입니다.

그러나 신의 어리석은 생각에는 그렇지 않다고 여깁니다. 문제가 회남왕을 옮길 때에 다만 고생시켜 목숨을 보전해 주었다가 장차 돌아오게 하려 했으니, 그 마음이야 지극했다고 하겠습니다. 그러나 미처 돌아오지 못하고 수레 안에서 죽었으니, 그를 고생시켜서 보전하려고 했던 의도가 어디에 있습니까. 무릇 사변이 일어나는 단서는 의외에서 생기게 마련입니다. 원앙(袁盎)은 회남왕이 안개나 이슬을 맞지나 않을까 하는 점만 걱정했는데 정작 회남왕이 죽은 원인은 분노가 쌓였기 때문입니다. 일이 한번 차질이 생기고 나면 후회한들 무슨 소용이 있겠습니까. 더구나 소인의 마음은 항상 사사롭고 각박하므로 임금의 생각

을 망녕되이 헤아리기 마련입니다. 지난날 정항(鄭沆)의 일을 또한 거울삼아야 할 것입니다.[22]

혹자가 "그 어머니가 이미 형벌을 받아 죽음을 당했으니, 필시 그가 견디기 어려울 것이다."라고 말한다면, 또 그렇지 않은 점이 있습니다. 그 어머니는 신과 인간에게 죄를 얻어 스스로 현륙(顯戮)을 초래하였으니, 이는 전하께서 죽인 것이 아니라 바로 천지신명이 죽인 것이고 종묘사직이 죽인 것이며 온 나라 사람이 함께 죽인 것입니다. 그가 아무리 우매하다 해도 어찌 성상을 원망할 수 있겠습니까. 더구나 천벌로 그 어머니를 죽이기는 했으나 천륜으로써 그를 보살펴 주고 있는 데이겠습니까. 연민의 정을 갖고 사랑하는 것을 선왕의 슬하에 같이 있을 때와 다름없이 한다면, 그가 감사하며 떠받드는 마음이 평상시보다 더욱 깊어질 것입니다.

그리하지 않고 조정 신하들이 지나치게 염려하여 갑자기 더욱 철저히 격리할 경우, 그가 장차 근심하고 두려워하며 어쩔 줄 모르게 될 것인데, 여기에 간교한 사람들이 망녕되게 엉뚱한 생각을 하게 된다면, 이때에 이르러서는 전하께서 비록 돈독한 사랑을 베풀려 하더라도 할 수 없게 될 것입니다. 이것이 비록 사태가 발생하기도 전에 망녕되이 헤아린 것이기는 하지만 전하에게 충성을 바치는 자로서 어찌 남모르는 걱정과 장래에 대한 염려를 하지 않을 수 있겠습니까. 그러나 이 경우는 그래도 지나치게 염려한 것이라고 할 수 있으나 그 흘러가는 과정에서 손상할까 하는 걱정은 반드시 없으리라고 보장하기 어려우

22 지난날……것입니다 : 광해군 때 정항이 강화 부사(江華府使)로 있으면서 광해군의 뜻에 맞춰 영창대군(永昌大君)을 죽인 일을 말한다. 《宋子大全隨箚 卷2》

니, 삼가 바라건대 전하께서는 심사숙고하여 한(漢)나라 문제처럼 후회하지 않도록 하소서. 그렇게 되면 그만한 다행이 없겠습니다.

신은 또 듣건대 조정 신하들이 대내(大內)에서 저주한 일[23] 때문에 이어(移御)하실 것을 극력 청한다[24] 하는데, 임금을 사랑하는 신하의 정성이 지극하기 때문에 이렇게 부득이한 일을 하게 되었고, 또 전하께서도 자전(慈殿)을 생각하시는 까닭에 따르지 않을 수 없을 것입니다. 그러나 신은 듣건대 천지의 본성에 밝은 자는 신묘하고 기이한 것에 미혹되지 않고, 만물의 실정에 밝은 자는 다른 종류에 속지 않는다[25] 합니다. 더구나 제왕은 실로 천지의 명을 받고 태어나 교묘(郊廟)와 사직(社稷)의 주인이 된 분으로 온갖 신이 보살피고 만민의 정기가 모였다 하겠는데, 저 하찮고 사악한 자들이 어찌 감히 그 사이에 간교를 부릴 수 있겠습니까. 해는 모든 양기(陽氣)의 으뜸이 되는 까닭에

23 대내(大內)에서 저주한 일 : 김자점의 아들 김식(金鉽)이 효명옹주와 서로 왕래하면서 대비전과 대전, 세자궁에 모두 흉한 물건을 묻고 저주하였던 일을 말한다.

24 이어(移御)하실……청한다 : 조 귀인의 일이 발생하기 전 효종은 창덕궁(昌德宮)에 머물렀는데 조정의 대신들과 양사(兩司)에서 능원대군(綾原大君), 인평대군(麟坪大君), 영안위(永安尉) 홍주원(洪柱元)의 집 중에서 선택을 하는 것이 좋으며, 경덕궁(慶德宮)은 인조 17년(1639)에 저주하는 물건이 발견된 일이 있어 꺼려지나 20여 년이 지났으니 안 될 것은 없다는 등의 내용으로 계를 올려 이어할 것을 극력 주청하였다. 최종적으로는 경덕궁으로 이어하도록 결정되어 효종 2년(1651) 12월 27일 경덕궁으로 이어했다가 효종 4년 2월 27일 창덕궁으로 환어(還御)하였다. 《仁祖實錄 17年 9月 2日》《承政院日記 孝宗 2年 12月 5日, 4年 1月 16日》

25 천지의……않는다 : 《한서(漢書)》 〈교사지 하(郊祀志下)〉에 나오는 말이다. 다른 종류에 속지 않는다는 말은, 예를 들자면 논에 벼 외의 잡풀은 벼와 비슷하게 닮아서 오해의 여지가 있으나 농부가 잘 가려내듯이, 사물의 실정에 밝은 사람은 사람과 종류가 다른 것, 즉 귀신 등을 분명하게 살펴 안다는 뜻이다.

햇무리가 지거나 침식을 당해도 양덕(陽德)은 손상을 입지 않습니다. 만일 이 마음을 환히 밝혀, 있어야 할 것을 있게 하고 없어야 할 것을 없게 한다면, 두려워하는 것이 지각없는 일이라는 것을 알게 될 것입니다.

다만 후세의 인심이 몹시 편벽된 까닭에 귀신이 침범하고 모독할 우려가 없지 않으므로, 주자가 "어슴푸레한 사이에 그림자나 메아리가 있는 듯한 것은 바로 이 마음에 주관이 없기 때문이다. 이에 요사한 사람이 그 틈을 타고 간계를 부리며 못 할 짓이 없게 되는 것이다."라고 하였습니다. 그런데 소자(邵子 소옹(邵雍))는 "사람이 귀신을 무서워하는 것처럼 귀신도 사람을 무서워한다. 선을 많이 쌓으면 양기가 점점 많아져서 귀신이 더욱 무서워한다."라고 하였습니다. 무릇 보통 사람이라도 제대로 선행을 쌓으면 귀신이 절로 감히 범접하지 못하는데, 더구나 임금으로서 덕(德)을 닦고 인(仁)을 행하며 믿음을 지니고 화순(和順)한 경지에 이른다면 요사한 기운이 자연 구름처럼 사라지고 안개처럼 흩어질 것입니다. 삼가 바라건대 전하께서는 더욱 성학(聖學)을 밝히고 성덕(聖德)에 힘쓰소서. 그리하여 양(陽)의 도를 붙잡아 귀신같이 간특한 자들을 끊고, 가벼이 의심하거나 동요되어 맑고 밝으며 바르고 큰 기운을 해치지 않도록 하신다면 그만한 다행이 없겠습니다.

신은 또 생각건대 패역(悖逆)한 무리들의 악행이 극에 이르면 실로 못 하는 짓이 없게 되기는 하지만 그 더러운 물건을 낭자하게 늘어놓으면서 제 마음대로 하도록 내버려 둔 것은 또한 혹시 궁위(宮闈)가 엄숙하지 못해서 일어난 결과가 아니겠습니까. 당(唐)나라 현종(玄宗)이 송왕(宋王) 이성기(李成器)[26] 등과 함께 여러 날 밤에 걸쳐 이불을 같이 덮고 잤으니, 이는 실로 제왕의 아름다운 행실이라 하겠습니다. 그러나 주자는 오히려 "다시 제한을 두지 않았으니 우애하는 도리를 다하지 못한 것이다."라고 말하였으니, 그 은미한 뜻을 알 수 있습니다. 신은 생각건대 우애의 정과 군신간의 분별이 어긋나지 않게 병행된 연후에야 그 우애 있게 지내는 즐거움을 길이 보존하리라 여깁니다. 삼가 바라건대 전하께서는 다시 유념하소서.

경연(經筵)의 강설(講說) 같은 경우도 그저 형식적으로만 따를 뿐 성학이 날로 새롭게 되는 공부가 없으며, 곧은 말이 귀에 거슬려 충성스럽고 어진 사람까지도 내쫓아 상하 간에 서로 통할 때가 없으므로 중흥하는 대업이 날이 가고 달이 갈수록 후퇴하고 있으니, 이야말로 식자(識者)들이 길이 탄식하여 마지않는 바입니다. 삼가 바라건대 전하께서는 이 점도 유의하소서.

신은 병들고 기운이 없어서 온갖 생각이 모두 재가 되어 버려 문 닫고 들어앉아 절대로 시사를 말하지 않은 지가 오래입니다. 그러나 이번에 변고를 듣고 조정의 처치가 조금이라도 미진하여 성덕에 누가 될까 두려웠기 때문에 감히 사직을 하면서 아울러 어리석은 충정을 대략이나마 피력하니, 삼가 바라건대 전하께서는 애처롭게 여기시어 용서해 주소서. 지극히 황공한 마음을 가누지 못하겠습니다.

이상의 글을 정서(淨書)하여 올리려고 하는 차에 삼가 듣건대 이징(李澂) 등이 이미 섬에 안치되었고, 간신(諫臣)으로서 너그럽게 논한 자가 또 파직되었다 합니다. 신의 이 말이 잘못되고 망녕된 줄은

26 송왕(宋王) 이성기(李成器) : 당나라 예종(睿宗)의 장자로, 송왕에 봉해졌다가 황태자에 책봉되었으나 뒷날 현종이 되는 아우 이융기(李隆基)에게 태자의 자리를 양위하였다.

잘 알고 있습니다만, 이미 마음에서 나와 종이와 먹에 나타났는데 가만히 숨겨 두어 죄를 모면하기를 바라는 것은 또한 신이 감히 편안하게 여길 바가 못 됩니다. 그래서 끝내 감히 아뢰면서 중벌을 기다립니다.

그러나 구구한 정성은 그래도 스스로 그만둘 수 없는데, 요사이에 항간의 소문을 듣건대 눈물을 흘리는 자까지 있다 하니, 모르겠습니다만 성명께서는 어떻게 스스로 해명하시겠습니까? 이 일에 대해 만일 차질 없이 마침내 백성들의 의심을 풀어 준다면, 신이 처형된다 하더라도 조금도 여한이 없이 만족할 것입니다. 신이 죄지은 몸으로 감히 진언드릴 수 없을 듯하나 성의가 북받쳐 스스로도 자제하지 못하게 된 것이니, 다시 바라건대 애달프게 여겨 살펴 주소서.

음식물을 사양하는 상소[27] 임진년(1652, 효종3) 11월 13일
辭食物疏 壬辰十一月十三日

삼가 아룁니다. 신이 삼가 도신(道臣)이 전한 성지(聖旨)를 보건대, 신이 사는 곳에 흉년이 들었다 하여 음식물을 지급해 성의(聖意)를 표하는 것이었습니다. 신은 받들어 읽고 황공하여 몸 둘 바를 몰랐습니다. 신은 실로 빈궁하여 술지게미와 쌀겨도 마다하지 않는 처지인데 이러한 흉년을 만나니 굶주림이 더욱 심합니다. 지금 내려 주신 이 특별한 은혜는 대개 또한 천지의 지극한 인(仁)으로 곤충이나 초목의 싹에까지 그 사랑의 내상에 포함되지 않은 것이 없습니다.

그러나 신은 듣건대 정자(程子)가 말하기를 "혹심한 추위와 더위와 비를 무릅쓰고 농부들이 농사지은 곡식을 내가 얻어먹고 있는데, 이처럼 한가하게 세월을 보내니 그야말로 천지간의 한 마리 좀 벌레이다." 하였다 합니다. 신처럼 쓸모없는 자가 천지 가운데 헛되이 살면서 한 가지도 하는 일 없이 가만히 앉아 농민이 생산한 곡식을 먹으니, 이미

27 음식물을 사양하는 상소 : 이 상소를 올리기 한 해 전인 1651년 11월 인조의 후궁 조 귀인이 저주한 사건이 일어났고, 12월 김자점의 아들 김식(金鉽)의 역모 사건이 발각되었으며 1652년 들어 기상이변과 전쟁을 상징하는 태백성(太白星)이 대낮에 나타나는 일이 잦은 등 천체 이변이 속출하여 정국이 불안정하고 인심이 소란한 시기였다. 또한 효종 초 등용되었던 재야의 선비들이 하나하나 조정을 떠난 뒤였는데, 효종은 우암과 송준길 같은 산림(山林)의 선비를 등용하고 싶으나 시세 때문에 어려움이 있어서 불러 쓰지 못한다는 말과 함께 그들이 있는 고을에 먹을 것을 내려 주라는 하교를 하였기에 이 상소를 올리게 된다.《孝宗實錄 2年 11月 23日・12月 13日, 3年 10月 22日》

좀 벌레 중에서도 더욱 심한 경우라 하겠습니다. 더구나 성상께서 생각해 주시어 다시 혜양(惠養)[28]의 은전을 받게 되었으니, 신이 비록 지극히 어리석으나 마음이 어찌 편안할 수 있겠습니까. 더욱이 향리의 백성들이 전하께서 이처럼 신을 대해 주시는 것을 보고 필시 말하기를 "우리 소인들은 1년 내내 부지런히 움직여도 흉년이 들면 죽음을 면하기 어려운데 긍휼(矜恤)히 여겨 주지 않는다. 그런데 저 사람은 어떤 사람이기에 유독 사은(私恩)을 받는단 말인가. 저 사람은 또 헛된 이름을 도둑질하여 성주(聖主)를 저버린 자가 아닌가. 그런데도 죄는 가해지지 않고 은혜만 또 집중된다." 할 것입니다. 그렇게 되면 신이 해명할 말이 없을 뿐만 아니라 성덕(聖德)에도 손상되는 점이 있지 않겠습니까.

신은 본디 초야에 사는 천한 자질의 사람으로서 노동해서 먹고사는 것이 바로 그 본분이라 하겠는데, 젊어서 글줄이나 읽고는 놀고먹는 백성이 되어 위로는 부모를 잘 섬기지 못하고 아래로는 처자를 잘 기르지도 못했으니, 이야말로 왕정(王政)에서 크게 미워하는 자입니다. 좌천[29]으로 의논되지 않은 것만도 이미 밝은 시대의 너그러운 은전이라 하겠는데, 다시 위로해 주는 은혜까지 더해 주시니, 백성을 게으르도록 가르치는 것에 가깝지 않겠습니까.

신은 또 듣건대 장자(張子 장재(張載))는 굶주린 사람을 보면 음식이

28 혜양(惠養) : 은혜롭게 길러 준다는 뜻으로, 나이 많은 사람을 나라에서 양식과 물품을 주어 보살펴 주던 일을 말한다.

29 좌천 : 당시 우암은 고향인 회덕(懷德)에 있으면서 세자시강원에 딸린 종4품 진선(進善)의 직함을 띠고 있었다. 인심이 흉흉하고 시세에 어려움이 있어 재야 인사를 불러 등용하지는 못한다는 실록의 내용으로 보아 실직에 있었던 것은 아님을 알 수 있다. 《孝宗實錄 3年 10月 22日, 11月 13日》

맛있는 줄 몰랐다 하고, 정자(程子 정이(程頤))는 당시 정승이 주는 물건을 사양하며 "어찌 나만이 가난하겠는가. 천하에 가난한 자가 수두룩하다."라고 말하였다 합니다. 지금 사방이 굶주림에 시달리는 데다가 세금을 거두는 것 때문에 고달픈데, 안상도(安上圖)[30]가 올라가지 않고 오매초(烏昧草)[31]가 바쳐지지 않으니, 애처로운 우리 백성은 몹시 위태로운 지경에 처해 있습니다. 한 사람만 구석으로 돌아앉아 있어도 한방에 있는 사람들이 모두 즐겁지 못한 법인데, 더구나 모든 사람들이 소외된 속에서 한 사람만 차마 혼자 먹으면서 목으로 넘어가겠습니까. 공자는 이르기를 "하늘은 사사로이 덮어 주지 않고 땅은 사사로이 실어 주지 않으며 해와 달은 사사로이 비추지 않는다." 하였습니다. 삼가 바라건대 전하께서는 이 세 가지 사사로움이 없는 것으로 마음을 쓰셔서 속히 은혜로운 명을 도로 거두어들여 신의 분수를 편안하게 하고 뭇사람의 의혹을 풀어 주소서. 그러면 더 이상 다행함이 없겠습니다.

30 안상도(安上圖) : 〈유민도(流民圖)〉를 가리킨다. 송 신종(宋神宗) 희령(熙寧) 6년(1073) 정협(鄭俠)이 안상문(安上門) 감문관(監門官)이 되었을 때 마침 큰 가뭄이 들어 유민(流民)이 길을 메우고 입지도 먹지도 못하여 수척한 모습에다 심지어 차꼬를 차고 옹기와 나무를 져다가 팔아서 관아에 바치기까지 하는 것을 목격하고는, 이들의 모습을 그려 왕안석을 탄핵하는 상소와 함께 신종에게 바쳤는데, 이 그림을 본 신종은 밤새 잠을 이루지 못하고 다음 날 죄기조(罪己詔)를 내리고 방전(方田), 보갑(保甲), 청묘(靑苗) 등의 법을 중지한 일이 있다. 《宋史 鄭俠列傳》

31 오매초(烏昧草) : 들귀리를 말한다. 송나라 범중엄(范仲淹)이 인종(仁宗) 명도(明道) 2년(1033)에 강회(江淮) 지방을 안무(按撫)하고 돌아와서 빈민들이 먹던 오매초를 올리며 "굶주린 백성들 가운데는 오매초를 먹는 자가 있으니, 그 풀을 뜯어다가 진어(進御)하소서. 그리고 이를 육궁(六宮)의 귀척들에게 보여서 그들의 사치스러운 마음을 경계하소서."라고 하였던 일이 있다. 《續資治通鑑 宋仁宗 明道2年》

아, 전하께서 등극하신 초기에는 백성들이 기쁘게 바라보며 덕화(德化)가 이루어지기를 기대했는데, 어찌하여 오늘날은 국세가 이처럼 위급해지고 인심이 이처럼 떠나갔단 말입니까. 신은 정말 가슴이 아픈데 그 이유를 밝혀내지 못하겠습니다. 더구나 지금은 천재(天災)가 극심하여[32] 온 나라가 놀란 나머지 헤아릴 수 없는 화가 조만간에 생길 것이라고 모두들 말합니다. 이야말로 황급히 서둘러도 오히려 미치지 못할까 두려워해야 할 시기이니, 어찌 이런 은택을 내려 주실 때라 하겠습니까. 삼가 바라건대 성명께서는 속히 덕을 공경하여 진실로 백성을 융합하고 천심에 부합함으로써 처음 하늘로부터 받은 명을 견고하게 하소서. 그러면 신이 비록 배가 고파서 죽는 한이 있다 하더라도 조금도 여한이 없겠습니다. 신이 위태롭게 여기는 마음이 북받쳐 말을 자제할 줄 모르게 되었으니 그 죄는 만번 죽어 마땅합니다. 삼가 바라건대 성명께서는 애처롭게 여겨 용서해 주소서. 신은 송구하고 감사한 마음을 이기지 못하겠습니다.

32 천재(天災)가 극심하여 : 효종 3년 봄에는 기근이 극심하였고 여름에는 수해(水害), 가을에는 풍재(風災) 등이 잇달았으며 이해 내내 태백성(太白星)이 대낮에 나타나고, 백성(白星)의 운행이 정해진 궤도를 이탈하며, 해가 피처럼 붉거나 흰 무지개가 해를 꿰는 등 갖가지 천상의 이변이 속출하였다.

충주 목사를 사직하는 상소[33] 계사년(1653, 효종4) 4월 29일

辭忠州牧使疏 癸巳四月二十九日

삼가 아룁니다. 신은 쇠약하고 초췌한 여생에 병을 끌어안고 죽기를 기다리고 있는데 뜻밖에도 성상께서 차마 버리지 못하고 다시 거두어 등용하여 충주 목사의 벼슬을 주셨습니다. 신은 삼가 듣자니 제수하던 때에 전하께서는 가까이서 모시는 대신에게 간곡하게 반복하여 유시(諭示)하셨다 하니 귀신도 울게 할 일입니다. 신이 나무나 돌이 아닌 이상 어찌 감격할 줄 모르겠습니까. 다만 병에 걸린 지 오래되고 재주와 시혜가 얕고 보자라 시대에 보탬이 되지 못하고 자신에게 해가 될 뿐입니다. 그러므로 해당 부서에 글로 해명하여 벼슬이 체직되기를 기대할 수밖에 없었습니다. 이에 자애로운 성상께서 외람되게도 더욱 권장하며 특별히 유지(諭旨)를 내리시되 말뜻이 은근하고 간절하니, 아무리 부자간에 나누는 말이라 해도 이보다 더 은근하고 간절하기는 쉽지 않을 것입니다. 신은 공경히 받아 받들어 읽고서 종일 얼굴을

33 충주……상소 : 우암은 효종 1년 고향인 회덕으로 낙향한 뒤 효종 8년 10월에 밀유(密諭)를 받고 조정에 다시 나아가기까지 충주 목사, 집의, 동부승지, 이조 참의, 찬선에 제수되었으나 일체 사직하고 나아가지 않았다. 이는 효종 초 잠시 사림 정치의 이상을 추구하는 청류(淸流)를 등용하였을 뿐 이내 심지원(沈之源), 원두표(元斗杓), 정태화(鄭太和) 등 척신(戚臣)이나 실무형 관료를 중심으로 정국을 운영하였던 것과 관련이 있다. 강빈(姜嬪) 옥사에 대한 입장의 차이, 효종의 군사 정책 및 정국 운영의 독단성에 대해 청류가 비판한 것이 효종과 갈등하고 대립되었기 때문이라는 견해가 있다.《오항녕, 기억의 시냅스 : 孝宗과 宋時烈 그리고 正祖, 한국동서철학연구회논문집 제48호, 한국동서철학회, 2008, 55쪽》

가리고 눈물을 흘렸고 밤새도록 방 안을 맴돌며 더욱 어찌해야 좋을지 몰랐습니다.

아, 신의 마음과 형편이 또한 가엽다고 하겠습니다. 사대부가 이 세상에 살면서 군부(君父)에게 능력을 인정받아 미미한 역량이나마 바쳐 받은 은혜에 보답하는 것은 양주(楊朱) 같은 무리[34]가 아니라면 누구인들 바라지 않겠습니까. 더구나 신이 그동안 입은 은혜는 고금에 다시없으니 몸이 죽고 일가가 다 죽더라도 만분의 일도 갚기 어렵습니다. 그러하니 어찌 이번에 새로 내린 명을 통해 대궐에 나아가 감사의 말씀을 드리고 이를 계기로 다시금 맑은 광채를 우러러보고 싶지 않겠습니까. 이어 백성과 사직의 사이에서 스스로 노둔하고 못난 힘이나마 다 쏟아 나라에 보답하려던 평소의 바람을 이루고 효도를 하려는 사사로운 마음을 이룬다면 신하와 자식 된 도리 두 가지를 온전하게 할 수 있을 것입니다. 그러나 돌아보건대 묵은 병이 이미 고질이 되어 목숨이 얼마 남지 않았으니 이제 만약 억지로 지팡이에 몸을 부지하고 나아가다가 관아에서 죽게 된다면 이 어찌 거듭 염치를 잃게 될 뿐만 아니라 맑은 조정의 치욕이 되지 않겠습니까. 이러한 만큼 군친께 보답하려고 한 것이 마침내는 충효를 크게 무너뜨리게 될 것입니다. 그러므로 신이 진퇴를 주저하며 끝내 감히 나아가지 못하는 것입니다.

아, 이것이 어찌 신이 바라는 것이겠습니까. 신은 늘 신하가 되어 예를 빠뜨리고 어머니가 있는데도 은혜가 시들해졌다고 탄식하는 주

34 양주(楊朱) 같은 무리 : 맹자는 "양주는 자신만을 위하니, 이것은 군주를 무시하는 주장이다. 묵적(墨翟)은 모두 사랑하자고 하니, 이것은 부모를 무시하는 주장이다. 부모와 군주가 없다면 이것은 금수와 다를 바가 없다."라고 비난하였다. 《孟子 滕文公下》

부자(朱夫子 주희(朱熹))의 글을 욀 때면 여러 번 반복하면서 눈물을 흘리지 않은 적이 없습니다. 신이 크나큰 은혜에 감격하여 무턱대고 벼슬자리를 받는 것에 대해서는 유독 그 마음에 또한 매우 두려워하는 점이 있으니, 만약 하늘의 뜻은 믿기 어렵고 시사는 예전 그대로라서 조금도 성은에 보답하지 못한 채 허무하게도 얼마 지나지 않아 죽어버린다면, 한번 나아가서 벼슬살이하며 입이나 배를 채우려는 계책이 될 뿐이고 신이 지닌 이 뜻은 암담해져 결국은 천고의 한이 되고야 말 것입니다. 이것이 신이 말라 죽어도 뉘우치지 않을 것을 결의하는 까닭입니다.

삼가 바라건대 자애로운 성상께서는 조금이나마 불쌍히 여겨 살펴주소서. 그러나 신이 충성을 바치려는 정성을 어찌 감히 잠시라도 잊을 수 있겠습니까. 매번 하늘의 천문이 이변을 보일 때[35]면 이 몸을 불태워서라도 재앙의 기운을 없애지 못하는 것이 한스럽고, 성상의 몸이 편치 못하다는 말을 한번 듣기만 하면 상심을 견딜 수 없어 말문이 막힙니다. 만일에 알 수 없는 일이 있게 되면 또한 머리가 부서지고 뼈가 가루가 되더라도 세상에 다시없는 지우(知遇)에 보답하기를 기약할 뿐입니다. 보잘것없는 신의 이러한 마음은 신명(神明)에게 물어보아도 알 수 있으니, 이는 바로 신이 늘 스스로의 의리를 편안히 지켜 성명께 바치려는 것입니다. 신은 은혜에 감격하여 속마음을 헤쳐서 드러내 놓고 보니 두려운 마음이 더욱 더해집니다. 신이 듣자니 충주는

35 하늘의……때 : 효종 3년에 이어 4년에도 봄부터 갖가지 천상의 이변과 재해가 속출하였는데, 17세기 전후는 소빙하기로 지구의 기온이 내려가면서 세계적으로 자연재해, 기근과 전염병이 만연했던 시기이기도 하다.

전임 목사가 병이 있어 일을 다스리지 않은 채 여러 달 있다가 돌아갔다고 하는데, 이제 또 신 때문에 이미 오래도록 자리가 비어서 모든 일이 중지되어 수습할 수가 없게 되었습니다. 불쌍한 백성들은 굶주림에 울부짖어도 호소할 데가 없으니 이 또한 작은 일이 아닙니다.

삼가 바라건대 성명께서는 이 점도 아울러 생각해서 서둘러 신의 자리를 체차하여 공사 간에 편안하게 하신다면 매우 다행이겠습니다. 신은 지극히 간절하고 두려운 마음을 견딜 수 없습니다.

두 번째 상소 계사년(1653, 효종4) 5월 14일

二疏 癸巳五月十四日

삼가 아룁니다. 보잘것없고 미천한 신이 여러 번 권유하시는 말씀을 받으니 황홀하게도 맑고 빛나는 옥음(玉音)을 직접 듣는 것 같았고 미천한 신이 이에 더욱 죽을 곳을 모르겠습니다.

아, 마음이 편안한 것은 바로 의(義)가 있기 때문입니다. 이제 신이 위로는 성은을 탐내고 아래로는 지는 해에 놀라 미칠 것만 같고 침식을 모두 잊었으니, 마음이 감히 이처럼 편안할 수 없는 것은 의가 무너진 까닭을 깊이 알고 있기 때문입니다. 의가 무너지고 나면 무엇으로 신하가 되겠습니까. 이미 이러한 줄 알면서도 감히 나아가지 못하는 것은 질병 외에도 실로 아주 어쩔 수 없는 일이 있어서입니다.

대저 신하의 도는 군부(君父)를 사랑하는 것일 뿐이니, 사랑하면 그가 편안하기를 바랍니다. 신의 종적으로 다시 일에 종사한다면 어둡고 어두운 속에 무엇이 잠복해 있는지 알지 못하여 다시 성려(聖慮)를 끼칠 것입니다.[36] 신은 뒤돌아 생각해 볼 때마다 잠자리에서도 놀라고 꿈에서도 놀랍니다. 아, 숨겨진 은밀한 근심과 상처를 가리고 호소할 곳이 없으니 하늘이여, 하늘이여 이 어떤 때란 말입니까.

36 신의……것입니다 : 1651년 김자점(金自點) 무리가 청나라에 효종을 참소하자 오랑캐가 군대로 국경을 압박하였다. 일이 장차 헤아릴 수 없을 지경이었는데 효종이 일의 기미에 따라 잘 처리하여 일이 무마되었다. 이로부터 우암은 다시는 벼슬할 뜻을 두지 않았다고 한다. 《宋子大全隨箚 卷2》

삼가 바라건대 자애로운 성상께서는 이러한 사정을 헤아리고 아울러 충성스러운 백성이 하소연할 곳이 없는 것을 불쌍히 여겨서 어서 신의 관직을 삭탈하신다면 이보다 다행이 없겠습니다. 그러나 또한 신의 보잘것없는 충성을 바칠 길이 없으니, 주자가 "이 몸과 마음으로 티끌 같은 세상을 받든다면 이것을 일러 부처님 은혜에 보답하는 것이라고 한다."라고 한 말[37]은 미천한 신의 오늘 일을 대변합니다. 신은 마음을 다 드러냈으나 사세가 궁박하여 무슨 말씀을 드려야 할지 모르겠습니다. 성상을 우러러보며 그지없이 간절하고 송구한 마음을 견딜 수 없습니다.

37 주자가……말 : 주희가 진량(陳亮)에게 보낸 편지에 나오는 말이다. 원래 《능엄경요해(楞嚴經要解)》에 나오는 내용인데, 사람마다 모두 벼슬에 나갈 필요는 없으니 때를 만나지 못했으면 벼슬에서 물러나 스스로 시대를 위하는 것 또한 '은혜를 갚지 않음으로써 은혜를 갚는 것〔不報之報〕'이 된다는 말을 하기 위해 주희가 인용한 것이다. 《晦庵集 卷36 答陳同甫》

세 번째 상소 계사년(1653, 효종4) 5월

三疏 癸巳五月

삼가 아뢰니다. 신이 다시 내리신 비답을 삼가 받들었는데, 신은 이리 하기를 기다리지 않고도 우러러 성명을 믿은 지 오래입니다.

아, 천한 신이 지금에 와서 다시 무슨 말씀을 드리겠습니까. 신은 또한 잔꾀를 지닌 자가 농간을 부리는 것은 한 가지 일만 보아도 알 수 있다고 생각하였습니다. 그러므로 더욱더 스스로 군(郡)의 일에 시험하여 세정(世情)에 어두워 쓸모없는 실체를 다 드러내고자 하였습니다. 그렇게 되면 전하께서도, 은총의 명이 잘못 내려졌으며 전날 중흥의 위대한 업적을 돕게 하려던 것은 그야말로 가소로웠음을 알 것이니 이 뒤로는 사랑하는 까닭에 나쁜 점을 알지 못하던 신하들에 대하여 또한 다시는 벼슬자리를 주시지 않을 것입니다. 그런 뒤에 초야에서 분수에 편히 지냄으로써 여생을 마치는 것은 신의 질박하고 성실하며 거짓 없는 길입니다. 그러므로 신은 앞으로 나아가기로 결심하였고 아울러 융숭한 은혜에 조금이나마 보답하고자 했습니다. 불행하게도 근래에 사사로운 슬픔으로 괴로운 나머지 묵은 병이 더욱 심해져서 쓰러져 자리에 누우니 보는 자들이 불쌍히 여기고 있습니다. 만약에 혹 억지로 일어나 출발하게 되면 반드시 무더운 길에서 죽고 말 것이니, 모르는 자는 먹고살기 위해 몸을 잊었다고 여길 것입니다. 그렇게 되면 신을 알아주고 돌보아 주신 성상께 누가 될 것이고 한강의 물을 다 기울여도 죄를 깨끗이 씻기 어려울 것이니 신의 형편이 답답하고 절박하다 하겠습니다. 게다가 충주의 관리가 한두 가지 일로 고하는 대략의 일도 모두 애달프고 근심스러운데[38] 어찌하여 신 한 몸 때문에 오래도록 이 한 지역의 백성들을 곤란하게 할 수 있겠습니까. 이러한 생각을 할 때마다 지극한 우려로 마음이 타는 듯합니다.

삼가 바라건대 성명께서는 서둘러 신을 삭직(削職)하여 공적으로나 사적으로나 다행스럽게 하소서. 신의 병이 조금이라도 힘쓸 수 있는 형편이 된다면 벼슬에 나아가지는 못하더라도 죽기 전에 다시 성상의 얼굴을 뵙는 것이 신의 지극한 바람입니다. 이러한 기회를 만났는데 어찌 감히[39] 조금이라도 늦추겠습니까. 귀신이 곁에 있으니 감히 거짓을 말하지 못합니다. 신이 여러 번 은혜로운 명을 어겨 빈번하게 성상의 은총을 번거롭게 하니 사실(私室)에서 석고대죄(席藁待罪)하면서 삼가 견책을 기다립니다. 신은 지극히 두렵고 간절한 마음을 이기지 못하겠습니다.

38 근심스러운데 : 두주에는 '事一作端'으로 되어 있다.

39 어찌 감히 : 두주에는 '豈敢一作寧欲'으로 되어 있다.

승지를 사직하는 상소 갑오년(1654, 효종5) 4월

辭承旨疏 甲午四月

삼가 아룁니다. 소신이 여러 번 은혜로운 명을 받고도 한결같이 회피하고 게을리하니 죄가 태산 같아 근심과 두려움이 병이 되었습니다. 그런데 뜻하지 않게 자애로운 성상께서 형벌을 시행하지 않고 오히려 은총을 내려 발탁하여, 품계를 뛰어넘어 덕 있는 사람에게 명하는 벼슬에 제수하고 허물을 씻고 흠을 덮어 힘껏 소신을 펼 수 있는 자리에 두시니 신이 명을 듣고는 깜짝 놀라 몸 둘 바를 모르겠습니다. 못난 신이 전에 이미 속에 있는 말을 남김없이 다 쏟아 냈으므로 이제는 감히 길게 말씀드리지 못하고 우선 그 대략을 들어 말씀드리고자 합니다.

신은 본래 용렬하고 취할 만한 점이 전혀 없는 사람으로, 처음에는 헛된 이름을 도둑질하여 거룩한 시대를 속이고 나중에는 조정의 명을 오만하게 거슬러 밝은 법을 범하였습니다. 이러한 점이 한 가지라도 있다면 죽는 것도 가볍다 하겠는데 더구나 감히 반복하여 특별한 은혜를 그르쳐 사방이 전해 가며 비웃음으로써 후세에 비방을 끼친 경우이겠습니까. 신은 듣건대 벼슬과 녹을 어질고 덕 있는 사람에게 주면 벼슬자리가 산보다 진중하게 되고, 녹봉과 지위가 비열하고 더러운 사람에게 미치면 중한 벼슬자리가 모래나 진흙처럼 하찮게 된다고 합니다. 신이 비록 미미한 재주로 성덕에 보답하지 못하더라도 어찌 차마 명기(名器)를 더럽혀 밝은 시대에 누를 끼치겠습니까.

또 삼가 생각건대 세상이 쇠퇴하고 도가 미약해져서 사대부들이 진실을 가장하여 허위를 팔아 폐단이 없는 곳이 없습니다. 그런데 오직 이렇게 물러나기를 구하여 승진을 얻고 낮은 자리를 버려서 높은 자리를 따냄으로써 청관(淸官)과 요직(要職)을, 평생토록 편안히 앉아 있다가 갑자기 얻게 되는 길이 실로 신으로 말미암아 열리게 될 것입니다. 미천한 신의 지조야 비록 말할 것도 없지만 어질고 거룩하신 전하께서 한 시대를 도야하고 교화하시면서 어찌 신으로 한 머릿수를 채우고자 하십니까. 더구나 신은 여러 달 이래로 묵은 병이 더욱 심해져 기력이 위태로우니 애써 나아가 사은숙배하고 싶지만 도리가 없습니다. 삼가 바라건대 자애로운 성상께서는 특별히 불쌍히 여겨서 속히 원래 내리신 직질(職秩)을 거두어 어리석은 신의 분수를 편안하게 하고 세상의 도를 다행스럽게 해 주소서. 신은 지극히 감격스럽고 간절함을 견딜 수 없습니다.

두 번째 상소 갑오년(1654, 효종5) 4월 30일

二疏 甲午四月三十日

삼가 아룁니다. 신이 위태롭게 여겨서 간곡한 뜻을 아뢰어 잘못된 은혜에서 벗어나기를 바랐는데 이에 비답의 말씀을 받드니, 말씀하는 뜻이 엄하고 간절하며 군신의 분수와 의리로 꾸짖으셨기에 신이 참으로 두려워 더욱이 몸 둘 곳을 모르겠습니다. 신은 듣건대 군신의 의리는 천지 사이에 도피할 곳이 없다고 합니다. 미물이라도 아는 경우가 있는데 진실로 명색이 사람이면서 어찌 없애 버릴 수 있겠습니까. 더구나 신이 성은을 입은 것이 평범함을 훨씬 벗어나니 몸을 죽여서라도 은혜에 보답하고자 하는 마음을 어찌 잠시라도 잊을 수 있겠습니까. 그런데 그동안 부르셨는데도 한결같이 사은숙배에 달려가지 않았으니 비록 성상의 하교가 아니라도 신 스스로 죄를 알고 있습니다.

다만 듣자니 자로(子路)가 삼태기를 멘 사람에게 "벼슬하지 않는 것은 의리가 없는 것이니, 군신의 의리를 어찌 저버릴 수 있겠는가."라고 하였는데, 주 부자(朱夫子)가 그 말을 해석하여 "벼슬하는 것은 군신의 의리를 행하는 것이다. 의리라고 말한다면 일의 옳고 그름과 일신의 거취 부분에서는 또한 구차하게 할 수 없는 점이 있다."라고 하였습니다. 이제 신이 재주와 분수를 헤아리지 않고 쓸모없고 어리석다는 것도 생각지 않으며 명을 듣고는 바삐 달려갈 것만 생각하면서 "나는 군신의 의리를 행할 뿐이다."라고 한다면, 벼슬자리를 탐내어 염치를 상실한 사람이 되지 않겠습니까. 이는 바로 벼슬할 만한데도 벼슬하지 않는 것이니, 그만둘 만한데도 그만두지 않는 것과 마찬가지로 의리가 없는 것입니다. 그러므로 주 부자가 일찍이 여기에 정성을 쏟지 않은 적이 없어 구차스럽게 봉록을 구하는 후세 사람을 경계하였습니다. 그렇다면 초야에서 본분을 지키면서 평생을 마치는 사람이 꼭 명분과 의리가 없는 사람만은 아닐 것이며, 주 부자가 "이 몸과 마음을 가지고 티끌 같은 세상을 받든다면 이것을 부처님 은혜에 보답하는 것이라고 한다."라고 한 것도, 혹 한 가지 방도일 것입니다. 보잘것없는 미천한 신은 말할 것도 못 되지만 전하께서 만일 '분수와 의리〔分義〕' 두 글자를 가지고 온 세상을 각박하게 조이시면, 나아가기를 어렵게 여기고 물러나기를 쉽게 여기는 사람이 전하의 조정에 나아갈 길이 없고, 오직 이익을 보고 의리를 잊어버린 사람만이 잇달아 이를까 봐 신은 몹시 두렵습니다.

신은 스스로를 매우 환하게 알고 있어서 감히 나아가서 한번 은혜로운 명에 사은을 드리고 싶지 않은 것은 아니지만 마음만 간절할 뿐이고, 신의 질병이 짧은 시일 내에 나을 수 있는 것이 아닙니다. 승지는 중요한 자리라서 오래 비워 둘 수 없으니 공사(公私) 간에 매인 마음이 참으로 절박합니다. 삼가 바라건대 성명께서는 보잘것없는 신의 마음을 굽어살펴서 서둘러 직명을 체직하고 아울러 통정대부의 품계도 거두어 주십시오. 신이 거듭 성상을 번거롭게 하였으니 지극히 두렵고 떨리는 마음을 견딜 수 없습니다.

이조 참의를 사직하는 상소 을미년(1655, 효종6) 2월 21일

辭吏曹參議疏 乙未二月二十一日

삼가 아룁니다. 신이 이달 14일에 공경히 이달 6일에 내리신 교지를 받드니 신을 이조 참의로 삼는다는 것이었습니다. 신이 명을 듣고는 놀랍고 두려워 몸 둘 바를 모르겠습니다. 신이 그동안 입은 은혜에 대해서는 진심에서 우러난 사직의 글을 올려 남김없이 다 말씀드렸습니다. 그 대강은 두 가지가 있으니, 첫째는 분수에 감당할 수 없다는 것이고, 둘째는 병으로 일을 감당할 수 없다는 것입니다. 아무리[40] 예사로운 관직을 제수한다고 하더라도 이렇듯 죽음을 무릅쓰고 애걸하면 자애로운 성상께서는 늘 완곡히 허락해 주셨으니, 스스로 크나큰 은혜를 입어 초가에서 목숨을 마칠 수 있다고 여겼습니다. 그런데 뜻하지도 않게 이번에 특별한 은혜가 다시 이르렀으니 어찌 신의 보잘것없는 마음이 아직 다 드러나지 않아서가 아니겠습니까. 신은 어찌해야 할지 모르겠습니다.

또 생각건대 새로 받은 명은 실로 이조 참의 자리로, 인재를 가려 뽑는 것은 임무가 지극히 중요하고 관계되는 것이 지극히 크므로 그 일을 해낼 만한 사람이 있더라도 오히려 또 주저하여 감히 갑자기 제수하지 못하는 법입니다. 더구나 신은 병약하고 천하니 어찌 듣는 사람을 매우 놀라게 하지 않겠습니까. 신은 다만 사사로운 뜻에 낭패스럽다고 여길 뿐만 아니라 실로 명기(名器)를 위해 애석하게 여깁니다. 또 신에

40 아무리 : 두주에는 '一本雖下有在字'로 되어 있다.

게는 몹시 민망하고 절박한 일이 있습니다.[41] 신에게 홀로 남은 어머니가 있는데 올해 78세입니다. 병에 시달리며 조석을 장담하기 어려우니 이 어찌 자식 된 자가 멀리 떠나 벼슬하러 갈 수 있는 때이겠습니까. 신은 삼가 들으니 법에 어버이가 70세가 되면 300리 밖으로 서용(敍用)하지 말라는 문구가 있다 합니다. 이는 참으로 인정에 부합한 것으로 부모가 죽는 날까지 봉양하게 하려는 뜻입니다.

신은 가만히 생각건대 이 법은 내외직에 차이가 없을 듯합니다. 더구나 지금 성명께서 효도로 다스리는 정사가 막 융성하여 사람마다 효성을 다할 것을 생각하는데, 보잘것없는 신은 유독 인정과 도리를 펼[42] 수 없으니 어찌 매우 불쌍하지 않겠습니까. 삼가 바라건대 자애로운 성상께서는 위로는 명기의 중요함을 생각하고 아래로는 효성을 바치고 싶은 사사로운 마음을 살펴서 서둘러 체직을 허락하여 어리석은 신의 본분을 편안하게 해 주신다면 매우 다행이겠습니다. 신은 성상을 우러러보며 너무도 간절하고 두려운 마음을 견딜 수 없습니다.

41 있습니다 : 두주에는 '一本有上有竊字'로 되어 있다.

42 펼 : 두주에는 '一本伸下有焉字'로 되어 있다.

두 번째 상소 을미년(1655, 효종6) 2월

二疏 乙未二月

삼가 아룁니다. 멀리 떨어져 있는 천한 신이 여러 번 성상의 귀를 번거롭게 해 드리니 죄가 만번 죽어 마땅합니다. 그런데 뜻하지 않게 성상께서 넓은 도량으로 포용하여 특별한 은혜를 베풀며 외람되게도 따뜻한 말씀이 더욱 융숭하고 훈계하는 말씀이 더욱 정중하시니 신이 뼈가 가루가 되고 몸이 부서지더라도 어찌 만분에 하나라도 갚을 수 있겠습니까. 한밤중에도 잠들지 못하고 방 안을 서성이며 눈물이 옷깃을 적실 뿐이었습니다. 신이 나무나 돌이 아닌 이상 한번 은혜로운 광영에 사은숙배하고 난 뒤에 물러나 구렁에 빠져 죽고 싶은 바람이 어찌 없겠습니까. 그러나 생각건대 신의 형편이 질병 외에도 다시 위축되어 머뭇거리며 감히 썩 나아가지 못하는 까닭이 있습니다. 어쩌면 성상께서는 묵묵히 말 이외의 뜻을 헤아리실 터이니 군부(君父)의 앞에 또 어찌 감히 한결같이 망설이며 품은 생각이 있으면서도 토로하지 않을 수 있겠습니까.

신은 기축년(1649)에 분수에 넘치게도 사헌부에 있으면서, 나라의 자강책(自强策)은 내부를 다스리는 것보다 먼저 할 것이 없고 내부를 다스리는 도는 근본을 바로잡고 근원을 맑게 하는 것보다 급한 것이 없다고 망녕되이 생각하여, 시세를 헤아리지 않고 경솔하게 격양된 의론을 하였습니다.[43] 원망이 점차 세상에 가득하고 만사가 와해되어,

43 기축년에……하였습니다 : 1649년 효종이 즉위하여 척화파 및 재야 학자들을 대거

역모가 안에서 싹트고 이간질과 참소하는 말이 적에게 행해져 경인년(1650)에 와서 나라의 형편이 위태롭게 되었는데[44] 그 허물을 고요히 생각해 보니 신의 탓이었습니다. 만약 성명께서 미봉하지 않았더라면 나랏일이 안정될 수 없었을 것이고, 신 같은 몇몇 사람은 벌써 청나라에서 귀신이 된 지 오래일 것입니다. 그 뒤에 저들은 애매모호하게 말하면서 뜻은 항상 신들에게 있었습니다. 생각건대 옛날의 의심이 아직 다 풀리지 않았으니 새로이 헐뜯는 일이 결코 없으리라고 어찌 보장하겠습니까. 보잘것없는 신이 조정에 있는 것은 강호(江湖)의 물새와 같아서 손해나 이익이 될 것이 없으나 마침 저들의 의심과 노여움을 더하기에는 충분합니다. 말을 트집 잡아 흠집을 만드는 것을 헤아릴 수 없는 만큼 신의 한 몸은 아깝지 않으나 나랏일을 어찌하겠습니까. 참으로 바라건대 전하께서는 굽어살피셔서 신의 관직을 삭탈하고 영영 등용하지 마소서. 신이 무리를 떠나 홀로 궁벽한 시골에 살며 병을

기용하면서, 우암에게 세자시강원 진선(世子侍講院進善), 사헌부 장령(司憲府掌令) 등의 관직을 내리자 병자호란 이후 10여 년간 일체의 벼슬을 사양하고 학문에만 전념하던 우암이 벼슬에 나아갔다. 이때 우암이 올린 〈기축봉사(己丑封事)〉는 정치적 소신을 진술한 것인데, '시세를 헤아리지 않고 경솔하게 격양된 의론'이란, 간사한 사람을 멀리하여 충직한 사람을 가까이할 것, 사사로운 은혜를 억제하여 공도를 넓힐 것, 선임을 정밀하게 하여 체통을 밝힐 것 등의 말을 지적하는 것으로 보인다.

44 경인년에……되었는데 : 1650년 김자점(金自點)이 유배되자 역관 이형장(李馨長)을 통해 청나라에 효종의 북벌 계획을 밀고하였다. 이에 청나라는 군대를 국경에 배치한 다음 사신을 보내어, 청나라에 충성하는 김자점을 내치고 병자호란 때 끝까지 맞서 싸울 것을 주장한 김상헌(金尙憲)을 등용한 일, 성지(城池)를 보수하고 무기를 정비하려고 하는 일 등을 조사하자 효종과 대신들이 사신을 설득해 청나라의 의심을 풀었던 일을 말한다.《孝宗實錄 卽位年 6月 22日, 1年 3月 1日, 2年 12月 16日》

치료하고 몸을 닦다가 하늘의 신령함에 힘입어 시대가 좋아지고 세상이 편안해져서 혹 재차 주위(周衛)[45]의 길에 들어가 다시 일월의 빛을 바라보게 된다면 공사 간에 어찌 매우 다행한 일이 아니겠습니까.

아, 성명을 만난 것이 용과 호랑이가 바람과 구름을 만난 것과도 같으니 사람이 살면서 영예와 소원이 어찌 이보다 더하겠습니까. 신의 신세가 이 지경에 이르도록 위태로운 것 또한 명(命)이니 종이를 마주하자 눈물이 흘러 말할 바를 모르겠습니다. 신은 은혜에 부끄럽고 죄가 두려워 지극히 간절하고 황송한 마음을 견딜 수 없습니다.

45 주위(周衛) : 근위를 하거나 야경을 하는 것을 뜻하는데, 시종신(侍從臣)을 겸손하게 표현한 말이다. 반고(班固)의 〈서도부(西都賦)〉에 "구진의 자리를 돌고 야경을 알리는 부서를 지킨다.〔周以鉤陳之位, 衛以嚴更之署.〕"라고 한 말에서 유래하였다. 구진은 하늘의 자미원(紫微垣)에 속한 별로, 천자의 육군(六軍)을 상징한다.

상중[46]에 음식물을 사양하는 상소 정유년(1657, 효종8) 1월 26일

喪中辭食物疏 丁酉正月二十六日

거상(居喪) 중인 신 송시열은 삼가 아룁니다. 신은 죄를 지어 하늘에 용서를 받지 못해 이와 같은 흉한 재앙을 만났으며 질병이 위중하여 조만간에 눈을 감을 지경이었는데, 삼가 자애로운 성상께서 특별히 애달프게 여겨서 의원을 보내 진찰하게 하고 또 약을 내려 주시는 은혜를 입었습니다. 그리하여 신이 마치 썩은 뼈에 살이 돋고 마른 버드나무에서 싹이 나는 격이 되었기에, 땅에 엎드려 울며 피눈물을 흘렸습니다. 그런데 얼마 안 되어 도신(道臣)이 다시 성지(聖旨)라고 하면서 쌀과 콩을 지급하므로 신은 갑절이나 더 황공하여 더욱 몸 둘 바를 모르겠습니다.

삼가 생각건대 신이 그동안 받은 성은은 이루 다 기록할 수가 없습니다. 몇 해 전에 신의 어머니가 위독했던 일은 이미 말할 수 없을 정도였는데 때마침 은명(恩命)이 이르러, 신이 어머니를 모시고 서울에 와서 녹봉으로 봉양하게 하셨으므로 신의 어머니는 은혜를 받고 감격하여 장차 회생할 것 같았습니다. 비록 신의 허물 때문에 결국 일어나지 못하고 말았으나[47] 지하의 남은 넋은 끝없이 영광으로 여길 것입니다.

46 상중(喪中) : 우암은 49세인 1655년 3월 어머니를 여의었는데, 1657년 1월이면 아직 3년 상중에 있을 때이다.

47 몇……말았으나 : 1655년 2월 효종은 우암을 이조 참의로 임명하였는데, 우암이 홀로 있는 어머니가 노쇠하다 하여 극력 사양하자 어머니를 모시고 올라오도록 하였고, 그 일이 있은 지 한 달 만에 우암의 어머니는 세상을 떠났다.

그렇다면 신의 온 가족이 목숨을 바친다 하더라도 어찌 성은을 만분의 일이나마 갚을 수 있겠습니까. 이어서 듣건대 전하께서 고(故) 판서 김익희(金益熙)가 조정에 돌아왔을 때 신의 몸이 재앙을 겪은 나머지 지탱할 수 있는지를 친히 물으셨다 하니, 이 또한 신이 감당하지 못할 바인데, 더구나 지금 보통이 아닌 특별한 은혜를 다시 받게 된 경우이겠습니까. 군신이 있은 이래 분수에 넘치게 은혜를 받은 경우로 어찌 신 같은 자가 있겠습니까.

그러나 음식물을 내리는 은전에 대해서는 신이 의리상 감히 받지 못할 바가 있고 정리상 차마 받지 못할 바가 있습니다. 이른바 의리상 감히 받지 못할 바가 있다는 것은 다음과 같습니다. 부모상을 치르는 자는 영화를 탐할 처지가 못 되고 곡하며 발을 구르는 때는 은총을 받을 때가 아니니, 아무리 천지의 덕이 어둡고 곤궁한 처지에 있는 자도 모두 감싸 준다 하지만 상을 당한 몸에 은혜로운 명이 더해지고 상서롭지 못한 곳에 은혜를 내리는 이 일만은 의리상 할 수 없는 것입니다. 이른바 정리상 차마 받지 못할 바가 있다는 것은 다음과 같습니다. 신이 전날 여러 번 이런 은전을 받자 신의 어머니는 사은(私恩)에 감격하여 자주 친족에게 나누어 주었고, 또 음식과 술로 날마다 일가 사람들을 청하여 술잔을 들고 칭송하면서 온종일 마냥 즐거워하였는데, 마을에서는 부러워하고 탄식하며 눈물을 흘리는 자까지 있었습니다. 이는 미천한 자의 처지에서 극도로 분수에 넘치는 일이나 신이 나름대로 생각하기를 '농사를 지어 봉양하지도 못했고 출세하여 어버이를 빛나게 하지도 못했다. 성상의 이 큰 사은으로써만이 노모가 일생 동안 변변치 못한 음식만 드신 고초를 위로할 수 있고, 또 성주(聖主)의 은혜가 고아와 과부에게까지 이른다는 것을 널리 알릴 수 있다.' 하였습니다. 그러고는 모자가 서로 마주하여 매양 감격하며 울었던 것입니다. 그런데 오늘날은 이 음식물을 얻어서 누구를 영광스럽게 하겠으며 누구를 봉양하겠습니까. 그야말로 옛사람이 "옛날에는 봉양하고 싶어도 항상 부족하였는데 지금은 여유가 있다. 그러나 장차 어디에 가서 봉양하겠는가."[48]라고 말한 대로이니, 이것이 신이 정리상 차마 받지 못하는 점입니다.

만일 아녀자들의 굶주림과 추위를 구할 물자로 삼으려 한다면, 옛날 범중엄(范仲淹)은 녹봉으로 어버이를 봉양하지 못했기 때문에 자녀들만 누리는 것을 차마 보지 못하였는데,[49] 지금 신이 이것을 받는다면 또한 마음이 어떻겠습니까. 그리고 자애로운 성상께서 특별히 신이 굶주리는 것을 애처롭게 여긴 것이라고 한다면, 신의 지혜가 정말 모자라서 자급할 능력은 없다 해도 이웃 간에 빌리고 공사 간에 곡식을 내다 팔고 사들일 수는 있으므로 맹자가 말한 "아침도 못 먹고 저녁도 못 먹어서 문밖을 나갈 수가 없다."라는 상황까지는 이르지 않았으니,[50]

48 옛날에는……봉양하겠는가 : 북송(北宋)의 구양수(歐陽脩)가 그의 부친이 사망하고 10년 뒤에 세운 묘표(墓表)인 〈농강천표(瀧岡阡表)〉에 나오는 말이다.

49 범중엄(范仲淹)은……못하였는데 : 송 인종(宋仁宗) 때 재상을 지낸 범중엄이 자식을 훈계한 글에 "이제 후한 녹봉을 받는데, 어버이를 봉양하고자 하나 어버이가 계시지 않고, 네 어머니 또한 일찍 세상을 떠났으니 내가 가장 한스럽게 여기는 바이다."라고 하였다. 《小學 嘉言 廣明倫》

50 맹자가……않았으니 : 끼니를 이을 수 없을 만큼 몹시 곤궁한 상황까지는 이르지 않았다는 말이다. 맹자가 벼슬에 나아가는 세 가지 경우를 설명하면서 마지막 세 번째에서 "아침도 먹지 못하고 저녁도 먹지 못하여 굶주려 문호를 나갈 수 없을 때 군주가 이 말을 듣고 '내 크게는 그 도를 행하지 못하고 또 그 말을 따르지 못해서, 내 땅에서 굶주리게 하는 것을 나는 부끄러워한다.'라고 하며 구원해 준다면 또한 그것을 받을 수 있겠지만, 죽음을 면할 정도로만 받을 뿐이다."라고 한 말에서 유래하였다. 《孟子 告子下》

더더욱 편안하지 못한 바가 있습니다.

신은 참으로 성은에 감격하여 죽을 곳을 알지 못하겠으나 구구한 뜻이 위에 아뢴 바와 같기 때문에 감히 상중에 있는 몸으로 성상을 번거롭게 하였습니다. 삼가 바라건대 성명께서는 특별히 살펴 은전을 회수해서 신이 의리로나 정리로나 모두 편안할 수 있도록 해 주소서. 그러면 신은 죽더라도 살아 있는 것과 같아서 여한이 없을 것입니다. 신은 감격스러우면서도 황공한 심정을 가누지 못하겠습니다.

송자대전

제8권

소차 疏箚

찬선을 사직하는 상소 정유년(1657, 효종8) 5월

辭贊善疏 丁酉五月

삼가 아룁니다. 초야에서 쇠잔한 목숨을 부지하고 있는 신이 엊그제 최마복(衰麻服)을 벗으니,[1] 예제(禮制)가 끝나 정리(情理)를 억눌러야 하기에 죽고만 싶으나 어쩔 수가 없습니다. 그런데 뜻하지 않게도 성상께서 급하게 부르니 열 줄짜리 한 통의 서찰은 말씀하시는 뜻이 간절하여 신은 받들어 읽고서 눈물을 삼키며 오장이 꺾이는 듯하였습니다. 신이 은총을 입은 지 오래되었고 모친상을 당한 이후는 더욱 은혜가 각별하였습니다. 무릇 사람이 병는 중에 벗이 보살펴 주더라도 죽을 때까지 감사하는 마음을 간직하는 법인데 더구나 군부(君父)의 은혜에 대해 어찌 마음에 새기지 않을 수 있겠습니까. 부르시는 명이 아니라 해도 진실로 달려가 사은하여 보잘것없는 마음을 만분의 일이라도 토로해야 하는 법입니다. 더구나 융숭한 교지를 받고서 어찌 감히 지체할 수 있겠습니까.

다만 신이 이제 막 겉으로 복을 벗었을 뿐[2] 아직 유월(踰月)의 예제

1 엊그제 최마복(衰麻服)을 벗으니 : 우암(尤庵)은 49세인 1655년 3월에 모친 곽 부인(郭夫人)의 상을 당하여, 51세인 1657년 5월에 삼년상을 마치고 복을 벗었다.

2 겉으로……뿐 : 《예기》 〈잡기(雜記)〉에 "부모의 초상은 겉으로 벗고 형제의 초상은 안으로 벗는다.〔親喪外除, 兄弟之喪內除.〕"라는 말에서 유래한다. 대개의 주석가들이 "부모의 초상에는 삼년상을 마치고 상복을 벗어도 마음속에 슬픔이 여전히 남아 있고, 형제의 초상에는 상복을 벗을 때가 되기 전부터 슬픔이 조금씩 줄어든다."라는 뜻으로 해석하고 있다.

(禮制)[3]가 있으니 복을 입지 않은 여느 사람과 완전히 같을 수는 없습니다. 그런데 어찌 차마 고관의 관복을 입고 문득 도성 문에 들어갈 수 있겠습니까. 옛날에 주 부자(朱夫子)는 신묘년(1171) 11월에 상복을 벗고 임진년(1172) 봄이 되어서도 관직을 제수하는 명을 사양하였는데,[4] 겨우 담제(禫祭)를 벗었기에 참으로 영예로운 은총을 함부로 받아 미치지 못하는 슬픔[5]을 더할 수는 없다고 여겨서였습니다. 또 말하기를 "이러한 때 문득 신을 벼슬에 나아가도록 하시니 정리상 차마 하지 못하겠거니와 의리상으로도 편하지 못합니다."[6] 하였으니, 신이 비록

3 유월(踰月)의 예제(禮制) : 유월이란 달을 넘긴다는 말로, 일반적으로는 사망한 지 25개월 만에 대상(大祥)을 지내고, 한 달을 건너 다음 달인 27개월째 되는 달에 지내는 담제의 예를 말한다. 그러나 우암이 상소를 올린 5월은 초상으로부터 27개월째이므로 바로 담제를 치르는 달이 된다. 그러므로 여기서 유월이란 담제를 지낸 후에 새로 돌아가신 분의 신주를 사당에 들이면서 기존의 신위들과 함께 제사 지내는 길제(吉祭)를 말하는 것으로 보인다. 길제는 보통 한 계절의 중간 달〔仲月〕, 즉 2월, 5월, 8월, 11월에 지내므로 유월이라고 표현한 것으로 추측된다.

4 주……사양하였는데 : 주희(朱熹)가 기축년(1169) 9월에 어머니 축씨(祝氏)의 상을 당하였으니 신묘년(1171) 11월은 초상을 치른 지 27개월째로, 삼년상을 마치는 달이 된다. 이해 12월에 상서성(尙書省)의 차자(箚子)에서 주희에게 이미 내려진 분부대로 속히 출발할 것을 명하였으나 어머니가 이미 돌아가셔서 더는 녹봉으로 봉양할 길이 없게 되었다는 이유로 사직을 하였으며, 순희(淳熙) 1년(1174) 6월이 되어서야 벼슬에 나아갔다. 《朱子年譜 卷1》

5 미치지 못하는 슬픔 : 이미 돌아가신 부모를 봉양할 수 없게 된 슬픔을 말한다. 《장자》 〈우언(寓言)〉에 증자(曾子)가 "내가 어버이 생전에 벼슬할 때에는 녹봉이 3부(釜)에 지나지 않았지만 마음이 즐거웠고, 어버이가 돌아가신 뒤에 벼슬할 때에는 녹봉이 3000종(鍾)이나 되었으나 어버이 봉양에 미치지 못하니, 나의 마음이 슬펐다."라고 한 뜻을 가져왔다.

6 이러한……못합니다 : 주희가 1172년 송 효종(宋孝宗)이 행재소(行在所)인 임안

불초하지만 이 말씀을 외면서 오열하며 눈물을 닦습니다. 게다가 신이 상을 당한 끝에 질병이 위중해져 음식을 입에 대기만 하면 위장에서 토해 내니 죽을 날이 머지않습니다. 참으로 반은 죽은 몸으로 험난한 길 도중에서 감히 죽지 못하는 것은, 불쌍히 여기고 온전히 살리시는 전하의 어진 마음을 저버리게 되기 때문입니다.

삼가 바라건대 자애로운 성상께서는 신의 목숨이 위태로운 것을 불쌍히 여겨서 속히 체직하여 마음 편하게 죽을 수 있도록 해 주신다면 그만한 다행이 없겠습니다. 신이 전하의 명을 받들어 보답할 길을 생각해 보아도 방법이 없어 멀리 대궐을 바라보며 슬프고 사모하며 지극히 감격스러운 마음을 견디지 못하겠습니다.

(臨安)으로 오라고 명한 데 대하여 어머니 담제 뒤끝의 허약한 몸과 마음을 추스를 수 있게 해 달라는 뜻으로 모두 다섯 번의 장계를 올렸는데, 이 글은 두 번째 장계에 나오는 내용이다.《晦庵集 卷22 辭免召命狀二》

두 번째 상소 정유년(1657, 효종8) 6월

二疏 丁酉六月

삼가 아룁니다. 신이 분수에 넘치게도 특별히 내리신 유지(諭旨)에 부응하여 대략 간곡한 마음을 아뢰었더니 이에 부당한 은총을 배로 입어 의원과 약을 보내 주시고 또 가마를 타고 오라는 명이 있었습니다. 생각건대 못난 신이 어떻게 이러한 은혜를 감당할 수 있겠으며, 상소에 대한 비답에서 하신 간곡한 위로의 말씀은 집안의 부자간에 나누는 은근한 말과 같을 뿐만이 아니니, 고금의 신하 중에 어느 누가 일찍이 군주에게 이와 같은 은혜를 입은 적이 있었습니까. 신의 슬프고 괴로웠던 마음은 본래 저절로 감동되기 쉬운 데다 특별히 내리신 유지를 삼가 읽고 나니 간장이 꺾이고 목이 메며 눈물과 콧물이 번갈아 턱을 적셨습니다. 또 자애로운 성상께서 신의 고질을 가련히 여겨서 엄한 부르심을 우선 늦추어 조금 기다렸다가 길을 떠나게 하셨습니다. 죽음이 머잖은 쇠잔한 목숨이 잠시 이어지게 되었으니 살려 주기를 좋아하는 지극한 인(仁)[7]이 신에게 유독 깊습니다.

다만 생각건대 신의 병이 뿌리가 깊고 견고하여 위장은 음식을 받아

7 살려……인(仁) : 생명이 있는 모든 사물을 불쌍히 여기고 살리고 싶어 하는 성인의 어진 덕을 말한다. 법관인 고요(皐陶)가 "죄가 의심스러운 것은 가볍게 벌하고 공이 의심스러운 것은 무겁게 상 주시며, 무고한 사람을 죽이기보다는 차라리 떳떳한 법대로 하지 않은 실수를 범하겠다고 하여, 살려 주기를 좋아하는 덕이 백성들의 마음에 흠뻑 젖어들었습니다."라고 하며 순(舜) 임금의 덕을 찬양하였던 데서 나온 말이다. 《書經 大禹謨》

들이지 못하고 더부룩한 기가 뒤따라 일어나니 지탱할 방도를 조금이라도 아는 자는 다들 한심해합니다. 치료하는 방법을 다 써 본다 한들 조만간에 효험을 보기는 어려우니 어찌 감히 막중한 직무를 오래 비워 두고 기약할 수 없는 날을 기다려 그 죄를 무겁게 할 수 있겠습니까. 삼가 바라건대 성명(聖明)께서는 이러한 형편을 헤아리고 우선 신의 관직을 체차하여 안심하고 조리할 수 있게 해 주소서. 다행히도 온전히 살아나게 되면 신이 마땅히 몸을 이끌고 달려가서 사은하여, 하찮은 신의 마음을 죄다 드러내어 말씀드리고 물러날 것이고, 만일 병석에서 뒤척이다가 하루아침에 눈을 감게 되면 장차 성주(聖主)와는 영영 이별하게 될 것입니다. 신이 정신과 기운이 소모되어 하고 싶은 뜻을 다 말하지 못하고 그저 대궐을 우러러보며 하찮은 충성만 간절합니다. 신은 지극히 간절하고 두려운 마음을 견딜 수 없습니다.

세 번째 상소

三疏

바로 봉사(封事)[8]이다.

8 봉사(封事) : 밀봉하여 임금이 직접 뜯어보게 한 상주문(上奏文)을 말하는데, 우암이 효종에게 올린 봉사는 등극하던 1649년의 〈기축봉사(己丑封事)〉와 1657년의 〈정유봉사(丁酉封事)〉가 있다. 여기서는 〈정유봉사〉를 가리킨다.

네 번째 상소 정유년(1657, 효종8) 9월

四疏 丁酉九月

삼가 아뢰니다. 신이 지난번에 면직을 청하는 상소를 올리면서 망녕된 말씀을 드렸습니다.[9] 그리고 이어 성명께서 조경(趙絅)의 상소에 대해 비답을 내렸다는 소식을 들었는데, 효성이 매우 간절하여 말씀한 뜻이 몹시 엄숙하셨다 하니[10] 신이 그동안 망녕되이 말씀드린 죄는 사실 용서받을 수 없는 것입니다. 대체로 이는 신이 멀리 외딴 곳에 묻혀 살아 성상의 하교를 듣지 못하였기 때문에 마침내 재차 죄를 범한 것입니다. 비록 어찌할 수 없는 일이라고는 하지만, 끝까지 고집을 피웠으므로 황공하고 두려워서 삼가 벌이 내리기만을 기다리고 있었습니다. 그런데 뜻밖에 자애로운 성상께서 벌을 내리지 않을 뿐만 아니라 다시 내의

9 지난번에……드렸습니다 : 이해 8월 16일에 올린 〈정유봉사〉를 두고 말하는 것으로 보인다. 즉위한 지 8년이나 되었으나 세월만 보내고 아무런 효험이 없으며, 백성들이 원망하고 하늘이 노하여 소요가 일어나고 위태로운 화가 일어난다는 등 주희의 글을 인용하여 효종을 비판하였다.

10 성명께서……하니 : 조경의 상소란 심대부(沈大孚)의 사면을 청한 상소를 말한다. 효종이 부왕(父王)의 묘호에 조(祖) 자를 쓰도록 명하여 인조(仁祖)로 정하자, 당시 응교로 있던 심대부가 상소하여 조 자를 쓸 수 없다고 하면서 역대 전고(典故)를 들어 반박함으로써 효종의 노여움을 사 귀양을 갔는데 그의 사면을 청하는 내용이다. "말씀한 뜻이 몹시 엄숙하셨다."라는 것은, 효종의 비답에 있는, 심대부가 경서의 말에다 억지로 맞추고 간특한 말로 꾸몄다는 표현과 선제(宣帝)와 무제(武帝)는 할아버지와 손자 사이이지만 실은 원수라는 등의 표현을 두고 한 말이다. 《燃藜室記述 別集 卷1 廟號諡號》《孝宗實錄 8年 7月 20日》

(內醫)를 보내 미천한 신의 병을 물어보고, 이윽고 또 비답을 받아 보건대 깨우쳐 주시는 말씀이 매우 온화하고 정성스러울 뿐만이 아니었으니 어리석은 신으로서는 만에 하나도 감당할 수 없었습니다. 권장해 이끌어 주고 위로해 아껴 주신 뜻은 고금에 우뚝하여, 신은 마치 서리 맞은 풀이 화창한 봄 동산에 돌아온 것과 같을 뿐만이 아니었으니 감격하다 못해 눈물을 떨구며 어디서 죽어야 할지를 몰랐습니다. 다만 신의 낭패한 형편은 말로 다 할 수 없는 점이 있으니 삼가 바라건대 성명께서는 이러한 사리를 헤아려 속히 신의 죄를 바로잡아 사람들의 비난에 답하소서. 만일 불쌍한 마음이 들어 차마 그렇게 하지 못하겠거든 또한 직명을 체차해서 미천한 신의 조그마한 근신과 염치나마 보존해 주신다면 공의(公義)와 사심(私心)이 둘 다 합당하게 될 것입니다. 신은 간절히 바라는 마음을 견딜 수 없습니다.

또한 신은 하찮은 정성을 아직껏 간직하고 있으면서 차마 마음속에 쌓아만 둔 채 성명 앞에 모두 털어놓지 않을 수 없습니다. 신이 듣건대 조경의 상소에 대해 내린 비답에 "한 선제(漢宣帝)가 할아버지를 원수로 여겼을 것이다."라고 하신 전교가 있었다 합니다. 전하의 학문이 고명하니 이는 필시 우연히 하신 말씀이 아닐 것입니다. 그러나 경전에 근거한 의리가 아니고 인륜에 관계된 일[11]이니만큼 한번 어긋나게 되면

11 경전에……일 : 선제(宣帝)는 한(漢)나라의 천자이고 무제(武帝)는 선제의 증조할아버지이다. 무제 말년에 강충(江充)이 권력을 부릴 때, 여태자(戾太子)가 강충의 모함을 받아 죽음을 면치 못하게 되자 부왕의 군사를 절취하여 강충을 죽이고 자기도 목매어 죽었다. 태자의 맏아들 사황손(史皇孫) 유진(劉進)도 이때 해를 입어 죽었으며, 훗날 선제가 되는, 유진의 아들도 이때 연루되어 옥에 갇혔다가 사면을 받아 장안에 숨어 살았는데 뒤에 곽광(霍光)의 도움으로 왕위에 올랐다. 《漢書 宣帝本紀》 효종이

그 해가 가볍지 않습니다. 만일 정 부자(程夫子)가 말한 "할아버지가 손자의 아버지를 죽였을 경우 손자가 할아버지를 고발하면 손자는 사죄(死罪)에 해당한다."라는 말로 헤아려 본다면 아마도 성상의 하교는 천리나 인정으로 볼 때 지극하지 않습니다. 그리고 그동안 전하의 조정에서 법에 의해 죽음을 당한 자들의 자손들은 또한 앞으로 숨을 죽이고 어찌해야 할지 모를 것이니 일이 없으리라 보장할 수 있는 조짐은 아닌 듯합니다. 죄를 지은 몸으로 자책하기에 겨를이 없어야 할 터인데 지나친 염려를 금하지 못한 나머지 다시 이렇게 염치를 무릅쓰고 의리를 범하였으니 더욱 만번 죽어 마땅합니다. 신의 어리석음이 참으로 애처롭습니다. 삼가 바라건대 성명께서 아울러 헤아려 주신다면 다행이겠습니다. 신은 시극히 두려운 마음을 이기지 못하겠습니다.

선제의 입장에서 보면 결국 증조할아버지인 무제가 할아버지인 여태자를 죽인 원수라고 말한 것인데, 우암은 효종의 이 말이 경전의 의리에 근거한 말이 아니라 효성에서 나온 말이라고 여긴 것이다.

다섯 번째 상소 정유년(1657, 효종8) 10월[12]

五疏 丁酉十月

삼가 아룁니다. 신이 삼가 상복을 벗자마자 곧바로 은명(恩命)을 받았습니다만 병으로 면직을 구한 지 어언 반년이나 되니, 생각이 다하고 말이 막힐 뿐만 아니라 성상을 번거롭게 해 드린 것이 두렵기만 합니다. 지난번에 현(縣)과 도(道)를 통해 규례대로 소장(疏章)을 올렸는데, 이제 도신(道臣)이 전하는 성상의 하교를 받았습니다. 상께서 부지런히 구휼하며 측은하게 여기는 말씀이 전보다 더하고, 다시 신에게 몸조리를 하고 나서 조정으로 나오게 하시니 신은 떨리고 감격하여 어찌할 바를 모르겠습니다. 대개 이는 멀리 도성 밖에서 지내는 신이 속마음을 다 드러낼 길이 없고, 그동안 보내신 의관(醫官)은 또 상세하게 글로 아뢸 수 없다 보니, 성상께서 그래도 일어나 출발할 수 있겠거니 생각하여 이루어진 것이니, 신의 사정이 더욱더 민망하고 급박하게 되었습니다. 신은 지난겨울 이후로 다른 일을 다 그만두고 오직 의약으로 치료하는 데 전념하고 있었는데 소명(召命)을 받은 이후로는 더욱더 감히 소홀히 할 수 없어 혹 증세가 조금이나마 완화되면 기어서라도 길을 떠나 융숭한 은혜에 보답하기를 바랐습니다. 그런데 불행히도 병의 뿌리가 점점 더 고질이 되어 위장의 기가 더욱 무너지고, 입으로는 쌀알을 넘기지 못하여 육체가 다 쇠약해졌습니다. 비록 궁궐의 진기한 약제로 지금까지 부지하고 있기는 하지만, 부축을 받고 일어서서

12 10월 : 《효종실록》에는 11월 5일에 올린 것으로 기록되어 있다.

시험 삼아 문을 나서면, 바람 속의 연기처럼 마치 회오리바람 속으로 빨려 들어갈 것만 같습니다. 이런 기력으로 어찌 직무를 행할 것을 기대할 수 있겠습니까.

아, 온 나라의 백성 중에 누군들 신하로서의 심성(心性)이 없겠습니까. 신이 민망스러운 흉변을 만나 길이 어버이를 모실 날이 없게 되었으니, 전하 앞에 이 한 몸을 바치기만 한다면 떳떳한 인륜을 저버리지 않을 수 있는데, 이제 또한 그렇게 할 수 없으니 스스로 비통할 따름입니다. 또한 신이 이따금 스스로 생각해 보건대, 성품과 기질이 치우치고 잡되어 오늘날의 쓰임에 적합하지 않습니다. 근년 이래로 한두 번 진달하여 어리석고 망녕된 생각을 모두 다 말씀드렸습니다. 심지어 천하 후세 사람들이 크게 어진 이라고 하는 회경(懷慶)의 명유(名儒)[13]에 대해 신이 감히 앞장서서 그를 배척하는 말을 하기까지 하였습니다. 또 자신의 어긋나고 잘못된 점은 스스로 헤아려 보지도 않고 성명(聖明)께서 시학(視學)[14]하시는 날에 귀를 기울여 처치한 것이 있다는 말을 듣기를 바랐으니, 신의 어리석고 망녕됨이 참으로 애처롭습니다.

비록 신이 병들지 않아 전하의 앞에 나아갈 수 있더라도 말하고 행동하는 것이 이와 같은 데 불과하고, 혹시라도 이보다 심한 점이 있다면 단지 전하의 사람을 알아보는 총명을 손상하여 스스로 허물을 불러올 뿐입니다. 그렇다면 미천한 신의 병은 반드시 신의 복이 아니라 할

13 회경(懷慶)의 명유(名儒) : 원(元)나라 때 유학자인 노재(魯齋) 허형(許衡)을 말한다. 회경은 허형이 거처하던 곳의 지명이다.

14 시학(視學) : 임금이 성균관(成均館)에 거둥하여 유생(儒生)들이 공부하는 상황을 돌아보던 일로, 이때 석전(釋奠)을 행하고 유생을 시험하여 인재를 뽑는 것이 상례였다.

수 없으며 또 장차 밝고 성대한 조정에 누를 끼치는 일도 없을 것입니다. 그러므로 신이 이미 외지를 떠돌며 나아가지 못하고 스스로 슬퍼하면서 걸음을 늦추고, 또 이 말로써 스스로를 해명하는 것입니다. 신이 이미 나아갈 수도 없는데 다시 이런 말씀을 드리는 것은, 삼가 생각건대 전하께서 신의 고질병을 아시면서도 오히려 혹 애석하게 여길까 해서입니다. 그러므로 아울러 감히 염치를 무릅쓰고 진달하는 것이니 더욱 떨리고 두렵습니다. 삼가 바라건대 성명께서는 빈사 상태에 있는 신을 불쌍히 살펴 소명을 속히 도로 거두어 신이 안심하고 죽을 수 있도록 해 주신다면 매우 다행이겠습니다. 멀리서 대궐을 바라보며 지극히 감격스럽고 두려운 마음을 이기지 못하겠습니다.

여섯 번째 상소[15] 정유년(1657, 효종8) 12월[16]

六疏 丁酉十二月

삼가 아룁니다. 신은 듣건대 황종(黃鍾)[17]이 한번 움직이면 움츠렸던 만물이 모두 봄을 맞이하고, 성인(聖人)이 세상을 다스리면 만물이 형통하게 된다고 합니다. 신은 오랫동안 부르심을 회피한 죄를 짓고 처벌이 내리기만을 공경히 기다리고 있었는데, 자애로운 성상께서 질병의 상태를 불쌍하게 여기고 살펴 주시어 우선은 소명(召命)을 늦춘다는 분부를 받게 되었습니다. 그리하여 미천한 목숨이 안심하고 이

15 여섯 번째 상소 : 우암이 1655년 모친상을 당한 뒤 1657년 5월 20일 복을 마치자마자 찬선에 제수되었으나 병이 있다는 이유로 조정에 나가지 않았다. 8월 16일에 사직 상소를 올린 뒤 송준길(宋浚吉)과 함께 효종을 인견하였는데 송준길은 조정에 남고 우암은 고향으로 내려갔다. 이후 우암을 찬선에 임명하자 11월 5일과 22일 연이어 사직 상소를 올렸는데, 5일 올린 상소에서 8월 16일 송(宋)나라 신하로서 원나라 조정에 벼슬했던 허형(許衡)의 위패를 문묘에서 제거할 것을 청했던 이전의 상소 내용을 언급하자, 효종은 대신들이 불가하다고 한 의론의 내용을 봉하여 우암에게 보여 주었다. 이에 다시 이 상소를 올린 것으로, 병으로 직무를 수행할 수 없어 사직을 하는 한편 재변(災變)을 경계하고 선으로 돌아갈 것을 권하는 내용이다.《孝宗實錄 8年 5月 20日, 8月 16日, 11月 5日・22日》

16 12월 :《효종실록》에는 11월 22일에 올린 것으로 기록되어 있다.

17 황종(黃鍾) : 열두 개의 율관(律管) 중 9치로 길이가 제일 긴 황종관(黃鍾管)을 말하며 고대에 절기(節氣)를 예측했던 기구이다. 5성(聲) 중 궁(宮)에 해당하며, 열두 달 중에는 동짓달, 즉 11월에 해당한다. 황종관을 땅에 묻고 그 관 속에 갈대를 태운 재를 채워 넣은 다음 흰 천으로 덮어 둔다. 밤중에 동지(冬至) 기운이 이르러 오면 재가 천에 달라붙는데, 그것을 보아 정확한 절기를 가늠하였다고 한다.

세상을 마칠 수 있게 되었으므로 신은 대궐을 바라보며 삼가 그 명을 받고 감격하여 눈물을 흘렸습니다.

심지어 내의(內醫) 유후성(柳後聖)은, 상신(相臣)이나 훈귀(勳貴)도 전하께서 병을 간호하게 하는 경우가 드물고, 더구나 지금은 양전(兩殿)의 약을 논의하고 있는 때인데, 5, 6일이 걸리는 먼 곳까지 보내어 천한 신의 질병을 진찰하도록 하셨습니다. 신은 스스로 생각하기에 거의 회생할 수 있을 듯도 한데 또한 살아나지 못하리라고 여겨지니 그것은 무슨 까닭이겠습니까. 유후성은 의술에 정통한 데다 전하의 지극한 사랑까지 받았으니, 마른 나무에 싹이 트고 사그라진 재에 다시 불이 붙는 것이 어찌 어렵겠습니까. 하지만 복이 과하면 재앙이 생기고 영화가 넘치면 허물이 이르는 법이며 귀신과 사람이 지목하면 병이 없이도 저절로 죽게 마련입니다. 이것이 바로 신 스스로가 회생하지 못하리라고 여기는 점입니다.

아, 전하께서는 신을 어떠한 사람으로 보셨기에 갈수록 더 은혜를 베풀어 다시 더할 수 없는 지경에까지 이르게 하십니까. 신은 스스로를 돌이켜 보건대 부끄럽고 황송하여 곧장 죽어 버리고 싶지만 되지를 않습니다.

신이 또 삼가 성상의 하교를 읽어 보건대 "말할 것이 있거든 역마로 급히 장계하라."라고 하셨는데, 신은 이 말씀을 통해, 묻기를 좋아하여 널리 듣고자 하시는 성상의 거룩한 마음을 볼 수 있었습니다. 그러나 신이 다시 무슨 말씀을 드리겠습니까. 신은 어리석고 망녕되며 치우치고 막혀 자기 고집대로만 하니, 그야말로 "고집이 센 성품은 백방으로 고치려 했으나 끝내 돌릴 수가 없었고, 세상 물정에 어둡고 소략한 학문이지만 힘을 쏟은 것이 깊어져서 자신감이 더욱 독실해진다."라고 한 말[18]에 해당된다 하겠습니다. 신은 이 때문에 당세(當世)의 쓰임을 감당할 수 없다고 여겨 인적이 드문 산림에서 문을 닫고 들어앉아 기꺼이 굶주림을 참고 있었습니다. 지금은 또 남모르는 병으로 쇠잔해져 정신마저 고갈되어 버렸으니, 옛날에 들었던 것을 주워 모아 성상께 말씀드리려 한들 또한 정신이 혼미하고 어긋나 뒤죽박죽이 되고 말 것이니 옳지 못한 허물[19]을 늘릴 뿐입니다. 하지만 충성심만은 소원하고 천하다고 하여 차이가 있을 수는 없습니다.

어젯밤에 천둥이 치고 비가 내리는 변이 크게 일어나니 신은 간담이 떨어지는 듯하여 벌떡 일어서서 북쪽을 향해 길이 탄식하기를,

"이제 성군(聖君)과 현신(賢臣)이 서로 만나 나라를 다스리는 시책이 다 펼쳐졌는데, 하늘이 어찌 이다지도 꾸짖고 경고하시는가. 하늘이 신무(神武)[20]한 자질을 부여해 주어 위임한 것이 몹시 큰데,

18 고집이……말 : 《회암집(晦庵集)》 권25 〈답한상서서(答韓尙書書)〉에 나오는 말이다. 주희가 상서(商書) 한원길(韓元吉)에게, 비서랑에 임명된 것을 사양하는 한편 자신의 학문에 대한 믿음이 독실하여 세상에 휩쓸려 공명의 길로 나아가지 않고, 홀로 자기의 지조를 지키고 학문과 수양을 하겠다는 뜻을 밝히고 있는데, 우암이 사직하려는 뜻을 주희의 말을 빌려 와서 드러낸 것이다.

19 옳지 못한 허물 : 자신의 분수를 헤아리지 않고 함부로 말하는 죄를 가리킨다. 춘추시대 식(息)나라 군주가 정(鄭)나라를 쳤다가 싸움에 대패하고 돌아갔는데, 군자가 "자신의 덕을 헤아리지 않았고, 자신의 역량을 헤아리지 않았고, 친척을 친하게 대하지 않았고, 말의 진위(眞僞)를 따져 보지 않았고, 누구에게 죄가 있는지 살피지 않았다."라고 하고 "이 '다섯 가지 옳지 못함〔五不韙〕'을 범하였다."라고 한 데서 나온 말이다. 《春秋左氏傳 隱公11年》

20 신무(神武) : 신령스러운 무덕(武德)을 말하는데, 길흉화복(吉凶禍福)으로 천하를 복종시키고 형벌이나 살육을 사용하지 않는 것을 뜻한다. 《주역》 〈계사전 상(繫辭傳上)〉에 "성인이 이로써 마음을 깨끗이 씻어 은밀한 데에 물러나 감추며 길흉 간에 백성

성명의 자임(自任)하는 바가 하늘의 마음에 맞지 못한 점이 있어 그런 것은 아닌가?[21] 아랫사람을 대할 적에는 지극히 공경하고 장엄한 모습을 보이다가도 남이 안 보는 곳에서는 혹 부끄러운 일을 행하는 것은 아닌가? 사람을 쓰고 일을 처리할 때 미처 다 천리(天理)에서 나오지 못하고[22] 혹 인욕(人慾)이 개입되는 것은 아닌가? 눈앞에 닥친 정사(政事)의 걱정거리를 구차히 피하여 짐독(酖毒)보다 심한 연안(燕晏)의 화[23]를 빚어낸 것은 아닌가? 조정에는 재화와 뇌물이 위로 흘러가면서, 여염에는 은택이 내려가지 못하는 것은 아닌가? 어진 사람이 조정에 모이지 않고 변변치 못한 자가 도리어 그 은택을 입는 것은 아닌가?[24] 포상해 주는 일이 혹 요행을 노린 자에게 더해지고 원통함을 씻어 주는 은택이 혹시 깊이 숨겨져 드러나지 않는 곳에서는 막힌 것은 아닌가? 곧은 말은 언로(言路)가 막히고 아첨하는 작태만 횡행하는 것은 아닌가? 덕스럽고 의로운 풍조는 매몰되고 더럽고 천한 풍속이 이루어진 것은 아닌가? 큰 재앙의 단서가 이미

과 더불어 근심을 함께하여 신명(神明)으로써 미래를 알고 지혜로 지난 일을 쌓아 두니, 그 누가 여기에 참여하겠는가. 옛날의 총명하고 예지로우며 신무하여 죽이지 않는 자일 것이다."라고 한 데서 온 말이다.

21 아닌가 : 두주에는 '耶一作歟下行同'으로 되어 있다.

22 미처……못하고 : 두주에는 '卽一作有'로 되어 있다.

23 짐독(酖毒)보다……화 : 안락에 탐닉하여 몸을 망치는 것을 말한다. 짐독은 짐새의 독인데, 술에 담가 마시면 즉사한다고 한다. 춘추 시대 제(齊)나라의 재상 관중(管仲)이 제 환공(齊桓公)에게 "안일(安逸)은 독약과 같으니 생각해서는 안 됩니다."라고 간한 말이 있다. 《春秋左氏傳 閔公元年》

24 어진……아닌가 : 두주에는 '賢者至澤歟一作賢人不能盡萃於朝著而庸謬者反被腹心之託歟'로 되어 있다.

어두운 가운데 싹트고 있는데 쓸데없는 오락의 유혹이 밝음을 가리고 있는 것은 아닌가? 믿고 있는 사람 가운데 혹시 믿을 수 없는 사람이 있는 것은 아닌가? 자기 몸을 베어 요기하게 하였는데 자신은 그로 말미암아 장차 죽게 된 것은 아닌가?[25] 공경(公卿)이 나라를 걱정하는 정도가 자기 집 살림을 걱정하는 절실함만 못하고[26] 백성을 사랑하는 것이 자신을 사랑하는 것만 못한 것은 아닌가? 필시 이런 몇 가지가 있었기 때문에 천재지변을 불러온 것이다."

하였습니다.

어리석은 신의 마음에 맺힌 생각은 이런 것에 불과할 뿐입니다. 이 점에 대해서는 신이 누차 성상께 진달하였으니, 지금 다시 무엇을 말씀드리겠습니까. 비유하건대 돛대를 높이 단 부서진 배를 타고 가다 풍랑을 만나 발을 구르고 울부짖으면서 서로 물에 빠져드는 것과 같으니, 아, 가슴이 아플 뿐입니다.[27]

전하께서는 또 신이 가난해서 제대로 생활을 꾸리지 못하는 것을 염려하여 특별히 도신(道臣)으로 하여금 음식물을 보내게 하셨으니,

25 자기……아닌가 : 임금을 위해 애썼으나 그 보답을 받지 못한 사람이 있는 것은 아니냐는 말이다. 춘추 시대 진 문공(晉文公)이 적(狄)나라로 망명했을 때 개자추(介子推)가 자신의 넓적다리 살을 베어 먹이는 등 19년 동안 함께 고생스럽게 망명 생활을 하며 충성을 다 바쳤지만, 문공이 진나라로 돌아와 즉위한 뒤에 개자추에게는 상을 내리지 않자 어머니를 모시고 면산(綿山)에 은거하였다. 뒤늦게 문공이 산으로 찾아가 그를 나오게 하려고 불을 질렀는데, 개자추는 끝내 나오지 않고 어머니와 함께 나무를 껴안고서 불에 타 죽고 말았던 일이 있었다. 《春秋左氏傳 僖公24年》

26 자기 집……못하고 : 두주에는 '一本切下有而字'로 되어 있다.

27 가슴이 아플 뿐입니다 : 두주에는 '一本其下有亦字'로 되어 있다.

신은 또 이로써 근심스레 위로해 주고 은혜로이 길러 주는 전하의 어진 마음이 결코 범범한 데서 나오지 않았다는 것을 알겠습니다. 다만 신이 생각해 보건대 오늘날 공로가 있는데도 미처 보상해 주지 못한 자가 얼마나 많겠습니까. 마땅히 받아야 할 자들이 원한과 불만의 뜻을 갖고 있는데, 도리어 여생이 얼마 남지 않은 병든 몸에 넉넉하게 해 주시는 은전[28]이 미치니[29] 신은 감격하며 가슴에 깊이 새긴 나머지 두렵고 불안한 마음을 가누지 못하겠습니다. 그러나 신하로서 임금의 어진 덕을 찬미하고 세상에 드러내 보이고 싶은 정성은 오히려 이를 통해 조금이나마 펼 수 있겠기에 신은 삼가 백번 절하고 명을 받겠습니다.

아, 이제 마침 동지(冬至)를 맞이하여 양기(陽氣)가 회복되었습니다.[30] 삼가 바라건대 성명께서는 어리석은 신이 그동안 올린 주자(朱子)의 말에 조금 유의해 주소서. 그리하여 선을 회복하되 그 양을 다하지 못할까 두려워하고 악을 제거하되 그 뿌리를 제거하지 못할까 두려워하며, 허물을 고치되 과감하게 하지 못할까 두려워하고 의로운 일을

28 넉넉하게……은전 : 두주에는 '是一作足'으로 되어 있다.

29 마땅히……미치니 : 궁박하거나 선한 사람에게 마땅히 베풀어야 하는 은전이니 자신에게는 해당되지 않는다는 겸손의 뜻으로 한 말이다. 《논어》 〈옹야(雍也)〉에 "군자는 궁박한 사람을 구해 주는 것이지, 여유가 있는 사람을 더 도와주지는 않는다."라는 말이 있다. '넉넉하게 해 주시는〔是富〕'에 대해 《송자대전수차》 권2에서는 《논어》 〈요왈(堯曰)〉의 "주나라는 하늘로부터 크게 주심을 받아 선인이 많았다.〔周有大賚, 善人是富.〕"라는 말에서 유래한 것으로 설명하고 있다.

30 동지(冬至)를……회복되었습니다 : 《주역》에서 음력 10월은 순음(純陰)인 곤괘(坤卦 ䷁)에, 동지는 양효(陽爻) 하나가 아래에서 다시 생겨나는 복괘(復卦 ䷗)에 대응시켰는데, 복괘는 하나의 양효가 제일 아래에서부터 회복되어 점점 자라나는 형세를 상징한다.

실천하되 빨리 하지 못할까 두려워하며, 이치를 분석하되 정밀하게 하지 못할까 두려워하고 함양하되 깊이 하지 못할까 두려워하며, 홀로 계실 때 남이 미처 알지 못하는 허물이 있을까 두려워하고 분잡하고 번화한 때 사특한 속임수가 있을까 두려워하소서. 한 가지 장점이 있다고 자신의 덕을 대단히 여기지 말고 한 가지 단점이 있다고 남의 착한 점까지 버리지 말며, 두려운 나머지 나약한 습관을 이루지 말고 조금 편안하다 해서 구차하게 편안히 있으려는 생각이 싹트게 하지 말며, 여우처럼 변덕스러운[31] 오랑캐의 위엄과 은혜에 익숙해진 나머지 천지부모인 명나라의 큰 덕을 잊지 말고, 온화하고 평탄해서 입에 맞는 탕제(湯劑)만 좋아하고 위장을 깨끗이 씻어 내는 신단(神丹)을 꺼리지 마소서. 나라를 다스리는 근본을 바르게 하고 사물에 접하는 근원을 맑게 하며, 관문을 닫는 상(象)[32]을 관찰하여 몸을 가리는 경계[33]를 삼가소서. 그리하여 성학(聖學)이 날로 새로워지고 성덕(聖德)이 날로 흥기한다면, 상제와 귀신이 위엄과 노여움을 도로 거두고 거룩하고 신령스러운 선왕들께서 함께 깊이 기뻐할 것입니다.

제 선왕(齊宣王)이 한 마리 소가 죽는 것을 차마 보지 못하자 맹자는

31 여우처럼 변덕스러운 : 두주에는 '掘一作搰'로 되어 있다.

32 관문을 닫는 상(象) : 《주역》 〈복괘(復卦) 상(象)〉에 "선왕이 복괘를 보고서 동짓날에는 관문을 닫고 행상인은 다니지 않으며 임금은 지방을 순행하지 않았다."라는 내용이 있는데, 몸가짐을 삼가라는 의미로 한 말이다.

33 몸을 가리는 경계 : 근신(勤愼)하라는 경계를 말한다. 《예기》 〈월령(月令)〉에 "중동(仲冬)의 달이면 군자는 거처할 때 반드시 몸을 가리고 재계(齋戒)한다."라고 하였고, 주희의 〈감흥시(感興詩)〉에 "몸 가리고 늘 재계하여, 모든 것 미연에 방지해야지."라는 구절이 있다. 《宋子大全隨箚 卷2》

그 마음만으로도 왕도 정치를 할 수 있다고 하였습니다.[34] 근래에 내포(內浦)의 무고한 죄인을 전하께서 서둘러 돌려보내고, 또 그들이 추위와 굶주림으로 죽는 것을 불쌍히 여겨 옷과 식량을 지급하도록 명하셨습니다.[35] 변방에 있는 신하들이 얼른 이 소식을 전하자 먼 지방 백성들이 감격하며 기뻐하지 않는 자가 없었으니, 이야말로 바로 전하께서 그 단서를 확충하여 시의(時宜)를 따르고 이치에 순응하여 형세를 타고 큰일을 하실 때입니다. 삼가 바라건대 성스러운 뜻을 깊이 간직하여 부지런히 힘쓰신다면 매우 다행이겠습니다.

신은 정력이 쇠잔하여 훗날 공적을 바칠 기약이 없을 듯합니다만 용기와 기백은 드높고 왕성하며 아직 외로운 충정은 가지고 있습니다. 조정과는 떨어져 있어 축수하는 반열에서 모시지 못하지만 때마침 양(陽)이 시작되는 날[36]을 만나 감히 선(善)으로 돌이키는 경계[37]의 말씀

34 제……하였습니다 : 종(鍾)에 피를 바르는 의식에 쓰일 소가 벌벌 떠는 모습을 본 제 선왕은, 소가 죄 없이 죽는 것을 가엾게 여겨 희생을 양으로 바꾸게 하였다. 이를 통해 맹자는 제 선왕에게 벌벌 떠는 소를 차마 죽이지 못하는 마음을 확충하여 인정(仁政)을 베풀라고 권하였다. 《孟子 梁惠王上》

35 근래에……명하셨습니다 : 《효종실록》 8년 10월 22일 기사에 의하면 당진 감관(唐津監官) 이정(李挺)이, 서울에 사는 진사 정세중(鄭世重)이 모친상을 당해 내포에 우거하면서 이를 빌미로 도당들을 결합하여 모반을 꾀하려 한다는 사실을 알고 충청 감사 이경억(李慶億)에게 고변하였고, 이경억은 이 사실을 급히 장계하였는데, 국문해 본 결과 사실무근으로 밝혀졌다. 이에 효종은 무고하게 체포된 사람에게 의복과 식량을 마련해 지급하라고 호조에 하교하였다. 《宋子大全隨箚 卷2》

36 양(陽)이 시작되는 날 : 동지가 되었음을 말한다. 《주역》에서 순음(純陰)의 달인 10월을 지나 동지가 되면 밑에서 하나의 양〔一陽〕이 처음 생겨나는 지뢰복괘(地雷復卦)를 이루게 되는데, 이는 천지의 음기(陰氣)가 다 사라지고 양기(陽氣)가 땅속에서 움직일 때 우렛소리가 들리는 상(象)이다.

을 드리게 되었으니, 신은 기원하는 지극한 마음을 견디지 못하겠습니다.

신의 직명(職名)에 대해서는 전하께서 이미 신에게 병을 조리하고 내년 봄에 올라오도록 허락하셨습니다. 그러나 그사이에 시골에서 헛되이 직함(職銜)만 가지고 있는 것은 매우 온당치 않으니, 삼가 바라건대 직명을 삭제하여 공사(公私) 간에 편하도록 해 주신다면 천만다행이겠습니다. 신은 지극히 황공하고 감격스러운 심정을 가누지 못하겠습니다.

신이 삼가 상소를 작성한 뒤 봉해 온 한 통의 글[38]을 보건대 성상의 마음이 우뚝하여 곧 천지와 크기가 같고 순(舜) 임금, 우(禹) 임금과 그 성스러움이 같은 줄 알겠습니다. 그 의론은 지극히 작으나 관계된 바는 매우 크고 그 자취는 지극히 거칠지만 그 의리는 매우 정미하니, 참으로 이른바 '미묘한 도심(道心)의 전체요, 천리가 운행 작용하는 본연의 모습'이라 하겠는데, 성상의 뜻을 받들어 따를 자가 없는 것이 애석합니다.

신의 망녕된 생각으로는 오늘날이야말로 천리가 날로 어두워지고 인심이 날로 더러워지고 있기 때문에 이것으로 은밀히 세상의 도리

37 선(善)으로 돌이키는 경계 : 《주역》 〈복괘(復卦) 초구(初九)〉의 "멀리 가지 않고 돌아오므로 뉘우치는 일이 없으니 크게 선하여 길하다."라는 말에 대하여 정이(程頤)가 "양(陽)은 군자의 도이므로 복(復)은 선으로 돌아오는 뜻이 된다."라고 풀이하였다. 《伊川易傳 卷2》《近思錄 克己》

38 봉해……글 : 효종이 액정서(掖庭署)에 딸린 하례(下隷)를 보내 전한 밀유(密諭)로, 정사를 잘 다스려 외적을 물리칠 뜻을 논하고, 또 허형(許衡)의 위패를 문묘에서 제거할 것을 청한 우암의 건의는, 대신들이 헌의(獻議)하여 불가하다고 하므로 시행하기 어렵다는 등의 말을 하였다. 《宋子大全隨箚 卷2》《孝宗實錄 8年 11月 5日》

를 만분의 일이나마 부지하여 훗날 양(陽)이 회복될 기반으로 삼아야 한다고 여깁니다. 그러나 의논하는 신하들의 생각과 같다면, 이는《춘추》경전을 감히 경연(經筵)에서 진강(進講)하지 못하고, 주자의 논의를 감히 조정에서 암송하지 못하며, 〈노송(魯頌)〉에서 〈반수(泮水)〉를 제거해야 하고, 《맹자》 7편 중 허행장(許行章)을 없애야 한다는 것[39]이니 어찌 그럴 수가 있겠습니까. 이는 죽은 사람들도 두려워할 일인데 더구나 산 사람의 경우이겠습니까. 이렇게 되면 뜻있는 선비가[40] 홍수나 맹수의 환난을 피하듯 경서를 안고 깊이 숨어 버릴 것이니, 신은 지극히 개탄스러운 심정을 금치 못하겠습니다.

신이 비록 어리석고 망녕되지만 또한 온당하지 못하게 되리라는 형세를 모르지는 않습니다. 그러나 이를 처리하는 데 어찌 길이 없겠습니까. 옛날 채경(蔡京)[41] 때에 사화(士禍)가 매우 혹독하여 원우서

39 춘추……것 : 《춘추》는 공자가 중화(中華)를 높이고 이적(夷狄)을 물리치는 의리, 즉 존주양이(尊周攘夷)의 의리를 밝혀 놓은 책이다. 또 주희는 오랑캐인 금나라와 화친하는 것을 반대하고 금나라와 싸우기를 주장하였다. 그리고 《시경》의 〈노송 반수〉는 노(魯)나라 희공(僖公)이 오랑캐인 회이(淮夷)와 싸워 승리한 것을 기리는 노래이며, 《맹자》 허행장에는 "중화의 법을 써서 오랑캐의 도를 변화시켰다.〔用夏變夷〕"라는 말이 있다. 《宋子大全隨箚 卷2》 이들은 모두 중국을 높이고 오랑캐를 물리치는 것을 주장하거나 칭송하는 내용으로 되어 있다. 한족(漢族)으로서 오랑캐인 금나라 조정에 벼슬했던 허형(許衡)의 위패를 문묘에서 없애자는 우암의 주장에 대하여 당시 조정에서는 청나라와의 외교 문제로 대두될 것을 꺼려 불가하다는 논의가 있었던 것으로 보이며, 효종은 그 논의의 내용을 서신으로 보냈기에 우암이 이렇게 말한 것이다.

40 선비가 : 두주에는 '一本士下有所以二字'로 되어 있다.

41 채경(蔡京) : 1047~1126. 북송 말기 신법당 사람으로, 휘종(徽宗) 숭녕(崇寧)

(元祐書)[42]를 끼고 다니는 자는 그 죄가 선생과 제자에게까지 미쳤습니다. 이때 빙사(聘士) 유면지(劉勉之)[43]는 태학(太學)에 들어가 있었는데, 몰래 이락문자(伊洛文字)[44]를 찾아내어 숨겨 두었다가 깊은 밤에 같은 방에 기거하는 학생이 깊이 잠들기를 기다려 비로소 상자 속에서 책을 꺼내 휘장을 드리우고 불을 켜서 몰래 초록하여 외움으로써 마침내 몸을 온전하게 하고 덕을 성취했으며 이를 주자에게 전해 만세 도학(道學)의 연원을 열었던 것입니다.[45]

대저 필부의 처지에서도 진실로 학문을 좋아하고 도를 밝힐 성의가 있으면 이토록 수고롭게 마음 쓰는 것을 꺼리지 않는데, 더구나 황천(皇天)의 큰 책임을 받고 백왕(百王)의 대통을 이으신 전하께서

1년(1102)에 재상이 된 뒤 사마광, 문언박(文彦博), 소식(蘇軾), 정이(程頤) 등 120인을 간당(奸黨)으로 지목하여 이른바 원우간당비(元祐奸黨碑)를 세우고, 다시 사마광 이하 309인을 기록하여 원우당적비(元祐黨籍碑)를 세운 뒤에 천하에 반포하는 등 구법당 사람들을 모함하여 수많은 이들을 죽였다. 《宋史 徽宗本紀, 姦臣列傳 蔡京》

42 원우서(元祐書) : 원우는 송 철종(宋哲宗)의 연호이다. 원우 연간에 증포(曾布), 채경 등에게 간당인(姦黨人)으로 몰려 원우간당비와 원우당적비 등에 이름이 새겨진 사마광, 문언박, 정이, 소식, 황정견(黃庭堅), 범조우(范祖禹), 진관(秦觀) 등 309명의 저서를 말한다.

43 유면지(劉勉之) : 1091~1149. 주희의 장인이다. 자는 치중(致中), 호는 초당(草堂)인데, 숭안(崇安) 백수(白水) 사람이기 때문에 백수 선생으로 불렸다.

44 이락문자(伊洛文字) : 송나라 때 정호(程顥)와 정이의 글을 말한다. 두 사람이 이수(伊水)와 낙수(洛水) 사이에서 학문을 강론하였기 때문에 송대 성리학을 뜻하는 말로 쓰였다.

45 옛날……것입니다 : 《회암집(晦庵集)》 권90 〈빙사유공선생묘표(聘士劉公先生墓表)〉와 《민중이학연원고(閩中理學淵源考)》 권6 〈빙군유백수선생면지(聘君劉白水先生勉之)〉에 나오는 내용이다.

참람하게 자리를 차지하고 있는 귀신을 은밀히 제거하여[46] 사도(斯道)가 전하는 것을 밝히려 하실 경우 그것이 매우 어려우리라는 점을 어찌 걱정한단 말입니까. 가령 뜻밖의 일이 발생한다면 또한 절로 책임질 자가 있을 것입니다. 한유(韓愈)가 말하기를 "부처가 만일 아는 능력이 있다면 모든 재앙을 신(臣)의 몸에 가해야 마땅하다." 하고, 또 "그 도가 나로 말미암아 약간이라도 전해진다면 만번 죽어도 여한이 없다."라고 하였으며,[47] 주자는 말하기를 "불행히 차질이 생길 경우 죽음으로 책임지겠다." 하였습니다.[48] 신도 이 점에 대해

46 참람하게……제거하여 : 허형을 두고 한 말이다. 허형은 송나라 사람으로 원나라에서 벼슬하여 조선의 선비들에게 비난을 받았으나, 정주학(程朱學)을 연구하였으며 인재를 양성하는 데 공이 있었다. 중국에서는 원나라 말부터 허형을 문묘(文廟)에 모시기 시작하였으며 조선에서도 동묘(東廟)에 허형의 위패를 모셔 왔는데, 우암이 은밀히 제거하라고 건의한 것은 중국을 높이고 오랑캐를 배척하는 존주양이(尊周攘夷)의 춘추대의(春秋大義)를 세우는 한편, 만약 조선이 허형을 문묘에서 제거할 경우 오랑캐를 배척하고자 하는 의도가 있다고 청나라가 의심할 것을 피하려는 의도로 보인다.

47 한유(韓愈)가……하였으며 : 〈논불골표(論佛骨表)〉에 나오는 말이다. 당 헌종 때 봉상현(鳳翔縣) 법문사(法門寺)의 호국진신탑(護國眞身塔)에 부처의 지골(指骨) 한 마디가 봉안되어 있는데 30년마다 한 번씩 이를 열어 보면 풍년이 들고 세상이 태평해진다고 전하였다. 이에 헌종이 사람을 보내 이 불골(佛骨)을 궁궐로 맞아들였다. 당시 형부 시랑(刑部侍郎)으로 있던 한유는 〈논불골표〉를 올려서 역대로 불교를 믿지 않았어도 임금들이 장수한 예를 열거하고 불교의 폐단을 말한 다음 불골을 물이나 불 속에 던져 버리라고 극간하였다.

48 주자는……하였습니다 : 1163년에 남송은 장준(張浚)의 건의를 받아들여 금나라에 대한 공격을 단행했으나 심각하게 패배하여 주전론자였던 장준마저 일시적이나마 금나라와의 강화를 제안하지 않을 수 없었다. 주희가 수공전(垂拱殿)에 입대한 1163년 11월은 강화를 논의하려던 시기로, 당시 조정의 전반적인 분위기는 주화론이 대세를 장악하고 있었고 겨우 호전(胡銓) 한 사람 정도만이 주전론을 주장하고 있었다. 이런

서는 또한 그렇게 말씀드리겠습니다.[49] 삼가 바라건대 성명께서는 신의 어리석음을 불쌍히 여겨 살펴 주소서.

상황에서 주희는 이 글을 통해 주화론을 반대하면서 이적을 물리치고 조종의 원한을 갚을 것을 극력 주장하였다. 《晦庵集 卷13 垂拱奏箚二》

49 가령……말씀드리겠습니다 : 한유나 주희가 일에 대한 책임을 떠맡겠다는 뜻으로 한 말을 인용하여, 허형의 위패를 문묘에서 제거함으로써 우려하는 사태가 발생한다면 우암이 스스로 책임을 떠맡겠다고 다짐한 것이다.

일곱 번째 상소 무술년(1658, 효종9) 2월 20일

七疏 戊戌二月二十日

삼가 아룁니다. 신이 직책을 받은 지 한 해가 지났으나 아직도 병에 시달리고 있습니다. 화창한 봄에 오라는 하교[50]가 지난겨울에 있었는데 아직껏 이렇게 지체하고 있음에도 엄하게 꾸짖지 않고 온화한 말씀을 다시 내리시니 신은 참으로 깊은 연못이나 계곡으로 떨어질 듯 두렵기만 합니다. 신이 화를 겪은 뒤[51]로 연이어 벼슬을 물리치며 사양하였습니다. 비록 고통스럽고 위급한 증세는 없으나 날로 초췌해지고 심신이 불안하여, 이 화창한 봄에 문을 닫고 칩거하며 더욱 조심하고 있으니, 신의 병세가 이러한 지경에 이르지 않았다면 몸을 이끌고 달려가 사은한 지 오래되었을 것입니다. 어찌 감히 다시 시일을 지체하며 엄한 소명을 또 내리시게 했겠습니까. 더구나[52] 신의 아버지 고(故) 봉사(奉事) 송갑조(宋甲祚)의 절조와 행실이 깊이 감추어져 장차 그 행적이 사라지게 되었는데 전하께서 특별히 넉넉한 은전을 내리시니 영광이 끝이 없습니다.[53] 신의 아버지가 지하에서 감격할 뿐만 아니라 신도

50 화창한……하교 : 찬선을 사양하는 다섯 번째 상소에 대한 비답에서 "조용히 조리하다가 화창한 봄이 되거든 올라와 목마르게 기다리는 나의 바람에 부응하도록 하라. 만약 말할 만한 일이 있거든 역마로 급히 장계하여 나의 이 뜻을 저버리지 말라."라고 하였다. 《孝宗實錄 8年 11月 5日》

51 화를 겪은 뒤 : 우암이 1655년 모친상을 당한 것을 말한다.

52 더구나 : 두주에는 '一本況下有伏念二字'로 되어 있다.

53 신의……없습니다 : 송갑조는 1617년(광해군9) 생원시에 합격하고 나서 폐모론

감격하여 눈물을 흘리며 받들어서 전하 곁으로 가서 죽음으로써 영광과 은총에 사은하고 싶은 생각이 어찌 끝이 있겠습니까. 그러므로 근래에 기운을 차리고 스스로를 부지하여 시험 삼아 뜰을 거닐어 보고, 한 번 부르면 들을 수 있는 짧은 거리를 거닐어 시험해 보기도 하였는데 병든 몸이 추위에 떨며 바람의 기운을 견디지 못하고 부들부들 떨리고 가슴이 두근거려 급히 방으로 들어가 쓰러져 버리곤 합니다. 아, 신의 사정도 서글프고 신의 형세도 궁색합니다. 게다가 신이 이에 대하여 다시 대단히 민망하고 절박한 점이 있습니다. 신은 종전에 감히 속이지 못하고 병세를 아뢰었는데 전하께서 빈번히 의원을 파견해서 병을 보살피게 하시니 이는 실로 미천한 신이 도저히 감당하지 못할 것이었습니다. 그러나 이 때문에 꺼려서 실상을 다 말씀드리지 않는다면 또한 어버이와 마찬가지로 군주를 섬기는 도리가 아니기에 신은 이 때문에 더욱 어찌해야 할지 모르겠습니다. 신이 지난여름 이후로 하루도 은명(恩命) 속에 있지 않은 적이 없으나 질병이 이러하여 무더위를 만나면 서늘한 가을을 기약하고, 서늘한 가을에 소생하지 않아 추운 겨울이 되면 또 봄날의 따뜻한 때를 기약하여, 지금에 와서 또 이와 같이 하니 신이 다시 무슨 말로 전하께 호소하겠습니까. 다만 스스로 슬피 부르짖으며 머뭇거릴 뿐입니다. 삼가 바라건대 자애로운 성상께서는 가엽게 여겨 재결해 주소서. 신은, 정은 끝이 없으나 말이 궁하여 두려운 마음을 가누지 못하겠습니다.

(廢母論)이 흉흉하던 상황에서 인목대비(仁穆大妃)가 있는 서궁(西宮)에 숙배를 하고, 성균관의 유생으로서 인목대비의 유폐(幽閉)를 반대하여 유적(儒籍)에서 삭제되었는데, 1658년 송준길(宋浚吉)이 송갑조를 추증할 것을 건의하여 효종이 받아들인 사실을 말한다. 《孝宗實錄 9年 1月 16日》

이조 참의를 사직하는 상소 무술년(1658, 효종9) 3월

辭吏曹參議疏 戊戌三月

삼가 아뢰옵니다. 신이 어제 찬선 송준길(宋浚吉)이 전유(傳諭)하는 성지(聖旨)를 받들고, 이어서 또 상소에 대한 비답과 병의 증상에 대한 회답의 말씀을 삼가 받으니 신의 죄가 이에 더욱 심하게 되었습니다. 신이 비록 못나고 천한 몸으로 망녕되이 스스로 성명(聖明)께 지우(知遇)를 입었다 여기고, 또 성명께서 신을 아시는 것은 또한 신의 순수하고 우직하며 질박하고 곧은 점이라고 생각했습니다. 그런데 이번에 거론한 뜻은, 마치 신이 출발할 수 있는데 병이 있다고 핑계를 대어 자신의 편의를 도모한다고 여기시는 듯하였습니다. 어리석은 신이 평소 지우를 받았다고 스스로 믿은 것이 이에 매우 그렇지 않은 점이 있고, 해와 달처럼 밝은 성상께서도 빠트리는 곳이 있는 듯합니다. 과연 신이 군신의 의리에 어둡고 자신의 편의를 도모할 셈이었다면 입을 다물고 죽는 것이 낫지 무엇 때문에 속내를 드러내어 낱낱이 밝혔겠으며, 여러 번 망녕된 말을 올리면서도 스스로 그만둘 줄 몰랐겠습니까. 마음을 다해 충성을 바치려는 보잘것없는 신의 마음이 명철한 군주 앞에서 밝혀지지 않는다면 불행히 주자가 "군신의 관계는 아, 어렵구나."라고 한 말[54]에 가깝다고 하겠습니다. 또 듣자니 전하께서, 조정이

54 주자가……말 : 주희가 〈재발왕형공진업후유사주고(再跋王荊公進鄴侯遺事奏藁)〉에서, 왕안석(王安石)이 신종황제(神宗皇帝)를 얻은 것은 천재일우의 기회였지만 눈치를 살피다가 오히려 답답하게 다 발휘하지 못한 회포만 남기게 되었으니, 군주와 신하가

막 접응(接應)할 일이 있기에 신이 거취에 불편하게 여길까 염려하셨다[55] 합니다. 이는 또한 신의 생각이 미칠 바가 아닙니다. 군신의 의리에 안위와 고락은 이치상 조금도 다름이 있을 수 없는데 어찌 감히 일에 따라 편하게 지낼 것을 꾀하며 조정을 들락날락하겠습니까. 또한 신의 사직 상소가 시일을 조금 지체한 것은 참으로 까닭이 있어서입니다. 신이 은명(恩命)에 감격하여 반드시 죽음을 무릅쓰고 달려가고자 했기 때문에 감히 급히 사직하지 못하고, 하루 또 하루를 왔다 갔다 망설이기만 하다가 결국 억지로 할 수 없다는 것을 알고 난 뒤에 비로소 감히 사직을 아뢰는 글을 올린 것이지, 감히 이유 없이 질질 끌며 스스로를 태만한 죄에 빠뜨린 것이 아닙니다. 신의 상황이 시종 이와 같으니 혹시라도 성명께서 불쌍히 여겨 살펴 주어 내버려 두신다면 신이 죽더라도 살아 있는 것과 다름없을 것입니다. 이같이 불러 마지않으시면 신이 어찌 감히 구차히 죽게 된 쇠잔한 목숨을 아껴 한번 궁궐에 나아가 병들어 여윈 실상을 보여 드리지 않겠습니까. 다만 날씨가 완전히 추운 겨울 같고 얼음과 눈이 성가시게 괴롭히며 바람과 햇살은 싸늘하여 쇠잔하고 병든 몸이 결코 위험을 무릅쓸 때가 아닙니다. 그리고 조정의 요직을

만나고 공적과 명예가 모이기가 어렵다고 했던 것을 말한다. 업후(鄴侯)는 현종(玄宗), 숙종(肅宗), 대종(代宗), 덕종(德宗) 등 네 조정에서 벼슬하며 재상을 지내고 업후에 봉해진 이필(李泌)을 말한다. 《晦庵集 卷83》

55 조정이……염려하셨다 : 접응할 일이란 3월에 청나라 사신이 왔던 일을 말한다. 우암이, 효종이 보위에 오른 1649년 장령(掌令)이 되었고, 세자시강원 진선(世子侍講院進善)을 거쳐 집의(執義)가 되었으나 김자점이 청나라에 조선의 북벌 계획을 밀고함으로써 북벌 계획의 핵심 인물로 지목되어 청의 압력을 받아 사직한 후 효종 9년까지 낙향해 있었기에 하는 말이다. 《孝宗實錄 9年 3月 12日》

또한 오래도록 비워 둘 수 없으니 삼가 바라건대 성명께서는 속히 헤아려 결정하여 공사(公私) 간에 편하게 해 주소서. 신이 전하의 자애로운 은혜에 의지하여 쇠잔한 목숨을 이어 가고 있는 만큼, 비록 엄하게 부르는 명이 아니라 해도 스스로 마땅히 몸을 이끌고 가서 보여 드리고, 자애로운 성상께서 불쌍히 여겨 물러나도록 허락해 주시거든 돌아가 초야에서 죽는다면, 신이 성상을 저버리고 범한 죄를 조금이나마 속죄할 수 있을 것입니다. 만약 천한 병이 끝내 나을 수 없다면 신도 어찌할 수가 없습니다. 아울러 바라건대 성명께서는 특별히 애달피 여겨 살펴 주소서. 신은 지극히 감격스럽고 두려운 마음을 이길 수 없습니다.

상소를 완성한 뒤 신이 매우 가난하다는 이유로 음식물을 공급하게 하는, 도신이 전유하는 성지를 받드니 신이 몹시 두려워 더욱이 어찌할 바를 모르겠습니다. 신이 평생을 초야에서 지내며 소명(召命)을 회피한 죄가 크고, 털끝만큼도 공효(功效)를 바치지 않고 농사지어 스스로 먹고사니 한 마리 좀 벌레 같습니다. 더구나 은총으로 하사하시는 것을 받으니 어찌 감히 마음에 편안하겠습니까. 또 지금 사방이 기아에 부르짖으며 부황 든 사람이 길을 메우는데 유독 은혜로이 길러 주는 성은을 입으니 더욱 차마 받지 못하겠습니다. 삼가 바라건대 성명께서는 요행으로 주는 상을 경계할 것을 염두에 두고 고르고 화평하게 하라는 훈계[56]를 생각하여 속히 명을 거두어 미천한 신의

56 고르고……훈계 : 군주로서 나라를 다스리면서 백성들 간에 생활 형편을 고르게 하고 서로 화평하도록 힘쓰라는 훈계를 말한다. 노(魯)나라 계씨(季氏)가 전유(顓臾)라는 작은 나라를 치려고 하자 공자가 계씨의 가신으로 있던 염유(冉有)에게 "내가 듣건대 나라를 소유하고 집을 소유한 사람은 백성이 적은 것을 근심하지 않고 생활 형편이 고르지 못한 것을 근심하며, 가난함을 근심하지 않고 편안하지 못함을 근심한다

분수를 편안하게 하소서. 신은 지극히 조심스럽고 황공한 마음을 견디지 못하겠습니다.

고 하니, 이는 대개 고르면 가난하다고 할 것이 없고, 화평하면 적다고 할 것이 없으며, 편안하면 기울어질 일이 없기 때문이다."라고 훈계하였다. 《論語 李氏》

예조 참판을 사직하는 상소 무술년(1658, 효종9) 4월

辭禮曹參判疏 戊戌四月

삼가 아룁니다. 신이 어제 상소에 대한 비답을 받들건대 신의 직명(職名)을 교체하고, 몸조리를 하고 나서 올라오게 하시니 소원이 이루어지게 된 것을 기뻐하고 큰 은혜에 감격하였습니다. 그런데 뜻밖에도 특별히 내지(內旨)를 내어 예조 참판에 새로 임명하시니 변변찮은 음관(蔭官)이 감히 감당할 수 있는 바가 아니라서 신이 명을 듣고 놀라 몸 둘 바를 전혀 모르겠습니다. 신이 낭패스러운 것은 진실로 말할 것도 못 되지만 성명(聖明)께서 관제(官制)가 문란해지고 벼슬길이 혼잡해지는 것을 생각지 않으시니, 신은 맑은 조정을 위해 애석하게 여기고 또 못난 신이 서둘러 나아가는 길이 또한 막힐 것이 한스럽습니다. 지난해에 신의 스승 김집(金集)이 일찍이 이 벼슬에 임명되었습니다. 김집은 학문과 덕망이 높은 선비인데도 감히 받지 않았고 성명께서도 그 사직을 허락하셨습니다. 그런데 신이 어떠한 사람이기에 김집이 받지 못한 것을 감히 받겠습니까. 또한 신이 한번 달려가서 사은하고자 한 것은 감히 벼슬할 생각 때문이 아니라 그저 성명께서 이렇게 초췌한 모습을 살피고 돌아가서 죽는 것을 허락해 주시기를 바랐을 뿐입니다. 이제 갑자기 이러한 장애가 생겼으니 신은 몹시 근심스러움을 이길 수 없습니다. 삼가 바라건대 자애로운 성상께서는 미천한 신의 사정을 굽어살피고 속히 새로 내린 명을 거두어 듣는 사람들이 오래도록 놀라게 하지 마소서. 전날 은혜로이 내리신 음식물은 신이 삼가 받고서 감격스럽고 두려워 어찌 말해야 할지 모르겠습니다. 지극히 간절히 바라 마지않습니다.

두 번째 상소 무술년(1658, 효종9) 5월

二疏 戊戌五月

삼가 아룁니다. 신이 심혈을 다하여 면직되기를 바랐으나 비답과 하교에서 윤허하지 않으시니 신은 더욱 낭패스러워 어찌할 바를 모르겠습니다. 신의 사사로운 뜻은 진실로 말할 것도 못 되지만 조정의 사체(事體)로 보아 참으로 애석합니다. 관제(官制)가 무너지면 벼슬길이 어지러워지고, 관직과 작위가 가벼우면 조정의 권위가 낮아집니다. 지난날 신의 스승 김집(金集)이 이 관직을 사면할 때 해당 관서의 계사(啓辭)에 "예조는 당상과 낭청을 막론하고 반드시 문관에게 제수한다는 것이 이미 바꿀 수 없는 규정이 되었습니다.[57] 그의 사직을 들어주소서."라는 말이 있었습니다. 그때만 해도 첫 정치가 깨끗하고도 밝으며 조정의 의론도 정밀하고 분명하여 모두가 오직 법을 믿을 줄만 알았지 영(令)은 믿지 않았으므로, 당시 전하께서 아무리 체직하지 않으려 해도 아마 그렇게 할 수 없었을 것이고 김집이 그대로 받고자 했더라도 어찌 가능한 일이었겠습니까. 김집으로서도 받지 못한 관직을 신이 감히 함부로 받는다면, 이는 인(仁)을 소임으로 하는 군자의 도의[58]와 다르므로,

57 예조는……되었습니다 : 김집을 예조 참판으로 임명한 것은 효종 즉위년 6월 9일에 있었고, 연이어 네 번에 걸쳐 사직 상소를 올렸는데, 이 말은 첫 번째 상소에 나오는 내용이다. 《愼獨齋遺稿 卷3 辭禮曹參判疏》《孝宗實錄 卽位年 6月 10日》

58 인(仁)을……도의 : 마땅히 사양해야 할 벼슬을 사양하는 도의를 말한다. 《논어》〈위령공(衛靈公)〉에 "인을 행해야 할 때에는 스승에게도 사양하지 않는 법이다."라고 한 말이 있다.

후세에 반드시 "수백 년 이래의 금석 같은 법전이 아무개로부터 땅에 떨어졌다."라고 비난할 것입니다. 신이 비록 자임하는 것이 경솔하나 실로 이러한 누명을 뒤집어쓰는 것은 차마 하지 못하겠습니다. 더구나 주자가 일찍이 "세상이 쇠퇴하고 도(道)가 희미해져, 사대부들이 진실한 척 가장하여 거짓을 팔며, 공사(公事)를 빙자해서 사욕을 채웁니다. 만약 청관(淸官)과 미직(美職)을 조용히 사직하고 물러났는데 해마다 제수하고 해마다 승진하게 한다면 어떤 사람인들 이르지 않겠습니까. 그러므로 제가 이 폐단을 열게 되면 후세의 비웃음거리가 될 것입니다."라고 하였습니다.[59] 이제 신이 감히 옛사람이 사양하고 받은 것에다 스스로를 견주지는 못하지만 바라건대 성명께서는 세상의 도를 위해 깊이 생각해 주소서. 그리고 신이 젊어서 문원공(文元公) 김장생(金長生)을 사사하였으니 송(宋)나라 윤돈(尹焞)[60]의 경우로 헤아려 본다면 오늘날 신의 종적 역시 참작하는 것이 마땅합니다.[61] 삼가 바라건대 성명께서는 하찮은 신의 마음을 다시 살피고 속히 바로잡아 주신다면 공사(公私) 간에 다행이겠습니다. 신이 하찮은 재주로 보답하지 못하

59 주자가……하였습니다 : 《회암집》 권25 〈여여백공서(與呂伯恭書)〉에 나오는 말이다. 효종 순희 3년(1176) 6월에 주희가 비서성 비서랑에 제수되었을 때 여조겸(呂祖謙)에게 보낸 편지이다.

60 윤돈(尹焞) : 대본에는 '尹享'으로 되어 있다. 두주에 근거하여 '享'을 '焞'으로 바로잡아 번역하였다.

61 윤돈(尹焞)의……마땅합니다 : 소흥(紹興) 연간에 화정(和靖) 윤돈이 소명(召命)을 받고 구강(九江)에까지 왔다가, 진공보(陳公輔)가 정자(程子)를 공격한다는 말을 듣고는 사직하며 물러난 적이 있는데, 이 당시 윤선도(尹善道)가, 정여립(鄭汝立)의 모반 사건에 연루되어 죽은 호남의 저명한 학자 정개청(鄭介淸)을 신원하면서 사계(沙溪) 김장생을 비방하였기에 윤돈의 일을 인용한 것이다. 《宋子大全隨箚 卷2》

고 오직 성상을 번거롭게 하였으니 진실로 만번 죽어도 용서받기 어려운 줄 압니다. 오직 이치는 궁박하고 일은 지극하여 다시 죄를 범하였으니 신은 지극히 떨리고 황공한 마음을 이기지 못하겠습니다.

소명에 응하면서 도중에 사정을 아뢰는 상소 무술년(1658, 효종9) 6월

赴召在道陳情疏 戊戌六月

삼가 아룁니다. 신이 지난달 초순에 공경히 비답의 말씀을 받드니 신의 직명(職名)을 체차하고, 신으로 하여금 속히 올라오게 하셨습니다. 신의 걸음이 십중팔구 안정된다면 마땅히 행장을 꾸려 앞으로 나아가서 은명(恩命)에 사례하겠으나 불행하게도 병이 아직 낫지 않아 즉시 길을 나서지 못하였습니다. 하루 이틀 늘 나서기를 바라다가 시일을 지체하게 되니, 유지를 받은 날을 꼽아 보건대 이미 한 달이나 되었습니다. 신이 놀랍고 두려워, 만약 병이 낫기를 기다린다면 참으로 기약할 수 없는 날을 기다리는 것이고, 하루 물러나 엎드려 있는다면 바로 하루 죄를 짓는 것이라 여겼습니다. 그러므로 감히 죽음을 무릅쓰고 일어나 출발하여 몇 읍을 지나 겨우 청주에 도달하였는데, 병세가 악화되어 멍하니 쓰러져 어리석은 것도 같고 미친 것도 같으며 시체처럼 뻣뻣하니, 깜박 죽어 버리면 다시 만적(萬適)[62] 같은 사람이 되어 성대한 시대에 누가 되는 것을 면치 못할까 염려되었습니다. 신이 자신을 헤아리지 못하고 이렇듯 경솔하게 낭패를 당한 것을 깊이 스스로 가엾게 여긴들

62 만적(萬適) : 북송 태종(北宋太宗) 때 진주(陳州)의 처사이다. 자는 종지(縱之), 호는 견현자(遣玄子)로, 벼슬을 바라지 않고 저술에 전념하였는데, 순화(淳化) 연간에 한림학사(翰林學士) 한비(韓伾)의 천거로 신현 주부(愼縣主簿)에 제수되자 병을 무릅쓰고 조정에 나왔다가 수일 만에 죽었다. 《宋史 隱逸列傳 萬適》

다시는 아무런 소용이 없습니다. 혹시라도 자애로운 성상께서 이러한 신을 가엾게 여겨 위태로운 목숨이 아직 다하지 않은 상태로 고향에 돌아가서 죽게 해 주신다면 죽더라도 살아 있는 것과 같을 것입니다. 만일 윤허를 받지 못한다면 신은 마땅히 억지로라도 생명을 걸고 조금씩 전진하여 서울로 향해야만 합니다. 그러나 다만 이러한 기력으로 이러한 더위를 맞아 하루를 가고 아흐레를 쉬어 다시 수많은 시일을 지체해야 할 것이고, 게다가 엎어지고 비틀거리며 낭패한 모습은 길 가는 사람의 이목을 놀라게 하니, 살아서 성명(聖明)에 사은하는 것도 보장할 수 없게 되었습니다. 이 어찌 신하 된 자로서 신처럼 은혜를 입었으면서 신처럼 죄를 짓고도 형벌을 면할 수 있겠습니까. 삼가 바라건대 성명께서는 속히 유사(有司)에게 내려 신의 죄를 다스리게 하신다면 신은 만번 죽더라도 천만번 달게 여기며 다시는 여한이 없을 것입니다. 신은 공경히 길가에 엎드려 지극히 두렵고 절박한 마음을 견딜 수 없습니다.

서울로 들어와 병 때문에 사은하지 못하여 대죄하는 상소

무술년(1658, 효종9) 7월

入京病未謝恩待罪疏 戊戌七月

삼가 아룁니다. 신이 일찍이 길에서 삼가 상소에 대한 비답을 받들고, 이어서 또 성상의 건강이 편치 않다는 것을 듣고서 놀라움과 두려움을 견딜 수 없어 오장이 타는 것 같았습니다. 즉시 출발하여 앞으로 나아가려 하였으나 병으로 피곤하여 누워 있다 보니 기한에 맞추어 달려가지 못하다가 오늘에야 성 밖에 이르렀습니다. 신하로서 군부(君父)가 몸이 편치 못하다는 것을 듣고서 어찌 자신의 몸을 아껴 질질 끌며 지체하여 즉시 달려와 문안드리지 않는 자가 있겠습니까.

또 신이 얼핏 풍문으로 듣자니 전하께서 의관이 들어와 진맥할 때 신의 행차가 도착했는지[63]를 물어보았다고 하니 지극히 감격스럽고 두려운 마음을 이길 수 없습니다. 신이 서울로 출발한 뒤에 기력이 꺾이고 지쳐 꼭 죽을 것만 같았고, 도착한 뒤에도 대궐에 나아가 사은하지 못하였으니 신의 죄가 이에 크게 되었습니다. 다시 무슨 면목으로 사람 축에 끼일 수 있겠습니까. 신은 다만 사저(私邸)에 엎드려 공손히 견책을 기다릴 뿐입니다. 지극히 두려운 마음을 견딜 수 없습니다.

63 도착했는지 : 두주에는 '一本未至下有臣尤二字'로 되어 있다.

곡식과 고기를 연이어 보내라는 명을 사양하는 상소 무술년(1658, 효종9) 7월

辭繼粟繼肉之命疏 戊戌七月

삼가 아룁니다. 신이 전하께서 승정원에 내리신 하교를 살펴보니, 해당 관서에 엄히 명하여 곡식과 고기를 계속 대 주게 하셨기로 신이 부끄럽고 두려우며 놀랍고 송구스러워 어찌할 바를 모르겠습니다. 대저 군주가 신하에게 진실로 궁핍한 것을 보살펴 주는 도가 있기 때문에 신이 향리에 있을 때 형편에 따라 명을 받들었습니다. 그러나 이번의 제목은 그 유래를 찾아보건대 실로 사람마다 누구나 감당할 수 있는 바가 아닙니다. 대저 종묘의 제기는 연례(燕禮)[64]에 쓸 수 없고 곤면(袞冕)의 무늬는 나무로 만든 인형에 새길 수 없습니다. 삼가 바라건대 성명(聖明)께서는 사물에 맞추어 공평하게 시행하여 신이 분수에 넘치는 은혜를 받았다는 비방을 받지 않게 하소서. 더구나 신은 병으로 숙소에 엎드려 있으면서 아직 사은숙배도 못 하고 있는데 지레 분수에 넘치는 반사(頒賜)를 받으니 더욱 편안하지 못합니다. 다시 바라건대 성명께서는 헤아려 결정하소서. 신은 지극히 두렵고 떨리는 마음을 견딜 수 없습니다.

64 연례(燕禮) : 군왕이 신하에게 베푸는 술잔치를 이르는 말이다.

아뢴 말이 진실을 잃어 대죄하는 상소 무술년(1658, 효종9) 9월 11일

以奏語失實待罪疏 戊戌九月十一日

신이 병이 깊어 시골에서 죽기만을 기다리고 있었는데, 지난번에 성명께서 불러 마지않으시고, 또 성명께서 몸이 편찮은 때를 당해 사실보다 지나친 소문을 듣고서 황급히 올라왔습니다. 그런데 한두 번 면대(面對)해 주시고 지나치게 칭찬을 받고 보니 신이 부끄럽고 두려워서 참으로 마음이 편치 않았습니다. 시골에 사는 이 미천한 사람이 사리를 알지 못하고 다만 고루한 학문으로 망녕되이 아뢰니, 유계(兪棨)를 거두어 쓸 것과 먼 곳에서 물건을 사 오지 말게 할 것과 토목의 역사를 정지하게 할 것 등의 일을 모두 채택해 주셨습니다. 이러한 건의는 신이 삼가 스스로를 헤아려 보지도 않고 진심을 드러내고 의리를 다해 충성하여, 전하께서 부르고 총애하시는 뜻을 저버리지 않으려는 마음에서 나왔습니다.

신은 타고난 성품이 서칠고 경솔하여 취할 만한 것이 없는 데다가 일을 의논할 즈음에는 대부분 입에서 나오는 대로 말하기 때문에 대체로 망발이 많고 말한 것이 때로는 사실과 다르기도 합니다. 심지어 먼 나라의 물건을 수색하고 금지할 즈음에 대신들이 품속에 감추었다는 말[65]에 대해서 성명께서 이치에 맞지 않은 것 같다고 하셨고, 신

65 먼……말 : 사신이 연경에 갔을 때 상의원(尙衣院)에서 물건을 사 가지고 오라고 한 일이 있었는데, 마침 중국의 관원이 검사할 때 대신이 품속에 숨겼다는 소문을 말한

또한 소문으로 들은 말이 모두 다 사실인 것만은 아닐 수도 있다고 여겼는데, 나가서 들어 보니 과연 잘못 들은 것이었습니다. 신이 송구한 마음을 금치 못하여 막 글을 올려 잘못을 말씀드리고자 하였는데 문득 영상(領相)[66]이 이 때문에 불안하게 여기고 있다는 말을 듣고 신이 더욱 송구하여 몸 둘 곳이 없습니다. 대체로 보통 사람이라도 근거 없는 일을 말하였다면 말한 사람에게 죄가 있는 법인데, 더구나 대신에게 근거 없는 말로 망녕되게 뒤집어씌운 경우이겠습니까. 신의 허물을 벗을 길이 없고, 감히 다시는 조정의 곁자리에 서지 못할 줄을 더욱 알겠습니다. 삼가 바라건대 성명께서는 속히 신의 죄를 다스려 공론에 사죄하게 하소서.

한편으로 신은 이 일에 대해 가만히 느끼는 바가 있습니다. 신이 이 말을 한 것은 말단의 일을 논하려고 한 것이 아니라, 다만 전하께서 마음을 깨끗이 하여 하나의 사물조차도 관심을 가지지 않아 모든 행실이 순수하고 한결같이 바른 데서 나오게 한 다음, 신하들을 격려하여 주자가 기르고자 하였던 것[67]에 전념하게 하기 위해서입니다. 이 두

다. 우암은 이 일을 두고 효종에게, 다른 일로 마음을 경영하지 말고 오직 하는 일에 전념할 것과 중국의 물건을 바꾸어 온 일을 거론하면서, 이는 긴요하지 않은 물건을 사 오게 한 것이라는 말로 간하였다. 《孝宗實錄 9年 9月 9日》《宋子大全隨箚 卷2》

66 영상(領相) : 《송자대전수차》 권2에는 당시의 영의정이 정태화(鄭太和)라고 되어 있으나 《승정원일기》에 의하면 당시 정태화는 병을 이유로 6월부터 11월 사이에 11차례의 사직 상소를 올려 이미 사직한 상태이고, 1658년 7월 9일부터 1659년 2월 사직하기 전까지 심지원(沈之源)이 영의정으로 있었다. 이에 앞서 심지원은 1657년 10월 동지겸 사은사(冬至兼謝恩使)로 청나라에 갔다가 1658년 3월에 돌아온 일이 있다.

67 주자가……것 : 《송자대전수차》 권2에는 송나라가 남쪽으로 천도를 한 뒤 만약 백성을 기르고 군대를 기르는 일〔養民養兵〕에 힘쓰고 이 외에 한 가지 일도 없다면

가지 일 외에는 하나의 일도 없게 한다면 거의 성명의 뜻에 보답하고 사람들의 기대에 부응할 수 있기 때문에, 일찍이 제갈 무후(諸葛武侯)가 사관(史官)을 두지 않았던 일과 주자가 잠시 동안 사당의 수축을 유보하자고 하였던 일[68]을 말씀드렸던 것입니다.

지금 이 물건은 전혀 긴요하지 않은 것으로 그만둘 만한데도 그만두지 않아 드디어 사신 가는 사람들을 허둥지둥하고 곤란하게 하였습니다. 그래서 신이 성명의 뜻에 대해 의심이 갔기 때문에 감히 말씀드린 것이지 대신들을 공격하고 배척하려는 뜻이 아니었습니다. 그러나 마음은 이와 같지만 말을 잘못하였으니 그 죄를 어찌 피할 수 있겠습니까. 또한 신은 그날 성명께서 이유태(李惟泰)의 일을 하문하셨기에[69] 그 당시의 전말을 낱낱이 들어 말하면서 신생(辛生)의 일[70]을 언급하였

업적을 이룰 수 있다고 여겼던 것을 말한다고 하였다. 어진 사람을 임명하여 기강을 세우고 풍속을 떨치게 하여 정사를 닦고 오랑캐를 물리치는 것 외에 조금도 믿지 말라고 건의한 것은 봉사(封事)에 나오는 내용이다. 《晦庵集 卷11 壬午應詔封事》

68 제갈……일 : 제갈 무후는 촉한(蜀漢)의 승상 제갈량(諸葛亮)을 말한다. 그는 한(漢)나라의 적인 조조(曹操) 부자를 토벌하여 중원(中原)을 수복하기 전에는 사관을 두지 않겠다고 하였으며, 주희는 금(金)나라를 정벌하여 송나라의 실지(失地)를 수복하기 전에는 사당을 세우지 않겠다고 하여, 그대로 실천하였다.

69 그날……하문하셨기에 : 그날은 효종 9년 9월 9일을 말한다. 이날에 앞서 우암이 유계(兪棨)와 이유태를 천거한 적이 있는데, 효종이 유계를 일단 먼저 등용하고 이유태가 상소를 올린 뜻을 묻자, 우암이 "조경(趙絅)이 대사간으로 있을 때 옥사로 인해 글을 올리면서 《춘추》의 '신하는 임금에게 반역의 마음을 품어서는 안 된다.'라는 말을 썼고, 예조 판서로 있을 때 여성제(呂聖齊)의 이혼(離婚)에 대한 의론을 주장하자 이유태와 신이 듣고 그르다고 하였는데 이것을 상소에서 언급하였던 것입니다."라고 답한 일이 있다. 《孝宗實錄 9年 9月 9日》

70 신생(辛生)의 일 : 대본에는 '申生'으로 되어 있다. 《인조실록》과 《송자대전》 권5

습니다. 말하고 나와서 생각해 보니 이는 바로 전하께서 일찍이 율명(律名)으로 조처하여 사람들이 감히 범하지 못하게 하였던 것이었습니다. 그런데 신이 정신이 혼미하여 잠깐 사이에 저도 모르게 율명에 저촉되었으니 지금 생각건대 놀랍고 두려워 심장과 간담이 떨어질 것만 같습니다. 신이 혼미하고 망녕되어 남을 해쳤을 뿐만 아니라 그 자신을 해친 것이 또한 이와 같으니 신은 생각건대 저절로 슬퍼집니다. 그런데도 성명께서 즉시 신의 죄를 다스리지 않은 것은 스스로 그 죄를 청하게 하려고 하신 것입니까, 아니면 어리석음을 가련히 여기고 신이 다른 생각이 없다는 것을 헤아려 주신 것입니까? 신은 여러 날 마음이 떨리고 두려워 어찌해야 할지 몰랐습니다. 마침 대신의 일을 만나니 부득이 죽음을 무릅쓰고 감히 청합니다.

삼가 바라건대 성명께서는 속히 유사(有司)에게 내려 신의 죄를 의논하게 하소서. 만일 가엾게 여기시어 차마 형벌을 주지 못하겠거든 속히 고향으로 돌아가게 하여 신의 분수에 편안하게 해 주신다면 실로 천지 부모이신 전하께서 낳고 길러 주는 은혜입니다. 신은 지극히 두려운 마음을 이길 수 없습니다.

의 〈기축봉사(己丑封事)〉에 근거하여 '申'을 '辛'으로 바로잡아 번역하였다. 신생은 소현세자(昭顯世子) 빈 강씨(姜氏)에게 딸린 궁녀인데, 1645년(인조23) 강씨의 옥사(獄事) 때 강씨의 비행을 인조에게 알려 준 공으로 죽음을 면했다. 나중에 인조가 혹시 숨긴 사실이 있지 않을까 의심하여 다시 묻자, 강씨의 지시에 따라 사람의 뼛가루와 동인(銅人)을 궁중의 요소에 묻어 세자궁을 저주하였다고 실토하고, 이에 관련된 사람을 모두 알려 주었다. 그리하여 신생은 연루자 13명과 함께 옥에 갇히고 소현세자의 세 아들은 제주도에 유배되었다. 《仁祖實錄 25年 4月 25日》

이조 판서를 사직하는 상소 무술년(1658, 효종9) 9월 18일
辭吏曹判書疏 戊戌九月十八日

삼가 아룁니다. 미천한 신의 불초한 상황은 스스로 분명히 알 뿐만 아니라 모르는 사람이 없습니다. 그러므로 신은 해와 달처럼 굽어살펴 어리석음을 온전히 하고 목숨을 다하게 해 주시리라 여겼습니다. 그런데 뜻밖에 이번에 보잘것없는 신을 몸소 발탁하여 두렵게도 막중한 자리에 두셨습니다. 가자(加資)가 전도되고 서열을 뛰어넘으니 처음 있는 비상한 일이라 듣는 이들이 황당하게 여기고 의심스러워하며 조정 안팎이 의심하고 놀랍니다. 신은 두렵고 떨려 어찌해야 할지 모르면서, 평소 자애로운 성상을 우러러 믿은 것이 이제 곧 이렇듯 크게 어그러지기에 이르렀음을 스스로 한스러워합니다. 더구나 나라를 유지하는 것은 관직입니다. 관직이 한번 문란해지면 나라도 따라서 위태로워집니다. 이는 관련된 바가 가볍지 않다는 것을 알 수 있습니다. 어찌 밝고 거룩한 전하께서 우연히도 이러한 점을 고려하지 못하신 것입니까. 또한 나라 사람들이 하는 말은 두려워할 만하고, 공의(公議)는 지극히 엄하니 전하께서 받드는 '세 가지 사사로움이 없음[三無私]'[71]을 또한 어찌 미천한 신이 무너뜨릴 수 있겠습니까. 더구나[72] 신의 병이

71 세……없음 : 임금이 만백성을 공평하게 다스려야 한다는 뜻이다. 《예기》 〈공자한거(孔子閑居)〉에 "하늘은 사사로이 덮는 것이 없고, 땅은 사사로이 싣는 것이 없으며, 해와 달은 사사로이 비추는 것이 없다. 이 세 가지를 받들어 세상을 위해서 일하는 것을 삼무사(三無私)라고 이른다."라는 말이 있다.

72 더구나 : 두주에는 '一本且下有臣字'로 되어 있다.

고질이 되어 이미 간절히 급한 사정을 청하는 글을 올렸습니다. 형세가 위급하여 잠시라도 지체하기 어려우니 삼가 바라건대 자애로운 성상께서는 조속히 새로 내리신 명을 거두고, 우선 물러나 쉬는 것을 허락하여 신이 다하지 않은 목숨으로 초야로 돌아가 죽게 해 주신다면 더없이 다행이겠습니다. 신은 지극히 간절하고 두려운 마음을 견딜 수 없습니다.

두 번째 상소 무술년(1658, 효종9) 9월

二疏 戊戌九月

삼가 아룁니다. 신이 외람되게도 봉장(封章)을 올려 신의 정성 어린 마음을 다 드러냈더니 윤허하는 말씀은 내리지 않고 온화한 비답이 도리어 내려오니 신은 참으로 두려워 어찌할 바를 모르겠습니다. 신이 이 직임에 걸맞지 않다는 것을 사람들이 모두 알고 있는데, 우러러 생각건대 명철하신 성상께서 어찌 모르시겠습니까. 들보 위의 도요새[73]나 수레에 탄 학[74]을 옛사람이 조롱하였으며, 수레를 타고 다니다가 도둑맞은 일[75]에 대하여 위대한 《주역》에서 경계하였으니, 신이 비록 모자라지만 또한 이 뜻은 환히 알고 있습니다.

73 들보 위의 도요새 : 《시경》 〈조풍(曹風) 후인(候人)〉에 "어량(魚梁)에 있는 도요새여, 그 날개가 젖지 않는구나."라고 한 데서 유래하였다. 벼슬에 있는 자가 직분을 제대로 수행하지 않는다는 뜻이다.

74 수레에 탄 학 : 춘추 시대 위(衛)나라 의공(懿公)이 학을 좋아해 대부가 타는 수레에 학을 태우기도 하였는데, 전쟁이 나자 무기를 받아 쥔 백성들이 "학에게 싸우게 하라. 학이 대부의 작위를 차지하고 있는데 우리가 어찌 싸울 수가 있겠는가."라고 한 고사에서 나온 표현이다. 《春秋左氏傳 閔公2年》 분수에 걸맞지 않은 높은 벼슬을 차지해 왕의 지나친 총애를 받는 신하나 관직의 남발을 비유하는 말이다.

75 수레를……일 : 등짐이나 져야 할 천한 자가 귀한 사람이 타는 수레를 타고 다니면 걸맞지 않아 결국은 탈취당하고 만다는 것으로, 분수에 맞지 않은 지위에 올라 우환을 초래하는 것을 말한다. 《주역》 〈해괘(解卦) 육삼(六三)〉에 "짐을 지고 다녀야 할 처지인데 수레를 탄 격이라 도적을 불러오니, 바르더라도 부끄러우리라."라고 한 데서 온 말이다.

아, 선비가 이 세상에 살면서 누군들 밝은 시대에 명군을 만나 은총과 영광을 받기를 바라지 않겠습니까. 신이 풍병(風病)이 든 것이 아니라면 무엇 때문에 유독 이러한 마음이 없겠습니까. 오직 헛된 이름이 부합하지 못하고 쇠약하고 병들어 억지로 하기 어려울 뿐입니다. 하늘의 해가 굽어보고 있으니 감히 말을 꾸며 대지 못합니다. 간절히 바라건대 자애로운 성상께서는 굽어살펴서 새로 내린 명을 즉시 거두고 이조 판서의 자리를 비워 두지 않으신다면 공사(公私) 간에 어찌 다행스러운 일이 아니겠습니까. 신은 지극히 절실하고 두려운 마음을 이길 수 없습니다.

세 번째 상소 무술년(1658, 효종9) 9월 21일

三疏 戊戌九月二十一日

삼가 아룁니다. 신이 외람되게도 부당한 은혜를 입었기에 진심으로 사직하는 글을 올려 불쌍히 여겨 살펴 주시기를 바랐습니다. 성상께서 이를 헤아려 주지 않고 도리어 온화한 비답을 내려 은근히 장려하시는 말씀이 여느 때보다 특별하므로 신은 더욱 상심하고 두려움이 지극하여 병이 되었습니다. 이에 다시 성상의 귀를 더럽히고야 말았으니 죄가 실로 만번 죽어야 마땅합니다.

삼가 생각건대 총재의 직임은 덕이 높아 한 시대에 명망이 두드러진 인물에게 맡기지 않는다면 인심을 복종시킬 수 없습니다. 신처럼 못나고 백에 하나도 남에 미치지 못하는 사람은 평범한 낭관(郞官)의 자리에 있더라도 감당하지 못할까 두렵습니다. 그런데 이제 갑자기 이 직임에 임명하니 비록 조만간 명을 거두신다 해도 식견이 있는 선비들은 전하의 조치를 오히려 의심할 것입니다. 더구나 다시 여러 날을 끌어 사방에서 전해 듣지 않은 자가 없으니 신은 실로 성명을 위해 애석하게 여깁니다. 이제 나이 많고 덕망 있는 사람이 실권을 지닌 자리에 있고 영민한 신하가 군주를 도우니 이 책임을 맡을 수 있는 자는 저절로 적임자가 있습니다. 좋은 모습이라고는 하나도 없는 향리의 평범한 사람을 도리어 이렇게 총애하여 발탁해 주시니, 사체로 헤아려 볼 때 이처럼 해서는 안 됩니다. 말과 생각이 이에 미치니 더욱 황공하고 민망합니다. 삼가 바라건대 성명께서는 내린 명을 조속히 거두어 어질고 덕 있는 자에게 맡겨 관직을 무겁게 하신다면 그만한 다행이 없겠습니다.

네 번째 상소 무술년(1658, 효종9) 9월 24일

四疏 戊戌九月二十四日

삼가 아룁니다. 군주는 재능을 헤아려 기용하는 것을 법도로 삼고 신하는 분수를 헤아려 직임을 맡는 것을 의리로 여깁니다. 만약에 이 점에서 어그러지면 둘 다 마땅함을 잃어 그 나라가 반드시 병들게 됩니다. 그러므로 나라를 흥하게 하는 군주는 반드시 인물을 등용하는 것을 어렵게 여기고, 아무 할 일 없이 숫자만 채우고 있는 신하도 오히려 관직을 받는 것을 삼갑니다. 더구나 평범한 사람 중에서 발탁하여 높은 벼슬자리에 올려놓고서 중임을 맡기고 지나치게 요구하는 경우이겠습니까. 보통 사람보다 뛰어난 재주와 훌륭한 덕망이 있는 자가 아니면 이 일을 감당할 수 없습니다.

이제 신은 그저 사지를 갖추고 있어 겉으로는 남과 견줄 만하겠지만 그 속을 돌이켜 보면 텅텅 비어 있어 남들보다 훨씬 못합니다. 그러므로 빈산에서 두문불출하며 시들어 죽어 가는 것이 분수에 맞기에 그동안 임명하신 것을 사양해 마지않았으니, 감히 이렇게 사양하는 것이 미덕이라 여겨서가 아니라 스스로를 매우 잘 알기 때문입니다. 더구나 이 이조 판서의 자리는 실로 인재를 등용하고 내치는[76] 권한을 쥐고 인격과 문벌을 내렸다 올렸다 하며 명망과 실재를 저울질하는 곳입니다. 그러므로 이전에 이 직임을 맡았던 자들이 비록 숙달된 자라고 불렸더라도 낭패를 보지 않은 자가 드뭅니다. 그런데 초야에 묻혀 있던

76 내치는 : 두주에는 '一本舍下有之柄二字'로 되어 있다.

우매한 신이 하루아침에 조정에 나오니 마치 짝 잃은 새처럼 놀라고 있습니다. 인재의 장단점과 정사의 체제에 대하여 모두 담장을 마주한 듯 깜깜하니 한두 번의 거조에 대하여 사방이 그릇되었다고 하면 전하께서 비호하고 싶더라도 어쩔 수 없을 것입니다. 그러므로 자로(子路)가 자고(子羔)를 읍의 수령으로 삼자 공자께서 남의 자식을 망치려고 한다고 하였습니다. 그렇다면 오늘 전하께서 신에게 하신 처사는 바로 신을 내버리는 것입니다. 또 생각건대 이 자리는 으레 비국(備局)의 기밀(機密)을 담당하는 중한 자리를 겸하고 있으니 더더욱 신 같은 자가 참여할 수 있는 부서가 아닙니다. 이는 나라의 막중하고 막대한 임무이니 신 한 몸으로 말미암아 두 가지 직무가 제대로 수행되지 못한다면 관여하는 바가 무겁지 않겠습니까. 삼가 바라건대 성명(聖明)께서는 다시 헤아려 살펴서 위로는 나랏일을 생각하고 아래로는 신의 몸을 불쌍히 여겨, 속히 체차하도록 허락해서 공사(公私) 간에 편하게 해 주신다면 매우 다행이겠습니다.

다섯 번째 상소 무술년(1658, 효종9) 9월 26일

五疏 戊戌九月二十六日

삼가 아룁니다. 신이 진심에서 우러나는 정성으로 애절하게 호소하여 체직되기를 바랐으나 천청(天聽)은 갈수록 아득하기만 하고 비답의 말씀이 더욱 은근하시니, 신이 계책은 궁하고 뜻은 위축되어 어찌할 바를 모르겠습니다. 옛사람이 말하기를 "사람은 각자 잘할 수 있는 것과 잘할 수 없는 것이 있다." 하였습니다. 이제 이 직임은 실로 신이 잘할 수 있는 것이 아닙니다. 함부로 받았다가 일을 그르친 죄를 받는 것이 끝내 사양하여 공손하지 못한 데 대한 벌을 받느니만 못합니다. 공손하지 못한 죄는 도리어 작으나 일을 그르친 죄는 매우 커서 둘 사이의 간격은 아주 멉니다. 또 생각건대 성명(聖明)께서는 신의 모자람을 알지 못하고 굳이 가지 못하게 하고자 하신다면, 이 벼슬자리를 바꾸어 전하 곁에 남도록 허락하여 때때로 나아가 물음에 대답하고 신이 어리석은 충성을 다할 수 있도록 하여, 그 말이 쓸 만하면 쓰고 쓸 만하지 않으면 물리치도록 하소서. 이와 같게 되면 전하는 벼슬을 임명하는 도를 어그러지게 하지 않고, 미천한 신은 보잘것없는 정성이나마 바칠 수 있습니다.

신이 하는 이 말이 분수에 넘치게 범하는 것임을 너무나 잘 알고 있으나 성명을 믿고 숨기지 않습니다. 삼가 바라건대 전하께서는 특별히 헤아려 결정해 주소서. 또 신의 병이 점점 고질이 되니 직무를 볼 수 있는 기약이 없고, 고집스럽고 편협한 성품으로는 실로 다시 의원과 약을 하사하는 은혜를 입을까 염려되어 감히 아뢰지 못하였으나 위태롭고 괴로운 증상은 이루 다 말할 수 없는 점이 있습니다. 다시 바라건대 자애로운 성상께서는 아울러 불쌍히 여겨 살펴 주소서. 신은 간곡히 빌어 마지않습니다.

여섯 번째 상소 무술년(1658, 효종9) 9월 29일

六疏 戊戌九月二十九日

삼가 아룁니다. 신이 새로 내리신 명을 면제해 주기를 바라면서 여러 번 성상을 번거롭게 하였으니 미천한 신이 지은 죄는 만번 죽고도 남음이 있습니다. 그러나 성상께서 넓은 도량으로 포용하시고 죄주지 않을 뿐만 아니라 온화한 말씀이 갈수록 융숭해지니 신은 돌이켜 보아도 황공하여 성명께 이러한 대우를 받는 까닭을 모르겠습니다. 다만 신의 미천한 정성을 이미 다 아뢰었음에도 전하께서 마음을 돌리지 않으시니 변변찮은 신이 자취는 길수록 너욱 낭패스러워집니다. 신이 아직 한마디 드릴 말씀이 있으나 미처 다 아뢰지 못하였기에 감히 죽을죄를 무릅쓰고 굳이 남김없이 아뢥니다.

가만히 생각건대 전하께서 신을 발탁하시면서 품계와 순서를 따르지 않고 높은 자리에 올린 것은, 하찮고 못난 신이 꾸며 대기를 일삼지 않고 속이는 일이 없어 조금 부릴 만하다고 여겨서가 아니겠습니까. 만약 그렇다면 오늘 세 번 네 번에 이르도록 면직을 바라 마지않는 것에 대하여 전하께서도 이미 꾸며 대지 않고 속이는 바가 없다는 것을 아실 것입니다. 재주가 감당할 만한데도 짐짓 사양하여 아름다운 이름을 노략질한다면 군주를 섬길 때 진실되지 못한 것이니 전하께서 신을 발탁한 뜻이 전혀 아닙니다. 만약 굳이 사양한다면 이는 실로 스스로 우매한 줄 알아서 과연 쓰일 수 없다는 것을 아는 데서 나온 것입니다. 이런 만큼 벼슬자리를 오래도록 비워 둘 수 없고, 인재 선발은 구차하게 채울 수 없습니다. 삼가 바라건대 속히 일시의 인망이 있는 사람에게 자문하여 적합한 인물로 바꾸어 제수하신다면 매우 다행이겠습니다.

전하께서 만일 신이 돌아가는 것을 갑자기 허락하고 싶지 않으시다면 직명(職名)은 없더라도 삼가 마땅히 서울에 있으면서 때때로 장구(章句)의 말단으로 자문의 뒷자리에서 대비하겠습니다. 이와 같이만 된다면 보잘것없는 신의 뜻과 바람은 천만번 만족하겠습니다. 신의 이 말은 실로 진정한 마음에서 우러나온 것입니다. 삼가 바라건대 성명께서는 속히 헤아려 결정해 주소서. 신은 지극히 간절하고 간곡한 마음을 견딜 수 없습니다.

사은한 뒤에 사정을 아뢰고 체직을 구하는 상소 무술년(1658, 효종9) 10월 5일

謝恩後陳情乞遞疏 戊戌十月五日

삼가 아룁니다. 신이 잘못 베풀어진 은총을 거두어 주시기를 빌며 여러 번 성상의 귀를 번거롭게 하였습니다. 지은 죄가 무거울수록 성상의 돌보심이 더욱 더해지니 이러한데도 다시 범하는 일이 있다면 이는 면직을 구하는 것이 아니라 은총을 바라는 것이기에 신은 떨리는 마음을 이길 수 없어 경솔하게 사은하였습니다. 신을 모르는 자들은 신이 이미 그 일을 받았다고 여기니 신의 황공한 마음은 이에 더욱 심해집니다. 전하께서 "전에 올린 상소의 비답에서 이미 말을 다 하였다."라는 말씀을 하시니, 신이 참으로 감히 다시 말하지 못하겠습니다. 그러나 또 감히 말하지 않을 수 없는 것이 있으니 만번 죽음을 무릅쓰고라도 그 말을 다 하려고 합니다. 삼가 바라건대 성명(聖明)께서는 불쌍히 여겨 헤아려 결정해 주소서.

신은 불행하게도 형을 잃고 나서 수십 년 이래로 감히 스스로 다른 사람과 같다고 여기지 못하고 만분의 일이라도 스스로 경전의 가르침을 따르고자 하였습니다.[77] 이제 신이 이미 공경(公卿)의 반열에 오른

77 형을……하였습니다 : 우암의 형은 송시희(宋時熹)로, 1627년(인조5) 관서(關西)에서 노닐 때 수천 명의 오랑캐 기병(騎兵)이 침범해 들어오자 목숨을 걸고 홀로 싸우다가 죽었다. 경전의 가르침을 따른다는 말은 《예기》 〈곡례 상(曲禮上)〉의 "부모의 원수와는 더불어 하늘을 이지 않으며 형제의 원수와는 더불어 한 나라에서 벼슬하지 않는다."라는 말과 "형제의 원수와는 무기를 뒤로 돌리지 않고 앞으로 나아가 싸운다."라

만큼 사사로운 의리에 반드시 걸리는 점이 있습니다. 신이 만약 달게 여기고 뜻을 억누르며 가리지 않는다면 스스로 지키고 있던 마음을 잃고 경전의 가르침에 죄를 짓게 되고, 만약 직임을 맡고 싶어 하면서도 나아가기를 회피한다면 그것은 더더욱 의리상 감히 해서는 안 되는 일입니다. 이 한 가지 일만으로도 스스로 가만히 있기 어려운데, 게다가 감히 하고 싶은 말을 모두 말하거나 공공연하게 아뢰지 못해 시일을 끌며 입을 다물고 말하지 않고서 직무를 비우고 있으니, 신이 지은 죄가 더욱 큽니다.

삼가 바라건대 자애로운 성상께서는 신의 심사를 애달피 여기고 신의 자취를 불쌍히 여겨서 특별히 체직을 허락하여 지키는 것을 온전히 하게 해 주신다면 신은 비록 서울에서 죽게 되더라도 전혀 여한이 없을 것입니다. 신은 지극히 떨리고 두려운 마음을 견딜 수 없습니다.

는 말을 두고 한 말이다. 조선이 청나라와 교류하고 있는 현실에서는 벼슬할 수 없다는 뜻이다.

인책하고 체직을 청하는 상소 무술년(1658, 효종9) 10월 12일
引咎請遞疏 戊戌十月十二日

삼가 아룁니다. 신이 새로 내리신 명을 받고부터 날마다 번거롭게 해 드리기를 일삼은 것은 오직 속히 체직해 주실 것을 기대하였기 때문입니다. 그런데 뜻밖에도 부르는 명이 문에 당도하니 감히 다시는 사양하지 못하고 황급히 직무에 이바지하다 보니 일에 매우 조리가 없었습니다. 그중에서도 한 가지 일은 가장 이치에 어그러지니 신이 감히 성명(聖明)께 스스로 말씀드리지 않을 수 없습니다. 삼가 바라건대 살펴 주소서.

신이 살펴보건대 기강이 무너지고 풍속이 쇠락한 것이 오늘보다 심한 적이 없습니다. 성상께서 이 점에 대하여 개탄하고 드디어 송준길(宋浚吉)을 대사헌으로 삼으시니 성상께서 뜻을 두고 있는 것이 우연이 아닙니다. 송준길은 지우(知遇)에 감격해서 그 직분을 다할 것을 생각하며, 내버려 두었던 온갖 일들이 장차 홍기하려 하고 시행하고 조치하는 것이 조리가 있어, 며칠 사이에 풍채가 완전히 달라졌습니다. 사대부들은 눈을 비비고 하인들은 귀를 세워, 무너진 기강이 진작되고 폐습이 변화하기를 지켜보고 있습니다. 전 예조 판서 홍명하(洪命夏)는 본직(本職) 외에도 맡은 것이 너무 많아 밤낮으로 지치고 고달픈데도 심사를 다하여 모든 일들이 잘 정비되고 시행되니 조정이 의지하는 바가 무겁습니다. 이 두 사람은 마땅히 정사에서 그들이 맡은 일을 오래 맡겨 효험을 요구하는 것이 마땅합니다. 그러나 신이 어둡고 잘못된 식견으로 어제 도목 정사에서 규례대로만 주의(注擬)하여 갑자기 그 직임을 옮기는 바람에 지성으로 나라에 몸 바치려던 그의 뜻이 실행되려다가 도로 위축되어 버리고 말았습니다.[78] 여론이 실망하고 물의(物議)가 애석하게 여기니 신은 참으로 부끄럽고 송구하여 어찌해야 좋을지 모르겠습니다.

또한 신이 이 점에 대하여 마음에 편치 못한 것이 있습니다. 송준길은 명망과 실제가 모두 훌륭하여 신이 따라갈 수 없습니다. 그런데 참판의 자리에 있으면서 신의 보좌가 되게 하였으니 사리가 어그러진 것이 이보다 심한 경우가 없습니다. 비록 신은 부끄러움이 없다 해도 사람들이 장차 무어라 하겠습니까. 신의 혼미하고 망녕됨을 하루 안에 시험해 본 것이 이미 이와 같으니, 만일 다시 머뭇거리게 되면 반드시 낭패스러운 데 이르고야 말 것입니다.

삼가 바라건대 성명께서는 이러한 사정을 헤아리고 조속히 신을 체직하여 공사(公私) 간에 편하게 해 주신다면 몹시 다행이겠습니다.

78 송준길(宋浚吉)을……말았습니다 : 송준길이 대사헌에 임명된 것은 1658년 9월 18일이며 같은 날 우암은 이조 판서에 임명되었다. 이후 10월 9일 예조 판서로 있던 홍명하는 대사헌에, 대사헌이던 송준길은 이조 참판에 임명되었다. 앞서 우암이 이조 판서에 임명되었으므로 송준길이 우암의 아래 있게 된 셈이다. 이조에서 청환(淸宦)의 직에 후보자를 천거하는 규정에 따라 대사헌이었던 송준길을 이조 참판에 천거했는데 낙점을 받아 임명하고 보니 우암의 아래에 있게 되었고, 또 당시 관료의 개혁을 주장하던 송준길의 뜻을 반영하지 못한 인사였다는 데서 나온 말인 듯하다. 이 뒤 홍명하는 10월 22일 다시 예조 판서로, 12월 10일 송준길은 대사헌으로 임명되었다.《孝宗實錄 9年 10月 9日・22日, 12月 10日》

사직하는 상소 무술년(1658, 효종9) 10월 14일

辭職疏 戊戌十月十四日

삼가 아룁니다. 사슴 같은 성정[79]을 지닌 신이 늙어서 도성 문에 들어오기는 했으나 세상과 어긋난 짓을 하는 것이 습관이 되어 문득 바꾸기 어렵습니다. 이 때문에 말하거나 일 처리를 할 때 걸핏하면 모두 어긋나고 망녕되니 신이 참으로 스스로 슬퍼하며 갖가지 방법으로 바로잡아 보지만 끝내 돌이킬 수가 없습니다. 참으로 이른바 아주 어리석어 변하지 않는 자[80]의 경우라고 하겠습니다. 이대로 간다면 작은 일이라도 감히 감당할 수 없을 것입니다. 더구나 이 이조 판서의 직임은 그 얼마나 중요한 직무인데 곧 감히 질질 끌다가 마침내 잘못되게 하고야 말겠습니까. 또한 신이[81] 잠시 정석(政席)[82]에 참여해 보니 견문이 고루하고 심사가 어둡고 막혀, 문서를 열람하면서 하나하나 지적해 대고 결원이 생기고서야 조사하고 찾아 댑니다. 그 구차하고 조급한 정황은 스스로도 부끄러운 줄 아는데 곁에서 보는 자들이 어찌 괴이하게 여기지 않겠습니까. 또한 지금 결원이 매우 많은데 신이 밤낮으로 찾고 생각하여 정력을 다하여도 끝내 메울 수가 없어 신은 근심하고 두려워

79 사슴 같은 성정 : 초야에서 한가히 지내기를 좋아하는 성정을 말한다.

80 아주……자 : 타고난 자질이 탁하고 잡되어 그 기질을 변화시킬 수 없는 사람이라는 말이다. 《논어》 〈양화(陽貨)〉에 "공자가 말하기를 '오직 가장 지혜로운 자와 가장 어리석은 자만이 변하지 않는다.'라고 하였다."라는 말이 있다.

81 신이 : 두주에는 '一本臣下有昨者二字'로 되어 있다.

82 정석(政席) : 임명과 해임을 의논하는 자리를 말한다.

침식을 전폐하고 있습니다. 만약 다시 억지로 행하게 되면 반드시 목숨을 잃고 말 것입니다. 충성을 바치고자 하는 보잘것없는 마음이 비웃음을 사고야 말았으니 이 어찌 성대한 시대에 듣고 싶은 것이겠습니까.

삼가 바라건대 자애로운 성상께서는 불쌍히 여기고 살펴 주어서 조속히 신을 체직하여 어리석은 분수에 편안하게 해 주신다면 실로 천지의 부모인 전하께서 낳고 길러 주시는 은혜입니다. 신은 지극히 민망하고 절박하며 떨리고 두려운 마음을 견딜 수 없습니다.

담비 털가죽 모자를 사양하는 차자 무술년(1658, 효종9) 10월 16일

辭貂帽箚 戊戌十月十六日

삼가 아룁니다. 신이 지난밤에 삼가 성은을 입어 특별히 담비 가죽으로 만든 모자 하나를 받았습니다. 신이 영광에 감격하였으나 자신에게 물어보건대 송구하였습니다. 다만 신이 망녕되이 지닌 생각이 있어 감히 아룁니다.

옛날 요순(堯舜) 때로부터 이미 의상과 곤룡포와 관의 제도가 있었고, 공자가 나라를 다스리는 법을 논하면서 "주(周)나라의 면류관을 쓴다."라고 하였습니다.[83] 그런 만큼 제왕이 정사를 행할 때 어찌 일찍이 품위와 형식을 중히 여기지 않은 적이 있었습니까. 그러나 위 문후(衛文侯)가 난을 만나 나라가 망하게 되자 거친 옷감으로 의관을 만들어 착용하였으니[84] 그 신하들의 복식이 어떠하였는지는 이를 미루어

83 공자가……하였습니다 : 안연(顔淵)이 나라를 다스리는 방도를 물었을 때, 공자가 "하(夏)나라의 시력(時曆)을 쓰고, 은(殷)나라의 수레를 타고, 주(周)나라의 면류관을 쓰고, 음악은 소무(韶舞)를 써야 한다."라고 말한 고사가 있다. 《論語 衛靈公》

84 위……착용하였으니 : 문후(文侯)는 문공(文公)이 되어야 한다. 위나라 의공(懿公)이 적인(狄人)이 침입하자 형택(滎澤)에서 싸우다가 패전해 죽고 위나라가 멸망했는데, 제 환공(齊桓公)이 제후들을 규합해 적인을 물리치고 의공의 후손인 문공을 세워 위나라의 제사를 받들게 하였다. 이에 문공은 거친 삼베옷과 거친 명주로 만든 관을 쓰고 인재 교육에 힘쓰고 농사를 가르치며, 상업을 통하고 공인들에게 혜택을 주며, 교육을 공경히 하고 학문을 권장하며, 정치의 방법을 제시해 주고 능력이 있는 자에게 직책을 맡겨 큰 암말이 3000필이나 되는 번영을 이루었다. 《詩經 鄘風 定之方中》《春秋左氏傳 閔公2年》

알 수 있습니다. 그 당시에 어찌 이른바 품위와 형식을 따질 수가 있었겠습니까. 그러므로 그 성실하고 뜻이 깊은 효과로 인해 끝내 좋은 말을 3000필이나 보유하게 되어 적국(狄國)이 두려워하였습니다. 그 이후에 한나라로부터 당나라에 이르기까지 창업하거나 중흥한 임금들이 검소한 덕을 우선으로 하지 않은 적이 없으니, 역사의 기록에서 나타난 것들로 역력히 상고할 수 있습니다. 그러므로 신이 그동안 전하께 나아가 말씀에 대해 대답할 때마다 이러한 말로 간절히 아뢰었던 것입니다.

담비 가죽이나 비단을 무역하는 것에 대해서는 신이 특별히 입에 쓴 약 같은 말씀을 드렸는데, 이는 대체로 신의 생각에 군신과 상하가 속히 사치스러운 풍습을 없애야만 백성의 힘이 펴지고 하늘의 노여움을 그치게 할 수 있을 것으로 여겨서였습니다. 지금 신이 이렇게 진귀하고 아름다운 물건을 받아 어울리지 않는 것을 몸에 가까이하면, 이는 신이 임금을 섬기고 스스로 처신하는 데에 사치와 검소가 다르고, 들어가 상에게 고하고 나와 자신을 살피는 데에 말과 행동이 일치하지 않은 것입니다. 신이 보잘것없으나 마음에 실로 부끄럽습니다.

신은 들으니 중흥한 임금은 반드시 공과 상을 사실대로 주고 현명한 군주는 한번 찌푸리고 한번 웃는 것도 아낀다고 하였습니다. 그런데 신이 조정에 들어온 지 이미 석 달이 지났으나 서연(書筵)에 겨우 서너 번 출입하였고, 수시로 전하를 가까이 모셨으나 하찮은 말은 쓸 데가 없으면서 녹봉만 허비하고 있으므로 마음에 항상 부끄럽고 두려웠습니다. 그 때문에 겨울의 정기적인 녹봉도 감히 받지 못했는데, 더구나 이런 특별한 은혜를 받았으니 어찌 감히 마음이 편안하겠습니까.

그리고 신은 백성들이 궁하고 재물이 다 떨어진 상황을 목격하고서 걱정되는 마음이 불길처럼 치솟아 침식을 잊고 있어서 전하의 두터운 은혜를 차마 신만 입을 수 없습니다. 삼가 바라건대 성명(聖明)께서는 어리석은 신의 정성을 살피고 속히 명을 거두어 보잘것없는 신의 마음을 편하게 해 주소서. 신은 지극히 황공한 마음을 견딜 수 없습니다.

우레가 치는 변고에 경계할 것을 아뢰는 차자 무술년(1658, 효종9) 10월 19일[85]

雷變進戒箚 戊戌十月十九日

삼가 아룁니다. 오늘 밤에 생긴 우레의 변은 어찌 그리도 참혹하단 말입니까. 바야흐로 거두어들이고 저장할 이때에 번개가 번쩍이고 천둥이 치는 현상이 있으니, 성상께서 남이 보지 않는 은미한 가운데에 무슨 어둡고 고질적인 마음이 있기에 하늘이 보인 경계가 한결같이 이 지경에 이른 것입니까. 전하께서 큰 병을 막 치르고 나서[86] 바로 경계하고 두려워하며 정사를 새롭게 하는 때에, 따뜻한 봄에 만물이 싹트듯 착한 마음의 싹을 아직 틔우지 못하신 것입니까? 구름이 사라지고 안개가 걷히듯 사특한 생각을 버리지 못하신 것입니까? 훌륭한 정치를 도모하려는 뜻이 한창 왕성한데 편히 지내려는 해독이 이미 빌미가 된 것입니까? 민생을 우려하는 근심은 간절하게 하시지만 재물을 아끼려는 뜻이 도리어 많으신 것입니까? 대체로 반드시 이런 몇 가지가 있어야만 천재지변을 불러들이는 것입니다.

삼가 바라건대 전하께서는 깊이 반성하고 두렵게 생각하여 사욕을

85 19일 : 《효종실록》에는 18일에 올린 것으로 기록되어 있다.

86 큰……나서 : 《승정원일기》 효종 9년의 기록을 살펴보면 1월에 내의원에서 효종의 병에 대해 종기 치료에 쓰는 천금누로탕(千金漏蘆湯), 소갈병 치료에 쓰는 양혈청화탕(養血淸火湯)을 올리고, 1월부터 8월 말 사이에 어의(御醫)가 자주 번열(煩熱)의 증세와 종기에 대해서 묻는 것으로 보아 효종은 이해에 종기를 심하게 앓은 듯하다. 《承政院日記 孝宗 9年 1月 23日・27日, 8月 28日》

이기고 분발하기를 아침부터 저녁까지 공경히 하소서. 그리하여 말하고 일할 때 늘 하늘의 상제가 위에서 임하고 종묘사직의 신령이 곁에 있는 것처럼 여겨, 감히 터럭만큼의 욕심이라도 마음이나 눈에 담아두지 않은 다음에 대소 신료들에게 거듭 분부하여 함께 공경하고 두려워하며 아침저녁으로 계책을 논의하여 하늘의 뜻이 어디에 있는가를 찾아서 서로 닦고 힘쓰소서. 그러면 이른바 요순의 시대처럼 훤히 청명해지고 상제와 귀신이 위엄과 노여움을 거둘 날이 머지않을 것입니다.

또 들으니 주자가 임금에게 고하기를 "지금 굶주린 백성들이 뿔뿔이 흩어지고 있는데 겨울의 우레는 그 근심이 내년에 있습니다. 구제할 수 있는 방안은 몸을 반성하고 허물을 알아 스스로 새롭게 하기를 도모하는 데 달려 있을 뿐입니다."[87] 하였습니다. 어리석은 신이 오늘날 생각한 것도 이것을 벗어나 달리 구할 것이 없다고 여깁니다. 신은 가슴이 떨리고 놀라 날이 새도록 방황하다 차자의 초안을 써서 급히 아뢰니다. 신은 지극히 두려운 마음을 견딜 수 없습니다.

87 지금……뿐입니다 : 순희 8년(1181) 11월에 주희가 제거양절동로상평다염공사(提擧兩浙東路常平茶鹽公事)의 신분으로 송 효종(宋孝宗)에게 올린 〈연화주차(延和奏箚)〉 일곱 통 가운데 첫 번째 글에 나오는 내용이다. 주희의 이 주차 내용에도 당시 천재지변의 심각한 상황을 들어 송 효종에게 정사에 잘못은 없었는지, 인사에 부당함은 없었는지, 부당한 형벌은 없었는지 등 군왕이 자신을 돌이켜 보고 반성할 것을 간하는 내용이 들어 있다.《晦庵集 卷13 辛丑延和奏箚一》

사직하는 차자 무술년(1658, 효종9) 10월 21일

辭職箚 戊戌十月二十一日

삼가 아룁니다. 신은 요즈음 감기에 걸려 집에 들어앉아 있지만 어제 우레의 변고에 대하여 감히 태연히 있을 수가 없고, 또 세자께서 다시 서연(書筵)을 연 것이 기뻐 병을 무릅쓰고 나아갔습니다. 그런데 이어서 증세가 극심해져서 얼굴에 부기가 일어나고, 속은 아프며 겉은 벌게져서 하룻밤 사이에 코인지 눈인지 분간하지 못하게 되어 신이 즉시 휴가를 내고 싶었으나 미처 하지 못하였습니다. 어제 아침[88]에는 하리(下吏)가 와서 장차 소대(召對)가 있을 것이니 궐에 나아가 기다리라고 말하였지만 병이 이러하여 나아가지 못하였으니 신의 죄가 깊을 뿐만이 아닙니다. 게다가 신이 마음에 품고 있는 생각을 아직껏 말씀드리지 못해 내내 마음에 걸리고, 근심과 두려움이 마음속에 쌓이고 맺혀 어찌할 줄을 모르겠습니다. 또한 신은 으레 겨울의 추운 날씨에는 병세가 심해져 문을 닫고 이불을 끼고서 겨우 지탱합니다. 올해는 또 전보다 배로 더하여 신이 이러한 기력으로는 전혀 일에 이바지할 수가 없습니다. 삼가 바라건대 자애로운 성상께서는 특별히 체직을 허락하여 위태로운 목숨을 온전히 해 주신다면 그만한 다행이 없겠습니다.

88 어제 아침 : 두주에는 '昨朝一作朝者'로 되어 있다.

인책하고 사직하는 차자 무술년(1658, 효종9) 11월

引咎辭職箚 戊戌十一月

삼가 아룁니다. 어리석은 신은 성격이 소탈해 마음 내키는 대로 행동합니다. 매번 '신하가 임금을 섬기는 것은 자식이 아버지를 섬기는 것과 같으니, 조정은 한집안이요, 같은 조정에 있는 사람은 형제이다. 가령 형제에게 잘못이 있을 경우 서로 규계하지 않고 내가 혹시 말해 주면 나에게 화를 낼 것이라고 여겨 아무 말도 않고서 마음속으로 그르게 여겨 탓하기만 한다면, 이는 구차하게 당장 눈앞에 닥친 일만 보전하는 것이지 오래도록 기쁜 마음으로 서로 잘 지내는 도리는 아니다.'라고 생각했습니다. 신은 이런 마음이 있었으므로 다른 사람도 나와 같을 것이라고 여겨 낭패당하더라도 끝내 후회하지 않았습니다.

신은 일찍이 대신이 오정위(吳挺緯)의 잘못에 대해 말하였는데 이로 인하여 시끄러운 말이 있다고 듣고는 '오정위가 그러한 사실이 없는데 그런 애매한 말을 한다면 미천한 사람에게도 그렇게 말해서는 안 되거늘 더구나 시종(侍從)의 반열에 있는 자이겠는가. 그리고 추호라도 잘못한 바가 있다면 분명하고 공정하게 논해서 서로 바로잡아 주는 의리를 행하는 것이 합당하다. 이것은 실로 사리로 볼 때 당연한 것이다.'라고 여겼습니다. 그러므로 신이 일찍이 탑전(榻前)에서 말을 끄집어냈는데 대신과 호조 판서 정유성(鄭維城)이 당시의 사실을 자세히 진달하여 시끄러운 말이 저절로 없어졌습니다. 이것은 오정위의 다행일 뿐만 아니라 같은 조정에 있는 사람들의 다행이기도 합니다. 그러나 신의 생각에는, 그 일이 비록 사소하지만 끝내는 애당초 이런 일이 없었다면 더 좋았을 것이라고 여겼습니다. 그러므로 아주 약한 벌을 조금 시행하고 겸해서 외직에다 보임하고자 하였습니다. 그런데 또 조금이라도 명백하게 하지 않으면 시끄럽게 떠드는 자들이 이를 빙자할까 염려되었으므로 또다시 그런 내용으로 탑전에서 진달하자, 다행히 성명께서 신의 본마음을 헤아리고 즉시 윤허하셨습니다. 그런데 경연의 신하가 또 신의 생각은 잘못되었다고 하자 곧바로 명을 취소하셨습니다.[89] 그러나 신의 구구한 충심은 귀신에게 물어볼 수 있는 것으로, 오정위에게 듣게 한다 해도 한스럽게 여기지 않을 것입니다.

더구나 정유성은 조금 상관이 있다 하더라도 이것은 하찮은 것 가운데 또 하찮은 것이었으므로 신의 본마음은 실로 공격하려는 뜻이 털끝만큼도 없었습니다. 이제 듣건대 정유성이 이를 불안하게 여겨 사직하기까지 하였다고 합니다. 정유성의 깨끗한 행실과 청아한 명망, 지성으로 나라를 생각하는 마음은 신이 평소에 흠모하고 우러르던 바이므로,

89 신은 일찍이……취소하셨습니다 : '시종의 반열에 있는 사람'이란 원두표(元斗杓)를 말한다. 우암이 좌의정 원두표에게서 호조 참의 오정위가 공물의 납부를 대행하며 중간 이윤을 취하는 방납(防納)을 했다는 말을 듣고서 승지에 의망(擬望)하지 않았다. 그 뒤에 명백하게 드러난 사실이 없다는 말을 오정위에게 직접 듣게 되자, 우암이 대신들이 입시한 자리에서 시비를 가리게 하였다. 호조 판서 정유성이, 대군의 제수(祭需) 중에 꿀이 부족하였는데 예빈시에 보관해 둔 것을 빌려주도록 허락했던 일로 인해 생긴 일이라고 시비를 밝히니, 우암이 대신은 신료의 잘못을 보면 조당에서 잘잘못을 따져야 하고, 분명하지 않은 말로 다른 사람에게 책임을 돌려서는 안 된다는 말을 하였다. 그 뒤 우암은 오정위가 사사로이 호조 판서에게 부탁해 공물(貢物)을 빌려 썼으니 온당치 않다며 외임(外任)에 보임하는 벌을 내리라는 건의를 하였다. 그러자 찬선 송준길이 오정위와 정유성이 똑같이 잘못하였으니 오정위가 벌을 받으면 정유성도 반드시 불안하여 인피하게 되어 분란이 일 것이라는 말로 반대 의견을 제시하였고, 이에 효종이 송준길의 말을 따랐다. 《孝宗實錄 9年 11月 13日, 21日》

신은 정유성이 신의 본마음을 헤아려서 형제간에 서로 바로잡아 충고해 주는 것과 같을 뿐 다른 것이 아니라고 여길 줄로 생각하였습니다. 그런데 지금 이렇게 병을 핑계로 사직하였다고 하니, 신은 후회스럽고 부끄러워 어찌할 바를 모르겠습니다. 신은 어리석고 망녕되어 부딪히는 일마다 계속해서 잘못 처리하고 있습니다. 삼가 바라건대 자애로운 성상께서는 특별히 불쌍하게 여겨 속히 신을 체직하여 분수에 편안하게 해 주신다면 매우 다행이겠습니다.

일을 논하는 차자 무술년(1658, 효종9) 12월 10일

論事箚 戊戌十二月十日

삼가 아룁니다. 신이 어제 삼가 성상의 하교를 보건대 호서(湖西) 7개 읍의 주린 백성을 깊이 염려하여 호남(湖南) 9개 읍과 마찬가지로 세금을 균등하게 덜어 주도록 하셨습니다. 그 두터운 덕의(德意)가 하늘 같아 주린 유민(流民)들이 장차 뼈에 살이 붙고 썩은 살에 털이 날 것 같았는데, 뜻밖에도 대신이 그 경비를 걱정한 나머지 제대로 받들어 따라서 성은을 펴지 못했으니, 매우 애석한 일입니다.

신이 삼가 살피건대 송 효종(宋孝宗) 때 흉년을 만나자 내탕(內帑)의 저장 물자를 풀고 대농(大農)의 곡식을 옮겨 구휼하였습니다. 그런데도 주자는 오히려 부족하게 여기고 다시 민전(緡錢 꿰미에 꿴 돈)을 지급할 것을 청했는데, 승낙을 얻지 못하자 기민(飢民)의 입에 들어가는 것까지 야박하게 따지는 세태를 개탄하였는가 하면, 또 "백성과 재물 중에 어느 것이 중하고 어느 것이 가벼운가. 재물은 흩어져도 다시 모을 수 있지만 민심은 한번 잃으면 다시 수습할 수 없다. 백성이 흩어지고 나라가 위태롭게 되고 나면 그 모은 것은 대도(大盜)를 위해 쌓아 둔 격이 되지 않겠는가."라고 하였습니다. 이 말은 명백하고 몹시도 절실하니 지혜로운 자가 아니라 해도 이치로나 형세로나 반드시 그렇게 되리라는 것을 알 수 있습니다.

오늘날의 일에서는 거두어들이는 세금을 덜어 주자고 하는 것마저도 오히려 이토록 아까워하며 어렵다고 물리치는데, 더구나 대농의 곡식을 운반하고 내탕의 물품을 풀어 주기를 기대나 할 수 있겠습니까.

오늘날 경비가 부족하다고는 하나 현재 있는 곡식을 계산하면 내년 가을까지는 지탱할 수 있는데, 포목은 아직 이 가운데에 포함되지도 않았습니다. 이 밖에 양서(兩西)의 대미(大米)와 소미 3만 섬(石)과 노비 공미(奴婢貢米) 1만여 섬이 있으니, 이를 보충해서 쓰면 지탱해 넘길 수 있습니다. 설령 불시에 지출할 일이 있더라도 강화도와 남한산성의 쌀을 또 가져다 쓸 수 있는데 어찌 꼭 훗날의 경비를 미리 염려하여 목전의 굶어 죽어 가는 사람들을 돌보지 않는단 말입니까.

신은 듣건대 용안(龍安)의 주린 백성이 성상께서 조세를 모두 감면해 준다는 소식을 듣고는 서로 울면서 말하기를 "주상의 은혜가 이와 같으니, 우리들은 마땅히 죽음을 참고 떠나지 말아서 주상의 뜻에 부응해야겠다."라고 했다 하니, 《대학》의 "재물을 흩으면 백성이 모인다."라는 말을 오늘에 징험할 수 있다 하겠습니다. 더구나 임금이 제대로 어진 정사를 행하기만 하면 그 혜택을 입는 자들만 감동하는 것이 아니라 먼 지방에서 소문을 들은 자들도 다들 기뻐하며 복종할 텐데 말해 무엇 하겠습니까. 그러므로 주자가 병으로 시골에 누워 있다가 조정에서 크게 진휼(賑恤)하여 구제한다는 소식을 듣고는 분주히 애쓰기를 꺼리지 않고 일어나서 조명(朝命)에 응함으로써 절동(浙東) 지역의 백성들을 살려 냈던 것입니다.

지금 성은이 주린 백성에게 흡족히 스며들게 한다면, 꼭 자신에게 두루 가해지지는 않았다 하더라도 온 나라의 백성들이 모두 고무되고 감격하여 떠받들 것입니다. 이로써 그 득실을 논한다면 10만 섬의 곡식으로도 바꾸지 못할 것인데, 더구나 수천 섬의 쌀인 경우이겠습니까. 그리고 지금 전하께서 자나 깨나 뛰어난 인재를 생각하면서도 얻지 못하고 있는데, 어진 마음으로 어진 정치를 행하신다면 주자와 같은 마음을 가진 자가 나와서 전하를 위해 쓰이지 않을 줄 어찌 알겠습니까. 삼가 원하건대 전하께서 나라에서 쓰는 비용의 허실(虛實)에 구애받지 말고 7개 읍의 부세를 호남 9개 읍의 경우처럼 전부 감면하신다면 매우 다행이겠습니다.

신은 또 삼가 보건대 전라 감사 서필원(徐必遠)이 부안 현감(扶安縣監) 유경(柳炅)을 차송(差送)하면서 접견해 주시기를 청하였는데, 승정원에서 번신(藩臣)의 체례(體例)가 아니라고 하여 추고(推考)하기를 청하였습니다. 대저 서필원의 청은 말뜻이 순박하고 솔직하여 너무도 곡절이 없으니 승정원이 추고하기를 청한 것은 옳습니다. 그러나 그의 본심을 캐 보면 충성을 바치는 정성에는 문제 될 것이 없습니다.

신은 듣건대 《대학》에서 "갓난아이를 보호하듯 해야 한다."라고 하였고,[90] 맹자는 "백성의 부모가 되어"[91]라고 하였습니다. 대저 갓난아이가 밖에 있는데 어떤 사람이 "몹시 고달프고 굶주림에 지쳐 살아날 수 없을 듯하다."라고 한다면 부모 된 자는 필시 걱정하며 잠시라도 내버려 두지 못할 것이고, 그곳으로부터 온 사람이 있으면 필시 있는 힘을 다해 맞이하여 물어보아서 잠시도 지체할 겨를이 없을 것입니다. 《주역》에 이르기를 "글로는 말만큼 다 표현하지 못하고 말로는 생각을

90 대학에서……하였고 : 갓난아이를 보호하는 지성스러운 마음으로 백성을 사랑하라는 말이다. 《서경》 〈강고(康誥)〉에 나오는 말인데 《대학장구》에서 인용하였다.

91 백성의 부모가 되어 : 《맹자》 〈등문공 상(滕文公上)〉의 "백성의 부모가 되어서, 백성들로 하여금 원망하는 눈으로 쳐다보면서 1년 내내 부지런히 일해도 그 부모를 봉양할 수 없게 하고, 또 빚을 내어 보태어서 세금을 내게 하여 늙은이와 어린아이의 시신이 구렁에 굴러다니게 한다면, 백성의 부모 된 도리가 어디에 있겠는가."라는 전체 내용을 가져와서 보아야 한다.

다 표현하지 못한다." 하였습니다. 그래서 옛날의 충신 가운데는 유민(流民)들이 주려 죽는 참상을 차마 보지 못하여 그림을 그려서 바친 자도 있었고, 오매초(烏昧草)를 바친 자도 있었습니다.[92]

대저 서필원의 생각으로는 장소(章疏)와 서장(書狀)으로는 천 리 밖의 실정을 다 아뢸 수 없겠기에 주상께서 차원(差員 임시로 파견된 관원)을 접견하여 친히 고통받는 상황을 물어보시기를 청했던 것입니다. 그러나 이는 실로 흔치 않은 예외의 일이기 때문에 승정원이 피치 못해 규례에 따라 추고하기를 청한 것입니다. 그러나 백성을 걱정하고 보살피는 마음을 가진 성명의 입장에서는 그의 청을 허락지 않아 먼 지방의 사람들이 서로 돌아보며 낙심하게 해서는 안 되는 것이었습니다. 갓난아이가 병으로 사경을 헤맬 때 그의 부모가 있는 곳에서 온 사람이 "너의 부모는 네 생사에 대해서 묻지도 않더라."라고 할 경우 그 갓난아이가 원망하고 사모하며 울부짖고 싶은 마음이 없을 수 있겠습니까.

신이 어제 성상의 하교를 보건대 유경을 인견(引見)할 듯하였는데 끝내 그렇게 하지 못한 것은 성상의 몸이 편치 못해서 나오실 수 없었기 때문일 것입니다. 그러나 신은 생각건대 전하께서 참으로 백성을 보살

92 유민(流民)들이……있었습니다 : 충신은 정협(鄭俠)을 지칭한다. 그가 안상문(安上門) 감문관이 되었을 때 큰 가뭄이 들어 유민이 길을 메웠는데, 그 처절한 상황을 화공(畫工)에게 그리게 하여 신종(神宗)에게 올리자, 이튿날 바로 청묘(青苗), 면역(免役) 등의 신법을 혁파하였다. 이 그림을 〈유민도(流民圖)〉라 한다. 《宋史 鄭俠列傳》 오매초는 들귀리의 별칭이다. 송나라 범중엄(范仲淹)이 강(江), 회(淮) 지방을 안무(按撫)하고 돌아와서 빈민들이 먹던 오매초를 인종에게 올려 육궁(六宮)의 귀척(貴戚)들에게 보이게 함으로써 사치를 억제하도록 하였다. 《續資治通鑑 宋仁宗 明道2年》

필 성의를 가졌다면 와내(臥內)로 불러들여 백성의 고통과 괴로움을 물어보신다 해도 안 될 것이 없다고 여깁니다. 그와 같이 하신다면, 고난에 시달리는 먼 지방 백성들이 성상께서 이렇게 하셨다는 소식을 듣고는 장차 만배나 감격하며 떠받드는 마음을 가지지 않겠습니까. 유경에 대한 일은 매우 사소한 것이나 사리로 헤아려 보건대 보잘것없는 신의 마음은 걱정과 안타까움을 견딜 수 없습니다.

신이 광묘조(光廟朝 세조(世祖))에 있었던 일을 상고해 보건대 광묘께서 언젠가 죄수들이 동사(凍死)할까 염려하여 밤 5고(鼓)에 승지를 침전으로 불러들여 죄수가 몇 명인지 물으시자 승지 윤필상(尹弼商)이 매우 자세하게 대답하였습니다. 그러자 광묘는 창을 열고 침실 안으로 들어오게 하고는 안쪽으로 돌아보며 "이 사람은 나의 보배로운 신하요."라고 하셨으니, 이는 왕후의 어좌(御座)가 가까이 있었기 때문입니다. 신이 또 명나라의 옛일을 상고해 보건대 13성(省)에 소속된 지방 관원이 표문(表文)을 올리러 올 경우에 그들이 대동한 이졸(吏卒)까지 섬돌 아래로 불러들이고 황제가 친히 "알았다."라고 옥음(玉音)을 전하였으므로 천한 이졸들도 모두 황제의 얼굴을 우러러볼 수 있었다 합니다. 이렇게까지 규모가 광대하고 성의가 간절하였으니, 다스림의 교화가 어찌 융성해지지 않을 수 있었겠습니까.

대저 임금과 신하는 하늘과 땅이니, 그 형세가 높아지지 않을까를 걱정할 것이 아니라, 오직 위엄이 너무 심한 나머지 위아래의 사이가 가로막히지 않을까를 걱정해야 할 것입니다. 그러므로 《주역》에서 "하늘은 높고 땅은 낮으니 건(乾)과 곤(坤)이 정해지고, 높낮이에 따라 배열됨으로써 상하의 지위가 정해졌다."라고 하였습니다. 이는 곧 임금과 신하의 분수가 하늘과 땅처럼 뛰어넘을 수 없음을 말하는 것입니다.

그러나 그 변화의 묘리를 논할 경우에는 하늘이 위에 있고 땅이 아래에 있으면 비괘(否卦)가 되고, 땅이 위에 있고 하늘이 아래에 있으면 태괘(泰卦)가 됩니다. 이는 대개 하늘과 땅이 서로 통하지 않으면 만물이 나지 않고 임금과 신하가 서로 통하지 않으면 공적이 이루어지지 않기 때문입니다. 그러므로 주자가 남쪽으로 건너가던 당시에 천하의 일을 급급하게 여기면서도 그가 한 말이란 "건강(乾綱)하면서도 오만하지 않아 군왕의 도가 아래로 행해지고,[93] 충직한 말을 다투어 권하여 신하의 도가 위로 행해진다면 천하가 매우 다행할 것이다."라는 것에 불과하였습니다. 삼가 원하건대 전하께서 위로 명나라를 본받고 안으로 조종(祖宗)의 발자취를 계승하며 《대역(大易)》의 상(象)을 음미하고 주자의 훈계를 음미하여 전해 오는 낡은 습관을 과감하게 버리고 속히 명현(瞑眩)의 효험[94]을 거두신다면 매우 다행이겠습니다.

또한 생각건대 신은 재주와 힘이 얕고 모자라며 질병까지 잇달아 못난 자가 능력에 걸맞지 않은 지위에 있다는 두려움과 중임(重任)을 수행하지 못해 낭패할까 하는 걱정이 교대로 마음을 불안하게 하므로 다른 생각을 할 겨를이 없는 데다, 앞으로의 대정(大政)은 또 어떻게 해야 할지 더욱 알지 못하겠습니다.

삼가 바라건대 성명께서 신의 심정을 불쌍히 살펴 속히 면직을 허락

93 건강(乾綱)하면서도……행해지고 : 군주가 너무 강하지 않고 겸손하여 아랫사람의 의견을 수용함을 말한다. 《주역》 〈잡괘전(雜卦傳)〉의 "건은 강건하고, 곤은 유순하다.〔乾剛坤柔〕"라는 말에서 유래하였다.

94 명현(瞑眩)의 효험 : 속히 건강을 회복하게 해 주는, 눈앞이 아찔할 정도의 독한 약의 효험을 말한다. 《서경》 〈열명 상(說命上)〉에 "눈앞이 아찔할 정도의 독한 약이 아니면 병이 낫지 않는다."라는 말이 있다.

하여서 오래도록 국사를 그르치지 않도록 해 주신다면 공사(公私) 간에 큰 다행이겠습니다. 신은 지극히 황공하고 간절한 심정을 가누지 못하겠습니다.

담비 털가죽 옷을 사양하는 차자 무술년(1658, 효종9) 12월

辭貂裘箚 戊戌十二月

삼가 아룁니다. 신은 담비 털가죽 옷 한 벌을 하사하신 성은을 받고 감격하고 황공하여 어찌할 바를 모르겠습니다. 신은 일찍이 담비 털가죽 모자를 하사받고 진정에서 우러나는 속마음을 피력하여 명을 거두어 주시기를 바랐는데, 성명께서 굳이 받도록 하셨으므로 신은 황공한 나머지 감히 다시 사양하지 못하였습니다. 그러나 늘 검소함을 보여야 한다는 훈계[95]에 부끄러웠을 뿐만 아니라, 사치하게 되기는 쉽다는 경계[96]를 누려워하면서 마치 큰 죄를 지은 것처럼 마음이 불안했습니다. 그런데 더구나 이 담비 털가죽 옷은 담비 털가죽 모자에 비해 그 대소와 경중을 따질 때 열 배에 그칠 뿐만이 아닌데 미천한 이 신하가 어찌 감히 몸에 가까이할 수 있겠습니까.

신이 직책을 받은 지 이미 달포가 넘었는데도 조금이라도 보탬이 된 것은 없고 한갓 녹봉만을 축내고 있으므로 굽어보나 우러러보나 부끄럽기 그지없어 곧 담장을 따라 빨리 걸어가고 싶습니다.[97] 더구나

95 검소함을……훈계 : 《예기》 〈단궁 하(檀弓下)〉에서 "나라에 도가 없으면 군자는 완비된 예를 행하는 것을 부끄럽게 여기니, 나라가 사치하면 검소한 것을 보이고, 나라가 검소하면 예를 갖추어 행하는 것을 보인다."라고 한 증자(曾子)의 훈계를 말한다.

96 사치하게……경계 : 송(宋)나라 장지백(張知白)이 "검소한 데서 사치한 데로 들어가기는 쉽고, 사치한 데서 검소한 데로 들어가기는 어렵다."라고 한 것을 말한다. 《小學 善行》

97 담장을……싶습니다 : 겸손한 몸가짐을 뜻한다. 공자의 선조인 정고보(正考父)의

이제 분수에 넘치는 은혜가 더해지고 걸맞지 않은 옷을 내려 주시니 신은 안으로는 복이 지나쳐서 생기는 재앙이 두렵고 밖으로는 귀신이 엿볼까 걱정이 절박하니, 참으로 어떻게 마음을 잡아야 할지 모르겠습니다.

신이 삼가 성상의 하교를 보건대 신의 의복이 형편없어 병에 걸릴까 민망히 여기고 계시니, 신은 머리를 조아리며 감격하여 눈물을 흘릴 뿐 어떻게 죽음을 바쳐야 할지 모르겠습니다. 그러나 신이 깔고 자는 것은 섶이 아니고 품은 것은 얼음이 아닙니다.[98] 무후(武侯)의 말[99]을 암송하다 보면 가슴속이 매양 타오르고 문산(文山)[100]의 주문(奏文)[101]

솥〔鼎〕에 "대부 때에는 고개를 수그리고, 하경(下卿) 때에는 등을 구부리고, 상경(上卿) 때에는 몸을 굽히고서, 길 한복판을 피해 담장을 따라 빨리 걸어간다면, 아무도 나를 감히 업신여기지 못하리라."라는 내용이 새겨져 있었다고 한다. 《春秋左氏傳 昭公 7年》

98 깔고……아닙니다 : 청나라에 대한 복수의 의지를 다질 때인데 그렇게 하지 못하고 있다는 말이다. 춘추 시대 오(吳)나라와 월(越)나라는 오랫동안 숙적이었는데, 월나라를 침략했던 오왕(吳王) 합려(闔廬)가 월나라 범려(范蠡)의 계책으로 대패하고 사망하였다. 그의 장자인 부차(夫差)가 오왕으로 즉위한 뒤 복수를 위해 장작을 깔고 그 위에서 잠을 자며 오자서(伍子胥)의 도움을 받아 다시 월나라를 쳐들어가서 멸망 직전까지 몰아붙였고, 월왕(越王) 구천(句踐)은 오나라로 가서 부차의 하인이 되었다. 그 뒤 월나라로 돌아간 구천은 이때의 억울함을 잊지 않고 오나라에 원수를 갚기 위해 자신을 경계하는 뜻으로 겨울에는 얼음을 품속에 품었다고 한다. 《吳越春秋 卷5 句踐歸國外傳》《東坡全集 卷100 擬孫權答曹操書》

99 무후(武侯)의 말 : 촉한(蜀漢)의 승상 제갈량(諸葛亮)의 〈전출사표(前出師表)〉와 〈후출사표(後出師表)〉를 말한다. 무후는 제갈량의 시호이다. 간흉인 조조(曹操)를 제거하고 한나라 왕실을 중흥하는 것을 필생의 업으로 여겨 마음과 몸을 다 바쳐서 죽고 나서야 그만두겠다는 말과 함께 후주(後主) 유선(劉禪)에게 충간하는 내용으로 되어 있다.

을 읽다 보면 뱃속이 저절로 뜨거워지니, 누더기 옷을 입고 눈이 세 길이나 쌓인 곳에 서 있는다 해도 진정 추위의 고통을 모를 것입니다.

참으로 군신 상하가 검소한 생활을 해야 마땅하니, 하찮은 쇠털이나 버선 끈이라도 함부로 허비해서는 안 될 것입니다. 사치 풍조를 개혁할 때에는 벼락이 치듯 하고 백성의 고통을 급히 구제할 때에는 목마른 사람이 샘물을 찾듯 하여 오늘날의 세도(世道)를 조금이라도 만회할 수 있다면, 신은 비록 눈 속에서 얼어 죽고 한 사발의 수제비조차 먹지 못한다 해도 무궁한 영광으로 여기고 조금도 여한이 없을 것입니다. 따라서 이번에 내려 주신 담비 털가죽 옷을 감히 입고서 은혜에 절하지 못하겠으니, 삼가 바라건대 성명께서 은혜로운 명을 회수하여 미천한 신의 분수를 편하게 해 주시면 매우 다행이겠습니다.

100 문산(文山) : 두주에는 '山一作公'으로 되어 있다.

101 문산(文山)의 주문(奏文) : 대본에는 '文山之奏'로 되어 있고, 《효종실록》 9년 12월 10일 기사에는 '文公之奏'로 되어 있다. 문산은 송말(宋末)의 충신 문천상(文天祥)의 호이다. 《문산집(文山集)》 권3에는 문천상이 전시(殿試)에서 장원급제했던 해인 기미년(1259)에 올린 봉사(封事)가 있다. 대체적인 내용은 군대를 강하게 할 것, 각박하게 세금을 거두어들이지 말 것, 자격의 한계를 혁파하여 널리 인재를 구할 것, 총신(寵臣) 동송신(董宋臣)을 내칠 것 등이다. 《효종실록》에 따르면 문공(文公)은 주희를 가리키니, 주희의 주문(奏文)을 말하는 것으로 보아야 한다. 주희의 경우에도 금나라에 당한 국치를 설욕하고 화친을 극력 반대하는 뜻을 밝힌 〈임오응조봉사(壬午應詔封事)〉, 〈계미수공주차일(癸未垂拱奏箚一)〉 등 다수의 글이 있다. 《晦庵集 卷11, 卷13》

인책하는 차자
引咎箚

삼가 아룁니다. 자애로운 성상께서 하찮은 신의 마음을 굽어살펴 주셔서 편치 않은 것은 억지로 하지는 말게 하시니 신이 늘 감격하여 눈물을 흘리며 죽을 곳을 모르겠습니다. 지난번에 목겸선(睦兼善)의 일로 동료들이 계사(啓辭)의 초안을 작성할 때 당시 신이 자리에 함께 있었는데, 그 사이에 간섭하지는 않았으나 동료들이 혹 목겸선이 편치 못하게 여기는 점이 있을까 우려하여 여러 번 말을 고쳐 평온하고 적당하도록 힘쓰는 것을 보았습니다. 그런데 뜻밖에도 목겸선이 끝내 이 계사로 인해 사직을 하니 동료들은 모두 편안할 수 없어 면직을 구하는 일이 있었습니다.[102] 신이 판서가 되어 그 일을 참견한 만큼 의견이 다르지

102 지난번에……있었습니다 : 이조가 올린 계사는, 목겸선이 서장관으로 임명을 받아 이미 출발하였는데, 홍문관에 있을 때 근무 중에 일찍 나갔던 적이 있다는 이유로 직첩(職牒)을 빼앗았으므로 대신 갈 사람을 다시 선발해야 하지만 그 일은 서장관 임명 전에 있었던 일이기 때문에 사람을 바꾸는 것은 폐단이 없지 않고, 또 서장관의 임무는 여느 관직과 다르므로 변통의 여지가 있다는 등의 내용이었다. 이에 효종은 서용(敍用)하여 파견하라는 전교를 내렸다. 목겸선은 당시 가슴과 배의 통증 때문에 근무 중에 일찍 나갔는데, 이조에서 자신이 서장관이 되는 것을 피하려고 한 행위라고 의심하여 이러한 글귀를 썼다고 여기고 사직하였다. 이조에서는 목겸선을 서장관으로 의망할 당시 그가 근무 중에 일찍 나갔는지 조정에 있었는지 몰랐고, 목겸선도 당시 서장관에 의망된 사실을 몰랐던 것이 분명하므로 그러한 뜻으로 계사를 쓴 것이 아니라, 임명해서 이미 파견되어 나간 사람을 곧바로 파직시키고 바꾸어 임명하는 것이 훗날의 폐단이 될까 염려해서 서로 의논하여 이 계사를 올렸던 것이라고 하면서 피혐(避嫌)한 일이 있다. 《承政院日記 孝宗 10年 2月 8日, 10日, 11日》

않은 것입니다. 청컨대 신을 체직하도록 명하여 미천한 분수를 편안하게 해 주신다면 매우 다행이겠습니다.

대정 뒤에 면직을 구하는 차자 무술년(1658, 효종9) 12월
大政後乞免箚 戊戌十二月

삼가 아뢰옵니다. 신이 고루하고 못났으며 세상 돌아가는 일을 잘 알지 못하면서 갑작스레 중임을 맡으니 부딪히는 일마다 낭패를 봅니다. 또한 타고난 성품이 어리석고 망녕되어 경솔하게 곧장 앞으로 나아가니 인재를 등용하고 내치는 즈음에 걸핏하면 이치에 어긋나 정목(政目)이 한번 나오면 인심이 해괴하게 여깁니다. 동자기둥 하나로 집 전체를 알 수 있듯이 신의 장단점이 이제 이미 다 드러났습니다. 조정을 더럽힌 것이 두렵기는 하지만 또한 성명(聖明)께서 그 사실을 환히 알고 다시는 사람을 알아보는 총명을 상하지 않으실 것을 기쁘게 여깁니다. 신의 몸이 조정에 있으나 털끝만큼도 보탬이 되지 못하고 처음 지녔던 마음만 잃어버리고 있으니, 참으로 지극히 두려운 마음을 견딜 수 없습니다. 삼가 바라건대 성명께서는 속히 신을 체직하여 초야에 돌아가 죽을 수 있게 해 주신다면 매우 다행이겠습니다.

두 번째 차자
二箚

삼가 아룁니다. 신이 삼가 성상의 비답을 받들어 보니 지나치게 너그러이 총애하고 장려해 주셨기에 신은 더욱 깊이 황공하여 몸 둘 바를 모르겠습니다. 신이 이 앞의 차자에서 실제의 일을 아뢸 겨를이 없이 범범하게 아뢰었던 까닭에 성명께서 제대로 깊이 살피지 못한 채 그저 관례에 따라 체차해 주기를 청한 것이라고 생각하셨을 테니, 신이 다시 일일이 아뢰겠습니다.

지난번 동몽교관(童蒙教官)을 더 설치하는 일을 신이 탑전(榻前)에서 아뢰어 이미 결정하였습니다. 그 뒤에 예조가 좨주(祭酒)로 하여금 협의하고 검토해서 택하도록 청하였고 계하(啓下)되기까지 하였는데도 신은 이를 전혀 알지 못한 채 지레 차출(差出)하였습니다. 신이 귀머거리나 장님[103]처럼 고루하고 혼미하며 꽉 막혔다는 것을 여기에서 징험할 수 있으니, 어찌 정관(政官)이라고 할 수 있겠습니까. 그리고 길주(吉州)의 수령을 의망(擬望)할 때에 인물이 부족한 것이 매우 걱정되어 수령을 계청(啓請)할 당시에 수령이라고만 칭하고 당하(堂下)라고 말씀드리지 않아 의망된 3인이 당상(堂上)인 것처럼 여기게 만들었습니다. 이것이 아무리 생소한 탓으로 빚어진 일이라 하더라도 규례를 헤아려 보면 잘못이 작지 않습니다. 일상적인 일의 체계에 대해서도 이같이 흐리멍덩한데, 더구나 인물을 감식하고 어질고 어리석은 사람

103 장님 : 두주에는 '一本瞽下有於此二'로 되어 있다.

을 분별하여 만에 하나라도 성상의 정치를 도울 수 있겠습니까.

공자께서 "능력을 발휘하여 직위에 나아갔다가 제대로 할 수 없거든 그만두라."라고 한 주임(周任)의 말을 칭찬하셨는데, 지금 신이 제대로 하지 못하는 것에 대해서는 나라 사람들이 모두 알고 있을 뿐만 아니라 신 스스로도 실로 알고 있습니다. 신이 하루를 직위에 있으면 하루 동안 해를 끼치고 이틀을 직위에 있으면 이틀 동안 해를 끼칠 것이니, 신의 몸이 낭패를 당하는 것이야 원래 말할 필요가 없다 하더라도 조정은 어떻게 하겠으며 국가는 어떻게 하겠습니까. 신이 역량을 돌아보지도 않고서 무턱대고 들어온 잘못은 이미 스스로 피하기가 어렵게 되었습니다만, 머지않아 돌이킬 줄 알아야 한다는 교훈[104]만큼은 그래도 완전히 잊지는 않았습니다. 삼가 바라건대 성명께서는 특별히 가엾게 살펴 주어 끝내 체직을 허락함으로써 미천한 분수를 편안하게 해 주신다면 실로 천지의 부모인 전하께서 낳고 길러 주시는 은혜입니다.

104 머지않아……교훈 : 잘못을 깨닫고 금세 바른길로 들어서라는 교훈을 말한다. 《주역》〈복괘(復卦) 초구(初九)〉에 "머지않아 되돌아오니, 후회하는 일이 없을 것이고, 크게 좋을 것이다."라는 말이 있다.

사직하고 겸하여 일을 논하는 차자 기해년(1659, 효종10) 2월
辭職兼論事箚 己亥二月

삼가 아뢰니다. 신은 질병에 시달리며 다행히도 남은 목숨을 부지해 오던 중, 며칠 전부터는 새 증세가 갑자기 생겨서 쓰러져 누워 신음한 지 이미 7일이 지났습니다. 전부터 미천한 신이 질병을 앓을 때마다 자애로운 성상께서 깊이 염려해 주셨기에 황공하여 갑자기 사직을 청하지 못했는데, 이번에는 원기가 떨어질 대로 떨어져 병세가 매우 위급하므로 순월(旬月)을 지탱할 수 없을 듯합니다. 생각건대 신이 외람되이 중임을 받은 지 이미 시일이 많이 지났는데, 공효는 조금도 없이 허물만 층층이 생기니 실로 빨리 삭직되어 공의(公議)에 보답해야 마땅합니다. 더구나 지금은 질병까지 겹쳐 직무를 수행하지 못하고 있으니, 이 인선(人選)을 담당하는 지위가 어찌 병을 요양하는 곳이 될 수 있겠습니까. 삼가 바라건대 자애로운 성상께서는 공사(公私)를 살펴 속히 체차해 주시면, 매우 다행이겠습니다.

신은 삼가 드릴 말씀이 있습니다. 옛날 성인이 자공(子貢)의 물음에 대하여 "정사를 할 때 신의로 하여 죽는 한이 있어도 버려서는 안 된다."라고 답을 하였고,[105] 사마광(司馬光)도 "신의는 임금의 큰 보배이다.

105 성인이……하였고 : 《논어》 〈자공(子貢)〉에 나오는 말이다. 자공이 정사에 대해 묻자 공자가 "양식과 군대를 충실히 하면 백성들이 믿을 것이다."라고 하였다. 자공이 부득이하여 하나를 버린다면 무엇을 버려야 하느냐고 묻자 공자는 "군대를 버려야 한다."라고 하였고, 다시 같은 질문을 하자 공자는 "양식을 버려야 하니, 자고로 사람은 모두 죽지만 백성들은 믿음이 없으면 존립할 수 없다."라고 하였다.

나라는 백성에 의지하는데[106] 백성은 신의에 의해 보전되기 때문이다."[107]라고 하였습니다. 그리고 제갈량(諸葛亮) 당시의 군신들이 형편없는 촉(蜀)의 형세를 가지고 조비(曹丕)와 손권(孫權)의 강포한 세력에 대항할 수 있었던 것은 단지 신의로써 그 백성의 마음을 굳게 결속시켰기 때문입니다. 성현의 훈계가 매우 밝고 지나간 옛날의 자취가 징험할 만하니, 오늘날의 급선무는 이보다 더 큰 것이 없을 듯싶습니다.

이전에 조정이 옛 법전을 거듭 밝혀 지방에서 바치는 베〔布〕는 반드시 35자(尺)를 기준으로 삼게 하자[108] 면 지방의 궁한 백성들이 모두들 조금이나마 혜택을 입게 되었다며 기뻐하였습니다. 그런데 어제 듣건대 어영청에서 예전대로 45자를 기준으로 하여 거두어들였다 하니, 신은 삼가 괴이하게 여깁니다. 조정이 이미 옛날의 법전대로 시행할 것을 공문을 보내 알렸는데, 수령 된 자들이 어찌 감히 폐기하여 행하

106 의지하는데 : 대본에는 '依'로 되어 있고, 《자치통감(資治通鑑)》 〈주기(周記)〉와 《송문선(宋文選)》 권4 〈신설(信說)〉에는 '保'로 되어 있다.

107 신의는……때문이다 : 《자치통감》 〈주기〉에서 상앙(商鞅)이 변법(變法)을 만든 뒤 이를 실행하기 위해 도성의 남문에 3장(丈)의 나무를 세우고 그 나무를 북문으로 옮긴 사람에게 고시(告示)한 대로 10금(金)을 준 사실을 기록하고 문장의 말미에 평론하며 한 말이다.

108 옛……하자 : 옛 법전은 《경국대전(經國大典)》을 말한다. 《세조실록》에 의하면 "폐포(幣布) 1필(匹)의 길이를 35자로 하거나, 17자 5치를 반 필로 한다."라는 내용이 있는데, 관리들이 임의로 40자를 기준으로 정해 거두는 폐단이 있자 효종 즉위년에 사간원에서, 사헌부가 엄히 살피고 외방(外方)의 아전들이 스스로 신고하게 하여 법을 범한 자가 있으면 그 관리를 죄줄 것을 건의하였는데, 효종이 이를 받아들였다가 뒤에 다시 40자로 되돌린 일이 있다. 《世祖實錄 7年 2月 7日》 《孝宗實錄 卽位年 7月 17日, 1年 1月 21日》

지 않고 피폐한 백성을 학대한단 말입니까. 그리고 본청(本廳)의 관할하는 신하는 또 어찌하여 감히 예전대로 받아들이면서 새로운 영(令)이 있는 것도 모르는 것처럼 한단 말입니까. 백성이란 지극히 어리석으면서도 신령스럽습니다. 저들이 장차 "조정이 겉으로는 세금과 부역을 가볍게 한다는 영을 내려 우리들을 기쁘게 만들고, 속으로는 여러 고을이 따르지 않는 것을 다행으로 여기면서 이롭게 여긴다."라고 말하게 되면, 이는 참으로 주자가 말한 대로 귀를 가리고 종을 도둑질하는 격[109]이니, 그 죄가 더욱 커질 것입니다. 해당 관원은 무엇 때문에 그런 짓을 하여 조정에 불미스러운 평판을 끼치는 것입니까. 그 일은 비록 작은 일이나 관계된 바는 매우 중대합니다.

삼가 바라건대 전하께서는 속히 엄명을 내려 조정 안팎의 모든 해당 관원과 향소(鄕所)의 색리(色吏)에 대해 일체 명령을 폐기한 죄로 다스리소서. 그러면 사방의 백성들이 조정을 믿을 만하다는 것을 분명히 알게 되어 어떤 명령을 내리든 독촉하여 몰아 대지 않아도 저절로 따를 것입니다. 그런 다음에 다시 이전의 영을 밝히되 나라에서 시빗거리가 되는 것을 제외하고는 일체 옛 법전을 기준으로 삼아 한 푼 한 치라도 차질이 나지 않게 하신다면, 위아래가 서로 믿어 반드시 유종의 미를 거두게 될 것입니다. 신은 이 소원이 이루어지기를 간절히 바랍니다.

109 귀를……격 : 자기가 자기를 속이는 것을 비유하는 말이다. 종을 훔쳐서 등에 지고 도망치던 자가 종소리가 크게 울리자 사람들이 들을까 봐 겁나서 자신의 귀를 막았다는 고사에서 유래하였다. 《呂氏春秋 自知》 관리들이 백성들에게 세금을 징수하면서 "조정에서 관리들에게 보충하도록 독책하는 것이지 백성들에게서 징수하려는 것이 아니다."라고 하는 것을 두고 주희가 이 말로 비유하였다. 《晦庵集 卷24 與鍾戶部論虧欠經總制錢書》

총관을 사직하는 차자 기해년(1659, 효종10) 3월

辭摠管箚 己亥三月

삼가 아룁니다. 어제의 도목 정사에서 신이 도총부 총관을 겸한 자로서 숙위(宿衛)하는 반열에 참석하여 외람되게도 임금의 측근에 있게 되니 신에게는 영예로운 은총이 지극히 넉넉하지만 정치의 체통에는 실로 마땅치 않습니다. 이는 오직 이 자리가 평소에는 금위군을 정돈하여 비상시를 경계하지만 유사시에는 삼군을 통솔하여 어가를 호위하기 때문입니다. 지금은 비록 무너져 버렸지만 그 관직은 있습니다. 그런데 이름을 돌아보고 뜻을 생각해 보면 신 같은 자가 감당할 수 있는 자리가 아닙니다. 신이 그동안 임명된 벼슬이 모두 실제와 가깝지 못한데 오늘에 와서는 더더욱 부합하지 않습니다. 신이 명을 듣고 두려움이 더하여 어찌할 바를 모르겠습니다. 게다가 신이 또 어제 연신(筵臣)이 건의한 말을 들으니, 신을 국자 좨주로 삼을 것을 청했는데 성상께서 특별히 윤허하여 따랐다는 말을 듣고 더욱 황공한 마음을 이길 수 없습니다. 이 벼슬을 감당할 수 있는지는 우선 제쳐 두고 이 일이 동료의 청에서 나온 데다 앞서 계하한 일은 또한 마땅히 신의 부서와 관련이 있으니, 신이 몰랐다고 말한다면 자기가 자기를 속인다는 비난을 어찌 면할 수 있겠습니까. 게다가 신에게 무슨 장점이 있어서 오늘 자리를 하나 더하고 내일 일을 하나 더하여, 등짐 벌레가 너무 짊어져서 일어나지도 못하는데 더 싣기를 그치지 않는 것과 같이 하십니까. 사물의 성질이야 기이한 것을 취할 수 있다지만 더구나 신이 염치가 전혀 없는 데 이르지 않았는데 어찌 스스로 냄새나고 부패한 이름을 달게 취하면서도 그칠 줄을 모르겠습니까. 삼가 바라건대 자애로운 성상께서는 보잘것없는 정성을 굽어살펴서 장차 그동안 받은 새로 내린 명을 일체 도로 거두어 어리석은 신의 분수를 편안하게 해 주신다면 매우 다행이겠습니다.

사정을 아뢰고 숙부모의 산소에 성묘하게 해 주기를 청하는 상소 기해년(1659, 효종10) 3월 11일

陳情乞省叔父母墳疏 己亥三月十一日

삼가 아룁니다. 소신이 열흘이나 병가를 냈으나 성은으로 너그럽게 용서하시니 애써 다시 나왔지만 근심과 두려움이 더욱 심합니다. 신은 이에 절박한 사정(私情)이 있어 굳이 죽음을 무릅쓰고 아뢰어 청하기에 이르렀습니다.

신의 숙부모가 양근(楊根)에 묻혀 있는데 불행하게도 후사(後嗣)가 없어 미처 반장(返葬)을 하지 못했습니다. 묘소를 보살피는 종도 모두 멋대로 배반해 버렸지만 신은 멀리 시골에 있어서 소식을 접하지 못하였습니다. 그래서 묘역이 들불에 타고 촌사람의 도끼질에 나무가 잘려 나가 이미 극도로 쇠락하여 여우와 토끼의 소굴이 되고 남김없이 무너져 버렸습니다. 신이 말을 하자니 이마에 땀이 나고 상심하여 서둘러 한번 가서 성묘를 하고 싶습니다. 오래 끊긴 향불을 잇고 무너져 버린 묘소를 수리할 수 있다면 신의 마음이 조금 펴질 뿐만 아니라 또한 그 덕에 지하에서 돌아가신 아버지를 뵐 낯이 있게 될 것입니다. 그러나 다만 몸이 직명(職名)에 매여 있고 법령에 구속되다 보니 밤낮으로 아픈 마음을 지니고서 정을 끝내 누르기 어렵습니다. 신이 삼가 살피건대 주자(朱子)는 숙모가 사망하고 득력(得力)한 자제가 없다는 이유로 부르는 명을 사양하고 장사를 치르게 해 주도록 청하였습니다.[110] 옛날

110 주자(朱子)는……청하였습니다 : 주희는 1171년 공부 시랑(工部侍郎) 호전(胡

의 성현도 진실로 법을 벗어나 정을 편 일이 있습니다. 그런 만큼 신이 비록 함부로 청한다 한들 의리에 크게 어그러지지는 않겠지만 유사에게 죄를 얻게 되었기에 감히 죽음을 무릅쓰고 이렇게 아뢰어 청하게 되었습니다. 삼가 청하건대 자애로운 성상께서는 미천한 신의 마음을 굽어살펴 특별히 갔다 오도록 허락해 주신다면 매우 다행이겠습니다. 신은 지극히 황공하고 떨리는 마음을 견딜 수 없습니다.

銓)의 천거로 상경(上京)을 재촉하는 상서성(尚書省)의 차자를 받게 되는데 이후 올린 다섯 편의 〈사면소명장(辭免召命狀)〉 중 1172년에 올린 네 번째 글에 나오는 내용이다.

사헌부의 계사로 인하여 인책하는 상소 기해년(1659, 효종10) 4월

因憲府啓引咎疏 己亥四月

삼가 아룁니다. 신이 방금 사헌부가 올린 계사(啓辭)를 보건대 사어(司禦) 윤형계(尹衡啓)와 형조 정랑 이욱(李旭)이 서로 자리를 바꿀 때 정부의 체통을 어긴 일이 있어서 바로잡기를 청한다고 하니 신은 지극히 황공한 마음을 견딜 수 없습니다. 이 일은 대략 곡절이 있기에 신이 감히 함부로 아룁니다. 얼마 전의 도목 정사에서 동료가 신에게 "형조 정랑 윤형계의 사람됨이 유약하여 천거할 수 없다. 대간이 체직을 논하는 것이 좋다. 하지만 대간은 지휘할 수 없고 이조에서 태거(汰去)하면 너무 심한 듯하니 한가한 자리로 바꾸어 임명하는 것이 편하겠다. 그러나 상당한 자리는 또 마침 쉽지 않으니 어찌하겠는가."라고 하였습니다. 신이 관안(官案)을 낱낱이 살펴보니 사어 이욱은 벼슬이 비록 조금 낮으나 임기가 찬 지 이미 오래되었고 또 그의 사람됨이 실로 형조에 합당하기에 신이 경솔하게 윤형계의 자리에 재가(裁可)를 받아 바꾸어 임명하였습니다. 이번에 사헌부가 아뢴 것은 실로 매우 정당하며 신이 갑작스럽고 경솔했던 잘못이 크니 너무나 황공하여 처벌을 기다립니다. 신이 이조에 있으면서 잘한 일은 하나도 없고 커다란 하자는 이루 다 헤아릴 수 없을 만큼 많습니다. 삼가 바라건대 속히 신을 체직하여 공사 간에 편하게 해 주신다면 매우 다행이겠습니다.

대간의 상소로 인하여 사직하는 차자 기해년(1659, 효종10) 4월

因臺疏辭職箚 己亥四月

삼가 아룁니다. 신은 은총을 잘못 입어, 오랫동안 있어서는 안 될 자리에 있으면서 터럭만큼도 보답하지 못하고 하자가 끝없이 나와서, 깊은 골짜기에 다가선 것처럼 마음속으로 늘 걱정하고 두려워할 뿐만이 아니었습니다. 게다가 질병이 점점 심해지니 몸을 지탱하기가 어려워 어리석음을 무릅쓰고 정고(呈告 사직 또는 휴가를 신청함)하고, 은혜롭게 체직을 허락받기를 기대했습니다. 그런데 분수 외의 은혜와 예우가 또 매우 특별히 하달되었으니 신은 참으로 황공하고 감격스러워 어찌할 바를 모르겠습니다. 그리고 신이 여기에 대해 마음이 편치 않은 점이 있습니다.

신이, 간관(諫官)을 사직하는 조한영(曺漢英)의 상소를 살펴보건대, 민유중(閔維重)이 위세에 의지하여 협박한다는 말이 있었습니다. 신은 처음에 매우 놀랍고도 의아하여 '지금 대사간보다 위세가 중한 사람이 누가 있기에 감히 오만하게 그 형세를 남에게 빌려주어 협박하는 계교를 부리게 했단 말인가. 만일 그런 사람이 있다면 그의 권력이란 몹시 두려워할 만하다. 더구나 민유중은 인품이 본디 강직하여 강하게 막는 것을 두려워하지 않는다고 일컬어지는 사람인데 무슨 겁내고 꺼릴 것이 있기에 도리어 남의 위세에 의지한단 말인가.'라고 생각했습니다. 이윽고 듣자니 민유중이 의지했다는 사람은 바로 신을 가리킨다고 하므로 신은 너무도 두려운 마음을 금할 수가 없었습니다. 지금

민유중이 있지 않으니 그사이의 곡절이 어떠했는지 알 수가 없습니다만, 대관(臺官)이 이미 지적한 이상 신이 어떻게 감히 태연히 출사하여 일을 함으로써 스스로 조정을 경시하고 공의(公議)를 무시하는 죄에 빠질 수 있겠습니까.

또한 신은 어제 패초(牌招)하실 때 병 때문에 나아가지 못하였으니 죄를 범한 것이 더욱 큽니다. 삼가 바라건대 성명(聖明)께서는 신을 체직하여 보잘것없는 분수를 편안하게 해 주신다면 더없이 다행스럽겠습니다. 신은 조그만 일에 대하여 본디 서로 분분하게 쟁론함으로써 화합하고 서로 돕는 도리를 손상하고 싶지는 않습니다만, 조정의 일의 체모 때문에 번거롭게 해 드리지 않을 수 없으니 더욱 지극히 떨리는 마음을 견딜 수 없습니다.

송자대전

제9권

소차
疏箚

영릉의 지문을 지어 올리는 일을 사양하는 상소 기해년(1659, 현종 즉위년) 5월 16일

辭寧陵誌文撰進疏 己亥五月十六日

삼가 아룁니다. 하늘이 불쌍히 여기지 않아 대행 대왕(大行大王 효종)께서 갑자기 신민(臣民)을 버리시니 온 나라 사람들이 달려가 부르짖고, 모든 살아 있는 사람들은 원망하며 사모하고 있습니다. 더구나 신은 받은 은혜가 가장 융숭하였으니 아픈 마음은 더욱 깊고, 몸이 백 개라도 은혜를 갚을 길이 없으니 부질없이 오장만 탑니다. 저 푸른 하늘이여, 저의 슬픈 마음이 어찌 끝이 있겠습니까.

신이 마음 아프며 슬프고 괴로운 중, 어제 계하하신 공사(公事) 가운데 대행 대왕 유궁(幽宮 능(陵))의 지문(誌文)을 신이 짓도록 한 것을 삼가 보았습니다. 신이 처음에는 의심하다가 나중에는 놀라고 이어서 두려워 떨렸습니다. 신이 가만히 삼가 생각건대 대행 대왕의 성대한 덕과 지극한 선은 천고에 으뜸이니, 옛날의 뛰어난 문장가와 위대한 문필가라 해도 만분의 일도 형용해 낼 수 없을 듯합니다. 더구나 신은 지극히 못나고 변변찮아서 문장을 짓는 일과는 더욱이 맞지 않는 자인 경우이겠습니까. 또 더구나 조정에서는 일의 면모가 중하니 사실을 기록하는 문체에 대해 신이 조금 안다 해도 그동안 문형(文衡)을 맡은 사람들이 줄지어 있는 경우이겠습니까. 이제 만약 이들을 두고 한낱 일개 음관(蔭官)에게 위촉한다면 또한 너무 가벼이 여기고 함부로 대하는 것이 아니겠습니까. 삼가 바라건대 전하께서는 서둘러 명을 거두고 다시 적임자에게 맡겨, 찬양하는 성대하고 아름다운 일에 털끝만큼도 유감이 없게 하신다면 매우 다행이겠습니다. 신은 지극히 근심스럽고 두려우며 황송한 마음을 견딜 수 없습니다.

두 번째 상소 기해년(1659, 현종 즉위년) 5월 18일

二疏 己亥五月十八日

삼가 아뢰옵니다. 신이 어제 상소에 비답하신 것을 삼가 읽으며 저도 모르게 울음과 눈물이 함께 나왔고 이어 피눈물이 흘렀습니다. 신이 어제 이 일이 체모가 중대하다는 이유로 번거롭게 해 드릴 수밖에 없어, 애통하신 가운데 성교(聖敎)를 내리게까지 하였으니 신의 죄가 너무도 깊고, 이미 허락받지 못하고 보니 신의 마음은 황공함이 배나 더합니다. 감히 죽음을 무릅쓰고 다시 두려운 마음을 아뢰니 삼가 바라건대 전하께서는 살펴 주십시오.

주자(朱子)가 일찍이 "효종의 상사(喪事) 때 만장(輓狀)을 지어 올리라는 명을 받았는데, 그 만장이 다 되기 전에 파직되어 조정에서 물러 나와 있다가, 그 뒤 늙고 병들었을 때 마침내 뒤미처 지어 냈다. 스스로 평생을 두고 묵묵히 생각해 보면 성상의 은혜로운 대우를 저버린 것 같아, 감격하여 눈물을 흘리다 못해 그 본말을 대략 적어 외로운 신하가 죽더라도 임금을 잊지 않고 있다는 뜻을 나타냈다."라고 한 글을 신이 언젠가 본 일이 있습니다. 신이 그 글을 읽다가 늘 이 부분에 이르면 여러 번을 반복해 읽으면서 눈물을 흘리며, 군신간은 진실로 마땅히 이와 같아야 한다고 생각하지 않은 적이 없었습니다.

지금 신이 조금이라도 재주나 능력이 있어서 아름답고 빛나는 업적을 만분의 일이라도 기리고 드러내어 금석(金石)에다 새길 수 있다면, 못난 신이 평소 은혜와 신임을 저버린 죄를 조금이나마 속죄할 수 있으니 속으로 다행이라 여기는 마음이 어찌 끝이 있겠습니까. 다만 신이 어려서는 배우지 못하고 늙어서는 더욱 쇠퇴하여 문자로 하는 일에 대해서는 맥락이 완전히 어둡습니다. 이 때문에 여염에서 교유하는 사람이 어쩌다 와서 묘지명을 부탁하면 대대로 내려온 계통과 생몰(生沒)을 기록하는 데 지나지 않는데도 신은 오히려 감당하지 못하고 굳이 애써 사양하여 피하고야 맙니다. 그런데 이제 보잘것없는 지식과 졸렬한 재주로 거룩하고 성스러운 선왕을 기리고 논함에 고명하심을 헤아리고 형용하려고 해도 헤아릴 수가 없고 보면, 털끝을 잡고서 하늘을 더듬고 자를 쥐고 토지를 측량하는 것에 가깝지 않겠습니까. 그렇다면 신이 기대를 저버린 죄는 더욱 심하게 되고 국가의 막중한 전례는 또한 흠이 가서 갈아 낼 수도 없지 않겠습니까. 오늘 이러한 책임을 맡을 자는 저절로 적임자가 있습니다. 가령 신이 터럭만큼이라도 감당할 수 있는 점이 있다고 해도 감히 대신할 수 없는데 더구나 전혀 감당할 수 없는 경우이겠습니까. 그렇지 않다면 신이 은혜에 보답하라는 전하의 말씀을 받들고 감격의 눈물이 쏟아질 것만 같은데, 다시 어찌 차마 말을 놀려 사양하는 것처럼 꾸며 대어 다시 번거롭게 하는 죄를 범하겠습니까. 삼가 바라건대 성명께서 살펴 주소서. 신은 지극히 간절히 빌어 마지않습니다.

홍여하의 상소[1] 뒤에 면직을 구하는 상소 기해년(1659, 현종 즉위년) 6월

洪汝河疏後乞免疏 己亥六月

삼가 아룁니다. 신이 못나고 변변찮아 궁벽한 시골에 사는 것을 분수로 여기고 있었는데, 대행 대왕께서 신이 불초한 줄 모르고 거두어 불러 마지않으시니, 신이 비통한 심정[2]을 애써 말하며 간절히 사양한 것이 해를 넘겼습니다. 그런데 작년 가을에는 마침 선왕께서 병이 위중한 상태에서도 신에 대하여 물어보셨다는 말을 듣고, 신이 성은에 감격하는 마음 그지없어 미처 다른 생각을 할 겨를도 없이 허둥지둥 궐로 달려가서 선왕을 우러러 뵈었습니다. 보잘것없는 신의 정리(情理)를 말씀드리고 나면 처음에 마음먹었던 대로 금방 돌아가려고 했습니다. 그러나 다만 성상의 체후가 오래도록 정상을 회복하지 못하셨기 때문에, 금방 물러간다고 하지 못하고 조금 다시 지체된 것입니다.

그런데 뜻밖에 잘못된 은총이 무단히 내려져, 신에게 이조 참의의 직임을 제수하셨으므로 신이 연거푸 상소를 올려 죽기를 작정하고 굳이 사양하였으나 끝내 허락을 얻지 못하였습니다. 그래서 감히 계속 버티지를 못하고 결국 받고야 말았습니다. 그런 데다 허물이 이미 드러나고 흠이 이미 쌓인 만큼 다시 청할 필요도 없이 자연히 파직되리라

1 홍여하(洪汝河)의 상소 : 1659년 6월 2일에 올린 상소를 말한다. 《顯宗實錄 卽位年 6月 2日》

2 비통한 심정 : 우암이 49세인 1655년 어머니가 별세했기에 이렇게 말한 것이다.

여겼지 스스로 이 직임을 맡을 수 있다고 여기지 않았습니다. 그리하여 그때부터 지금까지 8, 9개월 동안 크고 작은 관직을 얼마나 제수받았는지 모를 정도입니다.

그런데 신이 견문이 고루하고 지식이 어둡고 막혀 있어 주의(注擬)가 타당하지 못하고 공정함을 잃어 정목(政目)이 한번 나오기만 하면 헐뜯는 말과 이의가 어지럽게 일어나니, 신은 항상 스스로 부끄럽고 두려워 잠자고 먹는 것이 편치 않았습니다. 중간에 여러 번 다시 면직되기를 빌었으나 위로의 말씀만 더욱 더해지고 영광스러운 총애만 더하므로 머리를 숙이고 머뭇거리며 묵묵히 그저 비평과 탄핵이 이르기를 기다릴 뿐이었습니다.

이제 승정원이 아뢴 판관 홍여하(洪汝河)의 상소 내용을 듣자니 그중 한 대목은 바로 신을 배척한 내용이라고 합니다. 신이 비록 그 상소문 원본은 보지 못했으나 그 대의는 알 만합니다. 그것은 신이 밤낮으로 겸허하게 기다려 왔던 터여서 마치 침이 병든 곳을 찔러 주듯이 시원하고 달가우며, 실정이 드러나고 일이 제대로 되어 다시 유감이 없습니다. 삼가 바라건대 자애로운 성상께서는 어서 신의 본직(本職)과 겸직(兼職)을 체차하고 신의 죄를 다스려 사람들의 말에 답하신다면 더할 나위 없이 다행이겠습니다.

두 번째 상소 기해년(1659, 현종 즉위년) 6월 5일

二疏 己亥六月五日

삼가 아룁니다. 신이 어제 홍여하(洪汝河)의 상소로 인하여 죽음을 무릅쓰고 스스로 아뢰어 나라의 법대로[3] 처분할 것을 청하였으나 삼가 성상의 비답을 받드니, 젊은 사람들의 날카로운 말 때문에 어찌하여 이렇게까지 자신을 탓하느냐고 말씀하셨기에, 신은 근심스럽고 답답하여 어찌해야 할지를 모르겠습니다. 신의 직명(職名)은 한가한 자리가 아니라서 신이 실수가 전혀 없다 해도 이미 비난과 배척을 받았다면 덮어 놓고 눌러 있기 어렵습니다. 더구나 신의 잘못에 대해서는 남의 말을 기다릴 것도 없이 신이 실로 스스로 알고 있는 경우이겠습니까. 홍여하의 상소 또한 이미 늦었으며 또한 너무 너그러워 신은 날카로운 말인 줄 모르겠습니다.

또 말을 듣는 도는 오직 시비를 살필 뿐이고, 진실로 그 말이 옳다면 날카롭지 않을까를 두려워할 뿐입니다. 해치(獬豸)가 뿔로 받는 것과 명협(蓂莢)이 가리킨 것[4]은 그 날카로움이 지극합니다. 그러나 송사의

3 법대로 : 두주에는 '刑一作憲'으로 되어 있다.

4 해치(獬豸)가……것 : 해치는 시비와 선악을 판단하여 알았다고 하는 요(堯) 임금 때의 신양(神羊)으로, 정직하지 못한 자에게 덤벼들어 외뿔로 받았기 때문에 요 임금 때 형옥(刑獄)을 담당한 고요(皐陶)가 송사를 처결할 때 이 해치의 행동을 예의 주시하였다고 한다. 《後漢書 輿服志》《太平御覽 卷890》 명협은 요 임금의 뜰에서 났다는 풀로 굴질초(屈軼草)라고도 하는데, 간사한 사람이 조정에 들어오면 굽어서 그를 지적했다고 한다. 《博物志 卷4》

판단에 증거가 되기도 하고, 상서로운 세대를 찬송하기도 합니다. 어찌 그 날카로운 것을 괴로워하면서도 지적받은 자가 감히 편안히 있으면서 동요하지 않을 리 있겠습니까. 미천한 신의 사정과 형편이 몹시 위태롭습니다. 삼가 바라건대 자애로운 성상께서는 깊이 헤아려 어서 면직을 허락하고, 또 신의 죄를 다스려 나라 사람들의 말에 답하신다면 이보다 다행이 없겠습니다. 신이 변변찮은 사사로운 뜻으로, 상을 당하여 말하지 않는 중에 계신 전하를 다시 번거롭게 해 드리니 신의 죄가 더욱 커서 지극히 두렵고 애절한 마음을 견딜 수 없습니다.

세 번째 상소 기해년(1659, 현종 즉위년) 6월 7일

三疏 己亥六月七日

삼가 아룁니다. 신이 성상의 비답을 받들고 황공함을 견디지 못해 몸 둘 바를 모르겠습니다. 이는 전날 비답의 말씀 중에 전하의 뜻이 홍여하(洪汝河)의 날카로운 말을 병통으로 여기시는 듯한 점이 있어서입니다. 젊고 의기(義氣)가 날카로운 사람은 그 말이 참으로 중도에 지나친 점이 있기는 합니다. 그러나 어리석고 둔한 자와 부드럽고 노숙한 자를 비교하건대 어찌 같이 놓고 말할 수 있겠습니까. 더구나 홍여하가 신을 논한 것은 바로 신의 잘못을 지적한 것이니 더욱이 병통으로 여겨서는 안 됩니다. 그러므로 전날 신의 상소에서 대략 이 뜻을 아뢰었습니다. 오늘 성명께서 또 경솔하다고 말씀하시니, 넉넉히 언론을 포용하는 자가 보는 것을 분명하게 하고 듣는 것을 넓히는 도가 아닙니다.

또 신이 외람되게 차지하고 있는 것이 만약 대수롭지 않은 직책이라면 신은 진실로 편안히 받아서 옛날의 잘못을 고쳐 새롭게 되기를 도모할 것입니다. 오직 이 인사를 담당하는 직책은 자리가 무겁고 일이 중요합니다. 만약 남의 말이 나오면 시비와 허실을 막론하고 결코 함부로 차지하고 있을 수가 없기에 신이 죽음을 무릅쓰고 굳이 사양하여 마지않는 것입니다. 다만 생각건대 왕위를 계승한 처음에는 더욱 마땅히 언로를 넓혀, 천한 백성이라도 반드시[5] 진달하게 하고 소원한 자들도 다 오게 해야만 합니다. 그런데 신 때문에 오늘의 말씀이 있게 되었

5 반드시 : 두주에는 '必一作畢'로 되어 있다.

으니 신의 죄가 더욱 커서 죽고도 남음이 있습니다.

신은 엎드려 생각건대 오늘날 이 일을 잘 처리하는 방법은 우선 신의 직임을 체차하여 사람들의 말에 대답하는 것이 가장 낫고, 또 신에게 염치를 보존할 수 있게 해 주는 것이 양쪽으로 편합니다. 전하께서 만약 영영 신을 버리고 싶지 않거든 훗날 시비가 정해지기를 서서히 기다렸다가 감화시켜 임용하게 하시면, 신 또한 허물을 반성하고 잘못을 생각하여 조금이라도 만년의 공을 거두고 부리시는 데 대비하겠습니다. 신이 하는 말은 실로 폐부에서 나온 것입니다. 삼가 바라건대 성명께서는 분명히 굽어살펴서 어서 신의 애절한 바람을 허락해 주신다면 천만다행이겠습니다. 신은 하늘을 쳐다보고 성상을 바라보건대 지극히 간절하고 급박한 마음을 견딜 수 없습니다.

네 번째 상소 기해년(1659, 현종 즉위년) 6월 8일

四疏 己亥六月八日

삼가 아룁니다. 신이 평소 질병이 많은데 이즈음 더위와 습기 때문에 새로 증세를 더하니 보는 자들이 위태롭게 여겼습니다. 다만 이러한 시기에 감히 아프다고 말하지 못하여 우선 죽을힘을 다해 직무를 보았습니다. 여러 날을 식음을 전폐하여 기력을 겨우 이어 가고 있어서 곡반(哭班)과 문안에 모두 나아가지 못하였으니, 신하의 분수와 의리가 쓸어 버린 듯 없어졌습니다. 매번 스스로 생각건대 참으로 죽는 것만 못하여 부득이 죽음을 무릅쓰고 급한 상황을 아뢰는 글을 올렸으나 승정원에 저지를 당하니 안절부절못하고 답답하여 어찌할 줄 몰랐습니다.

그런데 뜻밖에 소패(召牌)가 내려오니 의리상 감히 지체해서는 안 되는데도 신의 병세가 스스로 힘쓸 가망이 전혀 없기에 달려가지 못하고 막 처벌을 기다리고 있었습니다. 보잘것없는 신의 정성이 위로 믿음을 주지 못해 파격적인 소명(召命)이 두 번이나 내려오게 하였으니, 신은 두렵고 황공하여 목숨을 내놓고 엎어지면서 궐 아래로 나아왔습니다. 그러나 정신과 기운이 위태위태하고 온몸이 부들부들 떨리며 죽을 듯하면서 아직 죽지 않아 끝내 일을 받들지 못하니 신의 죄가 이에 이르러 더욱 크게 되었습니다. 삼가 바라건대 성명께서는 어서 신의 직임을 체차하고 또 신의 죄를 다스려 나라 법을 바로잡고 공의(公議)에 답하신다면 매우 다행이겠습니다. 신은 지극히 황공하고 두려운 마음을 견딜 수 없습니다.

다섯 번째 상소 기해년(1659, 현종 즉위년) 6월 10일

五疏 己亥六月十日

겸하여 판의금부사에 임명하는 새로운 명을 사양하였다.

삼가 아룁니다. 신의 질병이 점차 고질이 되어 처지가 편안하기 어려워 상중에 계신 전하께 서너 번이나 아뢰기에 이르렀고, 소패(召牌)가 두 번이나 내려왔음에도 모두 명을 받들지 못했기에 석고대죄(席藁待罪)하며 두려움이 한창 깊었습니다. 뜻밖에도 품계를 올린다는 명이 이러한 때에 미치니, 신은 만배나 놀랍고 황공하여 더욱 어찌할 바를 모르겠습니다. 대체로 보아 조정이 벼슬을 명할 때 덕 있는 자에게 내리지 않으면 반드시 나라를 해칩니다. 더구나 왕위를 계승한 처음에는 더욱 삼가지 않을 수 없습니다. 그런데 신이 죄 많고 보잘것없는 몸으로 맨 먼저 은전을 그르쳐 사람들의 이목을 놀라게 하였으니 그 영향이 적지 않습니다. 성명께서 무슨 연고로 이와 같이 그대로 지나치시는지 알지 못하겠습니다.

또 신이 개탄스럽게 생각하는 것이 있습니다. 관중(管仲)은 패자(霸者)의 재상이었음에도 "예의염치(禮義廉恥)는 네 가지 근간이 되는 것이다. 이 네 가지 근간이 신장되지 못하면 나라는 곧 망하고 만다."라고 하였고, 주자(朱子)의 훈계는 더욱 깊고 간절하며 분명합니다. 그의 말에 "사대부가 벼슬을 사양하고 받는 것과 나아가고 그만두는 것은 그 자신의 일일 뿐만 아니라 풍속의 성쇠에 관계된다."라고 하였습니다.[6] 신이 이미 인사를 담당하는 관직에 있으면서 그 직책을 제대로 수행하지 못하여 남의 비난을 받았습니다. 그런데도 전하께서는 굳이 염치를 잊고 억지로 출사하게 하니, 전하께서 미천한 신을 대우하시는 것이 너무 박하지 않습니까. 또한 풍속에 관계되는 것을 생각지 않는 것이 아니겠습니까.

또 듣건대 홍여하(洪汝河)의 상소를 우선 돌려보내어 고쳐서 올리게 하였다 하니,[7] 이는 신의 죄명이 아직 성상의 열람을 거치지 않아 앞서 연좌된 일이 아직 경중을 저울질하는 중에 있는 것입니다. 전하께서 신의 직임을 체차하지 않을 뿐만 아니라 또 뒤따라서 총애하여 벼슬을 주니 만약 장차 이것으로 말하는 자의 입을 미리 막으려 하신다면 성덕(聖德)으로 볼 때 매우 편치 않은 듯하고, 신의 낭패스러움도 만배나 더합니다. 신은 백번 천번을 생각해 보아도 이치는 궁하고 사정은 절박하여 형세상 장차 달아날 계책을 내려고 하였습니다. 그런데 다만 재궁

6 주자(朱子)의……하였습니다 : 《회암집》 권25 〈답한상서서(答韓尙書書)〉에 나오는 말이다. 순희(淳熙) 3년(1176) 2월 지건녕부(知建寧府)로 있던 한원길(韓元吉)이 이부 상서(吏部尙書)로 복직되었는데, 그가 조정으로 돌아가서 주희(朱熹)를 천거하여 그해 6월 주희가 비서랑(秘書郎)에 임명되었다. 이에 주희가 한원길에게 이러한 내용의 편지를 보내어 벼슬을 사양하는 뜻을 밝혔다. 《王懋竑, 朱熹年譜, 中華書局, 2006年, 72쪽》

7 홍여하(洪汝河)의……하니 : 1659년 당시 경성 판관(鏡城判官) 홍여하가 교지에 응하여 상소를 올렸는데, 마침 효종의 병이 위독하여 받아들이지 못하다가 국상을 당하여 상소가 승정원에 유치되어 있었다. 현종이 즉위한 직후에 승지 유계(兪棨)가 "명칭은 응지(應旨)이지만 진언(進言) 형식으로 올라온 것이어서 받아들이기는 해야 합니다. 그 내용에 음관을 자의로 추천한 것이 잘못임을 논하는 등 당시의 폐단에 대하여 언급하였고, 대행 왕과 직접 관련된 내용이 있으며, 오늘에는 해당 사항이 없는 부분도 있으니 어떻게 처리해야겠습니까?"라는 내용으로 현종에게 상소의 처리 문제를 아뢰자, 원상(院相) 정태화(鄭太和)와 논의하라는 명이 있었고, 정태화가 다시 써서 올리도록 할 것을 청하여 현종이 그대로 따랐다. 《顯宗實錄 卽位年 6月 2日》

(梓宮)이 빈소에 있고 전하께서 상중에 계시니 신하의 정리(情理)로 보아 어찌 차마 이와 같이 하겠습니까. 이것이 바로 신이 안절부절못하며 기가 막혀 병이 날로 고질이 되는 까닭입니다.

신은 가만히 엎드려 생각건대 홍여하의 상소는 이미 고쳐서 올리라고 명한 만큼 그 일이 더딜지 빠를지 기약하지 못하지만 앞으로 있을 이조의 일은 기다릴 수 없는 것들이 많습니다. 간절히 바라건대 전하께서는 우선 신의 간청을 허락하셨다가 홍여하의 상소가 올라오면 그가 논한 바의 깊이에 따라 조정의 의론을 참작하여 성상의 뜻으로 결단하십시오. 지은 죄가 중대하다면 형벌을 내리시고, 만일 하찮은 일이라서 오히려 그 죄를 골라내어 제거하거나 씻어 낼 수 있다고 여기시고 다시 신하들의 말을 따른 뒤라면, 신은 삼가 마땅히 명을 받들어 달려가서 감히 다시는 사양하지 않겠습니다. 이는 신이 감히 말할 바가 아닙니다. 그러나 보잘것없는 신의 마음이 우려스럽고 곤란하여 드디어 이러한 생각을 해 냈으니, 함부로 범하며 주제넘은 신의 행위는 더구나 벌을 피할 수 없을 것입니다.

삼가 바라건대 전하께서는 애달프고 불쌍히 여겨서, 서둘러 신의 본직과 겸직을 체차하고 품계를 올리라고 새로 내리신 명은 따로 바로잡아서, 아래로는 필부가 치욕을 멀리하고자는 뜻을 온전하게 해 주고 위로는 성상께서 아랫사람을 이해하는 아름다움을 드러내신다면 몹시 다행이겠습니다. 신은 지극히 간절하고 두려운 마음을 견딜 수 없습니다.

판의금부사를 사직하는 차자 기해년(1659, 현종 즉위년) 6월
辭判義禁箚 己亥六月

삼가 아룁니다. 자애로운 성상께서 신의 마음을 굽어살펴 주어 간청드린 것을 특별히 허락하시니 은혜에 감격하는 마음이 끝이 없어 죽음을 바칠 곳을 모르겠습니다. 이는 신의 뜻을 조금 편안하게 해 주었을 뿐만 아니라 성상께서 염치를 배양하는 방도로 볼 때 어찌 아름답지 않겠습니까. 다만 생각건대 품계를 올린다는 명이 아직 고쳐지지 않았습니다. 숭정대부는 높은 품계이고 의금부는 중요한 자리라서 신이 일을 그르칠까 하는 근심이 전날보다 배나 됩니다. 전하께서 만일 처음부터 끝까지 줄곧 보호하고 편안하게 하려고 한다면 감당해 내지 못하는 미약한 신의 능력을 이미 시험해 보았으니 더욱 불쌍히 여기셔야만 합니다. 삼가 바라건대 신이 받은 새로운 명을 서둘러 바로잡아서 신의 분수에 편안하게 해 주신다면 이보다 다행이 없겠습니다.

두 번째 차자 기해년(1659, 현종 즉위년) 6월 20일

二箚 己亥六月二十日

삼가 아룁니다. 신은 평소 질병이 많고 이번 여름은 특히 심하였지만 이러한 시기라서 감히 위급한 사정을 말씀드리지 못하였습니다. 이번 달 이후로 여름철 습기에 점점 손상되어 여러 증세가 교대로 발작을 하니 침식(寢食)을 전폐하고 걸음을 거의 걷지 못하고 있습니다. 비록 소패(召牌)가 내려 감히 나아가지 않을 수 없으나 물러나면 그때마다 더욱 고통스럽고, 내내 자리에 누워 있으니 생기가 모두 사라져 버렸습니다. 이 때문에 의금부의 일이 많은 자리에 아직도 나아가 업무를 보지 못하여, 문서는 상자에 쌓이고 죄수는 서울 밖에서 지체되고 있습니다. 하찮은 신의 질병이 끼친 해가 이 지경에 이르렀으니 마음에 늘 두려워 몸 둘 바를 모르겠습니다.

또 신이 어제 사대(賜對)에서 피해야 하는 말인 줄을 모르고 함부로 산릉(山陵)에 대하여 논함으로써 대신의 뜻을 거스르니, 대신이 불안하여 창졸간에 사죄하였습니다. 신의 본심은 그렇지 않았으나 말을 에둘러 할 줄을 몰라 사람을 놀라게 하였습니다. 신이 가는 곳마다 일을 그르치는 것이 이러한 지경에 이르렀으니 황공하여 혀를 깨물고 뉘우쳐도 소용이 없습니다. 삼가 바라건대 자애로운 성상께서는 서둘러 의금부의 벼슬을 체차하여 공사 간에 편하게 하고 또 신의 죄를 다스려 조정의 일의 체모를 중하게 하신다면 이보다 다행이 없겠습니다.

이조 판서를 사직하는 차자 기해년(1659, 현종 즉위년) 6월 22일
辭吏曹判書箚 己亥六月二十二日

삼가 아룁니다. 자애로운 성상께서 하찮은 신의 마음을 불쌍히 여기셔서 이조 판서의 직임을 체차해 주셨으니 신의 마음이 매우 편안하고 감사한 마음이 끝이 없었으며, 서울의 집에 머물면서 신하가 선왕을 그리는 정을 펼 수 있기를 바랐습니다. 그런데 뜻하지 않게 이번에는 끝내 은혜를 입지 못하여 즉시 벼슬자리로 돌아와 근무하도록 하시니, 신의 낭패스러움은 우선 말할 것도 없고 조정의 중대한 조치를 이와 같이 하는 것은 마땅하지 않습니다.

또 나이 많고 경험이 풍부하며 순직하고 참된 몇몇 대신은 이미 사의(事宜)를 헤아리고 또 인정(人情)을 헤아렸기에 영의정과 좌의정 두 분이 앞에서 신을 체차하는 것이 마땅하다고 하였고, 원임(原任)의 옛 신하들은 뒤에서 마음을 편안하게 해 줄 것을 청하였으니, 이는 모두 지극히 공정하고 진정한 정성입니다. 위로는 조정의 염치를 지키는 기풍을 보존하려고 하고 아래로는 필부의 꼿꼿한 지조를 온전히 해 주고자 하여, 명분과 실질이 모두 알맞음을 얻고 공사 양쪽이 마땅하게 되었습니다. 전하께서는 바로 마땅히 이 늙은 사람을 생각해서 길이 허물이 없게 해 주셔야 하는데, 이제 그 계책을 쓰지 않고 이러한 묻지 않는 조치를 하시니 신은 적이 온당하지 않다고 여깁니다.

또 신이 직무를 제대로 받들지 못하여 남의 비난을 사서 선왕의 밝음에 누를 끼친 것을 생각하면 죄가 이미 용서받기 어렵습니다. 그리고 이로 인해 혼란해져 삼사(三司)가 화합하지 아니하고 이름난 선비들이 선발에서 낭패를 보아 처량해진 경우가 10여 명이나 되는 사태를 초래하였습니다. 조짐이 좋지 못하고 화기가 모두 사라져 길거리에서 우연히 한 말이 가까이로부터 멀리까지 전파되니, 비유하자면 마치 태풍이 막 지난 뒤 소란이 그치지 않는 것과도 같습니다. 조정의 일에 숙달된 동석한 사람들까지도, 신이 일찍이 자문하신 일에 답변한 것을 두고 여러 번 글을 올려 자신의 죄를 탄핵하고, 평소 자신의 결점을 책망하는 데 힘써 허물을 적게 하려고 하던 두세 낭관들조차도 모두 자책하기에 이르렀습니다. 신은 밤이면 마음에 부끄럽고 낮이면 남에게 부끄러우니, 마땅히 버선발로 도성 문에 나아가 땅에 머리를 조아려 사죄하기에 겨를이 없어야 할 것입니다. 그런데 이러한 때에 이미 잘못을 저지른 사람으로서 자신이 지은 죄에도 불구하고 다시 이조에 들어가 인물을 평가한다는 것은 또한 매우 놀라운 일이 아니겠습니까. 비록 그지없이 어리석어 소와 말을 분변하지 못하는 자라도 오히려 또한 부끄러운 일인 줄 알 것입니다.

또 홍여하(洪汝河)의 소본을 이미 고쳐서 올리게 하였으니, 신의 정상(情狀)과 죄범이 장차 공정하게 평가될 날이 있을 것이었는데, 이제는 또 특명(特命)으로 다시 상소를 올리지 말도록 하셨으니 언로가 막혀 펴지지 못하게 되었을 뿐만 아니라 신의 죄명이 이에 드디어 숨겨졌습니다.[8] 사적으로는 매우 다행스럽지만 나라 사람의 말은 막기

8 이제는……숨겨졌습니다 : 처음에 현종이 홍여하에게 상소를 다시 써 올리도록 하였으나 그 뒤 홍여하의 뜻은 우암을 헐뜯는 데 있다는 논의가 나오자 현종도 홍여하의 상소문을 구언(求言)의 범주에 넣어 다시 써서 올리게 하는 것은 불가하다 하여 그만두라고 명하였다. 《顯宗實錄 卽位年 6月 2日, 7日》

어렵습니다. 더구나 또 신 때문에 미리 언로를 막았으니, 선비들의 걸음을 천 리 밖에서 막는다면 또한 작은 일이 아닙니다.

신은 속으로는 자책하고 겉으로는 두려워 묵은 병이 더욱 심해져 어제는 소패(召牌)를 받고도 달려가지 못하였습니다. 그런데도 전하께서 처벌을 가하지 않고 도리어 의원과 약을 내리도록 명하니 죽은 사람을 살리고 그 백골에 살을 붙이시는 그 은혜를 어떻게 갚아야 할지 모르겠습니다. 생각건대 은혜를 저버린 죄가 이미 깊고, 정신이 다 쇠진해 버렸으니 치욕을 무릅쓰고 부끄러움을 참고서 전하께서 맡기는 뜻을 받들려고 해도 다시는 부리시는 데 대비할 근력이 없습니다. 삼가 바라건대 자애로운 성상께서는 굽어살피고 서둘러 새로 내리신 명을 거두며 겸하고 있는 관직들을 한꺼번에 체차하여 시종 내려 준 은혜를 온전히 하신다면 이보다 다행이 없겠습니다. 보잘것없는 신은 지극히 간절하고 절박한 마음을 견딜 수 없습니다.

두 번째 차자 기해년(1659, 현종 즉위년) 6월 23일

二箚 己亥六月二十三日

삼가 아룁니다. 신이 어제 한 장의 차자로 마음을 다 쏟아 내어 살펴 주시기를 바랐으나, 전하께서는 도리어 온화한 유지를 내리고 간곡하게 말씀을 하며 애달픈 간청을 허락지 않으시니, 신은 지극히 송구하고 절박한 마음을 견딜 수 없습니다. 신의 전날 종적이 오늘날같이 어려운 지경에 이르지는 않았는데도 대신들이 오히려 체차할 수 있다고 한 것은, 한 사람의 일일 뿐만이 아니라 군왕이 아랫사람의 사정을 헤아리는 것이 마땅히 이러해야 하기 때문입니다.

이제 삼사(三司)의 의견이 같았다가 달리하며 이랬다저랬다 하다가 처치한 뒤라서 시비(是非)는 더욱 많고 나라 사람들의 말이 막 생겨나, 가지가 번 사이에 또 가지가 벌고 마디 위에 또 마디가 생깁니다. 신은 한마디 말을 들을 때마다 등이 서늘해지고 얼굴이 붉어져 한없이 담장을 돌아 달아나고 땅을 뚫고 들어가고 싶습니다. 이러한 형적을 가지고 이러한 업무를 맡게 되면 마음을 억누르고 얼굴을 들고서 인재를 선발한다 하더라도 신의 선발을 받은 인재들은 또한 심히 부끄럽지 않겠습니까.

그리고 신이 삼가 함릉군(咸陵君) 이해(李澥)의 상소[9]를 보고 또

9 이해(李澥)의 상소 : 1659년 6월 21일에 올린 상소를 말한다. 수원은 세 도(道) 도회지이며 평야로서 오환(五患)의 자리일 뿐만 아니라 덕 있는 사람이 나온 적이 없고 무장(武將)의 인재만 나왔으므로 국장에 합당하지 않다고 아뢰는 내용이다.

몹시 떨리고 두려웠습니다. 신이 산릉(山陵)을 의논하는 일로 두 번이나 사대(賜對)를 받고, 스스로는 보잘것없는 생각을 다 밝히지 않은 것이 없다고 여겼는데 이제 똑같이 법률에 비추어 가려내게 되었습니다.[10] 군부(君父)의 의관(衣冠)을 묻는 일은 얼마나 큰일입니까. 그런데 머리가 부수어지도록 힘껏 다툴 수 없어 뭇사람들의 의론에 돌리게 되었습니다. 이해의 말이 심하다 해도 신은 진실로 마다하지 않겠지만 신의 낭패스러움은 반복하여 증가할 것이니 장차 벗어날 길을 모르겠습니다. 삼가 바라건대 전하께서는 애달프고 가련히 여겨서 신이 받은 새로운 명을 서둘러 삭직하신다면 공사 간의 다행스러움이 이보다 더 할 수 없을 것입니다.

10 신이……되었습니다 : 이해의 상소에서, 신하들이 수원의 산이 합당하지 못하다고 힘써 다투어 고집하지 않는 것을 그르다고 했기 때문에 우암이 이러한 말을 한 것이다. 《顯宗實錄 卽位年 6月 21日, 24日》

세 번째 차자 기해년(1659, 현종 즉위년) 6월 24일

三箚 己亥六月二十四日

삼가 아룁니다. 신이 성상의 비답에 "어찌하여 마음을 모르겠는가."라는 하교를 받고, 신은 지극히 감격스러운 마음을 견딜 수 없었습니다. 신은 진실로 전하께서 신에게 이와 같이 하시는 줄 알기 때문에 전하께서 상중에 계신 때에 번거롭게 해 드리기를 그치지 않고 불쌍히 여겨 살펴 주시기를 바랐습니다. 그런데 어제는 전하께서 신의 곤란한 마음을 알았기 때문에 신의 직임을 체차하도록 허락하셨고, 오늘 다시 뒤이어 임명한 것은 신의 마음이 여기에 편안할 수 있다고 여겨서가 아니겠습니까.

이와 같다면 신이 앞에서는 지우(知遇)를 입었지만 뒤에서는 지우를 입지 못한 것이니 어찌 몹시 민망하지 않겠습니까. 신의 마음과 형편은 그동안 올린 소장(疏章)에서 무엄하게도 이미 자세히 아뢰었습니다. 이러한데도 전하께서 오히려 신에게 뻔뻔스럽게 출사하게 하신다면 이는 조금도 염치를 아는 신하로 신을 대하지 않는 것입니다. 신은 참으로 다시는 필부를 부리듯 하시는 전하의 마음에 맞추어 전하를 마주할 면목이 없으니, 자신에 대해 몹시 개탄스럽습니다.

아, 신의 형세는 엎치락뒤치락하며 불안한 것이 이제 와서는 극에 달했습니다. 다만 이 죄를 전하께 얻은 것이 아니기 때문에 전하께서는 별로 살피지 않았지만, 조정 신하 이하로 신과 가까운 자는 신을 가엾이 여기고, 서먹한 자는 비웃으며, 미워하는 자는 그를 이용하여 공격하고 있습니다. 만약 기개 있는 선비가 이러한 일을 당한다면 잠시인들

어떻게 머물러 있겠습니까.

다만 선왕의 시신에 아직 온기가 가시기도 전임을 생각할 때 비록 미천한 몸이 먼저 죽지는 못하더라도 애타게 울부짖는 슬픔이 한창 절실하고 슬픔과 그리움이 갈수록 새로워지는데, 이 시기에 도성을 떠난다면 또한 유독 무슨 마음이겠습니까. 그리하여 비웃음도 무릅쓰고 허물도 짊어진 채 오늘까지 버텨 왔는데, 지금은 위로 공론도 무섭고 아래로는 헐뜯는 말에 내쫓겨 감히 서울에 더 머물러 있을 수가 없게 되었기에 곧바로 성 밖으로 나와 엄명을 기다립니다.

전하께서 만약 무례하다고 여겨 책임을 회피하고 게을리한 죄로 다스리신다면 신은 마음으로 달게 여기고 벌을 받아서 죽더라도 한이 없을 것입니다. 만일 혹 가련히 여겨 용서하고 가벼운 처벌을 내리신다면 신은 삼가 마땅히 교외에서 공경히 엎드려 산릉(山陵)의 일이 끝나기를 기다리겠습니다. 이렇게 하신다면 이는 전하께서 시종 온전히 살려 주는 은혜를 내리는 것입니다. 신의 생각이 여기에 미치니 저도 몰래 피눈물이 흐르고 목이 멥니다.

네 번째 차자 기해년(1659, 현종 즉위년) 6월 25일

四箚 己亥六月二十五日

삼가 아룁니다. 어젯밤에 사관(史官)이 성지(聖旨)를 전달하니 감격하여 방황하면서 밤새도록 방 안을 서성였습니다. 이번에 또 차자에 대한 비답을 받드니 신은 더욱 지극히 감격스러운 마음을 견딜 수 없습니다. 전하께서 신에게 다시 도성에 들어와서 직접 말씀을 받들라고 하시니 이것이 어찌 신의 마음에 바라는 것이 아니겠습니까. 다만 이와 같이 한다면 이는 신이 마음을 따르고 의를 두려워하지 않는 것입니다.

신하가 군주를 섬길 때 의를 버리고 장차 무엇으로 하겠습니까. 또 전하께서 '수년 동안의 보살핌'이라는 말로써 타이르시니, 신 또한 이로써 전하께서 개나 말을 기르듯 신을 대하는 데까지는 가지 않았다는 것을 알았습니다. 이제 이에 염치를 잃고 부끄러움을 상실한 자로서 대우를 받으니 신은 적이 이전의 은혜로운 뜻이 오늘에 와서 제대로 끝나지 못하였다고 여깁니다.

《중용》에 이르기를 "뭇 신하들을 살펴 준다."라고 하였는데, 주자가 풀이하여 "가령 자신이 그의 처지에 있으면서 그의 마음을 살핀다면 군신의 분수가 비록 천지와도 같이 높고 낮으나 그 정의(情意)는 일찍이 서로 통하지 않은 적이 없었다. 그러므로 삼대(三代)의 성대한 시절에는 평범한 사람이라도 자기 마음을 다 밝히지 못한 적이 없었다."라고 하였습니다. 그런데 지금 신은 낭패스러운 형편이 극에 달하였으되 성명께서 인자하게 살펴 주지 않고 줄곧 권면하기만 하시니, 신은 답답하고 막힌 마음을 하소연할 곳이 없어 미친병이 발작할 것만 같습니다.

비록 다시 성은을 입어 알맞은 자리에 쓰이고자 하나 또한 길이 없습니다.

생각건대 옛날 진(晉)나라 때의 사람이 예의를 경멸하자, 오히려 천하의 보배이니 마땅히 천하를 위해 아껴야 한다고 하였습니다.[11] 그러므로 강남(동진(東晉))의 군신이 실낱같이 이어지는 형세로써도 수십 년을 이어 갔던 것입니다. 오늘날 쇠약하여 떨치지 못하는 상황은 강남보다 심하지만, 그래도 믿는 바는 열성조께서 배양하고 기른 뒤끝에 구구한 명분과 절개가 다 없어져 버리지는 않았다는 것입니다. 이제 만약 신으로 인하여 이것이 훼손되어 버린다면 나랏일이 장차 어찌할 수 없는 지경에 이를 것이고, 뒷날의 사람들은 반드시 모두 비웃으며 지적하여 "나라에 없던 일이 아무개로 말미암아 처음 시작되었다."라고 말할 것입니다. 평소 신이 명분과 절개를 자임해 온 것은 말할 거리가 못 된다 하더라도 또한 이렇듯 더럽혀지지는 않았습니다. 전하께서 만일 혹 가련하고 애달피 여겨, 인원수나 채우려고만 하지 않는다면 이는 바로 지극히 보살피고 사랑하시는 것입니다.

공자가 말하기를 "삼군을 거느리는 장수는 빼앗을 수 있어도 필부의 뜻은 빼앗을 수 없다." 하였습니다. 신이 부끄러움을 무릅쓰고 명을 받들 수 없다는 것은 이미 분명합니다. 삼가 바라건대 성명께서는 서둘러 신의 본직(本職)과 겸직(兼職)을 체차하고, 또 신이 명을 어기고

11 옛날……하였습니다 : 진나라 때의 사람이란 동진의 사안(謝安)을 말한다. 그가 기공복(朞功服)을 입는 아주 가까운 친족의 상중에도 기녀와 놀고 음악 연주하는 것을 중지하지 않아 그것이 당시 풍속이 되기까지 하니, 왕탄지(王坦之)가 편지를 보내어 이 말로써 애써 간하였던 사실을 말한다. 《晉書 王坦之列傳》

소홀히 한 죄를 다스려 은혜를 저버리고 덕을 저버리며 무례하고 불경한 죄를 지은 자의 경계로 삼으신다면 이보다 다행이 없겠습니다.

편한 대로 병을 조리하도록 허락해 주기를 청하고, 이어 판의금부사를 사직하는 차자 기해년(1659, 현종 즉위년) 6월

乞許隨便調病仍辭判義禁箚 己亥六月

삼가 아룁니다. 신은 시종 굽어살피는 자애로운 성상의 은혜를 입어, 다시 관직을 체차해 주시니 마음이 편하고 자취가 편하여 남에게 할 말이 있게 되었습니다. 이는 죽은 사람을 살리고 뼈에 살이 붙게 하는 은혜라는 말로 비유하기에 부족합니다. 아, 군신 사이가 늘 이와 같다면 어찌 펴지 못하는 억울함이나 살피지 못하는 숨은 사정이 있겠습니까. 이는 바로 옛날의 군주가, 사람이 죽음을 바치게 하고 사나운 자를 길들여 어질게 만들던 방법입니다.

신이 어제 성상의 비답을 받으니 또다시 들어오라는 말로 타이르셨습니다. 신은 즉시 마땅히 명을 받들어 감히 신발을 신을 겨를도 없이 나아가야 하지만 평소 위장병이 있고 이번 여름에는 더욱 심하여 한 번에 먹는 것이 몇 숟가락을 넘지 못합니다. 또한 더위로 인한 설사병을 앓아 증세가 매우 위독하였으나 다만 마음에 근심과 부끄러움으로 신음할 겨를이 없었습니다.

어제 관직을 체차해 주시는 은혜를 입어 놀랍고 기뻐 소생할 듯하더니, 조금 뒤에 곧 다시 발작하여 병세가 갈수록 깊어지고 숨이 실낱같이 이어져, 형세상 마땅히 계속 쉬며 다시 조리한 뒤에야 일어나 움직일 수 있습니다. 또한 생각건대 변화한 도심과 도성 외곽은 거리가 지척이라 여기에 있건 저기에 있건 그다지 다를 것이 없습니다. 다시 바라건대 자애로운 성상께서는 편한 대로 엎드려 살길을 찾도록 다시 허락하신다면 이보다 다행이 없겠습니다.

다만 생각건대 겸하고 있는 의금부의 일이 신 때문에 적체되고 있고 새로 내리는 인자한 은혜가 아직 백성들에게 무젖지 않았으니, 사면을 삼백 리에 행한 뜻[12]이 결코 아니며 또한 더운 때 형틀을 씻어 주던 옛사람의 마음[13]이 아닙니다. 신은 밤낮으로 편치 못해 마치 스스로 죄를 짓고 있는 것만 같습니다. 전하께서 혹 이 점을 생각하고 서둘러 한꺼번에 체차하신다면 공적으로나 사적으로나 매우 편하겠습니다. 만일 우선 신의 병을 살펴보고 나서 처리하고자 하신다면 지사(知事) 이하에게 즉시 옥사에 관한 논의를 하라고 명하여, 안팎의 죄수들이 서둘러 소결(疏決 관대한 처결)의 은전을 입게 하소서. 그리하신다면 이보다 다행이 없겠습니다.

12 사면을……뜻 : 군왕이 백성에게 급급히 은혜를 끼치고자 하는 뜻을 말한다. 한유(韓愈)의 시 〈답장철(答張徹)〉 중에 "사면 행차 하루에 오백 리를 가니, 한 달에 서른 개의 명협이 바뀌었네.〔赦行五百里, 月變三十蓂.〕"라는 말에서 유래하였다. 한유의 시에서는 '오백 리'라고 하였는데 여기서는 '삼백 리'라고 하였다. 《송자대전수차》 권2에, 죄를 경감하여 목숨을 살리는 데 급급하였으므로 하루에 오백 리를 갔던 것이라고 풀이하고 있다. 명협은 요(堯) 임금 때의 상서로운 풀인데, 매월 1일부터 15일까지는 매일 한 잎씩 나오고 16일부터 그믐날까지는 매일 한 잎씩 떨어졌으므로, 이것으로 날을 계산하여 달력으로 삼았다고 한다.

13 더운……마음 : 송나라 때의 형법에 따르면, 추우면 땔나무, 숯, 옷을 공급하고, 더우면 5일에 한 번 형틀을 씻게 하였다고 한다. 《宋史 刑法志3》

판의금부사를 사직하고 겸하여 산릉의 일에 대해 진달하는 차자 기해년(1659, 현종 즉위년) 7월 2일

辭判義禁兼陳山陵事箚 己亥七月二日

삼가 아룁니다. 신은 성상으로부터 휴가를 넉넉히 얻어 병을 조리하도록 허락받고 또 약물까지 하사받았으므로 그 은혜에 끝없이 감격하며 보답할 바를 알지 못하겠습니다. 그러나 선왕을 슬피 그리는 정을 스스로 억제할 수 없어 힘을 내어 곡반(哭班)에 들어갔다가 앓던 병이 더 심해져서 이 근력을 가지고는 다시는 예를 수행할 수가 없게 되었으니, 못난 신의 마음은 깊이 스스로 슬플 뿐입니다.

또한 신이 맡고 있는 판의금부사의 직책은 사무가 매우 번다합니다. 비록 특명을 내려 이관(貳官 보좌하는 관원)에게 임시로 그 직책을 맡기긴 하였으나 어떤 일인지조차도 모르면서 한갓 그 관명만 슬그머니 차지하고 있으니, 사리로 헤아려 보더라도 대단히 근거 없는 일이라 마치 죄를 지은 것처럼 늘 두려워하고 있습니다. 삼가 바라건대 자애로운 성상께서 다시 신의 실정을 잘 헤아려서 우선 직임을 체차해 줌으로써 신이 안심하고 조리할 수 있게 해 주신다면 매우 다행이겠습니다.

신이 바로 연양부원군(延陽府院君) 이시백(李時白)의 차자[14]에 답하

14 연양부원군(延陽府院君) 이시백(李時白)의 차자 : 1659년 7월 2일에 올린 차자를 말한다. 이시백은 이항복(李恒福)의 문집에서 의인왕후(懿仁王后)의 국장 때를 전후하여 의논한 계사를 인용하여, 태조의 능인 건원릉(健元陵)의 지형에 대해 논하는 한편, 이상진(李尙眞) 등과 여러 지관에게 명하여 다시 지형을 반복해 자세히 의논하게 하고, 수원의 혈도(穴道) 역시 다시 헤아리게 할 것을 청하였다. 《顯宗實錄 卽位年 7月 2日》

신 말씀을 삼가 보건대 산릉의 일로 지관(地官)을 추천하게 하신 것이니, 이로써 성상의 마음이 치우친 바가 없어 널리 듣고 참고하는 거룩한 뜻을 볼 수 있었습니다. 신이 어리석고 망녕된 견해로 맨 처음 이의를 제기하였으나, 본디 지술(地術)에 어두워 이상진(李尙眞)[15]처럼 분주하게 찾아보지도 못하고, 성의가 부족해서 또한 이시백처럼 끊임없이 간쟁하지도 못한 채 그저 아무 내용 없는 몇 마디 말을 가지고 구차하게 책임을 메우려 했을 뿐이니, 신의 죄는 만번 죽어 마땅합니다.

그러나 전하께서 곧 지관을 추천해 올리도록 한 것이 어찌 그의 얼굴만 보시고자 해서일 뿐이겠습니까. 실로 그의 말을 쓰고자 해서입니다. 대개 듣건대 본조(本朝)의 지관으로는 전에는 무학(無學)이 신안(神眼)으로 일컬어졌고 후에는 이의신(李懿信)과 박상의(朴尙義)가 가장 저명했는데, 그들의 몸은 이미 죽었으나 그들의 말은 그래도 참고할 수 있습니다. 신이 고(故) 상신(相臣) 이항복(李恒福)의 문집[16]을 보건대 세 사람이 모두 건원릉(健元陵)을 최상의 길지(吉地)라고 논하였습니다. 그렇다면 오늘날 수십 수백 명의 지관들이 그 기술을 다해 구한다 하더라도 어찌 이보다 나은 데를 얻을 수 있겠습니까.

15 이상진(李尙眞) : 1614~1690. 자는 천득(天得), 호는 만암(晩庵), 시호는 충정(忠貞)이다. 일찍이 수원 방어사(水原防禦使)를 지낸 적이 있다. 실록의 기록을 살피건대 당시 부호군(副護軍)이던 이상진은 지술에 밝은 것으로 평판이 있었던 듯하다. 그는, 수원의 산은 행룡(行龍)이나 바닥의 혈이 느릿느릿하고 흐리터분하여 청수하거나 존귀한 기세가 없을 뿐만 아니라 국세(局勢)마저 평평하고 낮아 아늑하고 야무진 곳이라고는 없으니 대장(大葬) 자리가 될 수 없다며 서울 부근의 고를 만한 산을 찾을 것을 주장하였다. 《顯宗實錄 卽位年 6月 20日》

16 고(故)……문집 : 《백사집(白沙集)》 별집 권1, 권2에 나오는 〈산릉심정계(山陵審定啓)〉를 말한다.

신은 바라건대 지관에게 밝은 명을 내려 선입견을 주장하지도 말고 스스로 공을 세우려 하지도 말게 하며, 건원릉의 여러 산봉우리 중에서 가장 우수한 곳을 택하여 신혈(神穴 뫼 구덩이)을 정하게 하신다면, 사리에 마땅하여 하늘과 인간이 호응을 하게 될 것입니다. 더구나 전하께서는 일찍이 영릉(英陵)[17]의 거리가 멀어 정리상 편안하지 못하게 여기셨습니다. 진정 이와 같다면 무엇 때문에 가까운 땅을 놓아두고 먼 곳을 구할 필요가 있겠습니까. 그리고 신이 비록 건원릉이 꼭 쓸 만한 곳인지는 알지 못해도 수원(水原)은 반드시 써서는 안 된다는 것만은 잘 알고 있습니다. 그 이유는 이렇습니다. 어리석은 신이 전날 주장한 오환(五患)의 설[18]이 매우 절박하기는 하나 그 요체가 눈앞의 급한 일은 아니니, 우선은 놓아두고 논하지 않겠습니다. 다만 자식이 어버이를 섬기는 데는 뜻을 봉양하는 것이 큰일이니,[19] 진실로 그것을 큰일로 여긴다면 살아 계시거나 돌아가시거나 무슨 차이가 있겠습니까.

17 영릉(英陵) : 경기도 여주시 능서면에 있는 조선 세종(世宗)과 그의 비 소헌왕후(昭憲王后)의 능이다. 본디 경기도 광주(廣州)에 있던 것을 예종(睿宗) 1년(1469)에 여주로 옮겼다.

18 오환(五患)의 설 : 묘지를 쓸 때 피해야 할 다섯 가지 경우이다. 정이(程頤)는 뒷날 도로가 될 곳, 성곽이 될 곳, 도랑이나 못이 될 곳, 세력가에게 빼앗기게 될 곳, 농지가 될 곳을 오환으로 지적하였다. 《二程全書 卷10 葬說》

19 자식이……큰일이니 : 증자(曾子)가 부친 증석(曾晳)을 봉양할 때에 반드시 술과 고기를 올렸고, 상을 물릴 때에는 반드시 남은 것을 누구에게 주고 싶은지 여쭈었다. 그리고 부친이 "남은 음식이 있느냐?"라고 물으면 반드시 있다고 대답하였는데, 증자가 이렇게 대답한 것은 남에게 음식을 베풀려는 부친의 뜻을 받들기 위해서였다. 이러한 봉양을 맹자는 뜻을 봉양하는 것이라고 일컬었으며, 진정한 효도는 뜻을 봉양하는 것이라고 하였다. 《孟子 離婁上》

신이 삼가 생각건대 대행 대왕(大行大王 효종)께서는 지극히 인자해서 그 은혜가 두루 미쳤으므로 사랑하지 않은 것이 없으셨는데, 사졸(士卒)의 경우는 특히 더하였습니다. 그래서 수원을 갑병(甲兵) 7000명이 나올 곳이라 하여 한(漢)나라의 양주(涼州)[20]에 견주고 장수와 수령을 파견할 때 반드시 엄선하여 그 고을 사람들을 필히 여느 고을과는 달리 어루만져 보살피게 함으로써 위급할 때 힘을 얻을 수 있는 지역으로 삼았던 것입니다. 그런데 이번에 그 읍리(邑里)를 철거하고 그곳의 토지와 재산을 파괴하여 그들을 한탄하게 한다면, 이는 필시 대행 대왕의 뜻이 아닐 것입니다. 그리고 뜻이 진실로 불안하다면 가령 지리가 흠 없이 좋다 하더라도 또한 돌아가신 분을 산 사람처럼 섬기는 신하의 도리[21]가 아닙니다. 더구나 지설(地說)이 애매모호하여 참으로 알기 어려운 경우이겠습니까.

그렇다면 오늘날 신하들이 길지(吉地)를 택하여 선왕을 장사 지내려 하는 것은 바로 근심하고 원망하는 지역에 장사 지내는 것이 되고, 선왕의 시신을 편안히 하려던 것은 바로 선왕의 뜻을 크게 상하는 결과가 되고 말 것입니다. 진실로 신하들의 뜻이 '선왕의 영령께서는 지금 상제의 곁에 계시면서 이 세상에 아무 미련이 없을 것이므로,[22] 이렇게

20 한(漢)나라의 양주(涼州) : 열사(烈士)와 무부(武夫)가 많이 배출된 곳을 가리킨다.

21 돌아가신……도리 : 선왕이 생전에 지녔던 뜻을 받들어 행하는 신하의 도리를 말한다. 《중용장구》 제19장에서 "그가 존경하시던 분을 존경하고 그가 친애하시던 이를 사랑하며, 죽은 이를 섬기기를 산 이를 섬기듯이 하고, 돌아가신 분 섬기기를 살아계신 이를 섬기듯이 하는 것이 효(孝)의 지극함이다."라고 하여 효의 구체적인 실천 방법을 제시하였다.

하더라도 해가 없을 것이다.'라고 한다면, 이는 크게 죄를 짓는 것입니다. 신하들이 이렇게 해도 안 되는데 더구나 효성스러운 전하께서 차마 그런 일을 하시겠습니까. 신은 옛날을 추억하고 오늘날을 생각할 때마다 상심하여 늘 눈물을 흘리곤 합니다. 지금 성교(聖敎)를 보건대 전환의 계기가 될 듯싶어 이토록 다시 감히 망녕된 의론을 드리게 되었으니, 삼가 바라건대 성명께서는 살펴 용서해 주소서. 삼가 죽음을 무릅쓰고 아룁니다.

22 아무……것이므로 : 두주에는 '無所顧戀一作不復顧戀'으로 되어 있다.

산릉의 일로 죄를 자처하고 좌참찬 및 겸임을 해직하기를 청하는 상소 기해년(1659, 현종 즉위년)

以山陵事引罪乞解左參贊及兼帶疏 己亥

삼가 아뢰옵니다. 죄를 지은 신의 남은 목숨[23]으로는 다만 물러나는 것이 마땅합니다. 다만 산릉 한 가지 일 때문에 음식물이 목구멍에 걸린 것만 같아 여러 번 어리석은 생각을 말씀드렸으나 신하들이 살펴 주지 않기에 슬프고 분한 마음이 가슴을 메워 스스로 누르지 못해 마침내 종이에 글을 쓰게 되었습니다. 그런데 맹렬하게 일어나는 기세로 입에서 나오는 대로 말하는 바람에 대신이 불안하여 면직을 구하기에 이르렀습니다.[24] 신이 스스로 그 마음을 돌이켜 보건대 또한 다른 생각이 없었다 해도 말을 절제할 줄 몰랐으니 그 죄를 어찌 용서받겠습니까. 저 사람은 더구나 대신입니다. 성상께서 예우하는 사람이니 조정에 있는 신료들도 모두 공경히 받들어야 마땅합니다. 그런데 신은 참찬의 자리에 있으면서 이러한 잘못을 범하였으니 더욱 마땅히 엄하게 죄를 물어 일의 체모를 중히 하소서.

또 신이 분수에 넘치게도 의금부의 벼슬을 겸하고 있는데 병으로

23 목숨 : 두주에는 '喘一作蹤'으로 되어 있다.

24 대신이……이르렀습니다 : 대신은 당시 좌의정이던 심지원(沈之源)을 말한다. 그는 현종의 명을 받고 능 자리를 찾기 위해 여러 지역을 살펴본 뒤 수원이 지형 산세가 매우 훌륭하고 둘러싸인 형세가 흠결이 없다고 보고하였는데, 우암의 상소에 "선왕을 수심과 원한이 쌓인 지역에다 장사 지내려고 합니다."라는 말이 있었기 때문에 상소하고 사직하였다. 《顯宗實錄 卽位年 6月 19日, 7月 4日》

일에 종사하지 못하여, 사면을 받은 죄수가 오래도록 원적(原籍)에 그대로 있습니다. 자애로운 성상께서는 가엾게 여겨서 일찍이 보좌하는 관원을 시켜 관대하게 처분하는 논의를 하도록 하였는데, 어제 의금부의 계사(啓辭)로 인해 또 명하여 반드시 신이 처리하게 하였습니다. 신이 앓고 있는 병이 오래 계속되어 출사할 기약이 없는데, 이제 피하기 어려운 죄마저 겸하게 되었습니다. 신의 본직과 겸임을 서둘러 한꺼번에 체차하도록 명하고, 이어서 신의 죄를 논하여 경중을 법대로 행하신다면, 신은 기꺼이 죄를 자백하여 한스러워하지 않을 것입니다. 신은 지극히 두려운 마음을 견딜 수 없습니다.

두 번째 상소 기해년(1659, 현종 즉위년) 7월 6일

二疏 己亥七月六日

삼가 아룁니다. 신은 타고난 성품이 치우치고 잡된 데다 막히고 고루하여 온갖 방법으로 바로잡아 보아도 끝내 변하지 않아, 말을 하거나 일을 대할 때 걸핏하면 사람을 거스르니, 신과 친한 자는 어쩌다 용서하기도 하지만 새로 알거나 생소한 자들은 괴이하게 여기지 않는 경우가 드뭅니다. 이것으로 신이 오늘날의 세상에 용납되지 못할 것임을 분명히 알 수 있으니, 세상이 신을 용납하지 않는 것이 아니라 곧 신이 스스로 용납할 수 없는 것입니다.

어제 신이 망녕되게도 어리석은 견해를 말씀드렸으니, 산릉을 수원에 정한다면 하나는 다섯 가지 근심이 있어서 만세토록 무궁한 계책이 되지 못한다는 것이고, 하나는 선왕의 뜻을 거스르니 선왕의 업을 계승하고자 하는 전하의 마음을 따르는 것이 아니라는 것입니다. 왕래하는 이웃 사이라 해도 이러한 일이 있으면 서로 함께 의논할 수 있어서, 서로 알려 주지 않는 것은 충성스럽고 믿음직한 도가 아닙니다. 더구나 선왕은 온 나라의 부모이고 산릉의 대사(大事)는 전하께서 마음을 다하고 싶어 하는 것인 경우이겠습니까. 그러므로 그동안 말씀드리면서 반복해 마지않은 이유는 참으로 선왕께 반드시 닥칠 재앙을 막고, 전하께서 후회하지 않는 정성을 이루게 하고자 해서입니다. 또 사람의 견해는 혹 다르더라도 말씀을 드리는 자는 스스로 마땅히 자기에게 있는 생각을 다 말해야만 하기 때문입니다.

옛날에 정자(程子)는 영소릉(永昭陵)의 일로 여러 사람에게 극언을 하였는데 끝내 받아들여지지 않자, 한기(韓琦)를 마음 아파할 만하다고 여기고 부필(富弼)을 충효의 죄인이라고 여기면서 그들이 하사하는 것을 받지 않았으나[25] 한기와 부필이 한 시대의 명신(名臣)이 되는 데는 방해되지 않았습니다. 그러기에 감히 이 두 사람의 일을 오늘날의 대신에게 기대한 것입니다. 그러나 다만 의도가 너무 곧고 말투가 너무 박절하여 충성을 다하려다 도리어 스스로 죄에 빠지는 줄도 몰랐으니, 비록 스스로 뉘우치고 책망하여도 다시는 만회할 길이 없습니다. 이 때문에 서둘러 스스로 탄핵하는 글을 올렸는데 도리어 위로하고 타이르며 즉시 내치지 않으시니 신은 너무나 민망합니다. 오늘은 대신이 다시 그 벼슬을 사양하고 예조 판서가 또 따라서 인피(引避)하니[26] 신

25 정자(程子)는……않았으나 : 영소릉은 송 인종(宋仁宗)의 능(陵)이다. 영소릉과 관련해서 정이가 부필에게 보낸 편지로는《이정문집(二程文集)》권6〈대부필상신종황제논영소릉소고(代富弼上神宗皇帝論永昭陵疏稿)〉가 있는데, 그 속에 "영소릉을 영건(營建)할 때 거목(巨木)과 가석(架石)으로 지붕을 만드니 반드시 무너질 것이고, 능안의 철조(鐵罩), 즉 쇠 덮개는 철이 몇만 근이나 되는데 나무로 골조를 하는 등 허술하게 진행되고 있어 한기에게 말했으나 개의치 않았다. 한기가 인종(仁宗)에게 진심 어린 충성을 다하였지만 중론(衆論)에 가려 멀리 내다보는 생각이 없다."라는 등의 말이 있다. 주희(朱熹)가 이 소고(疏稿) 뒤에 "이천이 부필을 대신하여 신종(神宗)에게 올리는 초고(草稿)를 써서 부필에게 올리도록 부탁하였는데, 그 뜻이 매우 절실하여 의리상 부필이 거절하지 못했다. 그런데 부필이 여러 날 사이에 문득 고려할 일이 생겨 올리지 못했다. 부필이 의리에 과감하지 못하여 드디어 충효의 죄인이 된 것이 안타깝다."라는 평을 실었다. 한편《이정문집》권10〈상부정공서(上富鄭公書)〉에는 부필이 술과 음식을 준 것에 대해, 존자(尊者)가 주는 것은 예에 감히 사양하지 않는 법이지만 자신이 방금 말을 하였는데 그 말을 채택하지 않는다면 실로 자신을 욕보이는 것이니 받지 못하겠다는 말이 있다.

26 예조……인피(引避)하니 : 예조 판서는 윤강(尹絳)을 말한다. 윤강은 1649년(효종10) 윤3월 22일 예조 판서에 임명되었고 한 달 조금 지나 5월 4일 효종의 상이 있었다.

은 좌우로 떨리고 두려워 더욱 어쩔 줄을 모르겠습니다.

조정에서는 윗사람이 아랫사람을 굽어보고 소인이 대인을 받들어 서로 분수를 넘지 않은 뒤에야 그물에 벼리가 있듯이 조리가 있어 문란하지 않습니다. 이제 신이 감히 참찬으로서 판서를 동요시켰으니 참으로 하루도 자리에 있을 수 없고, 겸하고 있는 의금부의 일은 긴박하고 급한 것이 실로 그동안 아뢴 대로입니다. 삼가 바라건대 아울러 파직하고 이어서 신의 죄를 다스려 조정의 일의 체면을 보존하신다면 이보다 다행이 없겠습니다. 신은 지극히 황공하고 간절히 바라는 마음을 견딜 수 없습니다.

1661년 4월 이조 판서로 임명될 때까지 효종의 능 자리를 정하고 인산(因山)과 관련한 예와 시호를 정하는 일에 이르기까지의 각종 전례를 주관하였다. 윤강이 산릉의 장소 문제와 관련하여 사직을 청한 것은 7월 2일이다.《顯宗改修實錄 卽位年 7月 2日》

세 번째 상소 기해년(1659, 현종 즉위년) 7월 7일

三疏 己亥七月七日

삼가 아룁니다. 신이 어제 죄를 지었기에 마음이 불안하고, 여러 번 성상을 번거롭게 하였기에 공손히 견책을 기다렸습니다. 이러한 즈음에 대신이 잘 받아들여 주었고 성상께서 은혜를 베풀어 따라서 용서하시니 신의 두려움이 풀리고 기쁨이 지극하여 감격스러운 마음을 견딜 수 없습니다. 다만 의금부의 직책은 아직 체차를 허락받지 못하였습니다. 조정 안팎의 죄인 중에서 새로 내리는 은혜를 받기에 마땅한 자가 부지기수인데, 신이 앞에서는 처신을 잘못한 혐의가 있었고 뒤로는 병이 있어 세월을 질질 끌어, 소결(疏決)을 할 기약이 없습니다. 아래로는 명을 거둘 것이라는 의심이 없지 않으며, 위로는 은택이 제대로 시행되지 못한다는 원망을 피할 수 없으니, 일은 신에게서 비롯되었는데 원망이 조정에 돌아가고 있습니다. 신은 일의 체모가 오래도록 어그러지고, 중요한 옥사가 많이 지체될까 염려스럽습니다. 그 모든 사태의 처리는 차라리 신이 스스로 감당하기를 바라니 삼가 바라건대 성명께서는 굽어살펴 주소서.

신의 직명(職名)을 만일 한꺼번에 체차하고 싶지 않다면 겸하고 있는 벼슬이라도 서둘러 먼저 개차(改差)하여 공사 간에 편하게 하신다면 몹시 다행이겠습니다. 신의 병이 오래 계속되어 점차 기력이 쇠약해지니 비록 의원과 약을 내려 주신 은혜로 지금껏 버텨 오고 있지만 회복되어 직무를 볼 기약은 실로 없습니다. 그러므로 다시 죽음을 무릅쓰고 이렇게 간청드립니다. 다시 바라건대 자애로운 성상께서는 살펴 주소서. 신은 지극히 간절히 바라는 마음을 견딜 수 없어 삼가 죽음을 무릅쓰고 아뢰옵니다.

네 번째 상소 기해년(1659, 현종 즉위년) 7월 9일

四疏 己亥七月九日

삼가 아룁니다. 신이 어제 산릉(山陵)을 의논하여 정하는 일로 소명을 받았으나 질병이 급박하게 발작하여 나아가지 못하였습니다. 또 가만히 듣건대 대신이 다시 앞의 일 때문에 엊그제 탑전(榻前)에서 기어이 그 벼슬을 사직하고 심지어 백의(白衣)로 종사하겠다고 청하였다 하니,[27] 신은 두렵고 황공하여 땅에 엎드려 죄를 기다리고 있습니다. 삼가 바라건대 성명께서는 어서 신의 벼슬을 파직하고, 또한 명을 어기고 함부로 말한 죄로 다스려 막 시작하는 맑고 밝은 다스림을 밝히신다면 이보다 다행이 없겠습니다. 신은 지극히 두렵고 떨리는 마음을 견딜 수 없습니다.

27 대신이……하니 : 대신은 심지원(沈之源)이다. 우암이 7월 3일 올린 차자에 "신하들이 선왕께서는 지금 상제의 곁에 계시면서 이 세상에 아무 미련이 없을 것이므로 이렇게 하더라도 해될 것이 없으리라고 생각합니다."라고 한 말 때문에, 심지원이 이런 죄명을 지고 조정에 얼굴을 들 수 없다며 직명(職名)을 삭탈하여 백의로 능역(陵役)을 살피게 해 달라고 말하였다. 《顯宗實錄 卽位年 7月 2日, 7日》《宋子大全 卷9 辭判義禁兼陳山陵事箚》

다섯 번째 상소 기해년(1659, 현종 즉위년) 7월 11일

五疏 己亥七月十一日

삼가 아룁니다. 신이 어제 병 때문에 부름에 나아가지 못하여 글을 올려 죄를 기다리니 도리어 위로하는 비답을 받았고, 또 들어와 일을 의논하라고 말씀하시니 신은 황공하고 감격스러워 어찌할 줄 모르겠습니다. 신의 병이 오래 계속되어 점차 고질에 이르러, 일어나려고 하다가는 다시 엎어져 끝내는 움직이지를 못하니, 회피하고 게을리한 죄가 전보다 더욱 심하여 거적을 깔고 두려워하며 공손히 죽음을 기다리고 있습니다. 삼가 바라건대 성명께서는 신을 법대로 논하여 이로써 신하의 무례함을 경계하신다면 이보다 다행스러움이 없겠습니다.

또 생각건대 의금부의 벼슬이 아직도 체차되지 않았습니다. 해당 부서는 신의 병이 그 일을 감당하기 어렵다는 것을 모르지는 않지만 당초에 이 벼슬이 특별히 주상의 명에서 나왔다는 이유로 드러내 놓고 체차를 청하려고 하지 않으니 신은 적이 민망합니다. 신의 낭패스러움은 걱정할 것이 못 되지만 이제 막 시작하시는 정사에 누를 끼치는 것이 몹시 큽니다. 삼가 바라건대 성명께서는 서둘러 먼저 이 벼슬을 삭탈하고, 그런 뒤에 그 나머지 범한 죄를 의논하신다면 공사 간에 몹시 다행이겠습니다. 신은 지극히 황공하고 떨리는 마음을 견딜 수 없습니다.

여섯 번째 상소 기해년(1659, 현종 즉위년) 7월 12일

六疏 己亥七月十二日

삼가 아뢰니다. 신이 누차 슬프고 간곡하게 아뢰어 의금부의 벼슬을 체차하도록 청하였던 것은 신의 사사로운 뜻일 뿐만이 아니라 실로 막 시작하시는 정사에 누가 되는 점이 있기 때문입니다. 그러므로 상을 당하여 말하지 않는 중에 계시는 성상을 번거롭게 해 드린 것이 얼마나 되는지 알 수 없는데도 그만둘 줄을 모르니, 이것이 어찌 신의 마음이 바리는 바이겠으며 또한 어찌 신하의 의리상 감히 편안한 바이겠습니까. 참으로 질병에 시달리고 있는 것을 성명께서 혹시라도 불쌍히 여겨 주시기를 바랐던 것입니다. 다만 벼슬을 받고 사직을 청하는 것이 본래 평범한 일이기에 여느 일에 가려져 사실을 보지 못하시니 신은 더욱이 답답한 심정을 호소할 길이 없습니다.

신이 겸하고 있는 여러 직책이 다 분수에 지나치니 모두 사직해야 마땅하지만 유독 의금부에 대해서 간절히 사직해 마지않는 것은, 참으로 죄인에 대해 논의하여 관대하게 처분하는 일은 하루가 급하고, 신이 앓고 있는 병은 평생토록 강건해지기 어렵기 때문입니다. 강건해지기 어려운 병으로 몹시 급한 일을 지체하고, 죄수를 관대하게 판결하여 석방하는 일을 지체하여 지극히 어진 성상의 은택을 지연하니 사리로 헤아려 보건대 어찌 마땅하겠습니까.

이즈음에 가만히 듣자니 죄인의 집 자제와 친족 들이 처음에는 기다리다가 중간에는 원망하고 이제는 성내면서 "어찌하여 판결하지 않아 이러한 지경에까지 이르게 하는가."라고 한다는데, 성내고 욕하는 말이 몹시 당황스럽지만 사정을 헤아려 그 마음을 짐작해 보면 이치가 마땅히 이러합니다. 옛말에 이르기를 "천 명의 사람이 손가락질하면 병이 없어도 죽는다." 하였습니다. 겨우 붙어 있는 신의 목숨에 화살이 과녁에 모이듯 뭇사람의 분노가 집중되었고 보면 얼마 지나지 않아 죽게 될 것을 어찌 피할 수 있겠습니까. 더구나 듣자니 마땅히 용서받아야 하는데 은혜가 미치지 않아서 이 때문에 귀양 가서 죽은 자가 있다고 합니다. 그의 효성스러운 자식과 사랑스러운 손자가 신을 원수로 여기며 "정(鄭)나라가 원수가 아니라 바로 자서(子西)가 원수이다."[28]라고 한다면 신이 무슨 말로 해명하겠습니까. 신의 몸은 걱정할 것이 못 되지만 하늘과 땅처럼 인자하고 해와 달처럼 밝은 성상에 대해 사람들은 유감이 없겠습니까.

삼가 바라건대 자애로운 성상께서는 신의 병든 상태를 헤아리고 조정 안팎의 저 죄수들을 불쌍히 여겨서 서둘러 간청하는 바를 허락하여 공적으로나 사적으로나 편하게 하신다면 이보다 다행이 없겠습니다.

28 정(鄭)나라가……원수이다 : 귀양의 형벌을 내린 나라에 원한이 있는 것이 아니라 사면의 조처를 지체하여 귀양지에서 죽게 한 우암이 바로 원수라는 뜻으로, 춘추 시대 초(楚)나라 태자 건(建)의 아들 백공(白公) 승(勝)이 한 말이다. 그의 아버지는 평왕(平王)의 간신(奸臣) 비무극(費無極)의 참소를 받고 송(宋)나라로 망명했는데, 진 경공(晉頃公)의 요청을 받고 정나라를 멸망시킬 계획으로 정나라에 들어갔다가 일이 누설되어 잡혀 죽었다. 영윤(令尹) 자서의 도움으로 초나라로 돌아간 백공은 정나라가 아버지를 죽인 것을 원망하여 정나라를 칠 것을 청하자 자서가 허락하였다. 정나라를 칠 군대가 출발하기도 전에 진(晉)나라가 정나라를 치자, 정나라가 초나라에 구원을 청하였고, 이에 따라 초나라 사신 자서가 가서 구원하고 정나라와 맹약을 하고 돌아왔다. 이에 백공이 노하여 "정나라가 원수가 아니라 자서가 바로 원수이다."라고 하였다. 《春秋左氏傳 哀公16年》

신이 교외에 머물면서 오래도록 곡반(哭班)에 참석하지 못하였으니 하늘 끝에 닿는 애통함을 풀 길이 없습니다. 병이 조금이라도 낫게 되면 곧 다시 들어가야지 어찌 은근한 성상의 말씀을 기다리겠습니까. 신은 지극히 답답하고 슬픈 마음을 견딜 수 없어 죽음을 무릅쓰고 아룁니다.

일곱 번째 상소 기해년(1659, 현종 즉위년) 7월 13일

七疏 己亥七月十三日

삼가 아룁니다. 신은 병을 견디지 못하여 여러 번 의금부의 직책을 사양하여, 불쌍히 여겨 살펴서 신의 뜻을 편안하게 해 주시기를 바랐습니다. 이번에 상소에 대한 비답을 삼가 받드니, 다시는 사양하지 말고 조리하다가 조금 낫기를 살펴보자고 말씀하셨습니다. 신은 이러한 지경에 이르니 뜻은 궁하고 사세는 심각하여 다시 아무런 방법을 내지 못하겠습니다. 줄곧 버티는 것은 동료 이하의 사람에게 제 뜻을 이루려고 기대한다 해도 그럴 수 없는 경우가 있는데 더구나 군부(君父)의 경우이겠습니까. 다만 신이 근심하는 것은 으레 가을과 여름이 교차할 즈음에는 몹시 심하다가 늦가을이나 초겨울이 되면 비로소 차도를 보인다는 점입니다. 이제 이 의금부의 일은 결코 이렇게까지 지체할 수 없으니, 성명께서 혹시 헤아려서 우선 체차해 주신다면 공사 간에 매우 편하겠습니다. 혹 그러지 않는다면 전에 내린 명대로 보좌하는 관원들이 그 일을 임시로 맡아 행하게 하소서. 그리하신다면 그래도 형편에 맞는 한 가지 방법일 것입니다.

삼가 바라건대 성명께서는 헤아려 조처하소서. 신이 만약 사사로운 계획만 고려하고 조정의 일을 생각지 않는다면 그저 병의 상태를 아뢰면 그만이지 어찌 감히 다시 운운하겠으며 스스로 분수에 넘치는 죄에 빠지겠습니까. 신이 어리석고 망녕되어 넘어지고도 길을 바꾸지 않아 다시 이렇게 함부로 범하였으니 다시 청컨대 성명께서는 아울러 용서해 주소서. 신은 지극히 황공하고 두려운 마음을 견디지 못하겠습니다.

여덟 번째 상소 기해년(1659, 현종 즉위년) 7월

八疏 己亥七月

삼가 아룁니다. 신은 병으로 도성 문 밖에 엎드려 있으면서 애타게 부르짖는 슬픈 마음이 오래되어도 펴지지 않습니다. 다시 소명을 받들고 또 아직 나아가기도 전에 오늘 아침 명을 받들고 보니 더욱 지극히 황공하였습니다. 아픈 증세가 조금 안정되기를 기다렸다가 죽음을 무릅쓰고 대궐에 나아가 그 벌을 받기를 청하려 하였는데, 자애로운 성상께서 더욱 염려하여 들어오지 말게 하라고 말씀하고 또 의관을 보내라는 명을 내리시니, 신은 이러한 은혜를 입는 까닭을 모르겠으며 감격스럽고 두려워 죽을 곳을 모르겠습니다. 신이 받은 은혜가 높아질수록 지은 죄도 따라서 깊어집니다.

삼가 바라건대 성명께서는 신의 형편을 헤아리고 병이 낫는 사이에 우선 신의 직임을 체차하여 못난 분수를 편안하게 해 주신다면 이보다 다행이 없겠습니다. 신은 은혜를 마음에 새기며 벌을 기다리는 지극한 마음을 견딜 수 없습니다.

아홉 번째 상소 기해년(1659, 현종 즉위년) 7월

九疏 己亥七月

삼가 아룁니다. 신이 오래도록 스스로를 헤아려 보건대, 서둘러 돌아가 죽어서 서울에 있는 집에서 객귀(客鬼)가 되는 것을 면하는 것이 합당합니다. 다만 때로 곡반(哭班)에 들어 하늘에 사무치는 슬픔을 쏟아 낸다면 조금이라도 신하로서의 마음을 펼 수 있다고 여겼습니다. 그러므로 죽을 때까지 배회하며 객지에 머물기로 하였습니다. 그런데 어제 듣자니 재궁(梓宮)에 옻칠을 하였다기에 오늘은 정력을 생각지도 않고 병을 무릅쓰고 일어나 출발하였다가 몸이 몹시 시달려 복통이 악화되어서 문득 중도에 멈추고 말아, 또 처음 먹었던 마음을 저버렸으니 신의 형편이 또한 딱하게 되었습니다. 그러나 다시 어찌할 수 없어 다만 운에 맡깁니다. 다만 헛되게 겸하고 있는 직명(職名)을 체차하라는 허락을 오래도록 받지 못하니 자나 깨나 마음이 매여 한 가지 병이 더해진 듯합니다.

삼가 바라건대 자애로운 성상께서는 특별히 불쌍히 여겨서 가지고 있는 본직과 겸임을 한꺼번에 개차하여 안심하고 지낼 수 있게 해 주신다면 이보다 다행이 없겠습니다. 신은 매번 사사로운 뜻으로 성상을 번거롭게 하니 죄가 만번 죽어 마땅합니다. 오직 성명께서는 헤아려 용서해 주소서. 신은 지극히 황공하고 두려운 마음을 견딜 수 없습니다.

안악과 신천 백성의 원통한 상황을 아뢰고 면직을 청하는 상소[29] 기해년(1659, 현종 즉위년) 7월

陳安信民人冤狀乞免疏 己亥七月

삼가 아룁니다. 신은 넘치는 은혜로 휴가를 넉넉히 받아 여러 날 동안 병을 치료하였는데도 병이 끝내 낫지 않아 곡반(哭班)에 참석하고 문안드리는 일을 전혀 하지 못했으니, 신하의 정리(情理)로 볼 때 어찌 이럴 수가 있겠습니까. 신은 안으로는 마음에 슬픔을 느끼고 밖으로는 남의 의론이 두려워 매번 번거롭게 호소하여 직명(職名)을 체차해 주기를 바랐는데, 성명께서는 허락하지 않고 지금까지 미루시니, 신은 늘 민망하고 답답했습니다. 그런데 이번에 더욱 편치 못한 일이 생겼으므로 그것을 대략 아뢸까 합니다.

지난 4월 신천(信川)과 안악(安岳) 사람 10여 명이 매우 원망스러운 기색을 띠고 소장(訴狀)과 지도(地圖)를 가지고 와서 신에게 호소하기를,

"안악과 신천 사이에 하묘(河墓)라는 큰 들이 있는데, 위쪽 들과 아래쪽 들로 나누어져 있으며 내 하나가 그 가운데로 흐릅니다. 위쪽

29 안악과……상소 : 우암이 올린 이 상소로 인하여, 관찰사나 조사관 들이 궁가(宮家)로 인해 발생한 원성에 대하여 사실을 조사할 때 사실을 전도하여, 백성들이 피해를 당하고 있는데 도리어 혜택을 입고 있다고 뒤집어씌우고, 위아래 들을 구분하지 않은 채 약속하지도 않은 전지까지 분배해야 한다고 청하였던 사실이 밝혀져, 사간원의 관원들을 모두 교체하고 안악 군수 강전(姜琠), 신천 군수 조여수(趙汝秀), 황해도 관찰사 강유(姜瑜) 등을 처벌하였다. 《顯宗實錄 卽位年 7月 29日》

들은 두 산이 빙 둘러 있어서 그 물 입구가 매우 좁으므로 매년 폭우가 내리면 범람하여 농사에 해가 됩니다. 지난번에 궁가(宮家)의 사람이 와서 위쪽 들 사람들과 서로 약속하고 상류에 제방을 쌓아 가로로 둘러서 물길을 냈으므로[30] 그 뒤부터는 범람하는 재해가 없어졌습니다. 궁가의 사람은 처음 약속대로 저마다 그 전야의 반을 나누어 가졌고, 사람들도 별말이 없었습니다. 그런데 아래쪽 들의 경우는 오로지 그 냇물의 편리함에 의지하고 있었는데, 물 입구가 널찍하므로 범람하는 때가 있긴 하지만 비가 그치면 물이 떨어지기 때문에 피해는 매우 경미했습니다. 그리고 그 들은 두 구역으로 나누어졌는데, 한쪽은 여러 궁가의 둔소(屯所)이고 한쪽은 바로 촌민의 경작지입니다. 하지만 냇물을[31] 댈 때는 양쪽에 다 넉넉했으므로 자연히 서로 다투는 일이 없었습니다.

그런데 제방을 쌓아 냇물을 둘러 나오게 한 뒤부터는 시냇물이 흘러 통(筒)으로만 들어가니 일단 위쪽 들에서 조절해 쓰고 난 뒤 나머지 물이 아래쪽 들로 흘러들어 오는데, 이번에는 궁둔(宮屯)[32]에서 먼저 끌어다가 충분히 사용한 뒤에야 비로소 그 나머지 물을 얻어 관개할 수 있게 되었습니다. 그래서 아래쪽 들의 농사는 항상 시기에 뒤질까 염려스럽고 물이 부족한 병통이 생겨나게 되었습니다. 그러므로 아무리 노력해도 수확량이 적으니 제방을 쌓고 통을

30 가로로……냈으므로 : 두주에는 '一本而下有東字'로 되어 있다.

31 냇물을 : 두주에는 '一本川下有流全二字'로 되어 있다.

32 궁둔(宮屯) : 궁둔전(宮屯田)을 말한다. 각 궁에 소속된 토지로, 관노비나 일반 농민이 경작하였으며, 소출의 일부를 거두어 경비에 충당하였다.

설치한 것은 결코 아래쪽 들 사람들이 원하는 바가 아니었지만 입을 다물고 감히 말하지는 않았습니다.

그 일은 일단 그렇다 하더라도 이번에는 또 궁가 사람들이 '위쪽과 아래쪽 들이 균등하게 저수지의 혜택을 입고 있는 처지에 위쪽 들에 대해 일단 그 전토를 나누었고 보면 아래쪽 들을 다르게 하는 것은 온당치 않으니, 이제 토지 대장을 상고해서 측량한 뒤 나누는 것이 마땅하다.'라고 합니다. 그러나 저희들은 저수지의 혜택을 받지는 못하고 항상 그 피해를 받는데, 지금 또 이익을 보고 있다는 명목을 헛되이 뒤집어씌워 실제로는 전토를 빼앗으려 하고 있습니다. 설사 아래쪽 들이 실제로 그 혜택을 입고 있다 하더라도 당초 서로 약속한 일도 없었던 만큼 이제 와서 말하는 것 자체가 이미 틀린 일인데, 더구나 그렇지 않은 처지이겠습니까. 저희들의 마음은 애가 끊어지는 듯한데 어디에도 알려 호소할 곳이 없으니, 이 일을 가지고 들어가 상에게 아뢰어 이 원한을 풀어 주었으면 합니다."

하며, 이윽고 또 일제히 소리 내어 울었습니다.

신은 그 말을 불쌍히 여기고 그 사정을 민망히 여겼으나 또 '말세에는 거짓이 많은데 그 말이 모두 진실한지 어떻게 알겠는가.'라고 생각하였습니다. 그래서 신이 단지 타이르면서 비변사에 정문(呈文)을 하도록 하니, 그들이 또 말하기를 "듣건대 궁가에 관계된 일은 비국(備局)의 하인이 반드시 가로막아 통하지 못하게 한다고 합니다. 저희같이 먼 지방의 미천한 자들이 어떻게 감히 그런 마음을 먹을 수 있겠습니까." 하였습니다. 신이 다시 타이르기를 "나도 비국 당상[33]이니, 못 하게

33 비국 당상 : 두주에는 '一本備局上有職係二字無堂上二字'로 되어 있다.

하려면 충분히 못 하게 할 수 있다. 아무튼 가서 고소장을 제출해 보고 과연 가로막으면 다시 와서 나에게 말하라." 하니, 그들은 마침내 비변사에 정문하였고, 입계(入啓)하자 본도로 하여금 조사해서 아뢰도록 하였습니다.

그런데 어제 본도의 조사 관원 강전(姜琠) 등의 보고 문서를 살펴 보건대, 이리저리 말을 돌려 가며 얼버무림으로써 궁가에 아첨하는가 하면 심지어는 아래쪽 들의 전토를 구분해서 그 3분의 2[34]를 궁가에 주려고 하면서 그렇게 하는 것이 백성들의 뜻을 따르는 일이라고까지 하였으니, 아랫사람을 가리고 윗사람을 속이는 것으로 그 무엇이 이보다 더하겠습니까. 다만 비변사가 그 말을 따르지 않은 것이 다행일 뿐인데, 그 말을 따르지 않은 것은 참으로 옳았으나 오히려 아래쪽 들 사람 김충달(金忠達)[35] 등 4명을 다스리기를 청하면서 "당일 궁가에 변을 일으킨 것은 필시 이 사람들의 소행일 것이다."라고 하여 엄히 형추(刑推)하도록 청하여 윤허를 얻었습니다.

김충달 등이 자기네가 옳다는 것만 믿고는 삼가지 않고 공손한 태도로 내주지 않으니 궁가에서 미워할 것은 당연한 일입니다. 그리하여 이에 아무도 모르는 밤중에 일어난 일을 가지고 문득 죽을죄를 뒤집어 씌웠으니, 일의 체모로 볼 때 어떠할지 모르겠습니다. 맹자가 이르기를 "남을 멸시하고 그의 물건을 빼앗는 임금은 오히려 그가 순종하지 않을까 염려한다." 하였는데, 불행하게도 오늘날의 일이 그와 비슷합니다.

조사하는 관원은 이득을 본다는 명분을 억지로 씌워 그 농토를 나누

34 2 : 두주에는 '二一作一'로 되어 있다.

35 김충달(金忠達) : 두주에는 '達一作建下同'으로 되어 있다.

려 하고, 비국은 변을 일으켰다는 죄목을 무리하게 뒤집어씌워 죄를 다스릴 것을 청했으니, 그렇게 될 경우 백성들이 어떻게 꼼짝이나 할 수 있겠습니까. 설사 그 농토는 나누지 못하게 한다 하더라도 끝내 그 사람들을 꼭 다스리고야 만다면, 생명을 소중히 여기는 것은 모든 생명체의 공통된 심정인데, 어찌 몸 밖에 있는 농토 때문에 기꺼이 형장(刑杖)을 받으려는 사람이 있겠습니까. 형세상 필시 그 농토를 바치겠다고 청하느라 겨를이 없을 것입니다.

신은 또 마음속으로 놀랍게 생각하는 일이 있습니다. 당시 안악과 신천의 백성들이 아무리 사정(私情)에 못 이겨 올라왔다 하더라도 두려워서 감히 소리를 내지 못하고 있다가, 선왕께서 조사하여 처리하라고 명하셨다는 말을 듣고서, 기분 좋게 그 소원이 이루어지게 된 것을 기뻐하지 않은 자가 없었습니다. 그런데 얼마 지나지 않아 국상(國喪)이 있은 뒤에 여러 궁가의 말을 들어 보건대 "안악과 신천의 백성들이 서로 더불어 좋아 날뛰면서 '여러 궁가가 지금도 전처럼 하겠는가.……' 라고 말했다." 하고는 곧 죄를 따져 다스리는 일을 하고 있는데, 신은 결코 그렇지 않다는 것을 압니다.

선왕의 깊은 인자함과 두터운 은택이 온 나라에 두루 미쳤는데, 그중에서도 서북 지방의 경우는 더욱 그러하다 하겠습니다. 따라서 그 사람들에게 가령 풀지 못한 원한이 있다 하더라도 감히 사소한 일로 큰 덕을 잊을 수는 없을 것인데 더구나 조사해서 아뢰라는 그 명이야말로 실로 사사로움이 없는 천지와 두루 비추는 일월 같은 경우이겠습니까. 이처럼 깊은 산 궁벽한 골짜기까지 온통 슬피 울부짖는 국상을 당하여 저들은 필시 보통 백성들과는 더욱 감회가 다를 것인데, 어찌 감히 그런 말을 할 리가 있겠습니까. 그리고 설령 무지한 백성이 그와 같은 말을 한 일이 있다손 치더라도 또한[36] 접어줄 만한 점이 있습니다. 옛날 소식(蘇軾)은 신종(神宗)이 승하했다는 소식을 듣고 다음과 같은 시를 지었습니다.

이 인생 다행히도 무사한 때를 만났는데	此生幸得都無事
금년엔 잇따라 큰 풍년을 만났구나	今歲仍逢大有年
절에서 돌아와 좋은 소식을 들으니	山寺歸來聞好語
들꽃이나 우는 새도 흔연히 기뻐하네	野花啼鳥亦欣然

이 시를 가지고 본다면 마치 군주의 상사를 다행으로 여기는 듯하지만, 실제로는 신종 때에 왕안석(王安石) 등이 천하에 해독을 끼쳤는데, 하루아침에 그 폐단이 많은 정치를 모두 개혁하게 되었기 때문에 그렇게 말했을 뿐입니다. 비록 소식이 이런 식으로 자기의 뜻을 표현했어도 당시에 이 때문에 소식의 죄를 다스렸다는 말은 듣지 못하였습니다. 지금 안악과 신천의 백성들이 과연 그런 말을 한 일이 있다고 한다면 그것은 궁가를 원망하는 뜻에서 나온 것에 불과하니, 궁가의 입장에서는 통렬히 자신의 책임을 반성하기에 겨를이 없어야 마땅한데, 어찌 감히 선왕의 승하를 달게 여긴 것이라고 지적하여 죄를 가하려 한단 말입니까.

그리고 여러 궁가의 둔장(屯莊)이 안악과 신천 사이에서 도둑맞은 일들을 또 장차 그 사람들에게 떠넘겨 다스리려고 하는데, 안악과 신천의 백성들의 범죄 사실이 어쩌면 그렇게도 많단 말입니까. 이렇게 된

36 또한 : 두주에는 '一本亦下有猶字'로 되어 있다.

데에는 그 까닭이 있음을 알 수 있습니다. 옛날 한(漢)나라 무제(武帝)가 상홍양(桑弘羊)[37]의 세금 정책을 시행하려 할 때 먼저 장탕(張湯)[38] 등을 기용하여 형법을 준엄하게 적용하였습니다. 재물이란 백성들이 모두 갖고 싶어 하는 것이므로 형법이 준엄하지 않을 경우 백성들이 또한 일어나 다툴 것이기 때문에 무제의 술책이 그와 같았는데, 사마천(司馬遷)이 그 사실을 기록하고 선유(先儒)가 그것을 논하였던 것입니다.

저 지극히 어리석으면서도 신령스러운 백성들이 "여러 궁가가 반드시 이 일과 관련하여 치죄하려고 하는 것은 그 의도가 있다."라고 말하게 된다면, 일이 왕궁(王宮)과 연관되는 것으로 또한 매우 수치스러운 일이 아니겠습니까. 《대학》에 이르기를 "집안사람과 화목한 뒤에야 나라 사람을 가르칠 수 있다." 하였고, 또 "부자 형제가 충분히 본받게 된 뒤에야 백성이 본받는다."라고 하였습니다. 지금 부정과 불공정한 일이 왕실의 지친(至親) 속에 똬리를 틀고 있는데 다른 사람을 착하게

37 상홍양(桑弘羊) : 한 무제 때 사람으로 계산에 밝았다. 무제가 잦은 외정(外征)과 토목공사로 피폐한 국가 재정을 충당하려고 그를 대농승(大農丞)에 임명하여 염철(鹽鐵)을 주관하게 하였는데 지방에 균수관(均輸官)을, 장안(長安)에 평준관(平準官)을 두어 가격이 싼 지방의 물자를 비싼 지방에 옮겨 팔고, 값이 쌀 때 물자를 사 두었다가 비쌀 때에 물가를 조절하는 등의 조치를 하여 국가에서 막대한 이익을 취하도록 하였다. 이로써 상인은 생업을 잃고 백성은 자유 판매의 길이 막혀 원망이 많았다. 《史記 平準書》

38 장탕(張湯) : 한나라 무제 때 사람으로, 어사대부(御史大夫)로 있을 때에 지나치게 각박하고 혹독한 형벌을 집행하였고 일신을 위해 권력을 남용하였다. 백금(白金)과 오수전(五銖錢)의 주조를 건의하였고, 염철을 관(官)에서 운영할 것을 주장하였으며, 거상(巨商)들을 단속하면서 법을 엄하게 적용하였다. 《史記 酷吏列傳 張湯》《漢書 張湯傳》

하려고 한다면 역시 어렵지 않겠습니까.

기억하기로는 옛날 선왕께서 하교하기를[39] "반드시 임금의 집이 바른 뒤에야 국사를 할 수 있다." 하고 나서 지방에 분명하게 교시(教示)하여 여러 궁가의 면세를 모두 법대로 하도록 하였으며, 또 어사(御史)가 탐문할 때에 여러 궁가가 하는 부정행위를 아울러 살펴서 아뢰게 하였으니, 이는 장차 일제히 정돈하여 명백하고 순수한 지경으로 모두 돌아가게 하려고 하셨기 때문입니다.

그런데 신민(臣民)이 하늘의 도움을 받지 못해 갑자기 이 지경에 이르렀으니, 오늘날 선대(先代)의 뜻을 잘 계승하는 도리가 전하에게 달려 있지 않겠습니까. 몇 달 사이에 시론(時論)이 크게 어긋나고 인심이 크게 변하여 심지어는 전하께서 하늘로부터 받은 백성을 죄 없이 형벌에 빠지게까지 하고 있습니다. 신은 처음에 그 일이 이렇게까지 될 줄은 생각하지도 못하고 그들을 유도하여 원한을 호소하게 하였다가 끝내는 그들로 하여금 원한을 품게 하였으니, 신은 참으로 면목이 없어 직접 그들을 구렁텅이에 밀어 떨어뜨린 것 이상의 가책을 느낍니다. 신은 질병 이외에 이 일까지 겹쳐 참으로 하루도 재직할 수 없으니, 삼가 바라건대 성명께서 속히 신의 본직과 겸임을 체차하여 어리석은 분수를 편안하게 해 주시면 매우 다행이겠습니다. 신은 지극히 두려운 마음을 가누지 못하겠습니다.

39 하교하기를 : 두주에는 '下教曰三字一作以爲二字'로 되어 있다.

상소에서 실수로 한 말 때문에 인책하고, 이어 겸임을 사직하는 상소 기해년(1659, 현종 즉위년) 8월

疏語差失引咎仍辭兼帶疏 己亥八月

삼가 아룁니다. 신이 어제 망언을 성상께 아뢰었는데 성명께서 죄로 여기지 않고 도리어 의견을 받아들여서 무고한 백성이 우선 형신(刑訊)을 면하게 하시니 신은 두려움이 풀리고 기쁨이 지극하며 말을 살피고 사람을 사랑하는 대성인(大聖人)의 성대한 마음을 볼 수 있었습니다. 다만 비변사의 회계(回啓)를 보니, 도리에 어긋나는 말과 곡식 훔친 일을 조사하였는데 이러한 일이 없는 듯하다고 하였습니다. 참으로 "신의 말이 들어맞지 않는다면 나라의 이익입니다."라고 한 경우이니, 신은 매우 다행이라고 여기며 비록 사실을 잘못 안 죄를 만번 받더라도 참으로 마음에 달게 여깁니다. 다만 강전(姜琠) 등이 조사한 문서에서 백성의 농지를 분할하는 것에 대해 공론을 취하고 여론을 받아들였다고 하였습니다. 그러나 신이 상소에서 강전 등이 백성들의 뜻을 따랐다고 말한 것은 그 뜻은 같지만 본래의 말이 아닌 만큼 신이 잘못 말씀드린 실수를 피하기 어려우니 신은 적이 황공합니다.

또 신은 불행히 병에 걸렸으니, 처음에는 예년의 으레 있는 증세에 지나지 않는다고 여겼으나 지금은 갈수록 깊이 고질이 되어 문을 나서지 못한 지 벌써 열흘이나 되었습니다. 직무에 이바지할 수 없는 것은 이미 말할 필요가 없고, 요행히 죽지 않는다는 것도 기약할 수 없습니다. 신이 맡은 직명(職名)은 모두 감히 헛되이 지니고 있을 수 없지만 무엇보다도 의금부의 일이 여전히 적체되어, 죄수의 가족들이 원망하고 괴로워하는 것이 귀와 마음을 놀라게 하니 더욱 몸 둘 곳을 모르겠습니다. 삼가 바라건대 자애로운 성상께서는 특별히 불쌍히 여겨서 겸하고 있는 의금부의 벼슬을 서둘러 체차해 주도록 허락하신다면 이보다 다행이 없겠습니다. 상중에 계신 성상을 여러 번 번거롭게 하니 죄가 만번 죽어 마땅합니다. 신은 지극히 두렵고 간절한 마음을 견딜 수 없어 삼가 죽음을 무릅쓰고 아룁니다.

병세를 아뢰고 체차해 주기를 청하는 상소 기해년(1659, 현종 즉위년) 8월

陳病乞遞疏 己亥八月

삼가 아룁니다. 신이 어제 망언을 했다는 이유로 잘못을 자백하고 또 질병을 이유로 체차해 주시기를 청하였는데 성명께 용서하고 위로하는 매우 지극한 은혜를 받았으나 관직은 여전히 체차해 주지 않으셨습니다. 신이 이미 크고 깊은 성덕(聖德)을 우러렀으나 사사로운 의리를 스스로 돌아보건대 답답한 심정을 견딜 수 없습니다. 신의 병세가 쉬한 고질에 이르지 않았다면 지금이 참으로 어떤 때인데 감히 여러 번 사직하여 마지않아서 번거롭게 해 드리는 죄를 스스로 취하겠습니까.

신은 아플 때마다 신하가 병에 대해 너무 자세히 말하여 한결같이 의원에게 주는 병의 기록처럼 되면 군왕을 두려워하는 도가 결코 아니라고 생각했기 때문에 그동안 올린 글에 전혀 자세히 말씀드리지 않고 범범하게 병이 심하다고만 하였습니다. 삼가 생각건대 성명께서도 우연히 병에 걸렸더라도 애써 업무를 볼 수 있다고 여겼기 때문에 여러 번 은근하게 힘써 말씀하셨을 것입니다. 이는 신이 두려워서 감히 번거롭게 해 드리지 않으려다가 오히려 오래도록 성상을 번거롭게 해 드리게 된 것이라 신은 더욱 황공함을 견딜 수 없어 이제 대략 그 실제의 증상을 아룁니다.

신의 원래 증세는 의원들이 말하는 습담(濕痰)이라는 것입니다. 여름과 가을만 되면 습열(濕熱)이 위(胃)를 쳐서 가래가 가슴에서 막히면 위가 음식을 받아들이지 못하고 심장은 피를 저장하지 못하므로,

몸과 뼈는 있어도 밖으로 마르고 안으로 무너져서 한낱 말뚝과도 같습니다. 올해는 원래의 증세 외에 심한 설사가 더해져 미친 듯이 부르짖으며 죽기를 빈 지 열흘이 넘었습니다. 장과 위가 텅 비고 물과 곡물이 붙어 있지 않으며 여러 날 전부터 다시 오한과 발열 증세가 더해져, 한겨울처럼 거처하고 옷을 입어도 따뜻한 줄 모르다가 이윽고 열이 나면 또 심한 학질 증세와 같습니다. 이렇게 반복한 지도 이미 여러 날입니다.

이러한 증세는 본래 아주 건강한 자가 당하더라도 지탱할 수 없는데, 더구나 끊어질 목숨을 끌고 있는 상태에서 떨어질 듯 위태롭게 된 경우이겠습니까. 신의 증상이 대략 이와 같아 신이 요행히 죽지 않더라도 조리하고 치료해서 다시 회복하여 보통 사람같이 되는 것은 몇 달 안에 바랄 수 없으니, 비워 두기 어려운 관직을 어찌 기약할 날 없이 지체할 수 있겠습니까. 신이 성명을 믿고 함부로 하는 것은 실로 약한 자식이 자애로운 아버지에게 바라는 것과 같습니다. 그러므로 감히 천한 신의 병세를 일일이 외람되게도 이렇게 아룁니다. 그런데도 살펴 주지 않으시면 이는 못난 신이 군부(君父)께 신뢰를 받지 못하는 것입니다. 비록 병이 낫는다 해도 무슨 낯으로 천지 사이에 다시 설 수 있겠습니까. 삼가 바라건대 성명께서는 깊이 불쌍히 여겨서 본직과 겸임을 서둘러 한꺼번에 체차하여 신이 하루라도 편안한 마음으로 살길을 찾게 해 주신다면 이보다 다행이 없겠습니다. 신은 지극히 슬프고 간절한 마음을 견딜 수 없습니다.

앞서 청한 것을 다시 아뢰는 상소 기해년(1659, 현종 즉위년) 8월

復申前請疏 己亥八月

삼가 아룁니다. 신이 처지와 형편이 절박하여 부르짖으면서 말을 가리지 않고 외람되게도 병의 증상을 상중에 계신 성상께 다 아뢰었으니 이미 지극히 분수에 넘쳐 위태롭고 두려운 마음을 제어하기 어려웠습니다. 다행히 성상께서 형벌을 더하지 않고 온화한 비답을 내리며, 또한 의관(醫官)에게 왕래하며 병을 보살피게 하셨습니다. 신의 죄가 이보다 더할 수 없는 지경에 이르렀는데 도리어 예전에 없던 은혜를 입으니 지극히 감격스러워 눈물을 흘리면서 죽을 곳을 모르겠습니다. 다만 직명(職名)을 끝내 체차해 주지 않으시니 신의 답답하고 위축되는 마음이 이에 심합니다.

누워서 치료하라는 성상의 비답을 신이 삼가 읽었습니다. 신이 지니고 있는 직책은 모두 한가한 부서이지만 의금부의 직책만은 앞으로는 자세히 살펴야 할 문안(文案)이 있고 뒤로는 확정 짓기 어려운 의언(議讞)이 있으니 관계된 바가 지극히 중대합니다. 신같이 사려가 어두운 사람은 밤낮으로 땀을 흘려 가며 다스려도 잘할 수 없을까 두려운데, 더구나 감히 회양(淮陽)의 청정함[40]과 견주어 막 시작하는 정사에 큰

40 회양(淮陽)의 청정함 : 이는 앞의 "누워서 치료하라."라는 말과 연결하여 보면 청정함을 숭상하여 무위(無爲)로 잘 다스렸다는 말이다. 급암(汲黯)이 동해 태수(東海太守)로 있을 때 병이 많아 누워 있으면서도 고을을 잘 다스리자, 후에 무제(武帝)가

누를 끼칠 수 있겠습니까.

지난번에는 부관(副官)이 오히려 그 일을 단독으로 결정할 수 있었지만 이번에는 다시 상의 명이 없었기 때문에 오래되어도 다시 업무를 보지 못하여, 판결이 지체된 죄수가 매우 많아 원망하는 말이 물 끓듯 나오고 있습니다. 신이 받는 비방의 말은 참으로 걱정할 것이 못 되지만 성상께서 병이 있는 것처럼 여기는 도[41]에 어찌 손상이 없겠습니까. 또한 신과 지사(知事) 신 허적(許積)이 모두 병이 있는데 허적은 가볍고 신은 무겁습니다. 그러나 허적은 체차해 달라고 청하자 오래 걸리지 않고 체차되었는데, 이제 신은 고충 어린 말과 애처로운 간청을 빠짐없이 다 하였건만 끝내 살펴 주지 않으시니, 이는 신의 평소 행위가 허적에게 매우 부끄럽기 때문입니다. 군부(君父)에게 믿음을 주거나 믿음을 주지 못한 점에서 신은 실로 허적의 죄인이니, 마음속으로 스스로 부끄러워하고 반성하며 허물을 돌릴 곳이 없습니다.

그러나 성의를 쌓아 감응하여 통하기를 바라는 것은 일조일석(一朝一夕)에 가능한 일이 아니고, 나랏일은 세월이 갈수록 지체되고 있습니다. 신이 두려워할 줄만 알고 다시는 다급히 부르짖지 않는다면 죄가 도리어 심해지기 때문에 다시 만번 죽기를 무릅쓰고 이렇게 번거롭게

몹시 다스리기 어려운 회양에 급암을 태수로 임명하면서 "나는 단지 그대의 중망(重望)을 빌리는 것이니, 그대는 누워서도 다스릴 수 있을 것이다."라고 하였는데, 부임한 뒤 과연 회양을 청정하게 다스렸다고 한다. 《史記 汲鄭列傳》

41 병이……도 : 병을 제거하는 마음으로 악(惡)을 버리도록 백성을 다스리는 도를 말한다. 《서경》 〈강고(康誥)〉에 나오는 말로 "마치 몸에 병이 있는 것처럼 여기면 백성들이 모두 허물을 버릴 것이며, 마치 갓난아이를 보호하듯 하면 백성들이 편안히 다스려질 것이다."라고 하였다. 《宋子大全隨箚 卷2》

해 드립니다. 혹시라도 성명께서 이러한 마음과 형편을 가련히 여기고 한꺼번에 신의 직책을 체차하신다면 어찌 다행일 뿐이겠습니까. 만약 그러지 않고 의금부의 직책만이라도 체차하신다면 또한 조금이라도 그 마음이 편안하여 다행히 살길을 찾겠고, 이와 같다면 죽더라도 살아 있는 것과 같을 것입니다. 신은 지극히 간절하고 두려운 마음을 견딜 수 없습니다.

편의에 따르기를 청하는 차자 기해년(1659, 현종 즉위년) 8월
請從權箚 己亥八月

삼가 아룁니다. 신이 죽을 때가 가까워진 병중에 삼가 들으니 성상의 건강이 좋지 않아 전날과 견줄 것이 못 된다고 하니, 신은 오장이 타는 것 같아 말하려고 하다가도 목이 막힙니다. 아, 어찌 하늘에 계신 우리 선왕의 신령께서 어진 은혜로 감싸 주실 수 없어서 그러한 것이겠습니까. 자식을 생각하는 지극한 마음은 이승이나 저승이나 차이가 없는 만큼 상심하고 슬퍼하심이 어떻겠습니까. 신의 생각이 여기에 이르니 저도 몰래 눈물이 하염없이 흘러, 곧장 하늘에 호소하고 싶지만 길이 없습니다.

신이 의관들의 말을 가만히 듣자니 전하[42]께서 앓는 병은 오로지 위장의 기운이 허해서 일어난 것이니 생강과 육계(肉桂)로 돕지 않으면 신선의 단약과 묘한 약제를 쓰더라도 효험을 거둘 가망이 없다고 합니다. 이와 같을 뿐이라면 성상의 자질이 높지 않은 것이 아니고 성상의 학문이 밝지 않은 것이 아니니 무슨 이유로 작은 것을 참지 못해 큰 계획을 어지럽히겠습니까. 옛날에 성인은, 사람들이 죽은 자 때문에 산 사람이 상하게 되는 것을 두려워하여 드디어 밝은 가르침을 만들어 천하와 후세에 밝혔으니 "애훼하더라도 몸이 위태롭게는 하지 않는다."라고 하였고 "몸에 병이 있으면 술을 마시고 고기를 먹는다."라고 하였으며 "상을 견뎌 내지 못한다면 이것은 자손을 사랑하지 않고

42 전하 : 두주에는 '殿下一作聖躬'으로 되어 있다.

부모에게 효도하지 않는 것과 같다."라고 하였습니다. 앞의 한 구절이 뒤의 한 구절보다 뜻이 깊으니 예가 아닌 것을 어찌 성인이 말씀하셨겠습니까. 예가 비록 선왕 때에는 없었다 해도 의리로 일으킬 수 있는 것입니다.[43] 더구나 책에 있는 성인의 가르침이 간곡할 뿐만이 아닌 경우이겠습니까.

음악을 연주하고 선조의 뜻을 계술(繼述)하는 것은 효의 근본[44]이며 상중에 지내는 거처와 먹는 음식의 예를 따르는 것은 효도의 말단입니다. 말단에 가려서 근본을 잊는 것은 평범한 사람들도 하지 않는데 더구나 전하께서는 위로 조종의 대통이 있고 중간에는 양전(兩殿)을 모실 일이 있으며 아래로는 신민(臣民)을 다스릴 책임이 있으니 이와 같은데도 오히려 스스로를 가벼이 할 수 있겠습니까.[45] 또 듣자니 자전(慈殿)께서 슬픔이 병이 되어 죽조차 드물게 드신다고 합니다. 만약

43 예가……것입니다 : 《예기(禮記)》 〈예운(禮運)〉에 "예(禮)라는 것은 의(義)의 실질이니, 의에 맞추어 보아서 맞으면 예는 비록 선왕 때에 없었더라도 의로써 새로 만들 수 있다."라고 한 데서 온 말로, 예문(禮文)에 없더라도 이치를 참작하여 행할 수 있다는 말이다. 효종이 승하하고 현종이 상중에 있으면서 지나친 슬픔으로 몸이 상하였기에 이런 말을 하는 것으로 보인다.

44 음악을……근본 : 음악을 연주한다는 것은 《중용장구》 제19장에 나오는 말로 "선왕이 올랐던 자리에 자기가 올라 선왕이 행했던 예법을 행하고, 선왕의 음악을 연주하며, 선왕이 높인 자를 공경하고, 가까이한 자를 아끼며, 죽은 분을 살아 있을 때처럼 섬기면서 장례를 행하고, 사망한 분을 생존한 것처럼 섬기면서 제사를 행하는 것처럼 하는 것이 바로 효의 극치이다."라는 뜻을 가져온 것이다. '계술'은 '어버이의 뜻을 잘 계승하며, 어버이의 일을 잘 따라 행하는 것'이라는 계지술사(繼志述事)의 준말로 역시 제19장에 나오는 말이다.

45 할 수 있겠습니까 : 두주에는 '可一作敢'으로 되어 있다.

이러한 때에 다시 성상께서 병들까 하는 염려를 끼친다면 자전의 마음은 다시 차마 말하지 못할 점이 있을 것입니다.

신은 일찍이 남의 집 과부가 막 남편이 죽는 아픔을 당하여 따라 죽으려는 소원이 없지 않았으나 자식과 어머니가 서로 의지하여 목숨을 이어 간다는 것을 생각하여 죽을 마시도록 권하며 너그럽게 위로하여 서로를 보호하다가, 이윽고 어머니가 그 자식에게 "내가 죽지 않은 것은 너 때문이었다."라고 하는 것을 본 적이 있습니다. 아, 이것은 참으로 지극한 말입니다. 귀천(貴賤)이 비록 다르지만 이 마음이 어찌 다르겠습니까.

지금 자전께서 몸을 부지하시기를 바란다면 마땅히 전하께서 스스로 자전보다 먼저 힘쓰십시오. 순히 받들어 어김이 없게 된 뒤에야 자전의 마음을 조금 위로할 수 있습니다. 그렇다면 오늘날 성상의 몸을 스스로 보전하는 것이 바로 자전을 보전하는 것입니다. 옛사람이 한 말이 있으니 "자식이 부모의 마음을 자신의 마음으로 삼을 수 있다면 효성스럽다고 할 만하다." 하였습니다.[46] 아, 선왕과 자전께서 오늘날 전하에게 바라는 것이 어찌 이를 벗어나겠습니까. 삼가 바라건대 전하께서는 작은 예절 때문에 효성의 근원을 잊지 마시고, 곧이곧대로 행함으로써 마땅한 이치를 어그러뜨리지 마십시오. 깊이 생각하고 선뜻 생각을 고쳐서 조종(祖宗)과 양전(兩殿), 신민(臣民)의 바람을 위로하신다면 이보다 다행이 없겠습니다.

46 옛사람이……하였습니다 : 옛사람은 범조우(范祖禹)를 말한다. 원래 《논어》 〈이인(里仁)〉의 "부모가 생존해 계시거든 먼 데서 놀지 말며, 놀더라도 반드시 일정한 방향과 장소가 있어야 한다."라는 말에 대한 범조우의 주석(注釋)에서 나오는 말이다.

신이 마침 이러한 때 죽을병에 걸렸으니 전하께서 특별히 걱정해 주시는 것이 지극하지 않은 바가 없습니다. 그런데 신은 침상에 몸져누워 있어 전하께 머리를 숙이고 부르짖으며 몸을 보살피도록 청할 수 없으니, 신이 이미 스스로 상심하여 죽느니만 못합니다. 어젯밤에 내의원과 사간원에 내리신 비답을 삼가 보건대 마음이 무너져 내려[47] 밤새도록 잠들지 못하여, 죽기를 감수하고 글을 받아쓰게 하여 감히 주상께 아룁니다. 말은 비록 두서가 없으나 뜻은 실로 속마음에서 나왔으니 다시 바라건대 성명께서는 헤아려 살피소서. 신의 직명이 아직 바뀌지 않아 처지가 몹시 위태로우나 이 일이 가슴에 맺혀 다른 것을 언급할 겨를이 없으니 더욱 지극히 근심스럽고 답답한 마음을 견딜 수 없습니다.

47 무너져 내려 : 두주에는 '墜地一作隕墜'로 되어 있다.

권도를 따르기를 다시 청하고, 이어 판의금부사를 사직하는 차자 기해년(1659, 현종 즉위년) 8월

更請從權仍辭判義禁箚 己亥八月

삼가 아룁니다. 신은 목숨이 아직 끊어지지 않아 속에 맺힌 충정을 저번에 감히 진달하였습니다. 삼가 성상의 비답을 받드니 완곡하게 일깨우심이 간곡할 뿐만이 아니어서 미천한 신이 감당할 바가 아니었습니다. 다만 성상의 뜻을 자세히 살펴보건대 실제로는 매우 준엄하시어 듣는 자들이 식은땀을 흘릴 정도였으므로 신은 황공하고 민망한 마음을 가누지 못하였습니다. 뒤이어 백관(百官)과 삼사(三司)로부터 종반(宗班)에 이르기까지 성의를 다해 호소하였는데도 오히려 허락하시는 명을 얻지 못하였고 보면, 어리석은 신이 전날 아뢴 말이 외람되고 망녕되다는 것을 더욱 잘 알게 되었으므로 돌이켜 생각해 보건대 두근거리는 마음이 더해져 몸 둘 곳이 없습니다.

그러나 신은 별다른 소견이 있어서 말한 것은 아니었습니다. 신이 일찍이 예경(禮經)을 읽어 보건대 거상(居喪)에 대한 예절을 말한 것이 수만 마디나 되었으나 그중에서 음식에 관한 예절이 가장 작은 비중을 차지하고 있었습니다. 〈상대기(喪大記)〉에는 “임금 및 대부(大夫)나 아버지의 친구가 먹으라고 하면 기름지고 맛있는 음식이라도 피하지 않을 것이나 술은 사양한다.” 하였습니다. 이 말은 비록 병이 없는 자라도 존중하는 분을 위해서 억지로나마 먹어야 한다는 뜻입니다. 그리고 병이 있는 경우에는 또 술을 마실 수 있다는 글도 있고 보면, 고기를 먹는 것은 또 술을 마시는 것보다 비중이 가볍다 하겠습니다.

다만 후세에 상례(喪禮)가 모두 무너져 버려 내외의 구별이 없게 되고 담소하는 절도가 없어지고 출입하는 것도 평상시와 다름이 없게 되었는데, 유독 술 마시고 고기 먹는 한 가지 조목만은 금하고 있습니다. 그래서 사람들이 그것을 대단한 일로 여기고는 도리어 고기 먹는 것을 술 마시는 것보다도 더 무겁게 여기게 되었으니, 이는 성인의 본래 뜻과는 일체 상반되는 것으로 이것이야말로 예의 근본 뜻에 어긋나는 잘못된 말세의 예문(禮文)이라 하겠습니다. 그렇다면 고기 먹는 일은 지극히 가벼운 예절이고 생명을 보전하는 일은 지극히 중요한 일인데, 지극히 가벼운 예절을 지키기 위하여 지극히 중대한 일을 망각하는 일은 아무리 변변찮은 사람이라도 하지 않을 것입니다.

그리고 신이 두 자전(慈殿)께서 약방(藥房)에 내린 교서(敎書)를 삼가 보건대 "마땅히 지성으로 권유해야 한다."라고 하였습니다. 〈상대기〉를 가지고 본다면, 병이 없는 사람이라도 임금이 먹으라고 하면 기름지고 맛있는 음식까지도 먹어야 하며, 대부나 아버지의 친구가 먹으라고 해도 또한 먹게 되어 있습니다. 지금 전하께서는 이미 병이 있으신데, 또 두 자전은 지친(至親)이고 지존(至尊)이시니 대부나 아버지의 친구와는 비교할 수도 없는 경우라 하겠습니다. 그러니 어찌 감히 내내 억지로 거절하여 효순(孝順)한 도리를 저버릴 수 있겠습니까. 어찌 두 자전께서 밖으로는 권유하라고 분부하면서 안으로는 실제로 차마 말씀하지 못하시는 것이겠습니까. 그럴 리는 없습니다.

선유(先儒)가 말하기를 "진실로 크게 해가 되는 일이 아니라면 또한 완곡하게 따라야 한다. 만일 부모의 말씀이 그르다고 해서 곧장 자기 뜻대로 행한다면, 아무리 고집한 바가 모두 옳다 하더라도 오히려 순종하지 않는 자식이 될 것인데, 더구나 꼭 옳다고 할 수 없는 경우이겠는가.” 하였습니다. 모르겠습니다만 오늘날 두 자전께서 권유하시는 것이 크게 해가 될 일입니까, 해가 되지 않을 일입니까. 그리고 전하께서 고집하시는 것이 옳은 것입니까, 옳지 않은 것입니까. 전하께서는 사소한 예절을 고집하여 엄한 분부를 하면서 그것이 도리어 지엄한 훈계를 범하는 것인 줄을 모르시는 것인지도 알 수 없는 일입니다.

신은 이런 생각이 있기 때문에 전날 감히 아뢰었는데, 감히 미약한 힘으로 성상의 마음을 돌릴 수 있으리라고 기대하지는 않았습니다. 그런데 지금에 와서는 아랫사람들의 간청에 답하신 것이 더욱 엄격하니, 신은 천장을 쳐다보고 마음을 썩이며 그저 하늘에 호소할 뿐 다시 무슨 말씀을 드리겠습니까. 그러나 구구한 마음은 그래도 만에 하나라도 희망을 저버릴 수는 없으니, 이 또한 애처롭다 하겠습니다.

그리고 신은 사사로이 간청드릴 일이 있으므로 감히 위엄을 무릅쓰고 말씀드립니다. 신은 일찍이 판의금부사를 겸직하고 있는 것이 공적으로나 사적으로나 매우 해가 되기 때문에 여러 번 글을 올려 면직을 청하였는데, 성상께서는 허락하는 비답을 내리지 않고 다만 보좌하는 관원이 신과 직접 만나서 의논하도록 하셨습니다. 그러나 신의 병은 날이 갈수록 더욱 고질이 되어 실로 문안(文案)을 살펴볼 만한 정력이 없습니다. 만약 꼭 억지로 하게 된다면 이는 다해 가는 목숨을 재촉할 것입니다.

또 전날에 지사(知事) 신(臣) 허적(許積)이 특명으로 신에게 와서 상의한 적이 있는데, 그때는 신이 선조(先朝)의 유사(遺事)를 교감(校勘)하느라 관청 건물을 빌려 쓰고 있었습니다. 비록 소속된 부서가 아니었으나 변명할 구실이 있었는데 이러쿵저러쿵 수없이 말이 많았습니다. 그런데 오늘날 감히 사사로운 거처에 편안히 있으면서 중신(重

臣)이 맡겨 오는 것을 받아 일을 의논한다면, 그에 대한 논의가 또 얼마나 격렬하겠습니까. 옛날 노(魯)나라의 정사를 사실(私室)에서 의논하자, 성인이 그것을 비난하였습니다. 신이 보잘것없기는 하나 결단코 감히 몸소 그러한 짓을 범하지는 못하겠습니다.

삼가 바라건대 성명께서 신의 고질화된 병세를 굽어살피고 일의 체모가 중하다는 것을 생각하여 속히 체차해 주심으로써 공사 간에 편하게 해 주시면 매우 다행이겠습니다. 신은 몸을 침상에 맡기고 있어 달려가 정청(庭請)의 말석에 참석하지도 못하고 다시 번거롭게만 해 드리니 신의 죄는 만번 죽어 마땅합니다. 성명께서는 애달프게 여겨 살펴 주소서. 삼가 죽음을 무릅쓰고 아룁니다.

다시 판의금부사를 사직하는 차자 기해년(1659, 현종 즉위년) 8월

又辭判義禁箚 己亥八月

삼가 아룁니다. 신이 어제 삼가 비답을 받드니 사직한 의금부의 직책에 대해 또 체차해 주지 않으셨습니다. 가만히 헤아리건대 성명께서는 아직도 신의 질병이 매우 위중하다는 것을 깊이 살피지 못하여, 신이 면직을 바라는 것은 전례를 따른 데서 나왔을 뿐이지 실지로는 스스로 힘쓸 수 있다고 여기시는 듯합니다. 성상의 뜻이 과연 이와 같다면 이는 신이 성명께 매우 신뢰를 얻지 못한 것입니다. 신도 일부분 하늘로부터 받은 양심이 있는데, 백관들이 조정에 가득하고 날마다 부르짖는 이러한 때에 어찌 차마 편안하게 자리에 눌러 있으면서 도리어 긴요하지 않은 병으로 매사에 번거롭게 해 드리겠습니까. 이와 같다면 신의 죄는 만번 죽는다 해도 가벼울 것이니, 성명께서 너그러이 용서할 수 있다 해도 형벌을 담당한 신하가 반드시 고집하며 다스릴 것입니다.

전날 성상의 분부에, 의금부의 공무는 보좌하는 관원으로 하여금 신과 직접 의논하게 하셨습니다. 이는 조정이 하는 일의 체모에 매우 옳지 않은 점이 있으나 이것은 오히려 임시적인 편의에 맡길 수 있습니다. 신의 병세는, 몰골은 이미 몹시 수척해졌고 정신은 이미 다 빠져나가 가슴에 한 가닥 숨만 남아 실낱같이 끊어지지 않고 있을 뿐인데[48] 오히려 문서를 살펴 열람하며 옥사에 관하여 경중을 의논할 수 있겠습

48 뿐인데 : 두주에는 '一本已下有如此二字'로 되어 있다.

니까. 의금부의 관직은 상의 명으로 다그쳐서 하게 하였는데, 제대로 수행할 수 없게 되면 군왕의 명을 거스른 죄를 실로 피하기 어려우니 또 장(杖)을 맞고 죽은 사람[49]과 무엇이 다르겠습니까. 신이 그동안 애달피 간청하며 마음을 다 쏟았으나 아직껏 살펴 주지 않으시니 요컨대 죽는 날이 되어야 본래의 사정을 보실 것입니다. 신은 굳이 급급하게 다시 간청하지 않겠습니다. 그러나 의금부의 공무를 이제 가지고 와서 맡기면 이치는 궁하고 형세는 급박하니 어찌할 바를 몰라 감히 죽음을 무릅쓰고 다시 이렇게 번거롭게 해 드립니다. 바라건대 자애로운 성상께서는 인자한 마음으로 재결하여 주소서.

49 장(杖)을……사람 : 《송자대전수차》 권2에서는 이와 관련된 내용이 주자서(朱子書)에 보인다고 하였으나, 관련 내용이 확인되지 않는다. 장을 맞은 사람을 우암의 처지와 굳이 연관하자면, 직무를 제대로 수행하지 못하면서 사직도 못 하고 병으로 죽는 것이 견책을 당해 장을 맞고 죽는 것과 무슨 차이가 있겠느냐는 말이다.

돌아가기를 청하고, 이어 지문 짓는 것을 사양하는 상소
기해년(1659, 현종 즉위년) 8월

乞歸仍辭撰誌疏 己亥八月

삼가 아뢰옵니다. 신이 죽기를 무릅쓰고 퇴직을 청하여 성은을 입어 체차되기를 바랐더니 자애로운 성상께서 불쌍히 여기고 다시 해당 부서에 내려 안심하고 조용히 쉬게 하셨습니다. 다행히 살길을 찾을 수 있게 되니 감격스러운 마음이 한창 깊어 마치 식은 재가 다시 타오를 것만 같았습니다. 그런데 뜻하지 않게 해당 부서에서 다시 방계(防啓)하여, 굳이 신이 심한 병에까지는 이르지 않아 오히려 애써서 직무를 볼 수 있는데도 겉으로 핑계를 댄 것이라 하였습니다. 신이 평소 행실에 부끄러움이 많아 사람들에게 믿음을 얻지 못하였으니 스스로를 탓하기에도 겨를이 없는데 다시 무슨 말을 하겠습니까. 이제부터는 애달프고 간절한 마음이 절실하더라도 은총을 입을 길이 없을 듯합니다.

그리고 의금부의 일은, 의금부에 구류(拘留)한 지 너무 오래되었고[50]

50 의금부에……오래되었고 : 당시 의금부에 구금된 사람으로는 효종이 승하한 5월 4일에 입시했던 의관 유후성(柳後聖)·신가귀(申可貴)·조징규(趙徵奎)·박군(朴頵)·이후담(李後聃)·최곤(崔梱) 6명이다. 도제조(都提調)이던 원두표(元斗杓)는 공로가 큰 대신이라 정배(定配)되지 않았고, 약의(藥醫) 박군은 6월 3일 장류(杖流)에, 신가귀는 6월 4일 교형(絞刑)에 처해졌으나 유후성과 어의 조징규 등의 처벌은 우암이 상소를 하던 날까지 결정되지 않았던 것으로 보인다. 두 사람은 8월 말쯤 정배되었다. 효종이 위독할 당시 효종이 침을 맞을지를 신가귀에게 묻자 그는 침을 놓을 것을 주장하였고, 유후성은 경솔하게 놓아서는 안 된다고 하였다. 결국 신가귀가 침을 놓다가 혈락(血絡)을 범하여 침구멍으로 피가 나와서 지혈이 되지 않아 효종이 승하했

결말을 지을 기약이 없으니 신의 답답하고 위축되는 마음이 전보다 만배나 됩니다. 신이 스스로 생각해 보건대 질병이 이와 같다면 죽을 날이 머지않으니 지난해 조극선(趙克善)의 일[51]을 경계로 삼을 만합니다. 신이 만약 하루아침에 여기에서 문득 죽게 되면 신의 몸이 남에게 효시(嚆矢)가 될 뿐만 아니라 밝은 시대에 또한 상서롭지 못한 일이 될 것입니다. 바라건대 아직 목숨이 끊어지기 전에 퇴직하게 해 주소서. 시신을 실어 상여를 끌듯이 돌아갔다가 요행히 집에 도착하여 한 가닥 숨이라도 남게 된다면 국상을 치르는 날 삼가 마땅히 기어서라도 올라와 신하 된 자의 지극한 정을 펼 것입니다. 만약 혹시라도 도로에서 죽지 않는다면 관직에 있으면서 병들어 사람도 아니고 귀신도 아닌 채로 부질없이 전하께 누를 끼치는 것보다는 낫습니다.

더구나 또 대행 대왕의 묘지문을 짓도록 명을 내리신 지 이미 여러 날이 지났는데 신의 병세가 이와 같아 아직도 글을 쓰지 못하고 있으니 신이 밤낮으로 근심하고 번민하며 어찌할 줄을 모르겠습니다. 삼가 바라건대 자애로운 성상께서는 서둘러 신의 본직과 겸임을 체차하고 이어 잠시 돌아가도록 허락하며 명하신 묘지문은 다시 다른 사람에게 시키신다면 이보다 다행이 없겠습니다. 신은 지극히 황공하고 떨리는 마음을 견딜 수 없습니다.

기 때문에 이날 자리에 있었던 어의들이 모두 연좌되었다.《顯宗實錄 卽位年 5月 4日, 6月 3日·4日·5日·18日, 8月 27日·28日》

51 조극선(趙克善)의 일 : 조극선은, 본관은 한양(漢陽), 호는 야곡(冶谷)이다. 학행으로 추천되었고, 1657년(효종8) 사헌부 지평으로 나가 곧 장령이 되었다가 선공감 첨정(繕工監僉正)이 되고, 이듬해 다시 장령에 임명되었으나 곧 병들어 죽었다. 우암은 조극선의 예를 들어 자신의 병이 깊어 오래지 않아 죽고 말 사람에 지나지 않는다는 사양의 말을 한 것이다.

유후성의 일을 논하는 차자 기해년(1659, 현종 즉위년) 8월
論柳後聖事箚 己亥八月

삼가 아룁니다. 지난 28일 밤 담당 관원이 와서 말하기를, 유후성(柳後聖)이 약을 의논한 일로 성상의 교지가 있어 신과 아울러 옥사를 의논하게 하였다 하였습니다. 신은 황공하고 두려워 서둘러 마땅히 명을 받들어야 함에도 신의 묵은 병 중에 바야흐로 또 곽란(癨亂)을 앓아 미칠 듯한 통증으로 죽기를 빌고 있습니다. 그러나 군부(君父)의 약을 의논하는 것은 그 일이 지극히 중하여 통증이 안정되거든 어리석은 의견을 바치려고 담당 관원을 머물러 있게 하였습니다. 그런데 끝내 통증이 조금도 그치지 않아 결국 처음 마음과 어그러졌으니 죄가 실로 용서받기 어렵습니다. 서둘러 청컨대 신을 다스려 책임을 회피하고 게을리한 자의 경계로 삼으신다면 이보다 다행이 없겠습니다.

다만 신이 이 일에 대하여 끝내 알지[52] 못할 점이 있습니다. 유후성의 죄는 나라 사람들이 모두 죽여야 한다고 하는데, 이는 무엇 때문이겠습니까. 선왕께서 승하하신 변고는 실로 천고에 없는 것이고 유후성이 수의(首醫)였기 때문입니다. 이는 인심이 절로 그만두지 못해서이지 어찌 유후성에게 사사로운 원한이 있어서 그렇겠습니까. 인심이 똑같은 것은 바로 하늘의 이치가 있어서이니, 인심도 본디 거스르지 못하는데 더군다나 천리를 어길 수 있겠습니까.

이번에 유후성이 죽음을 면하고 옥에서 나왔으니 조정 안팎에서 들

52 알지 : 두주에는 '知一作安'으로 되어 있다.

으면 반드시 깜짝 놀라고 분개할 것입니다. 신은 가만히 두려워하건대 옛날부터 국상이 있는 날 의관이 없지 않았으나 인심이 오늘날과 같지 않았던 것은 인심이 오늘과 옛날이 달라서가 아닙니다. 그렇다면 오늘날의 일은 마땅히 그를 죽여야 할지 죽여서는 안 될지를 논할 뿐이지, 약을 처방하게 할 것인지는 본디 논할 겨를이 없는 것입니다.[53]

또 가만히 생각건대 이기선(李耆善)이 들어가 진찰할 때 우연히 삼가는 도리를 잃었다는 이유[54]로 두 차례 심문을 받고 귀양을 갔고 보면 유후성이 끝내 아무런 일도 없이 다만 유배자 명단에 편입된 것은 또한 도리에 어그러지지 않겠습니까. 만약 유후성에게 악의가 없었다고 한다면 신가귀(申可貴)도 끝내 다른 의도는 없었던 것입니다. 옛날에 정자(程子)가, 조카가 용렬한 의원 때문에 죽자 그 의원을 죄주기를 청하면서 심지어 마의(馬醫)를 매질하는 일을 증거로 삼기까지 했습니다.[55] 정자가 굳이 이 말을 한 것은 지극히 무정하여 오진(誤診)한 자를

53 약을……것입니다 : 유후성과 조징규(趙徵奎)가 정배(定配)의 형을 받았으나 당시 현종의 건강이 좋지 않자 현종의 병의 원인을 익히 알고 있는 두 사람을 정배지로 보내는 것을 늦추자는 의론이 있었다. 현종은 우암과 송준길(宋浚吉)에게 의논해 보라고 하였는데, 송준길은 늦추자는 의론에 동조하였고, 우암은 이 글을 올려 반대의 뜻을 밝혔다. 《顯宗實錄 卽位年 8月 28日》

54 이기선(李耆善)이……이유 : 이기선은, 효종이 승하하기 하루 전날인 1659년 5월 3일 효종이 많이 부어 있는 것을 보고 꽁무니를 뺄 생각으로 진맥할 줄 모른다고 하였다가 국문을 당했다. 현종이 "맥 짚는 법을 모른다면 어떻게 의원이 되었느냐?"라고 하며 엄형을 가하도록 특명을 내렸다. 《顯宗實錄 卽位年 6月 3日》

55 정자(程子)가……했습니다 : 예천(醴泉)의 수령으로 있던 정이(程頤)의 조카가 읍(邑)의 의원의 오진으로 원통하게 죽었다며 정이가 지부(知府)에게 다스려 줄 것을 청하는 편지를 올렸다. 그 내용 중에 "오늘날의 사대부 중에 마의가 말을 치료하다가 그르쳐서 말을 죽이면 마의에게 장(杖)을 쳐도 사람들이 잘못되었다고 여기지 않습니

예로 든 것입니다. 정자는 자제를 잃은 슬픔으로도 이렇게 하였는데, 만약 군부(君父)였다면 또한 마땅히 어떠했겠습니까.

한 사람의 몸은 생사보다 큰 것이 없고, 천하의 아픔 중에는 군부를 잃는 것보다 큰 일이 없습니다. 그가 비록 사정은 애달파할 만하지만 법으로는 용서할 수 없습니다. 또 성현의 말은 각기 마땅한 바가 있으니, 고요(皐陶)는 “과오로 지은 죄는 크더라도 용서해 준다.”라고 하였고, 공자는 “작은 허물은 용서해 준다.”라고 하였습니다. 이 말은 큰 허물은 용서할 수 없다는 뜻이기도 합니다. 신의 어리석은 생각에는, 소문이 멀리 퍼지기 전에 서둘러 다시 가두어 그 죄를 다스린다면 왕법이 밝게 되고 인심이 기뻐하며 만민이 거룩함을 칭송할 것입니다.

약방의 일은 신 역시 민망하고 마음이 탑니다. 그러나 여러 의원을 널리 부르고 물어서 정밀하게 가린다면 효험을 거둘 수 있을 것이니, 이것이 실로 착실하고 절박한 도리입니다. 가령 유후성을 용서한다 하더라도 싸움에서 패배한 장수에게 용맹을 말하는 것은 마땅한 바가 아닐 듯싶습니다.[56] 신은 병으로 죽음이 가까우나 우려가 몹시 절실하여 감히 이렇게 번거롭게 하였습니다. 삼가 바라건대 판단하여 결정하소서.

다. 그런데 부모와 골육이 의원의 잘못된 치료로 죽음을 당해도 의원에게 책임을 묻는 자는 본 적이 없습니다. 어찌 부모와 골육을 사랑하는 것이 말만 못한 것입니까.”라는 말이 있다. 《二程文集 卷10 上謝帥師直書》

56 유후성을……듯싶습니다 : 싸움에 패배한 장수의 용맹에 대해서 왈가왈부하는 것이 마땅하지 않듯이 효종의 승하와 관련이 있어 처벌 대상인 유후성과 조징규에게 현종의 병 치료를 위한 처방을 맡기는 것은 적절하지 않다는 말이다.

지문을 봉진하는 차자 기해년(1659, 현종 즉위년) 9월
誌文封進箚 己亥九月

삼가 아룁니다. 신은 일찍이 대행 대왕(大行大王)의 지문(誌文)을 지어 올리라는 명을 받고 황공하여 감히 지을 수 없다고 두 번이나 사양하였습니다만 성상께서 슬픈 내용의 비답을 내리시어 차마 다시 번거롭게 할 수 없으므로 감히 다시 사양하지 못했습니다. 그리하여 지난달 모일에 행장(行狀)과 별도로 내리신 전교를 삼가 받았는데,[57] 신은 스스로 생각하기에도 질병이 위독해 정신이 쇠퇴한 처지이고, 또 삼가 생각건대 예로부터 제왕(帝王)에게 큰 덕과 위대한 업적이 있으면 반드시 고사에 박식하고 글에 능통한 사람이 붓을 잡고 그에 입각하여 썼기 때문에 사적(事蹟)이 드러났고 그것을 전하는 데 게으르지 않아 후세 사람들이 힘써 외어 마지않게 하였으니, 이는 신 같은 자에게 기대할 수 있는 것이 못 된다고 여겼습니다.

더구나 신이 받은 전교의 뜻을 보건대 선왕의 책략과 공업(功業)을 미루어 밝히고 선왕의 뜻과 사업을 계승하려 하는 뜻이 우뚝하게 높아 우주를 진동하고 있는 경우이겠습니까. 신 같은 자는 더욱 그 뜻을 받들기에 부족하므로 오래도록 주저하면서 죽음을 무릅쓰고 다시 사양

57 행장(行狀)과……받았는데 : 이경석(李景奭)이 대행 대왕인 효종의 행장을 지어 올리면서 평소의 뜻과 하신 일에 대해서는 한마디도 언급하지 않았다. 이에 현종이 승지 김수항(金壽恒)에게 전교를 내려 선왕(先王)의 뜻을 명백하게 써서 후세에 전해야 한다는 뜻을 지문 제술관(誌文製述官)에게 전하게 하였다. 《宋子大全隨箚 卷2》

하였는데, 비답의 말씀을 삼가 받건대 더욱더 간절하고 지성스러우므로 신이 비로소 감히 못나고 부족한 자신을 헤아리지 않고 정신을 가다듬어 비로소 짓게 되었던 것입니다. 그러나 병에 시달리느라 붓을 잡는 시간이 극히 적어 시일을 지체하며 제때에 올리지 못하였으므로 마음이 항상 송구스러워 몸 둘 바를 몰랐습니다.

그러나 신은 죽어 가는 중에도 오정(五情)은 그래도 남아 있어 사적(事跡)을 기록하고 하신 말씀을 편집할 때마다 어렴풋이 선왕의 얼굴을 다시 뵙고 그 목소리를 다시 듣는 듯하여 오열을 참지 못하고 한 자 한 자 쓸 때마다 하염없이 눈물을 흘렸으니, 아, 슬프고 슬프기만 합니다. 이제야 간신히 탈고하여 깨끗이 써서 올리게 되었는데, 아, 누가 감히 겨우 색칠이나 하는 말단의 재주를 가지고 천지를 수놓고 일월을 그릴 수 있겠습니까. 그리고 금기 사항에 저촉될까 염려되어 가능한 한 완곡하게 표현하고 그 사실을 곧바로 쓰지 못했으니, 이야말로 이른바 주상은 밝고 거룩한데, 그 덕을 널리 알리지 못한 격이 되었으므로[58] 더욱 가슴이 아파 오는 것을 견디기 어렵습니다.

그러나 일찍이 살펴보건대 주자(朱子)와 장자(張子 장식(張栻)) 두

58 금기……되었으므로 : 청나라와 문제가 발생할 것을 염려하여 효종이 밝고 거룩한 군왕이었음에도 불구하고 글로 그 덕을 알리지 못하였다는 말이다. 호수(壺遂)가 사마천에게 "공자가 《춘추》를 지을 당시에는 위로 현명한 군주가 없고 아래로는 등용할 사람이 없었기에 부질없이 글을 남겨 예의(禮義)를 재단(裁斷)하였지만, 지금 선생은 위로 현명한 군주를 만났고 아래로는 관리가 일을 잘 해내고 있어 만사가 잘 구비되어 있는데 선생이 저술하여 밝히려는 것이 무엇인가?"라고 묻자, 사마천이 "선비가 능력이 있는데 등용되지 않는 것은 나라를 가진 군왕의 치욕이고, 주상이 밝고 거룩한데 덕을 널리 알리지 못하는 것은 일을 맡고 있는 신하의 책임이다."라고 답하였다. 《史記 太史公自序》

선생이 그 벗 위정지(魏挺之)의 묘지명(墓誌銘)을 지을 때 소인인 증적(曾覿)[59]의 세력을 두려워하고 위정지에게 예상할 수 없는 화를 끼치게 될까 염려했기 때문에 위정지의 언행을 분명하게 말하려 하지 않았는데, 그 뒤 20년 만에 주자가 빠진 부분을 추가로 보충하였습니다. 오늘날 두려운 대상(청나라)은 증적 정도가 아닌데 어떻게 참작하는 바 없이 멋대로 쓸 수가 있겠습니까. 이렇게 하는 것이 아마 일종의 도리인 듯싶습니다. 신이 만일 일신의 화복만을 위하여 선왕의 뜻과 업적을 애매하게 한다면 "그 사람이 남긴 음식은 남이 먹지도 않는다."[60]라는 격이 될 것이니, 어떻게 하늘의 해 아래에서 얼굴을 들겠습니까.

이 때문에 대체(大體)로 볼 때 빠뜨려서는 안 되는 것이라도 더욱 꺼려서 피해야 할 것은 끝내 감히 쓰지 못했는데, 진실로 처리하는 방법이 있으니 추후에 보충하는 것 또한 어렵지 않을 것입니다. 쓴 것 중에서도 다시 헤아려 보지 않을 수 없는 것에 대해서는 우선 두 가지 설(說)을 만들어 성상의 채택에 대비하였으니, 이는 대체로 더욱

59 증적(曾覿) : 남송 효종(南宋孝宗) 때 용대연(龍大淵), 왕변(王抃), 감변(甘昪) 등과 함께 붕당을 지어 근 20년 동안 권력을 휘두른 권신이다. 효종이 동궁이었을 때의 사람이라는 이유로 권세가 커졌는데, 총애를 믿고 정사에 간여하였으며 뇌물을 많이 받았다. 신하들이 그들을 물리쳐야 한다고 간하였지만 효종은 듣지 않고 그들을 중용하였다. 주희(朱熹)가 정감(鄭鑑)에게 답하는 편지에서 이들을 지칭하여 '쥐새끼 같은 무리'라고 하였다. 《宋史 佞幸列傳》《晦庵集 卷25 答鄭自明書》

60 그……않는다 : 《춘추좌씨전》 장공(莊公) 6년에 등(鄧)나라 기후(祁侯)의 생질인 초(楚)나라 문왕(文王)이 신(申)나라를 치기 위해 등나라를 지나가자 기후가 자신의 조카라며 잘 대접하였다. 그러자 기후의 친조카들이 문왕을 죽이라고 권하였는데, 기후가, 그렇게 한다면 "사람들이 내가 남긴 음식은 먹으려 하지도 않을 것이다."라고 한 데에서 나온 말이다.

그 일은 은미하게 하면서 그 실상을 드러내고자 하는 의도에서였습니다. 삼가 바라건대 전하께서 두세 대신과 함께 상의하여 취사선택하시면 매우 다행이겠습니다.

또 이 바쳐야 할 글을 신이 직접 써서 올려야 마땅하나 병 때문에 글씨를 쓸 수가 없고 또 감히 다른 사람에게 부탁하여 그 번거로운 말을 보태게 할 수도 없기 때문에, 아무것도 모르는 자식으로 하여금 숨어서 쓰게 하였습니다. 그 결과 올려서 써야 할 부분, 평행으로 써야 할 부분, 비워 두고 써야 할 부분, 이어서 써야 할 부분에 격식으로 되어 있는 관례를 어긴 곳이 자못 많고 또 지우거나 옆에 다시 써넣은 부분이 많으니, 불경스럽기 짝이 없습니다. 신이 일단 이와 같은 것을 발견하고 경악을 금치 못해 속히 고쳐서 쓰려고 해 보았으나 기일이 이미 임박해서 다시 지체할 수 없기에 그대로 올리게 되었으니 지극히 황공한 심정으로 죄를 기다릴 뿐입니다.

신이 삼가 살펴보건대 주자가 장주(章奏)하면서 때로는 유중(留中)할 것을 청하였으니, 이는 대개 이러한 규례가 있었기 때문입니다. 삼가 바라건대 성상께서는 헤아려 주소서. 차자를 작성한 뒤에 신이 기억을 더듬어 보건대 봄 무렵 대행 대왕께서 "호남의 산군(山郡)에 실시하고 있는 대동법(大同法)은 마땅히 추수철을 기다려서 그대로 둘지 아니면 폐지할지를 의논하라."라고 하신 말씀이 생각납니다. 그 일을 수행할 수 있다면 산릉(山陵)을 모시기 이전이라도 속히 타당하게 처리하여 때를 잃지 않도록 해야 하고, 행할 수 없다면 또한 마땅히 일찍이 지시해서 그곳 관원들이 대기하지 않도록 해야 합니다.

이 일은 오늘날 말씀드려야 할 것은 아니지만 신의 질병이 이와 같으니 갑자기 죽기라도 하여 전날 받든 말씀까지 드러나지 않게 한다면 또한 매우 슬픈 일이 되겠기에 감히 이렇게 아룁니다. 삼가 바라건대 헤아려 처리하소서.

총관을 사직하는 차자 기해년(1659, 현종 즉위년) 10월

辭摠管箚 己亥十月

삼가 아룁니다. 신의 본직과 겸임을 해면(解免)해 달라고 누차 청하였으나 아직 윤허를 얻지 못하였습니다. 상중에 계시기에 감히 다시 번거롭게 해 드리지 못하나 오직 겸하고 있는 총관의 자리만은 앞으로 있을 국상 때 거둥하시는 날 비워 둘 수 없고, 또 대행(代行)하게 할 수도 없습니다. 그런데 신의 질병이 스스로 몸을 가눌 가망이 전혀 없으니 삼가 바라건대 먼저 체차하여 공사 간에 편하게 해 주신다면 이보다 다행이 없겠습니다.

두 번째 차자 기해년(1659, 현종 즉위년) 10월

二箚 己亥十月

삼가 아룁니다. 신이 헛되이 여러 직함만 차지하고 있은 지 벌써 넉 달이 지났으니 마음은 늘 두려워 매번 힘껏 사양하여 반드시 허락받고자 하였습니다. 그러나 상중에 계시니 자주 번거롭게 해 드리는 것이 두려워 입 다물고 말을 않다가 그럭저럭 여기까지 왔습니다. 사리를 헤아려 보건대 어찌 이러한 일이 용납되겠습니까. 생각건대 헛되이 맡고 있는 것 중에 오위도총부의 직함은 더욱 장애가 심합니다. 앞으로 국장을 치르는 날 비록 일의 추이에 따라 모양새를 이룬다 해도 성대한 예가 몹시 구차하고 간략하게 될 것입니다. 신이 만약 지위가 낮은 관료였다면 오위도총부는 반드시 벌써 체차해 달라고 청하였을 터인데 다만 총관의 자리이기에 일의 체모가 편안하지 않음에도 하지 못하고 있을 뿐입니다.

보잘것없는 신의 병이 만약 터럭만큼이라도 스스로 힘쓸 수 있는 형편이라면 진실로 임시로라도 출사할 수는 있겠지만, 어제의 은사(殷事)[61]에 마음을 억제하기 어려워 죽음을 무릅쓰고 곡반(哭班)에 나아갔다가 이에 증세가 심해졌습니다. 바야흐로 이렇게 심한 통증으로 공적으로나 사적으로나 낭패스러우니 우려가 깊습니다. 삼가 바라건대 성명께서는 굽어살피고 헤아려 겸하고 있는 오위도총부의 벼슬을 먼저 체차하도록 허락하신다면 이보다 다행이 없겠습니다.

61 은사(殷事) : 초하루와 보름에 거행하는 제사를 말한다.

해직을 청하는 상소 기해년(1659, 현종 즉위년) 11월
乞解職名疏 己亥十一月

삼가 아룁니다. 성상의 반복된 비답을 받드니 뜻이 간절하고 지성스러웠기에 신은 감격스럽고 두려워 더욱 몸 둘 바를 모르겠습니다. 신하의 의리로서는 마땅히 즉시 받들어야 하지만 신의 병이 실로 고질이라 스스로 움직일 수가 없습니다. 또 듣자니 회장(會葬)한 사람들이 즉시 내려가고 남아 있는 자는 많지 않다고 합니다. 전하께서 참으로 머물러 두게 하고 싶다면 어물어물하다 일의 기미를 놓쳐서는 안 됩니다. 이 일은 신의 병이 낫기를 결코 기다릴 수 없고 인선하는 일은 본디 해당 부서가 있어서 다른 사람은 더욱이 직분 밖의 일을 할 수 없습니다.[62]

또 신이 앞의 상소에서 아뢴 것은 구차하게 인혐하기 위해서일 뿐만 아니라 신이 실로 지은 죄가 있어 공론을 범하였기 때문입니다. 비록 자애로운 성상의 위로하시는 말씀으로 덮였지만 나라 사람의 말이 그치지 않으니, 복숭아를 먹고 아파 본 자는 마땅히 자두에도 주의하고, 국물에 덴 자는 반드시 부추 냉국도 불어서 마시는 법입니다. 옛사람은 비슷한 속에도 유추해서 서둘러 잘 돌이켰는데 더구나 오늘날의 일이 바로 전날 낭패를 당했던 일인 경우이겠습니까. 이와 같은데도 또 감히

62 인선하는……없습니다 : 《국조보감(國朝寶鑑)》 현종조1 즉위년 11월에 승정원과 전조(銓曹)에 명하여 대행 대왕 발인 때 외직에 있던 조정 관원과 사대부 중에서 서울에 올라왔던 자를 초계(抄啓)하라고 하였는데, 《송자대전수차》 권2에서 선생이 말하는 것은 이 일이라고 주석을 달았다. 즉 우암의 이 말은 올라왔던 사람들 중에서 가려 뽑아 올리는 일은 해당 부서의 담당 관원이라야 할 수 있다는 뜻이다.

담당하는 것은 복숭아를 먹고 아파 보고서도 복숭아를 주의하지 않고 국물에 데고서도 다시 그 국을 마시는 격입니다. 신이 비록 지극히 어리석으나 차마 이렇게 하지는 못하겠습니다.

삼가 바라건대 성명께서는 신의 정성을 굽어살펴 내린 명을 속히 거두고 이러한 성대하고 아름다운 일을 오로지 해당 부서에 맡겨 조속히 처리하게 함으로써 제때에 못 하였다는 탄식이 없도록 하신다면 이보다 다행이 없겠습니다. 또 신은 오래도록 서로 보지 못했다는 말씀을 받고 더욱 지극히 감격하여 흐르는 눈물을 견딜 수 없습니다. 신은 노병(老病)에 쇠잔한 목숨으로 외로이 객사(客舍)에서 지내며 밤이 지새도록 잠들지 못하고 우려가 만 갈래나 되니 다시는 한가한 때에 모실 수 없을 듯합니다. 이번에 성상의 하교에서 이를 언급하시니 우러러 그리움이 간절하여 스스로 슬피 탄식할 뿐이었습니다.

신이 헛되이 직명(職名)을 차지하고 있은 지가 이미 오래되니 밤낮으로 황송하여 무거운 짐을 진 것만 같습니다. 삼가 바라건대 성명께서는 끝내 벼슬을 해면하여 신의 분수를 편안하게 해 주신다면 죽더라도 살아 있는 것과 마찬가지일 것입니다. 신은 구구하게 간절히 바라는 마음을 견딜 수 없습니다.

두 번째 상소 기해년(1659, 현종 즉위년) 11월

二疏 己亥十一月

삼가 아룁니다. 신이 질병과 사적인 이유로 여러 번 번거롭게 아뢰었으니 스스로 헤아리건대 지은 죄가 용서받지 못할 줄 압니다. 다만 생각건대 일이 절실하고 마음에 답답한 점이 있으면 반드시 어진 하늘을 부르고 반드시 자애로운 어머니를 부를 것입니다. 만약 번거롭게 해드린다는 혐의가 두려워 속마음을 다 말하지 못한다면 이는 어진 하늘 같은 보살핌과 자애로운 어머니 같은 사랑을 도외시하는 것이니 또한 신이 감히 편하게 여기는 바가 아닙니다. 신은 만번 죽음을 무릅쓰고 다시 슬프고 간곡한 마음을 아룁니다.

대개 신이 앓고 있는 병은 아픈 곳이 있어서가 아니라 위가 약해서 음식을 먹지 못하여 원기가 점차 소진되고 오랜 시간 기력이 약해져 하루하루 달라지는 것은 보지 못하지만 여러 달 사이를 비교해 보면 뚜렷하게 다릅니다. 이는 아마 죽을 때가 이미 가까워 달리듯 죽음으로 나아가면서 다시는 잠시나마 기력을 회복하여 평범한 사람으로 회복될 수가 없어서일 것입니다. 요즈음 자애로운 성상께서 몸이 편치 못하시니 온 조정이 근심하고 허둥댔고 반우(返虞) 뒤로는 은사(殷事)가 여러 번 지나갔으나 신이 곡반(哭班)에 기거하면서 애통함을 표하는 예에 대해 한 번도 신하들의 뒤를 따라서 정성을 펴지 못하였습니다. 비록 유사(有司)가 조사하는 것은 면하였으나 신의 마음은 이미 말할 수 없이 위축되었습니다.

그런데 이즈음 융숭한 은혜가 날로 더해지며 남다른 은혜가 갈수록 더해지니, 신은 안으로는 여러 번 직접 죄를 범하였고 밖으로는 여론이 두려워 하늘을 향해서는 허리를 펴지 못하고 땅을 향해서는 발을 움츠리며 계책을 내지 못하겠습니다. 다만 해직이 되어 관직을 더럽히지 않기만 해도 신의 마음이 조금 안심되고 다른 사람의 말에 대하여 조금이나마 할 말이 있을 것입니다. 삼가 바라건대 자애로운 성상께서는 굽어살펴서 서둘러 체차해 주신다면 이보다 다행이 없겠습니다. 신은 간절하고 두려운 마음을 견딜 수 없습니다.

물러나기를 청하는 상소 기해년(1659, 현종 즉위년) 12월

乞退疏 己亥十二月

삼가 아룁니다. 신은 나이가 많고 노쇠하였으며 질병이 오래 계속되고 있으니 스스로 몰골을 헤아려 보건대 남은 날이 많지 않습니다. 건장하면 벼슬하고 늙으면 돌아가는 것은 모든 존재의 보편적인 정서입니다. 더구나 신은 아픔으로 신음하는 나머지 아침저녁 사이를 믿기 어렵습니다. 하루아침에 객지에서 시달리다 나그네 신세로 아침 이슬처럼 눈을 감게 된다면 신은 살아서는 만년의 절개를 그르치고 죽어서는 객지의 귀신이 될 것이니 구천에서도 눈을 감기 어려울 것입니다. 삼가 바라건대 자애로운 성상께서는 곡진하게 가엾이 여겨서 특별히 돌아가서 죽도록 허락해 주신다면 미천한 신의 사사로운 다행스러움이 끝없을 뿐만 아니라 성조(聖朝)가 신하를 대하는 도리에서도 은혜와 예가 모두 다 갖추어질 것입니다. 다시 청컨대 성명께서는 살펴 주소서. 신은 간절히 바라는 마음을 견딜 수 없습니다.

죄를 인책하고 물러나기를 청하는 상소 기해년(1659, 현종 즉위년) 12월

引罪乞退疏 己亥十二月

삼가 아룁니다. 신이 사정이 절박하여 죽음을 무릅쓰고 돌아가기를 청하자 자애로운 성상께서 마주 보고 간곡하게 말씀하면서 선조(先朝)에 대한 일까지 언급하시니 신은 감히 성상의 얼굴을 우러러볼 수가 없었고, 신도 목이 메어 소리를 낼 수가 없어 구구한 소회를 만에 하나도 말씀드리지 못하고 물러 나와 외로운 관사에 엎드려 있었으니, 슬픈 마음이 더욱 간절하기만 합니다. 다만 생각건대 신에게 말씀하신 성상의 분부가 간절하고 절실하기 이를 데 없어 귀신도 울릴 만하니, 신이 목석이 아닌 이상 어찌 느끼는 것이 없겠습니까. 그런데도 끝내 감히 우러러 받들지 못하는 것은 정말 어쩔 수 없는 이유가 분명히 있기 때문입니다. 신이 오랫동안 말씀드리고 싶으면서도 신의 처지에서 차마 말씀드리지 못한 점이 있는데, 전하의 처지에서도 효성스러운 생각이 끝없는 중에 차마 듣지 못하실 바가 있을 것입니다. 그래서 속을 태우며 침묵을 지킨 채 곧장 죽어서 온 나라에 사죄하지 못한 것만을 한탄할 뿐입니다.

신은 젊어서부터 예서(禮書)를 읽었으나 어리석어서 변통하는 것을 알지 못해 향리(鄉里)의 예와 관련된 시비가 있을 때마다 융통성이 없다는 비난을 받았습니다. 신이 일찍이 살펴보건대 정자(程子)가 "사람이 죽었다가 다시 살아나는 경우도 있다. 그래서 예(禮)에 3일 만에 염(斂)을 하도록 규정한 것이다. 그러나 조(趙)나라 간자(簡子)는 10일이 지났어도 소생하였으니, 3일도 못 되어 염을 한다면 모두 결과적으로 죽이는 이치가 있게 된다."라고 말하였습니다. 신은 이 대목을 읽을 때마다 두렵지 않은 적이 없어서 '이것은 남의 신하 된 자는 반드시 알아두어야 할 대목이다.'라고 생각하였습니다.

그러나 예에는 구분해 놓은 기한이 있으니, 2일 만에 소렴(小斂)하고 3일 만에 대렴(大斂)하는 것은 사대부의 일이고, 임금의 경우는 3일 만에 소렴하고 5일 만에 대렴하도록 되어 있습니다. 대저 구분해 놓은 기한이 촉박하게 되어 있는 것을 늘릴 수는 없다 하더라도 기한이 여유롭게 잡혀 있는 것을 결코 단축할 수는 없으니, 이는 그래도 소생하기를 기대하는 신하 된 자의 심정을 상하게 할 수 있기 때문입니다.

신은 원래 생각이 이와 같았기 때문에 금년 5월 5일에 중사(中使)가 내지(內旨)로 유시(諭示)를 전하기를 "날씨가 더워서 뜻밖의 우려가 있을 듯싶으니, 오늘 소렴을 하려고 한다."라고 하기에, 신이 삼가 "예가 이미 그렇지 않고, 또 뜻밖의 걱정거리가 생긴다 하더라도 재궁(梓宮)이 널찍하니 필시 걱정할 필요가 없을 것입니다."라고 답변하였습니다. 6일 일이 장차 끝나 갈 무렵에 신이 또 생각하기를 '예서(禮書) 소렴조(小斂條)에 「새끼로 묶지 않고 얼굴을 가리지 않는 것은 효자가 그래도 망인이 다시 살아나기를 기대하면서 수시로 얼굴을 보게 하고자 해서이다.」라는 글이 있으니, 이 예는 신하로서 차마 어길 수 없는 것이다.' 하였습니다. 그래서 신이 또 여러 신하의 뜻을 어기고 예서에 있는 대로 해야 한다고 고집하였습니다. 그런데 곡반(哭班)에서 나오자마자 대신(大臣) 이하가 끝내 내지에 의심하고 염려하는 바가 있다 하여 곧 변통해 버리고 말았습니다.

신 또한 의심하고 고려해야 할 점이 있다는 것을 모르지는 않았습니다. 그런데도 예와 같이 하려고 했던 것은, 신이 일찍이 예경(禮經)을 보니 군왕의 상(喪)에 옷을 무려 128벌이나 쓴다고 하였기에, 이 점으로 보면 임금의 관곽(棺槨)은 필시 널찍할 것이라고 생각해서였는데, 우리나라 조정에서 재궁에 대해 정해 놓은 척도(尺度)가 있는 줄은 알지 못하였습니다. 그리하여 불행하게도 일이 당초의 생각과 다르게 되었으므로 일을 받든 신하들이 서로 돌아보며 허둥지둥하였는데, 여러 대신 이하가 모두 들어가 봉심(奉審)하였고 다음 날 아침에는 원임대신(原任大臣) 이하가 또 들어가서 다시 봉심하였고 보면, 사람이 한 일로 말미암아 그렇게 된 것이 아님은 매우 분명합니다.

결과적으로 끝내는 옛 재궁을 쓸 수 없는 지경까지 되어 새 재궁에 또 나무 조각을 붙이게까지 하였으니, 이는 전고에 없던 변고였습니다. 이에 조야(朝野)가 떠들썩해지면서 모두들 허물을 신에게 돌리고 신이 고집을 부려 일을 망쳤다고 하고 있습니다. 생각건대 우리 선왕의 지극한 인과 성대한 덕은 백세토록 잊을 수 없는데, 신하 된 자로서 이미 대신하여 죽지도 못하고 또 따라 죽어 개미들의 방패막이가 되지도 못하고서,[63] 그 마지막 가시는 일에 성의를 다하려고 하다가 뜻밖의 일이 발생하게 하였으니, 신이 멸족을 당한다 하더라도 어떻게 인심을 위로하고 여론에 사죄할 수 있겠습니까. 신의 생각이 여기에 미치니 저도 모르게 울음소리가 더 이상 나오지 않을 정도로 통곡을 하게 되고, 참으로 하늘에 떠 있는 해 아래에서 얼굴을 들고 싶지 않습니다.

63 따라……못하고서 : 왕을 위하여 따라 죽는다는 뜻이다. 《전국책(戰國策)》 〈초책(楚策) 1〉의 "대왕께서 돌아가신 뒤에 제 몸이 황천(黃泉)에 들어가 깔개가 되어 개미를 막게 된다면 이러한 낙이 다시 어디 있겠습니까."라는 말에서 유래하였다.

산릉(山陵)의 자리를 정하던 날에 중론이 수원(水原)을 천재일우의 명소라고 하였는데, 신은 이에 감히 이론을 제기함으로써 끝내 옮기도록 만들었습니다. 신은 지리(地理)가 어떤지는 모르지만 인정(人情)으로 헤아리고 신령의 도에 구해 보건대 지금 정한 곳이야말로 더할 나위 없이 좋은 자리라고 할 만한데, 사람들의 시비가 그치지 않고 갈수록 더욱 심해지고 있습니다. 우리 선왕의 거룩한 덕과 신(神) 같은 공적은 천하를 덮고, 깊은 인자함과 두터운 은택은 백성들의 피부에 닿도록 무젖었으니 승하하신 뒤에 억조창생들이 선왕을 애모하여 길지(吉地)를 얻어 의관(衣冠)을 안장하기를 원하는 마음이 어찌 끝이 있겠습니까. 그런데도 신은 생각없이 말을 하여 이미 정한 계획을 어지럽히고 신하가 반드시 지성으로 해야 하는 도리를 어겨 오늘날 좋지 못한 이름을 얻게 되었으니, 신의 죄가 이에 크게 되었다 하겠습니다.

저번에 성상의 몸이 편찮으실 때 조정 안팎이 황급하여 치료 방법을 구하려고 안간힘을 썼는데, 신만은 감히 중론을 어기고 "태의(太醫)는 죽음에 해당되는 죄를 지었으니 결코 그로 하여금 약을 의논하게 해서는 안 된다."라고 하였습니다. 그러나 그 뒤에 결국 그가 의논한 약으로 쾌히 효험을 거두어 성체(聖體)가 편안하게 되었으니, 이는 실로 종묘사직과 신민(臣民)의 복이었습니다. 논하는 자는 신에게 군부(君父)의 질병을 급선무로 여기지 않았다 합니다. 이것이 비록 신의 마음을 제대로 이해하지 못했기 때문이기는 합니다만 신이 한 행위를 더듬어 보건대 남의 비방을 듣는 것을 어찌 면할 수 있겠습니까.

신이 이처럼 세 가지나 큰 죄를 지었으니 유사(有司)의 벌을 면한 것만도 이미 요행이라 하겠는데, 더구나 관직을 띠고 병을 요양하며 도성에 편히 누워 공의(公議)와 왕법(王法)을 무시할 수 있겠습니까.

신은 인산(因山)이 끝난 뒤에 곧바로 장주(章奏)를 올려 스스로 탄핵하고 만약 자애로운 성상께서 불쌍히 여겨 용서해 주신다면 바로 시골로 돌아가 문 닫고 들어앉아 목숨이 다하기를 기다리려고 하였습니다. 그러나 충정이 간절하게 복받쳐 차마 바로 결별하지 못하였고, 또 상중에 이 같은 말씀을 드려 성상의 슬픈 마음을 더하게 하는 것은 마땅하지 않다고 생각하였기 때문에 주저하다가 오늘까지 이르게 된 것입니다. 그러나 지금은 시일이 흘러서 한 해가 다 저물어 가니, 다시 어물거려 끝내 모면하기를 바랄 수는 없습니다. 그러므로 감히 죽음을 무릅쓰고 대략 한두 가지 사항을 아뢰었습니다만, 그래도 감히 다하지 못한 바가 있으니, 아, 신의 사정이 또한 슬프다 하겠습니다.

삼가 바라건대 성명께서 굽어살펴 주어, 만일 '그 죄가 크기는 하나 그 마음은 용서할 만하니 중하게 따질 것까지는 없을 듯하다.'라고 여기신다면 우선 신의 관직을 체차하여 돌아가 죽게 함으로써 미천한 분수에 편하도록 허락해 주소서. 그렇게 되면 이는 실로 천지의 부모이신 전하께서 처음부터 끝까지 살려 기르시는 은혜라 하겠습니다. 신은 간절하고 절박한 심정을 가누지 못하겠습니다.

성 밖으로 나가서 물러나기를 청하는 상소 기해년(1659, 현종 즉위년) 12월

出城外乞退疏 己亥十二月

삼가 아뢰니다. 신은 질병 외에도 지은 죄가 있어 죽음을 무릅쓰고 아뢰니다. 삼가 성상의 비답을 받으니 위로하고 타이르며 보살피시는 말씀이 몹시 정성스럽고 간절하여 신은 받들어 읽고 돌아오면서 감격하여 흐르는 눈물을 견딜 수 없었습니다. 다만 신의 처지가 끝내 편치 않은 점이 있어 나가서 성 밖에 엎드려 밝은 명을 기다립니다. 삼가 바라건대 자애로운 성상께서는 신의 마음과 형편을 헤아리고 신이 지니고 있는 본직과 겸임을 서둘러 체차하고 이어서 돌아가서 죽도록 허락하신다면 이보다 다행이 없겠습니다. 신은 다시 성상의 얼굴을 뵙고 하직하지 못하여 구구한 마음이 혼란스러울 뿐만이 아닙니다. 신은 하늘을 쳐다보고 성상을 바라보건대 감격스럽고 황송한 마음을 견딜 수 없습니다.

남쪽으로 돌아갈 때 사정을 아뢰고 사직하며, 이어 상을 주는 은전을 도로 거두기를 청하는 상소 기해년(1659, 현종 즉위년) 12월 12일

南歸時陳情辭職仍請收還賞典疏 己亥十二月十二日

삼가 아룁니다. 신은 신하 노릇이 형편없어서 시끄럽게도 떠들썩한 말이 나오게 하여, 서울을 떠나면서 경황이 없어 감히 하직 인사를 드리지 못하였습니다. 그런데 성명께서는 오히려 자애롭게 감싸 주는 은혜를 보여 세 차례나 가까이 모시는 신하를 보내어 도로 들어오도록 타이르는가 하면, 가서 만나겠다는 말씀을 내리기까지 하셨습니다. 이것이 어찌 신하 된 자가 감히 들을 수 있는 말이겠습니까. 신은 두려워 숨을 헐떡이고 땀을 줄줄 흘리면서 더욱 감히 잠시라도 머물 수가 없게 되었으니, 멀리 도성 문과 이미 멀어져 애처롭게 사모하는 마음만 깊어집니다. 보잘것없는 신의 속마음을 성명께서는 혹 잘 이해해 주실지 모르겠습니다. 신의 죄가 이미 큰데 직명(職名)은 아직 남아 있고, 심지어 태복시 제조(太僕寺提調) 같은 별직은 더욱이 한가한 자리가 아니니, 삼가 바라건대 장차 신의 본직과 겸임을 서둘러 개차하여 조정의 벼슬자리가 잠시도 비지 않게 하신다면 공사 간에 매우 다행이겠습니다.

또 신은 일찍이 영릉(寧陵)의 묘지문을 지으라는 명을 받고 두려움과 거리낌에 속박되어 성대하고 아름다운 덕을 만분의 일도 찬양하지 못하였습니다. 참으로 이른바 '밝음을 가리고 거룩한 덕을 싣지 않은 자'[64]이

64 밝음을……자 : 사마천(司馬遷)이 한 말이다. 458쪽 주58 참조.

니 마음에 늘 통한스러워 크나큰 죄를 지은 듯합니다. 이제 듣자니 상을 주는 은전이 또한 신에게 미쳤다기에 신은 참으로 부끄러워 처신할 바를 모르겠습니다. 삼가 바라건대 자애로운 성상께서는 아울러 고쳐 바로잡아 미천한 분수를 편안하게 하소서. 신은 지극히 간절하게 바라는 마음을 견딜 수 없습니다.

중도에 면직을 청하는 상소 기해년(1659, 현종 즉위년) 12월
中路乞免疏 己亥十二月

삼가 아룁니다. 신이 서울을 떠난 지 엿새 만에 겨우 죽산(竹山) 땅에 도착하였습니다. 이는 병든 몸이 피곤에 지쳐 노정을 감당하지 못해서일 뿐만이 아니라 마음속이 슬프고 허전하여 차마 빨리 갈 수가 없었기 때문입니다. 옛날에 "양홍(梁鴻)이 월(越) 땅으로 가면서 산에 올라 슬피 휘파람을 불었고,[65] 노자(老子)가 주나라를 떠나면서 관문에 도착하여 길게 탄식했다.[66]"라는 말이 있습니다. 더구나 신의 마음이 두 사람과 비교해서 어떠하겠습니까. 아, 예로부터 비방을 받은 신하가 어찌 한둘에 그치겠습니까마는 신처럼 참혹하게 당한 경우는 있지 않았습니다.

그런데 전하께서는 애처롭게 여겨 용서해 주셨을 뿐만 아니라, 융숭하게 예우해 주심이 갈수록 더욱 깊어졌습니다. 그러고는 다시 가까이서 모시는 신하를 보내 성상의 비답을 뒤따라 선포하게 하셨는데, 종이 가득 쓰인 말은 뜻이 은근하고 간절하며 한 자 한 구절이 어느 것 하나

65 양홍(梁鴻)이……불었고 : 양홍은 후한(後漢) 부풍(扶風) 평릉(平陵) 사람으로 자는 백란(伯鸞)이다. 양홍이 경사(京師)를 지나가며 궁실 건축 공사에 시달리는 백성의 고달픔을 읊어 나라의 정사가 혼란스러운 것을 탄식하였다. 《後漢書 梁鴻列傳》

66 노자(老子)가……탄식했다 : 양주(楊朱)가 남쪽으로 패(沛) 땅을 유람하고 노자가 서쪽으로 진(秦) 땅에 들어갈 때 서로 길에서 만났는데, 노자가 하늘을 우러러 탄식하며 "비로소 그대를 가르칠 만하다고 여기지만 지금은 가르칠 수 없다."라고 하였다 한다. 《列子 黃帝》

귀신을 울리고 감동시키지 않을 것이 없으므로, 보잘것없는 미천한 신으로서는 더욱 마음을 잡을 수가 없었습니다. 다만 생각건대 신의 직명(職名)이 아직도 다 체차되지 않았으니, 이는 성명께서 차마 한꺼번에 회수하지 못하고 조금이나마 체면을 보존해 주려는 것입니다.

생각건대 높은 반열과 높은 작위는 죄과로 얼룩진 신의 종적에는 매우 어긋나고, 높은 관과 긴 인끈은 궁벽한 시골에서 착용할 것이 못 되며, 덕 있는 사람에게 주어야 할 국가의 벼슬을 또 오래도록 거친 들에 내던져 둘 수는 없습니다. 삼가 바라건대 성명께서는 벼슬을 모두 개차하여 신이 소박한 본분으로 돌아갈 수 있게 해 주소서. 그렇게 된다면 신은 삼가 마땅히 은혜와 영광에 목욕하며 허물을 슬퍼하고 반성하여 성명께서 보존해 주신 큰 은총을 이룰 것입니다. 신은 지극히 떨리고 간절히 바라는 마음을 견딜 수 없습니다.

송자대전

제10권

소疏

고향에 돌아온 뒤에 사직하고, 이어 대신이 경연에서 아뢴 것이 사실이 아님을 변론하는 상소 경자년(1660, 현종1) 1월

還鄕後辭職仍辨大臣筵奏失實疏 庚子正月

삼가 아룁니다. 소신은 성상의 총애를 받아 온갖 병 끝에 겨우 남아 있는 목숨이 고향으로 돌아오게 되었으므로 성은에 감사드리며 죽을 날만을 기다리고 있습니다. 다만 말〔馬〕을 지급하라는 명은 특별한 배려에서 나왔고, 또 일단 호남의 경계에 들어가고 보니 관찰사가 차원(差員)을 정하여 길을 따르며 보호하도록 하였는데, 이러한 모든 것은 몸을 빼어 도망가는 사람의 몸에는 마땅치 않기에 신으로서는 끝내 감히 받아들일 수 없지만 깊이 새겨진 감명은 이루 말할 수 없을 정도였습니다. 그런데 신이 집에 돌아온 날 삼가 상소에 대한 비답을 받들고 보니, 관직을 체차해 주지 않고 생각을 고쳐 올라오도록 하셨습니다.

신은 갯버들 같은 허약한 체질이라서 늙기도 전에 먼저 쇠진한 데다 질병까지 끊이지 않아 기혈(氣血)이 말라 시들어진 상태입니다. 지금 돌아온 길은 4, 5일의 일정에 불과한데도 신은 고달프게 시달리며 간신히 오느라 전후로 15일이나 걸려서야 겨우 도착하였습니다. 그리고 이미 도착하고 나서는 침석(枕席)에 몸을 맡긴 채 마치 늙은 소가 채찍을 맞으면서도 일어나지 못하는 신세처럼 되고 말았습니다. 신이 자신을 헤아려 보건대 그야말로 조석을 기약할 수 없는 몸에 불과한데, 더구나 신의 처지가 그동안 아뢴 것과 같이 곤란한 경우이겠습니까. 그저 문을 닫고 들어앉아 요양이나 하며 여생을 마치는 것이 합당하니, 참으로 감히 다시 조정에 들어가서 재차 청명한 세상을 더럽히지는 못하겠습니다. 삼가 바라건대 성명께서 신의 사정과 형편을 굽어살펴 체차해 주심으로써 미천한 분수를 편안하게 해 주신다면 그만한 다행이 없겠습니다.

신이 앞서 듣건대 상신(相臣)이 공안(貢案)에 대한 일을 경연(經筵)하는 자리에서 아뢰었는데[1] 말하는 가운데 조금 사실과 다른 점이 있었다 하니, 신이 어쩔 수 없이 대략 아뢰지 않을 수 없습니다. 지난해 4월 공안 문제가 언급되자 선왕께서 신을 돌아보며 이르기를,

"이는 열성조 이래로 늘 변통하려고 하던 것이니, 경은 시험 삼아 몇 사람과 개인적으로 상의하여 고칠 수 있는 것은 고치되 고칠 수 없는 것은 그냥 두어도 무방하다. 오늘날 인심이 걸핏하면 분분하니 만약 아전들이 공안을 고칠 것이라는 말을 들으면 필시 소란해질 것이다. 이렇게 되면 순조롭지 못할 듯하니, 아직 정하지도 않은 일로 먼저 헛소문을 내어서 듣는 사람을 놀라게 하고 싶지는 않다."

하셨습니다.

신은 성지(聖旨)를 받들고 나와서 현재의 우상(右相) 신(臣) 정유성(鄭維城), 연성군(延城君) 신 이시방(李時昉)과 함께 자세히 살펴보았습니다. 그리고 신이 다시 경연의 자리에서 아뢰기를,

"이는 많은 곳에서 덜어 적은 곳에 보태고 저쪽에서 옮겨 이쪽에 두어 균등하도록 하는 것에 불과하여, 대단하게 부역을 덜어 주는 점은 없는 듯합니다. 그런데 그중에는 어공(御供)에 그다지 관련이

1 상신(相臣)이……아뢰었는데 : 상신은 정태화(鄭太和)로, 공안과 관련된 말을 아뢴 것은 1659년 12월 13일 야대(夜對)에서 있었다. 《承政院日記 顯宗 卽位年 12月 13日》

없는데도 재물을 허비하는 경우가 이루 말할 수 없이 많습니다. 가장 심한 것을 말한다면 도라지나물 같은 값싼 것이 그것입니다. 이것은 여염의 천한 사람들도 실컷 먹다 버리는 것인데, 1년의 어공에 쓰이는 값이 무려 백미(白米) 390섬에 이릅니다. 또 이시방의 말을 듣건대, 담당자가 그것도 오히려 부족하다고 하기 때문에 호조에서 매년 더 지급하고 있다 합니다."

하니, 선왕께서 크게 놀라며 "그 정도까지 된단 말인가. 그와 같은 종류를 일일이 적어 오라. 긴요하지 않은 것은 내가 마땅히 다 감하겠다."라고 하셨습니다.

또 전교하기를 "지방에서 진상하는 물건 중에는 혹 냄새가 좋지 못하여 버리는 것도 있는데, 이 때문에 재물을 허비하는 일도 적지 않으니, 매우 애석한 일이다." 하시기에, 신이 대답하기를 "오늘날의 일은 반드시 명(明)나라의 법을 써서 공상(供上) 일체를 모두 궁 안에서 사서 써야만 백성들이 실질적인 혜택을 입게 될 것입니다." 하니, 선왕께서 전교하기를 "장차 조용히 생각해 보겠다." 하셨습니다. 그런데 그 뒤에 미처 처리하지 못하고 선왕께서 갑자기 병이 나셨으니, 아, 애통한 일입니다. 따라서 지금 상신이 "그 뒤에 아뢰지 않은 것은 필시 곤란한 바가 있어서 그랬을 것입니다."라고 말한 것은 사실이 아닌 듯합니다.

대저 허무를 도의 본체(本體)로 삼고, 자연에 순응하는 것을 실용의 원칙으로 삼는 것[2]을 사마천(司馬遷)이 대단하게 칭찬하여 대도(大道)의 요체로 여겼으나, 성인의 도로 말하면 그렇지 않은 점이 있습니다.

2 허무를……것 : 사마천이 《사기》 〈태사공자서(太史公自序)〉에서 도가(道家)를 평가한 말이다.

《역(易)》에 이르기를 "궁하면 변하고 변하면 통한다." 하였고, 정자(程子)는 말하기를 "작게 변하면 작게 유익하고 크게 변하면 크게 유익하다." 하였습니다.

이토록 극심하게 백성이 곤궁해지고 재물이 고갈되었는데도 팔짱만 끼고 무심히 쳐다만 보면서 끝내 아무런 조치도 취하지 않는 것은 정말 선왕께서 당시 가지셨던 마음이 아닙니다. 신은 직접 들은 말씀이 지금도 귀에 맴돌고 있기 때문에 이제 감히 눈물을 흘리며 아뢰는 것입니다. 삼가 바라건대 성명께서는 헤아려 살피고 용서하소서.

사직하고 이어 음식물을 사양하는 상소 경자년(1660, 현종1) 2월

辭職仍辭食物疏 庚子二月

삼가 아룁니다. 신이 진심을 쏟아 호소하여 직명(職名)을 체차해 주기를 바랐으나 삼가 성상의 비답을 받드니 허락하지 않을 뿐만이 아니며, 가르치고 타이르심이 간절하고 지성스러울 뿐만이 아니니 신은 큰 은혜에 감격하여 눈물을 흘리며 어찌해야 좋을지 몰랐습니다. 신이 내려온 것이 터무니없는 소문 때문이기는 합니다만 성명께서 위에 계시는데 그 말이 감히 성상에게까지 들어갔으리라고 신은 생각하지도 않고, 또 그 말이 조정의 관원들을 교란시켰다고 생각하지도 않습니다. 다만 신이 신하 노릇을 형편없이 하여 상서롭지 못한 말을 들었던 것이기에 스스로 물러나 자책할 따름이지 감히 터럭만큼이라도 개의치 않습니다. 그런데 지금 성상의 비답을 받들건대 "동요되지 말고 흉인(凶人)이 기대하는 것이 없게끔 하라."라고 분부하셨습니다. 이는 바로 아직 성상께서 미천한 신의 본마음을 이해하지 못하고 계시기 때문이니, 신은 황공함을 이기지 못하겠습니다. 그러나 이미 지나간 일인 만큼 허실(虛實)을 막론하고 그냥 놓아둔 채 다시 거론하지 않는 것이 좋겠습니다.

오직 신의 질병이 위중한 상태라서 조석을 믿기 어려우니 아무리 힘써 억지로라도 조정에 돌아가서 성상의 뜻에 부응하고 싶어도 그렇게 할 방법이 없습니다. 미천한 신이 책임을 게을리하고 회피한 죄는 이에 이르러 더욱 크니, 시골에 엎드려 있으면서 날마다 죽음을 내리시기만 기다릴 뿐입니다. 다만 생각건대 신이 그냥 직명만 차지하고 있은 지 이미 반년이 넘었는데, 서울에 있던 때는 그래도 우물쭈물 지연하여 시일을 넘길 수 있지만 시골로 내려온 뒤에는 농부이자 시골 사람인데 오히려 직명을 띠고 있으니 어찌 대단히 잘못된 일이 아니겠습니까. 신은 사사로운 뜻이 몹시 편안하기 어려울 뿐만이 아니라 조정의 관직은 결코 초야에 있는 사람에게 맡길 수 없습니다. 삼가 바라건대 성명께서는 서둘러 체차하여 안심하고 엎드려 지내면서 여생을 마치도록 해 주신다면 이보다 다행이 없겠습니다.

또한 신이 어제 관찰사를 통해 삼가 음식물을 지급하라는 명이 있었다고 들으니 더욱 지극히 감격스럽고 두려운 마음을 견딜 수 없습니다. 선조(先朝)로부터 이 은전을 받았는데, 그 당시는 신에게 노모가 있어서 영화롭게 봉양할 수 있어 모자가 은덕을 마음에 새기며 서로 즐거워하였습니다. 그러나 지금은 신의 어머니가 있지 않아 그저 미치지 못하는 비통함[3]만 더할 따름입니다. 그리고 신은 채소 뿌리나 나무 열매를 먹는 가난한 생활이 원래의 분수라서 입과 배를 채우며 그럭저럭 연명할 수 있습니다. 그러나 지금 굶주린 자들이 길거리에 가득하여, 갈팡질팡 어찌할 줄을 모르고 죽어 넘어지는 모습은 눈으로 차마 보지 못하고 귀로 차마 듣지 못합니다. 신이 음식을 받는다 해도 이는 참으로 혼자 먹으면서 차마 목구멍으로 넘길 수는 없는 노릇입니다.

옛날 제(齊)나라 임금이 굶주리는 자에게 음식물을 주자 그 굶주린

3 미치지 못하는 비통함 : 벼슬길에 나아가 귀하게 되었으나 부모가 살아 있지 않아 봉양할 길이 없음을 슬퍼하는 것을 가리킨다. 증자(曾子)가 "부모가 살아 계실 때는 벼슬길에 나아가 3부(釜) 정도의 봉록을 받고서도 마음이 편했는데 부모가 돌아가신 뒤에는 벼슬길에 나아가 3000종(鍾)의 봉록을 받으면서도 봉양이 미치지 못해 마음이 슬펐다."라고 한 데서 나온 말이다. 《莊子 寓言》

자가 "바라건대 온 나라 안의 굶주리는 자들에게 주십시오."라고 하였고, 송(宋)나라 때 상신이 이천(伊川 정이(程頤))에게 비단을 보내자 이천이 사양하며 "상공께서 비단을 아무리 많이 가지고 있어도 온 세상의 헐벗은 사람들에게 두루 나누어 줄 수는 없을 것이오."라고 하였습니다. 삼가 원하건대 전하께서는 노신(老臣)만을 염려하지 마시고 어서 취소하는 명을 내려 미천한 분수를 편안하게 해 주소서. 그리고 제나라 백성과 이천이 했던 말을 생각하소서. 그리하여 좋은 음식을 대하면 굶주린 백성들의 고통을 생각하고 좋은 옷을 입게 되면 추위에 떠는 이들의 손가락이 떨어져 나가는 참혹한 모습을 생각하소서. 늘 이 점을 염려하여 선왕이 남기신 백성들이 모두 죽어 넘어지는 근심이 없게끔만 하신다면, 신은 비록 텅 빈 골짜기에서 굶어 죽는다 하더라도 더불어 영광이 있을 것이며 전혀 한이 없을 것입니다. 신은 감격스럽고 두려운 마음을 견딜 수 없습니다.

병 때문에 부름에 달려가지 못해 대죄하는 상소 경자년(1660, 현종1) 2월

病未赴召待罪疏 庚子二月

삼가 아룁니다. 신이 어제 길에 오가는 말을 통해 삼가 듣자니 성상의 건강이 편치 않아 사물을 보는 것이 참으로 어렵다 하였습니다. 신은 놀랍고 근심스러워 마음을 태우며 떨쳐 날아가서 문안드리는 반열에 몸시 나아가고 싶었습니다. 그러나 신의 병이 근래에 몹시 위중하여 나아갈 길이 없어 북쪽으로 대궐을 바라보며 그저 상심할 뿐이었습니다. 이윽고 듣자니 약이 효험이 있고 신명이 묵묵히 돌보셔서 점차 차도가 있다고 하니 신은 또 기쁨에 못 이겨 목메어 노래하였고 이어서 기뻐 펄쩍 뛰었습니다. 아, 이 마음은 어째서 이와 같겠습니까. 어찌 그렇게 되기를 기약하지 않아도 그렇게 된 것이 아니겠습니까.

사람의 도리로 볼 때 비록 천한 백성이라도 군부(君父)가 편치 않은 것을 근심하고 병이 없는 것을 기뻐하여 저절로 그만둘 수 없는 점이 있습니다. 더구나 신처럼 은혜를 두터이 받아 늘 분골쇄신하여 보답할 것을 생각하는 자는 오늘날에 그 심정이 또 마땅히 어떻겠습니까. 이번에 내리신 특별한 유지(諭旨)를 삼가 받으니, 말씀은 측은해하며 뜻은 융숭하고 정중하여 결코 미천한 신이 감히 받들 수 없었습니다. 신은 받들어 읽고서 서성이며 쏟아지듯 눈물을 흘렸습니다.

아, 신이 대충이라도 군신의 의리를 알아 금수처럼 전혀 모르는 데까지는 가지 않은 만큼, 말에 멍에를 메우는 시간도 기다리지 않고 신발을 신을 겨를도 없이 바삐 달려가고 싶은 마음을 어찌 헤아릴 수 있겠습니까. 불행하게도 신이 위장병을 크게 앓고 있어서 한 해가 넘도록 음식을 먹지 못한 데다 설사가 지금까지 두 달이나 계속되니, 형체는 있으나 기혈이 모두 소진되어 대소변을 볼 때에도 남의 부축을 필요로 합니다. 이제 만약 작은 정성에 못 이겨 일어나 움직이다 시달린다면 5리나 10리도 못 가서 반드시 죽고 말 것이니 이것이 어찌 자애로운 성상께서 종전에 깊이 염려하며 보전하여 살리려 한 뜻이겠습니까. 이 때문에 미칠 것만 같아 몸을 뒤척이며 슬피 부르짖다 보니 잠시 사이에 병세가 더욱 심해졌습니다. 아, 그 또한 슬플 뿐입니다. 아, 전하께서 병을 염려하여 약을 내리고 굶주림을 걱정하여 음식을 하사하니 전하께서 신의 몸을 우려하시는 것은 망극하다고 할 만합니다. 그런데 신은 전하께서 건강이 편치 않으시다는 소식을 듣고서 즉시 달려가 문안드리지 못했고, 또 간절하고 지성스러운 말씀을 받들고서도 달려갈 수 없었습니다. 신의 무례와 무성의와 무정함이 한결같이 이러한 데 이르렀으니 신이 살아 있으나 참으로 죽는 것만 못합니다.

삼가 바라건대 자애로운 성상께서는 신의 직명(職名)을 체차하고 서둘러 유사에게 내려 특별히 신의 죄를 다스리게 하여 불충한 신하의 경계로 삼으신다면 신은 비록 육신이 젓갈이 되어 문드러지더라도 참으로 마음에 달게 여기며 조금도 한스럽지 않을 것입니다. 그런데 오히려 자애로운 성상께서 신의 질병을 헤아리고 신의 형편을 애달피 여겨 용서하고 다스리지 않으시니, 신은 마땅히 병의 증세가 만일 조금이라도 낫는다면 기어서라도 앞으로 나아가 몸을 법관에게 맡겨 이로써 오늘날 지은 용서할 수 없는 죄에 대한 벌을 받겠습니다. 신은 피눈물을 흘리며 전하를 그리워하는 마음을 견딜 수 없습니다.

우찬성을 사직하는 상소 경자년(1660, 현종1) 4월

辭右贊成疏 庚子四月

삼가 아룁니다. 지난번에 성상의 건강이 좋지 못하여 상하가 경황이 없었으니 먼 지방의 천한 사람일지라도 놀라고 당황하며 몹시 걱정하지 않은 때가 없었습니다. 전하께서는 특별히 가엾게 여기는 말씀을 내리고 신을 불러 조정으로 돌아오게 하셨으나 신의 질병이 위태하고 심하여 끝내 달려가서 군신의 의리를 펴고 미천한 정성을 바칠 수 없었습니다. 신은 지은 죄가 만번 죽고도 남으니 다만 향리에 엎드려 조정의 처결을 공손히 기다렸습니다. 그런데 삼가 자애로운 성상께서 특별히 관대히 용서해 주는 은혜를 내려, 바로잡게 하지 않고 이윽고 또 액정(掖庭)의 하인을 따로 보내어 신의 질병을 친히 물으며 약물과 음식물을 내려 주셨으므로, 사방에서 이 이야기를 전하며 감동하지 않는 자가 없습니다.

신이 받은 은혜가 융숭할수록 지은 죄는 더욱 깊어만 가고, 성상께서 신의 사정을 보아주실수록 헐뜯는 여론은 더욱더 일어나는데, 이는 사리로 볼 때 당연합니다. 그러나 신은 늘 스스로 '조정은 관대하여, 누추하고 더러우며 욕된 신을 똥 덩어리처럼 여겨 굳이 일체의 법으로 다스리고자 하지 않는다. 그러나 미천한 신의 처지에서는 비록 아주 가벼운 견책이라도 반드시 몸에 받고 난 뒤에라야 능히 마음이 조금은 편안할 수 있을 것이다.'라고 생각했습니다. 그래서 신이 자나 깨나 밤낮으로 견책하기를 매우 간절히 바랐습니다. 그런데 뜻하지 않게 이런 때에 은혜로운 명을 또 내려서 신을 우찬성(右贊成)에 임명하셨습니다. 신의 재주가 감당해 낼 수 없는 것은 우선 두고 논하지 않더라도 신이 죄를 기다리다가 관직을 옮기게 되고, 물러남으로 인해서 승진하게 된 것이니, 사리로 따져 보아도 이보다 어긋날 수는 없습니다.

신은 새로운 명을 받기 전에 장차 진심에서 우러나와 그 죄를 청하고, 이어 이전의 직명을 체차해 주시기를 청하려 하였으나 고질을 앓고 있는 중에 정신이 혼미하여 미처 쉽사리 상소를 쓰지 못하고 지금까지 머뭇거렸습니다. 이제 다시 이러한 잘못 베풀어진 은총을 입으니, 신이 병든 몸을 이끌고 길을 나서서 대궐에 나아가 스스로 말씀드리고자 한다면 위험한 증세가 반드시 발작하여, 죽을 것이고 요행은 없을 것입니다. 만일 혹 다시 전날과 같이 체차되기를 빌어도 체차되지 않고 시일을 끌다가 오래도록 관직을 욕되게 한다면 이는 신이 범하는 죄가 전날에 비해 더할 것입니다. 못난 신은 두려운 마음을 하소연할 곳이 없어, 참으로 돌아갈 곳 없는 궁한 사람과 같습니다. 하늘처럼 아래를 불쌍히 여겨 어떠한 사물도 살 곳을 잃는 경우가 없게 하는 성명께서 다스리는 세상에, 개미처럼 미미한 신의 목숨만이 홀로 억울함을 품게 될 줄 어찌 생각이나 했겠으며, 어찌 또한 천지처럼 낳고 길러 주는 공이 오히려 치우침이 있어서 그러한 것이겠습니까. 신은 적이 스스로 불쌍함을 견디지 못하겠습니다.

삼가 바라건대 자애로운 성상께서는 굽어살펴 불쌍히 여겨서 전날 책임을 회피하고 게을리한 죄를 혹 불쌍히 여겨 용서하소서. 그리고 새로 제수한 직명을 서둘러 체차하여 미천한 분수를 편안하게 하여 쇠잔한 목숨을 이어 갈 수 있게 하소서. 그리하신다면 전하의 지극한 인자함과 큰 은혜는 마땅히 만물과 함께 은혜에 무젖게 되어, 죽더라도 눈을 감을 것입니다. 신은 지극히 떨리고 간절히 바라는 마음을 견딜 수 없습니다.

윤선도의 상소[4] 뒤에 대죄하는 상소 경자년(1660, 현종1) 4월
尹善道疏後待罪疏 庚子四月

죄를 지은 신(臣) 송시열은 말씀드립니다. 삼가 생각건대 세월이 빨리 흐르는 것이 망아지가 틈새를 지나가듯 빠를 뿐만이 아니라서 선왕의 1주기가 문득 다가오니, 온 누리의 숨을 쉬는 모든 생명들이 슬퍼하고 사모하는 마음이 더욱 새롭습니다. 더구나 신은 받은 은혜가 깊어 어찌 갚을지 모르겠으니 오늘날 또한 어떠한 마음을 가졌겠습니까. 대궐에 달려 나아가 구구한 신의 애통하고 절실한 마음을 조금이라도 펴고 싶은 것이 어찌 끝이 있겠습니까만 미천한 신의 병이 계속 낫지를 않아

4 윤선도(尹善道)의 상소 : 효종이 서거한 직후, 효종에게 계모후(繼母后)가 되는 자의대비(慈懿大妃)의 상복으로, 서인은 1년을 입는 기년복(朞年服)을, 남인은 3년을 입는 참최복(斬衰服)을 주장하였는데, 기년복이 채택되었다. 1660년 3월 기년복의 기한이 다가오자, 남인 허목(許穆)이 "왕위를 계승한 아들은 장자로 간주한다."라는《의례》의 주소(註疏)를 근거로 자의대비의 복제 개정을 주장하자, 우암 등 서인은《의례》의 주소에서, 대통을 계승해도 참최를 입지 못하는 네 가지 예외 규정 중 '체이부정(體而不正)', 즉 서자가 계승한 경우를 들어 기년복을 주장하였다. 이에 현종은 몇 번의 수의(收議)를 거쳐 기년복으로 확정하였다. 그러자 남인 윤선도가 상소하여 우암의 기년설을 '효종을 낮추고 종통과 적통을 이분화한 것'이라는 요지로, 우암의 주장에 대해 조목조목 반박하였다.《顯宗實錄 卽位年 5月 5日, 1年 4月 16日・18日》1차 예송 또는 기해예송으로 불리는 이 논란은 효종을 장남으로 볼 것인가 아니면 차남으로 볼 것인가, 효종이 장남이라면 소현세자는 어떻게 대우할 것인가가 중요한 문제였는데, 이는 왕권의 정통성에 대한 논쟁으로, 성리학의 철학적 원리와 종법(宗法)을 연계함으로써 벌인 정치적 논쟁이었다.《孫興徹, 尤庵 宋時烈의 禮訟의 特徵과 意味, 儒學硏究, 忠南大學校儒學硏究所, 2012, 57~79쪽》

오래도록 스스로 몸을 가누기 어렵습니다. 이런 상황에서 어제 상소에 대한 비답을 받고 보니 너무나 슬프기 그지없었습니다만 즉시 달려 나아갈 수 없는 탓에 바야흐로 슬프고 황송한 마음만 간절할 뿐이었습니다. 이러한 즈음에 지금 가만히 듣자니, 일찍이 예를 잘못 논의했다 하여 여론이 몹시 시끄럽고, 심지어 상소하여 내용을 분석하면서 이어 신의 죄를 논한 자까지 있었다고 합니다. 신이 원래의 상소를 보지 못해 말을 어떻게 하였는지는 자세히 모르겠으나 대강 줄거리를 보자면, 신이 사직을 위태롭게 하려고 하였다는 것 같은데, 신은 두렵고 떨려 몸 둘 곳을 모르겠습니다. 신이 지은 죄가 어찌하여 이러한 데까지 갔습니까. 남의 신하가 되어 그러한 죄명을 받았으면 즉시 몸이 죽고 일가가 다 죽기에도 겨를이 없는 것이 마땅한데, 어떻게 감히 머리와 얼굴을 들고 다른 사람들처럼 있겠습니까. 신은 감히 집에서 쉬고 있을 수도 없게 되었고 그렇다고 또 감히 염치를 무릅쓰고 도성문에 들어가 법관에게 몸을 맡길 수도 없으니, 두려움과 혼란함 속에서 어찌할 바를 몰라 길가에 나와 엎드려 삼가 조정의 명을 기다립니다. 삼가 바라건대 성명께서는 우선 신의 벼슬부터 삭탈하고 서둘러 유사에게 맡겨 법대로 다스리신다면 이보다 다행이 없겠습니다. 신은 지극히 놀랍고 두려운 마음을 견딜 수 없습니다.

사직하고 이어 경계할 것을 진달하는 상소 경자년(1660, 현종1) 7월 10일

辭職仍陳戒疏 庚子七月十日

삼가 아룁니다. 신이 삼가 관찰사가 전하여 알려 준 비답의 말씀을 받들건대, 신으로 하여금 서서히 기다렸다가 겨울이 되기 전에 올라오도록 하셨습니다. 이는 대개 자애로운 성상께서 병든 천신이 무더위 속에 올라오느라 고생할까 염려하여 조금 그 기한을 늦추어서 마음 놓고 조리하게 하신 것이니, 아랫사람의 사정을 이해하는 성명의 인자한 마음이 지극하다 하겠습니다. 신은 이 명을 받들고 감격하여 분골쇄신해야 된다는 생각이 더욱 깊어지기만 합니다. 아, 전하께서 이 마음을 미루어 행하신다면 온 세상 사람이 다 함께 장수할 시기도 머지않을 것입니다. 그래서 신이 눈물을 흘리고 이어 기뻐 뛰었습니다만, 관직을 체차해 달라고 간청한 것만은 끝내 허락을 받지 못했기에 신은 안타까울 따름입니다.

옛날 성왕(聖王)이 하시는 일은 사물이 각기 제자리에 있도록 하는데 지나지 않았습니다. 그러므로 안석과 지팡이, 우산이나 자리를 가지고 공문(公門)에 들어가지 않았으니,[5] 또한 잠신(簪紳)과 헌면(軒冕)[6]

5 안석과……않았으니 : 《예기》 〈곡례 하(曲禮下)〉에 "귀갑(龜甲)과 서죽(筮竹), 안석과 지팡이, 자리와 우산을 지니거나 상의와 하의가 모두 희거나 갈포(葛布)의 홑옷 차림으로는 임금의 문에 들어가지 않는다."라는 말이 있다.

6 잠신(簪紳)과 헌면(軒冕) : 잠신은 머리쓰개의 꾸밈, 헌면은 수레와 면류관이란 뜻으로, 모두 고관(高官)이 사용하는 것들이다. 전하여 높은 벼슬, 높은 관작과 봉록 등의 뜻으로 쓰인다.

을 초야에 둘 수 없는 것과 같다고 하겠습니다. 일단 제자리가 못 되고 보면 결과적으로 이는 분수에 걸맞지 않은 것이 됩니다. 가령 신이 조정에 염치를 무릅쓰고 있게 되더라도 장차 제량(鵜梁)과 헌학(軒鶴)의 비평[7]을 면할 수 없게 될 것이고 보면, 전하께서는 오히려 물리쳐서 구렁에 묻혀 있게 해야 마땅할 것입니다. 더구나 신은 물러난 지 이미 오래인데 부당하게 차지한 관직을 그대로 둔 채 체차하지 않고서 시일만 끌며 한집안의 사사로운 물건인 것처럼 여기신다면 어찌 크게 비난받을 일이 아니겠습니까. 삼가 바라건대 성명께서는 깊이 일의 체모를 헤아려서 어서 체차해 주신다면 공사(公私) 간에 모두 제대로 되고 명분과 실제가 다 타당하게 될 것이니, 이는 신의 더할 수 없는 소원입니다.

그런데 끝까지 없어지지 않을 신의 충정은 초야에 있다고 해서 차이가 없으니, 진실로 군왕의 직분에 결함이 있다는 소식을 들으면, 어찌 감히 말씀을 드리지 않음으로써 여러 조정에 걸쳐 받은 은전을 저버릴 수 있겠습니까. 신이 듣건대 전하께서 의관(醫官) 양제신(梁濟臣)을 수령에 임명하도록 명하셨는데, 정관(政官 인사 담당 관원)이 바로 받들

7 제량(鵜梁)과 헌학(軒鶴)의 비평 : 직분을 제대로 수행하지 않으면서 분수에 맞지 않은 높은 벼슬을 차지하고 있다는 비평을 말한다. 제량은 《시경》 〈조풍(曹風) 후인(候人)〉에 "어량(魚梁)에 있는 도요새여, 그 날개가 젖지 않는구나.〔維鵜在梁, 不濡其翼.〕"라고 한 데서 유래하는데, 벼슬에 있는 자가 직분을 제대로 수행하지 않는다는 뜻이다. 헌학은 《춘추좌씨전(春秋左氏傳)》 민공(閔公) 2년에, 춘추 시대 위(衛)나라 의공(懿公)이 학(鶴)을 좋아해 대부가 타는 수레에 학을 태우기도 하였는데, 전쟁이 나자 백성들이 "학에게 싸우게 하라. 학이 대부의 작위를 차지하고 있는데 우리가 어찌 싸울 수가 있겠는가."라고 한 고사에서 나온 것이다. 왕의 지나친 총애를 받는 신하 또는 관직의 남발을 비유하는 말이다.

어 행하지 않자 진노하여 정관이 물러가는 것을 허락지 않고 그로 하여금 정청(政廳)에서 밤을 지새우게 하면서 마치 구금하는 것처럼 하셨는가 하면, 이 일로 승정원에 화풀이를 하고 또 약방 대신에게까지 화를 냈다 하며, 이 밖에 그동안 내리신 말씀 중에 너무도 중도에 지나치고 정도를 잃은 것이 있었다 합니다. 멀리서 전해 들었기 때문에 사실인지 아닌지는 알 수 없습니다만, 만일 그런 일이 혹시라도 있었다면 나라를 흥기시키는 일이 아닌 듯싶습니다.

선유(先儒)는 말하기를 "성인은 성내는 일이 없다."라고 하였습니다.[8] 그러나 맹자가 "문왕(文王)이 한 번 성내고 무왕(武王)이 한 번 성냈다."라고 말하였으니,[9] 성인이라고 해서 어찌 성내는 일이 없었겠습니까. 다만 성내야 할 때 성냈을 뿐 다른 사람에게까지 화풀이를 하지는 않았으니, 이는 마치 명경지수(明鏡止水)가 물체가 오는 대로 모양을 비추듯이 아름답고 추한 것은 저 대상에 있고 나와는 하등의 관계도 없는 것과 같다고 하겠습니다. 따라서 아무리 사람에게 형벌을

8 선유(先儒)는……하였습니다 : 선유는 주희(朱熹)를 말한다. 만인걸(萬人傑)이 《논어》 〈옹야(雍也)〉에서 공자가 안회(顔回)의 사람됨을 말하면서 "학문을 좋아하여 노여움을 옮기지 않고 허물을 거듭 범하지 않았다."라고 한 대목에 대하여 질문하자, 주희가 답한 내용 중에 나오는 말이다.

9 맹자가……말하였으니 : 제 선왕(齊宣王)이 이웃 나라와 사귀는 데 도(道)가 있느냐고 질문한 데 대해 맹자가, 탕왕(湯王)이 갈(葛)나라를 섬기고 문왕이 곤이(昆夷)를 섬기듯 인자(仁者)만이 대국(大國)을 가지고 소국(小國)을 섬길 수 있고, 태왕(太王)이 훈육(獯鬻)을 섬기고 구천(句踐)이 오(吳)나라를 섬기듯 지자(智者)만이 소국을 가지고 대국을 섬길 수 있다고 답하자, 제 선왕이 자신은 용(勇)을 좋아하는 병통이 있다고 하였다. 이에 맹자가 필부의 용맹함을 좋아하지 말고 한 번 노하여 천하의 백성을 편하게 하는 문왕과 무왕 같은 용맹함을 좋아하라고 답한 일이 있다. 《孟子 梁惠王下》

가하고 사람을 죽인다 하더라도 사람들은 그 성냄이 있는 것을 깨닫지 못했기 때문에 "성인은 성내는 일이 없다."라고 했던 것입니다.

그러나 이치를 밝게 살피지 못하고 마음을 순일하게 함양하지 못하면, 그 노기가 우레처럼 발해지고 산처럼 솟아오르게 마련인데 그런 줄 알면서도 스스로 그만둘 수 없게 되는 것입니다. 그래서 정자(程子)가 말하기를 "발하기는 쉬워도 억제하기는 어려운 것으로는 노여워하는 것이 으뜸이다. 그러나 성낼 때에 문득 그 성내는 것을 잊고 이치의 옳고 그름을 관찰할 수 있다면 공부가 이미 반을 넘었다고 하겠다." 하였습니다. 신은 모르겠습니다마는 전하께서 일상생활 중에 어떻게 공부하셨기에 오늘날 밖으로 표현되는 것이 이처럼 되었단 말입니까.

신은 "이치를 관찰하고 성냄을 잊는다."라는 설[10]을 가지고 오늘날의 일을 미루어 논하고자 하니, 삼가 원컨대 전하께서는 살펴 주소서. 신은 모르겠습니다마는 전하께서는 양제신이 백성을 다스리는 관리로서의 재능이 있다고 여겨서 그런 명을 내리셨습니까, 아니면 그가 약시중을 든 날이 오래이니 공로가 없지 않다고 여겨서 그런 것입니까? 전자와 같다면 정관이 스스로 공적인 논의에 따라 추천을 할 것이니, 꼭 번거롭게 성상의 분부를 기다려서 하지는 않을 것입니다. 후자와 같다면 사사로운 은혜를 내리는 것은 옛날부터 임금의 덕을 손상하는 것이라 칭하였는데, 성명께서 혹시 우연히 생각이 미치지 못하신 것이

10 이치를……설 : 주희가 "성인의 기쁨과 노여움은 매우 공정(公正)하여 순히 응하니 천리의 표준이고, 보통 사람의 기쁨과 노여움은 스스로 사사롭게 하여 지혜를 쓰니 욕심이 성한 것이다. 노여움을 잊으면 공정해지고, 이치를 살펴보면 순하게 된다."라고 한 것을 말한다.《晦庵集 卷67 定性說》

아닙니까? 만약 양제신의 공로에 대해 보상하지 않을 수 없다고 하신다면 여러 조정 신하에게 물어 상을 후하게 내리고 자급을 올려 주면 될 텐데, 하필 공론을 억지로 어기면서 수령으로 삼아야만 그 공로에 대해 보상하는 것이 되겠습니까.

그런데도 전하께서 공론을 돌아보지 않고 꼭 그렇게 한 것은 사(私)라는 한 글자에 가려져 그렇게 되어 버린 듯합니다. 처음에는 살피지 못해서 가려졌다 하더라도 대간이 간쟁을 하고 정관이 어렵게 여겼고 보면, 전하께서는 그야말로 허심탄회한 마음으로 그 이치의 옳고 그름을 관찰하여 번연히 고치면서 애석하게 여기시는 바가 없어야 마땅합니다. 이렇게 하신다면 바로 머지않아 회복되는 일인 동시에 일식이나 월식 같은 허물을 고치는 것[11]이 될 테니 그 누가 공경하고 우러르지 않겠습니까. 그런데 어찌하여 성명께서는 이 생각을 하지 못하고 이미 대간의 말을 거절하고는 또 정관이 받들어 따르지 않는다고 노여워하면서 계속 다른 데로 화풀이를 해 나가 본디 예모로 대해야 하는 대신에게까지 미치셨단 말입니까. 조정 안팎이 경악하고 분위기가 참담합니다. 아, 전하께서 노여움을 잊지 못하시는 것이 또한 너무도 심하다 하겠습니다.

대개 부자(夫子)로부터 정자(程子), 주자(朱子)에 이르기까지 노여움을 다스리는 방법에 대해 논한 것이 자상할 뿐만이 아닙니다. 부자가

11 머지않아……것 : "머지않아 회복된다.〔不遠復〕"라는 말은 《주역》〈복괘(復卦) 초구(初九)〉로, 곧 군자가 처음에 잘못을 범했다가도 곧 반성하여 얼마 안 가서 선(善)을 회복한다는 뜻이다. 일식과 월식에 대한 말은 《논어》〈자장(子張)〉의 "군자의 과오는 일식이나 월식과 같아서 과오가 있으면 사람들이 다 이를 보아 알고, 그것을 고치면 사람들이 다 우러러본다."라는 말에서 유래하였다.

《역(易)》에서 풀이하기를 "위에 산이 있고 밑에 못이 있는 것이 손괘(損卦)이니, 군자는 그를 본받아 분노를 징계하고 욕심을 막는다." 하였고, 안자(顔子)가 학문을 좋아하는 것에 대해 논하면서 "다른 데로 노여움을 옮기지 않고 같은 과오를 두 번 다시 범하지 않았다."라고 하였으며, 번지(樊遲)가 미혹됨을 판별하는 것에 대해 묻자 "한때의 분노로 자기 몸을 잊는다."라고 답하였는데, 지금 전하께서 의관을 내보내 주상의 몸을 진료하지 못하게 하신 일은 이 경우와 상당히 가깝다 하겠습니다.[12]

정자는 말하기를 "군자는 물(物)을 부리고 소인은 물에 부림을 당한다. 지금 화나는 일을 보고서 자신이 조금이라도 이에 이끌려 가면 이 또한 고달프게 부림을 당하는 일이다." 하였고, 주자는 말하기를 "성인의 기쁨과 노여움은 크게 공변되고 순응한 것이니 천리(天理)의 극진함이 되지만, 뭇사람들의 기쁨과 노여움은 사심(私心)에서 나와 꾀를 부리는 것이니 사람의 욕심이 강한 것이다." 하였으니, 이는 모두 격언(格言)이며 지극히 당연한 말이라 하겠습니다. 그리고 우리 선왕의 가르침에도 지극히 절실하고 중요한 것이 있습니다. 기억하건대 옛날 선왕께서 경연에 참석하셔서 미천한 신에게 말씀하기를 "나는 일찍이 불가하다고 생각되는 일은 우선 그대로 두었다가 한밤중 노여운 생각이 없어진 뒤에 서서히 살펴 처리했다. 그래서 과오를 적게 범하게 되었다." 하였으니, 이 말씀이야말로 위대하다 하겠습니다. 이 어찌 대성인의 마음 씀씀이에 긴요한 점이 아니겠습니까. 성지(聖智)를 자처하지 않고 대단하게 성찰하고 공부하신 실제를 여기에서 또한

12 지금……하겠습니다 : 두주에는 '一本今者至此矣十九字作註恐是'로 되어 있다.

볼 수가 있는 것입니다.

대체로 보아 내 몸 가까이에서부터 법을 관찰하게 되면 깊은 도리를 얻게 마련입니다. 전하께서 이 점에 대해 만일 근심스러운 듯 마음을 움직이고 두려운 듯 사모하는 마음을 일으켜 멀리로는 높이고 가까이로는 지키려는 포부[13]를 지니지 않으신다면, 한 나라의 신민이 다시 전하에게 바라는 바가 없을 것이니, 신은 지극히 우려스럽고 안타까운 심정을 가누지 못하겠습니다.

신이 또 생각건대 사람의 노여운 감정은 대부분 일이 생각처럼 되지 않는 데에서 생기고, 그 생각의 싹은 으레 사심(私心)이 있기 때문에 나오는 것이니, 이 사(私)라는 한 글자야말로 온갖 병통의 뿌리라 하겠습니다. 진실로 이 점을 통찰하여 용단을 내리지 않는다면, 이로 인해 생각이 일어나고 이 생각으로 인해 꼭 그렇게 되어야 한다는 생각이 일어나는 것이니, 꼭 그렇게 되어야 한다는 생각이 이루어지지 않으면 노여운 감정이 그로 인해 생기는 것입니다. 그리하여 일 하나가 끝나고 나면 바로 다른 일이 또 닥쳐와 악순환이 계속되어 점점 불길처럼 성하게 되니, 정사의 득실과 국가의 흥망이 여기에서 판가름 나는데, 어찌 매우 두렵지 않겠습니까.

옛날 송 영종(宗寧宗)이 막 즉위했을 때 주자가 부름을 받고 가다가 도중에 어필(御筆)로 지휘했다는 소식을 듣고는 매우 걱정하였습니다.

13 멀리로는……포부 : 멀리로는 성현을, 가까이로는 선왕의 가르침을 계승하고 밝히려는 포부를 말한다. 《중용장구》 제30장에 "공자가 요순을 조종(祖宗)으로 받들어 계승하고 문왕과 무왕의 법도를 드러내 밝혔다.〔仲尼祖述堯舜, 憲章文武.〕"라고 하였는데, 이 대목의 주석에 "조술(祖述)은 멀리로는 그 도를 높이는 것이요, 헌장(憲章)은 가까이로는 그 법을 지키는 것이다."라고 한 말에서 가져왔다.

그 당시 국세가 쇠약하여 오랑캐가 능멸하고 있었으니, 걱정해야 할 것이 어찌 한이 있겠습니까마는 주자는 이것은 걱정하지 않고 어필로 지휘한 문제만을 염려하였습니다. 그 이유는 근본이 병들고 나면 가지와 줄기가 아무리 성하다 하더라도 믿을 것이 못 되기 때문이니, 성현의 생각이 깊다고 할 수 있을 것입니다.

전하께서는 즉위하신 이래로 모든 일을 차분하고 신중하게 처리하려고 하나, 마음속에 간직된 바를 보건대 아직 사의(私意)의 뿌리와 그루터기만은 단호하게 제거하지 못하고 계십니다. 작은 일로 말씀드리자면 관직을 제수할 때 외척(外戚)들이 으레 많은 자리를 차지하고 있는데, 저번 대신(臺臣)의 상소는 실로 그 병폐를 간파한 것이었습니다. 이제는 그 병폐가 점점 만연하여 변변치 못한 재주를 지닌 천한 신에게까지 특별한 은혜가 주어지는데, 이 문제로 지나치게 화를 내며 제대로 살피지도 못하고 계시니, 이는 실로 분변할 것에 대해 일찍이 분변하지 않은 탓이라 하겠습니다.

주자가 말하기를 "좌우의 잡일을 하는 종에게 부당하게 관작이 가해지고, 궁중과 부중(府中 조정)의 하급 관리가 으레 포상을 받고 있는데, 아예 전례(前例)의 옳고 그름을 묻지 않고 혹시라도 그 유무에 대해서조차 묻지도 않으니, 이는 바로잡지 않을 수 없는 일이다." 하고, 매번 제갈량(諸葛亮)의 "궁중과 부중이 다 함께 일체가 되니, 잘하는 사람을 승진시키고 잘못하는 사람을 처벌하는 것을 다르게 해서는 안 된다."라는 말을 칭찬하였습니다. 또 일찍이 임금이 자기 뜻에 맞는 사람만 구하고 자기를 바로잡아 줄 사람은 구하지 않으며 좋아하는 자만 취하고 두려워할 만한 자는 취하지 않는 것을 병통으로 여겼으니, 이는 모두 절실하고 지극한 훈계입니다.

신은 기억하건대 선조(先朝) 때 시종하는 신하가 대신(大臣)의 건의로 외직(外職)에 보임되었는데, 얼마 지나지 않아 선왕께서 하교하여 그를 도로 내직(內職)에 제수하도록 한 일이 있었습니다. 그러자 그 당시 조정의 의론이 "겨우 대신의 건의로 외직에 보임하였는데 금방 내직으로 제수하는 것은 일의 체모에도 온당하지 않다." 하고, 오래도록 받들어 행하지 않았는데도 선왕께서는 조정에 일임하고 끝내 독촉하지 않았으니, 이 어찌 대성인의 빛나고 광대하며, 포용하고 너그러운 덕이 아니겠습니까. 만일 정관(政官)에게 그 옳고 그름은 묻지 않고 성상의 뜻만을 받들게 한다면 이는 다만 일개 아전이나 하는 일일 뿐인데, 어찌 정관을 둘 필요가 있겠습니까. 이와 같이 한다면 체통이 서지 않고 조정의 기강이 더욱 문란해져 혼란과 멸망이 따라서 이를 것이니, 두려워하고 경계하지 않을 수 있겠습니까.

신은 또 크게 안타까운 점이 있습니다. 대체로 보아 성을 내게 되면 마음을 해칠 뿐만 아니라 병에 해되는 것이 더욱 큽니다. 그래서 의술가들은 그것을 매우 경계합니다. 기억하건대 우리 선왕께서는 무술년(1658, 효종9) 6월부터 기해년(1659) 4월까지 몸이 편찮으셨습니다. 그간 10여 개월 동안에 조정 안팎의 관품(關稟)[14] 중에 어찌 선왕의 뜻에 거슬리는 것이 없었겠습니까마는 선왕께서는 한 번도 성내어 불평하는 기색을 언행에 나타내신 적이 없고 후덕한 용모가 항상 따뜻하고 부드러워 봄볕이 만물을 온화하게 비추는 것과 같았습니다. 그사이에 대장(大將) 이완(李浣)이 공주(公主)의 집에 관한 일로 선왕의 뜻을

14 관품(關稟) : 하관(下官)이 상관(上官)에게 어떤 사실의 내용을 서면으로 알리는 것을 말한다.

약간 거슬렀는데,[15] 소신이 삼가 후 부인(侯夫人)이 이정(二程)을 교훈하던 일[16]을 외어 알려 드렸더니, 선왕께서는 즉시 부드러운 음성으로 "아름다운 말을 듣게 되니 매우 기쁘다." 하셨습니다. 선왕의 성대한 덕이 이와 같았기 때문에 정사가 다 화평하고 신하들은 분발할 것을 생각하였으며 승하하신 뒤에까지도 백성들이 떠올리며 칭송해 마지않는 것입니다. 아, 지금 이후로 무엇을 거울삼아야 하겠습니까? 선왕의 성대한 덕이 아니겠습니까? 신의 말이 여기에 미치니 또 어쩔 수 없이 목이 멥니다.

아, 지금 자연재해와 제철에 맞지 않는 이상 기후가 거듭해서 발생하고 있습니다. 가령 전하의 마음가짐이 마치 깊은 못에 임하고 엷은 얼음을 밟듯이 전전긍긍하며, 티 없이 깨끗하고 순수하다 하더라도 오히려 부족하지 않을까 두려워해야 할 텐데, 더구나 사소한 일을 행하고 노여움을 폭발시키는 것이겠습니까. 이야말로 마치 부모의 기색이 좋지 않은데도 자식의 처지에서 효도하고 공경하는 마음을 일으켜 부모의 뜻을 맞출 것은 생각하지 않고 도리어 돈과 재물을 싸 가지고

15 대장(大將)……거슬렀는데 : 효종 당시에 부마 홍평위(興平尉)의 궁노(宮奴) 가운데에 체포해야 할 사람이 있었는데, 이완이 당시 포도대장으로서 그 궁노를 심문하여 다스리자 효종이 견책(譴責)했던 일을 말한다. 홍평위는 원몽린(元夢鱗)으로, 인조반정 때의 공신인 원두표(元斗杓)의 손자이고, 공주는 효종과 인선왕후(仁宣王后)의 여섯째 딸 숙경공주(淑敬公主)이다. 《孝宗實錄 10年 閏3月 11日》《肅宗實錄 12年 12月 11日》

16 후……일 : 후 부인은 정호(程顥)와 정이(程頤) 형제의 어머니이다. 두 아들을 교육할 때 그들이 남과 다투는 일이 있으면 비록 자기 아들의 주장이 옳더라도 편들지 않고 "남에게 굽히지 못할까를 염려해야지, 남을 이기지 못할까를 걱정해서는 안 된다." 라고 했던 일을 말한다. 《二程文集 卷13 上谷郡君家傳》

가서 사욕을 채우는가 하면, 어린 종을 구타하며 화풀이를 하면서 부모가 기뻐하기를 바라는 것과 같으니, 또한 요원하지 않겠습니까. 아, 그것이야말로 위태로운 일이라 할 것입니다.

옛날에는 주자의 장주(章奏)에 나오는 "통곡하며 눈물을 흘린다."라는 말[17]에 대해 신이 생각하기를 '이것은 가의(賈誼)가 남에게 기롱을 받았던 까닭[18]인데, 주자 또한 왜 이런 말을 했을까?' 하였는데, 지금 구구한 마음으로 헤아리게 된 뒤에야 이 말이 몹시 절박한 심정에서 나온 것으로, 신을 속이지 않았음을 알았습니다. 삼가 원하건대 전하께서는 진실한 마음으로 학문에 전념해서 천리(天理)와 인욕(人慾)의 근원을 정밀히 살펴 그 마음의 본체〔心體〕의 밝음을 다하고, 정일(靜一)의 중도[19]를 간직하고 길러 그 파동의 실마리를 경계하소서. 그렇게

17 주자의……말 : 나라를 걱정하는 진정한 충성심에서 우러나와 임금에게 올린 글을 말한다. 간사한 사람들이 중간에서 말을 꾸며 대어 송(宋)나라 광종(光宗)과 상황(上皇)인 효종(孝宗) 사이를 이간질하자, 이에 광종이 의심하고 두려워하여 아침저녁 문안을 뜸하게 하게 되고, 그에 따라 궁중 사람들도 효종을 꺼리고 피하였는데, 주희가 봉사(封事)를 올려 효도가 나라의 근간이 된다고 간하였다. 그 봉사의 마지막에 "충의(忠義)에서 우러나는 분개심을 스스로 그만둘 수 없어 죽음을 무릅쓰고 소(疏)를 올리면서 통곡하고 눈물을 흘리며 극력 아룁니다."라는 내용이 있다.

18 가의(賈誼)가……까닭 : 한(漢)나라 때 가의가 비통한 심정으로 문제(文帝)에게 〈치안책(治安策)〉을 올리면서 "삼가 현재의 상황을 살펴보건대, 통곡할 만한 일이 한 가지요, 눈물을 흘릴 만한 일이 두 가지요, 길게 탄식할 만한 일이 여섯 가지입니다."라고 하여 당시의 적폐(積弊)를 지적하였는데, 이로 인하여 주발(周勃)과 관영(灌嬰) 등이 미워하며 "낙양에서 온, 나이 어리고 학문에 숙달하지 않은 사람이 오로지 대권을 독점하려 하며 여러 일을 문란하게 하고 있다."라고 비방한 일을 말한다. 《漢書 賈誼傳》

19 정일(靜一)의 중도 : 욕심에 이끌리는 인심(人心)과 사욕(私慾)에 더럽혀지지 않은 도심(道心) 사이에서 견지해야 할 중도를 말한다. 순(舜) 임금이 우(禹)에게 제위

되면 일에 당하여 현혹되지 않고 감정으로 나타나는 것도 반드시 순리대로 절도에 맞게 될 것이니, 이것이 지극히 빌어 마지않는 신의 소원입니다.

그러나 생각건대 이는 이미 오래전 일이라서 성상의 마음이 벌써 구름과 안개가 걷히듯 전날의 실수를 뉘우쳐 요순(堯舜) 시대처럼 환히 맑고 밝아졌으리라 여깁니다. 따라서 신이 드리는 이 말이 정말 군더더기라는 것도 잘 알고 있습니다. 그러면서도 이렇게 운운한 것은 앞의 일을 심각하게 징계하지 않으면 뒤에 삼가는 것이 절실하지 못하게 되겠기에 노파심을 이기지 못하고 감히 죽음을 무릅쓰고 말씀드린 것이니, 삼가 바라건대 성명께서는 살펴 주소서.

신은 또 드릴 말씀이 있습니다. 지난해 4월 어사를 파견하려고 하던 날, 선왕께서 친히 소신에게 염문 절목(廉問節目)을 주시면서 나가서 대신들과 함께 의논해서 결정하여 바치라고 한 뒤, 다시 친히 가감하여 나누어 준 다음 떠나보냈습니다. 그 절목 중에는 대개 의례적인 사건이 많았는데, 여러 궁가(宮家)가 부정행위를 한 일 등에 대해서는 드러내어 봉서(封書)[20] 속에 특별히 기록하였으니, 선왕의 뜻이 어디에 있었는지를 대개 알 수 있습니다. 그 당시 어명을 받은 자가 여덟 사람인데 그들이 받은 봉서가 하나도 다른 것이 없었으니, 일률적으로 조사하게 하였던 것을 또한 알 수 있습니다.

그런데 듣자니, 저번에 전하께서 선대(先代)의 조정에서 조사하도

(帝位)를 넘겨주면서 "인심은 위태롭고 도심은 은미하니 오직 정밀하고 한결같아야 진실로 그 중도를 잡을 수 있다."라고 하였다. 《書經 大禹謨》

20 봉서(封書) : 임금이 종친이나 근신에게 내리던 사사로운 편지를 말한다.

록 한 것은 영남 한 도에 해당될 뿐 다른 도는 포함되지 않았다고 여긴다 하셨습니다. 경연에 참석한 신하가 나아가 말씀드려 그렇지 않다는 것을 분명히 밝혔으면 전하께서는 조서(詔書)를 속히 발하여 선왕께서 미처 끝내지 못한 일을 마쳤어야 마땅한데, 도리어 머뭇거리고 핑계만 대어 조정 안팎을 실망시켰으니, 어찌 애석하지 않겠습니까. 그 당시의 봉서가 아마 지금 다 있을 것이니, 진실로 속일 수 없는 일입니다.

사리로만 미루어 본다 하더라도 여러 도의 백성으로서 궁가에 해를 입은 자는 모두 구휼 대상에 들어 있는데, 어찌 《맹자》에 나오는 제 선왕(齊宣王)처럼 소와 양을 가리겠습니까.[21] 그리하여 유독 영남에만 어진 마음을 베풀고 다른 도에는 그 마음을 참을 수 있겠습니까. 이 이치가 매우 분명한데 전하께서는 무엇 때문에 이처럼 어려워하고 계십니까. 이렇게 되면 이는 폐단을 바로잡아 만물을 이롭게 하는 정사에 크게 해가 될 뿐 아니라 조상의 뜻을 계승하고 그 일을 잘 이어 가는 도리에도 아쉬운 점이 있을 것이니, 신은 또 성명을 위하여 안타까워하는 바입니다.

삼가 바라건대 전하께서는 깊이 생각하고 속히 반성하여 선왕의 유명(遺命)을 따르소서. 비록 당시 사목(事目) 외의 것이라 하더라도 모두 아울러 종류별로 미루어 속히 개혁을 시행함으로써 사방의 백성을 크게 위로하시면 매우 다행이겠습니다. 신은 이미 물러나 위축된

21 맹자에……가리겠습니까 : 궁가에 해를 입은 사람이면 지역을 가리지 않고 구휼해야 한다는 말이다. 종(鍾)에 피를 바르는 의식에 쓰일 소가 벌벌 떠는 모습을 본 제 선왕이, 소가 죄 없이 죽는 것을 가엾게 여겨 희생을 양으로 바꾸게 하였던 일을 두고 한 말이다. 《孟子 梁惠王上》

상태에서 조석으로 죽기만을 기다리고 있는 실정입니다. 따라서 조정의 잘잘못에 대해 감히 참견할 위치가 못 되나 지금 이 몇 가지 일은 실로 전하의 마음에서 잘못된 점을 다스리는 기틀에 관계되고, 또 위로 선대 조정에 관련되기 때문에 감히 침묵을 지키지 못하고 이처럼 번거롭게 아뢰었으니, 그 죄는 만번 죽어 마땅합니다. 삼가 바라건대 성명께서는 유념하여 헤아려 주소서. 신은 지극히 황공한 마음을 이기지 못하겠습니다.

병조 판서를 사직하는 상소 경자년(1660, 현종1) 8월 10일

辭兵曹判書疏 庚子八月十日

삼가 아룁니다. 신이 전에 우찬성에 임명하는 명을 받고 누차 상소를 올려 체차되기를 바랐는데 이번에 또 병조 판서로 직임을 옮기고 예외적으로 따로 유지(諭旨)가 있었습니다. 찬성은 비록 높으나 한가한 벼슬자리입니다. 그런데도 죽음을 무릅쓰고 아뢰어 번거롭게 해 드리면서 반드시 허락을 얻기만을 기대하였던 것은 참으로 병 때문에 억지로 근무하기 어렵고 달려가 사은할 기약이 없으며 조정 밖에 있으면서 직함을 띠고 있는 것은 일의 체모에 마땅하지 않기 때문입니다. 이번에 맡은 직책은 직무가 번다하고 사무가 요긴하여 하루도 일을 못 하면 온갖 하자가 발생하게 됩니다. 신에게 끝내 명을 받들게 한다 하더라도 왕래하는 즈음에 문득 지체되어 끼치는 해가 적지 않을 것입니다. 더구나 신은 묵은 병이 깊어지는 데다 새로운 증세가 보태어져 허리와 다리가 여위고 가늘어지니 살가죽과 뼈만 남고, 두 눈은 어두워져 하나를 보면 두 개로 보이며, 서늘한 기운이 겨우 생기기만 하면 벌써 옛 솜옷을 찾습니다. 이러한 것들은 모두 쇠약한 병으로 죽어 가는 형상이니, 비유하자면 가을벌레가 이미 구부러져서 다시는 우러러보지 못하는 형세와 같습니다. 어찌 백에 한 가지도 요행이 없는 몸으로 잠시라도 비우기 어려운 자리를 두고 시험하겠습니까. 그러므로 스스로를 헤아려 보건대 감당하기 어렵고 의리로 헤아려 보아도 나아가기 어려운 상태라 사정을 아뢸 여유가 없습니다.

또한 옛날 신하로서 벼슬을 사퇴하고 해직된 자는 아침에 임금 곁을 떠나면 저녁에 이미 조정과 단절되었기 때문에 신하가 임금을 떠나는 것을 어렵게 여겼고 임금도 가는 것을 애석히 여겨 기필코 작록(爵祿)으로 얽어맸습니다. 그러나 지금 신은 그렇지 않습니다. 비록 물러가 시골에 있다고 하지만 굶주리면 전하께서 음식을 하사하고 병들면 약을 지급하여 주시니, 이것은 예에서 말한, 작록이 조정의 반열에 있는 경우[22]와 같은 것입니다. 신 또한 한결같은 생각이 성상께 있지 않은 적이 없기 때문에 소회가 있으면 반드시 다 아뢰고 물으면 반드시 대답하니, 이는 신이 몸을 바치는 의리가 옛날과 다름없는 것입니다. 어찌 반드시 절룩거리는 몸을 부축하고 귀먹고 눈먼 모습으로 억지로 힘을 써 거듭 맑은 조정에 누를 끼친 뒤에야 괜찮다고 하겠습니까. 삼가 바라건대 자애로운 성상께서는 죽어 가는 신하를 굽어살펴 불쌍히 여기고 또 무거운 군왕의 책무를 생각해서 서둘러 체차해 주어 다시 시일만 질질 끄는 폐단을 끼치지 않으신다면 공사 간에 매우 다행일 것입니다. 신은 지극히 두렵고 떨리는 마음을 견딜 수 없습니다.

22 작록이……경우 : 《예기》 〈곡례 하(曲禮下)〉에 "나라를 떠난 지 삼대(三代)가 지나서도 작록이 고국의 조정에 나열되어 있으면 나가고 들어올 때 고국에 알린다."라는 말이 있다.

두 번째 상소 경자년(1660, 현종1) 9월

二疏 庚子九月

삼가 아룁니다. 신은 마음을 다 쏟아 맡고 있는 직책을 체차해 달라고 청하였으나 성상의 비답에서 애써 타이르며 해면(解免)을 허락지 않으시니 신은 이리처럼 뒤를 돌아보며 근심스럽고 두려워 어찌할 바를 모르겠습니다. 신은 가만히 생각건대 신하가 사직하는 것은 그 단서가 하나가 아니라서 여론 때문이기도 하고 개인적인 뜻 때문이기도 하지만, 감히 위로 군부(君父)를 번거롭게 해 드리지 못하여 일체 병으로 핑계를 댑니다. 그리고 군주가 그의 해직을 허락하는 것 또한 굳이 참으로 병이 있다고 여겨서가 아니라 다만 반드시 일이 있다고 생각하기 때문에 스스로 처신할 수 있게 해 주는 것입니다. 신이 오늘날 드리는 간청은 실로 이와는 다릅니다.

신은 평소 위장병이 있어 음식을 잘 먹지 못한 지 여러 해 되었습니다. 막 쇠약해지는 나이에 이르러서는 또 부모의 상을 당하여 이 때문에 더욱 심해져 곡물을 거의 먹지 못하고 그저 과일을 먹음으로써 조석을 구차하게 연명하였습니다. 이 때문에 기혈이 날로 소모되고 낯가죽은 날로 초췌해져 기운이 왕성한 나이에도 지탱하기 어려웠습니다. 더구나 지금 쇠약하고 늙은 나이에 어찌 요행을 바라겠습니까. 신이 억지로 길에 오르더라도 쇠잔한 목숨을 재촉하는 데 지나지 않아서 중도에도 미치지 못하여 시신을 끌고 돌아가게 될 것입니다. 이것이 어찌 밝은 시대가 듣기를 바라는 말이겠습니까. 그러므로 차라리 왕명에 게을리한 죄를 받게 되더라도 굳이 죽음으로써 비웃음을 사는 짓을 하여 감히 밝은 시대에 누를 끼치지 못하는 것입니다.

신이 삼가 성상의 비답에서 "새로 지은 능에 배알하니 나의 마음이 어떠하였겠는가."라는 말씀을 읽고서 신은 저도 몰래 선왕께서 돌아가신 날과 다름없이 울음과 눈물이 함께 나왔습니다. 하찮은 신의 병이 혹시라도 일어나 출발할 만하다면 어찌 모시고 가는 행렬의 뒤에 서둘러 달려가서 다시 슬픈 마음을 한번 다 드러내고 싶지 않았겠습니까. 그러나 그렇게 할 수 없게 된 만큼 멀리서 능침의 의장(儀仗)을 바라보며 그저 스스로 슬퍼할 뿐이었습니다. 또 가만히 생각건대 성상의 효성이 끝이 없어 묘소를 돌면서 가슴을 치고 발을 구르며 애통해하신 나머지 반드시 몸이 손상되었을 터이니 구구한 신의 애타는 근심이 끝이 없었습니다. 그리고 또 안부를 묻는 반열에 나아가 신하의 의리를 펴지 못하였으니 신의 사정은 슬프다고 하겠으나 그 죄는 또한 용서받기 어렵습니다.

신은 또 병조의 일을 생각건대 비록 참판이 있다고는 하지만 갑자기 대행하게 하지 못합니다. 하루라도 비우게 되면 해로운 단서가 갖가지로 생겨나서, 바로 군신과 대소 신료가 밤낮으로 부지런히 삼가는 날에 신 때문에 막중한 임무에 하자가 생기니 신이 지은 죄가 이에 이르러 더욱 큽니다. 삼가 바라건대 자애로운 성상께서는 신의 절실한 애원과 간청을 헤아리고 또 이 관직의 중요성을 생각해서 서둘러 체차해 주어 공사 간에 편안하게 하신다면 이보다 다행이 없겠습니다. 신이 만약 앓고 있는 병이 조금이라도 나아서 길을 가는 수고를 견딜 수 있다면 즉시 대궐로 달려가서 책임을 회피하고 게을리한 죄를 청하겠습니다. 그러나 진퇴의 더디고 빠름은 직무가 있고 없음과는 관계가 없습니다. 신은 지극히 급박하고 간절한 마음을 견딜 수 없습니다.

이조 판서를 사직하는 상소 경자년(1660, 현종1) 10월 22일

辭吏曹判書疏 庚子十月二十二日

삼가 아룁니다. 신은 삼가 자애로운 성상께서 어여삐 여겨 살펴 주셔서 겨우 병조 판서의 자리에서 체차되었습니다. 안심하고 한가히 지내며 여생을 마치게 되어 큰 은혜에 감격하는 것이 마른 나무에 싹이 트는 듯하였습니다. 그런데 뜻하지 않게 이번에 다시 이조 판서에 임명하셨습니다. 신은 외람되게도 선왕의 잘못 베풀어진 은총을 받아 이 직책에 발탁되어 분수를 잊고 도목수를 대신하여 나무를 깎았으나[23] 손가락에 피가 나고 얼굴에 땀이 흐르며 낭패하여 구르고 엎어져 장차 수습할 수 없을 지경이었습니다. 다행하게도 자애로운 성상께서 불쌍히 여겨서 특별히 해직을 허락하여 신을 편하게 해 주시니 신은 밤낮으로 감격하고 축원하며, 이 땅의 모든 백성 중에서 누군들 은택에 젖지 않았겠습니까만 유독 총애를 입은 자로 소신만 한 자가 없다고 여겼습니다.

지금 얼굴의 땀이 미처 마르지 않았고 손가락의 피가 아직 멈추지도 않았는데[24] 이에 감히 그 수모를 거울삼지 않고, 다시 그릇된 자취를

23 도목수를……깎았으나 : 노련한 도목수를 대신하여 서투른 장인이 나무를 깎듯 병조의 일에 서투른 자신이 병조 판서의 일을 맡았다는 말이다. 《도덕경》 제74장에 "훌륭한 목수 대신 칼을 휘두를 경우 손을 다치지 않는 때가 거의 없다."라는 말에서 유래하였다.

24 얼굴의……않았는데 : 감당하기 어려운 병조 판서의 일을 맡았다가 자리에서 교체된 지 얼마 되지 않았다는 말이다. 한유(韓愈)의 〈제유자후문(祭柳子厚文)〉에 "서투른

밟아 주상의 지우(知遇)를 상하게 하고 나랏일을 그르치게 된다면, 신의 죄가 한강의 물을 기울이더라도 어찌 씻을 수 있겠습니까. 겸하여 또한 미천한 신의 병이 더 심해지고 나아지지 않아, 이러한 첫추위를 만나니 벌써 머리와 꼬리를 감춘 거북처럼 되었습니다. 대궐에 나아가 사정을 아뢰려고 해도 길이 없으니 신이 지은 죄는 더욱 용서받기 어렵습니다. 삼가 바라건대 자애로운 성상께서는 끝내 불쌍히 여겨서 서둘러 체차해 주어 천한 분수를 편하게 해 주신다면 이보다 다행이 없겠습니다. 신은 지극히 황공하고 떨리는 마음을 견딜 수 없습니다.

목수가 나무를 깎으면 손가락에 피가 흐르고 얼굴에 땀이 나는데, 솜씨 좋은 목수는 곁에서 구경하며 손을 옷소매 속에 움츠리고 있다."라는 말이 있다. 《昌黎集 卷23》

사직하고 이어 성학의 요체를 진달하는 상소 경자년(1660, 현종1) 11월 24일

辭職仍陳聖學之要疏 庚子十一月二十四日

삼가 아룁니다. 신은 어제저녁 무렵에 삼가 전에 올린 소에 대한 비답을 받들건대, 다정하게 알아듣도록 자세하고 간절히 잘 타일러 주시어 천한 신으로서는 감히 감당하지 못할 바가 있었습니다. 신이 책임을 회피하고 게을리하는 것은 더욱 심해지는데 무엇 때문에 자애로운 성상의 총애가 갈수록 융숭해진단 말입니까. 신은 감격한 나머지 마치 어리석은 사람이나 실성한 사람처럼 허둥거리며 참으로 몸 둘 바를 모르겠습니다.

대체로 보아서 사람이 받은 은혜가 깊으면, 자기와 대등하거나 그 이하의 사람에게도 보답할 방법이 없을 때는 죽어서라도 보답할 것을 생각하는 경우까지 있는 법인데, 더구나 신이 지닌 성은에 감사하는 뜻이야 어찌 한량이 있겠습니까. 이뿐만이 아닙니다. 성상께서 즉위한 이래로 항상 안녕하신 날이 적었으므로 조정 안팎의 신민(臣民)들이 걱정하고 안타깝게 생각해 온 지 1년이 되었습니다. 그런데 지금 종묘사직이 암암리에 도와서 성상의 건강이 쾌히 회복되어 몸소 경연의 자리에 나아가 날마다 두 번씩 신하들을 접견하시니, 온 나라 백성들이 모두 기뻐하며 서로들 희소식을 전하고 있는데 더구나 보잘것없는 신의 심정이야 말할 나위가 있겠습니까. 참으로 저도 모르게 기뻐서 덩실덩실 춤을 추고 잇따라 울음까지 나옵니다. 대체로 보아 사람이란 극도로 감격하면 목숨도 돌보지 않고 너무 기쁘면 앞뒤를 생각하지도 않는 법입니다. 그런데 지금 신은 이미 이 두 가지를 겸하고 있는데도 아무 까닭 없이 꼼짝 않고 누워서 스스로 편할 도리만 생각하고 있는다면, 정말 살가죽에 혈기를 가진 인간이 아닙니다.

그러나 불행하게도 신은 지난달 그믐께부터 오래 앓던 병 끝에 거듭 한질(寒疾)을 앓아 며칠 사이에 갑작스레 위중해지며 한담(寒痰)이 거슬러 막혀 전혀 생기가 없게 된 것이 만 하루였습니다. 그러다가 지금은 다행히 가래가 해소되고 땀이 흘러 점점 생기를 되찾고 있는데 전일의 증세가 열에 일고여덟은 가셨습니다. 그러나 위장에서 음식물을 받지 않아 묽은 죽도 오히려 딱딱하게만 느껴지는데 땀을 많이 흘린 나머지 기운이 항상 저하된 상태여서 크고 작은 여타의 후유증이 치료하자마자 계속 발생하고 있습니다. 신 자신은 그렇게 위독한지 제대로 알지는 못하겠습니다만 조금이라도 의술을 아는 이들은 모두 눈이 휘둥그레지도록 놀라면서 한심하게 여깁니다. 이는 바로 실상을 그대로 말씀드린 것으로 감히 조금이라도 거짓된 말을 하는 것이 아닙니다.

신은 늘 '남의 신하 된 자가 사직할 때에 마치 의원을 대하고 증상을 논하듯이 자신의 병을 너무 자세하게 말하는 것은 엄숙하고 공경해야 하는 체모에 손상이 된다.'라고 생각하였는데, 오늘날 신이 스스로 그렇게 되어 버렸습니다. 그러나 이와 같이 하지 않으면 구구한 병의 실정을 알려 드릴 길이 없고, 또 전하께서 "병을 앓는 것은 당연한 일이니 억지로라도 일어날 수 있다." 하며 혹 체차해 주시는 데 인색하지 않을까 염려되었기에 이처럼 자세하게 말씀드리지 않을 수 없었으니, 또 죽을죄를 지어 지극히 황공한 마음을 견딜 수가 없습니다. 신은 생각건대 오늘날 많은 관원의 자리가 오랫동안 비어 있고 앞으로 대정(大政)도 임박하였으니 사세로 볼 때 다시 시간만 끌며 조정(朝政)을 비게 할 수는 없습니다. 삼가 바라건대 성명께서 속히 체차해 주고 감당할 만한 사람에게 제수하여 공사 간에 편안하게 해 주시면 매우 다행이겠습니다.

신은 스스로 생각해 보아도 타고난 성품이 세상 물정에 어둡고 어리석어 더욱 세상일에 통하지 못합니다. 그래서 아뢸 것이 있을 적마다 어긋나기가 일쑤이므로 신 자신이 진부하여 쓸모가 없다는 것을 잘 알기 때문에 그저 입을 다물고 죽기만을 기다릴 뿐이었습니다. 그런데 이제 경연을 여신 지가 이미 오래되었다는 소식을 멀리서 듣고 신은 기쁘고 경사스러워하는 마음을 스스로 견디지 못하여 다른 것은 돌아볼 겨를도 없이 감히 성학(聖學)에 관한 것을 주제넘게 아뢸까 하니, 삼가 바라건대 성명께서는 살펴 주소서.

옛날 제왕들은 한 가지 일도 학문에서 나오지 않은 것이 없었기 때문에 그 다스리는 도가 그토록 융성하였습니다. 그런데 후세에는 그저 재능과 기개만 가지고 정치를 하면서 학문은 쓸모없는 찌꺼기로 여기기 때문에 다스림이 학문과 정사의 두 가지로 나뉘어 끝내 나라를 다스리는 큰 도의 융성함을 볼 수 없으니, 주자가 이르기를 "요순(堯舜)과 삼대(三代)는 요순과 삼대이고 한 고조(漢高祖)와 당 태종(唐太宗)은 한 고조와 당 태종일 뿐 하나로 합치되지 못하는 까닭이다."라고 한 대로 참으로 개탄스럽게 되었습니다.

그러나 그 이른바 학문이란 것은 다만 글을 읽어 이치를 궁구하고, 몸가짐을 경건하게 함으로써 정밀함을 지극하게 할 뿐입니다.[25] 대개

25 학문이란……뿐입니다 : 주희가 송(宋)나라 영종(寧宗) 즉위 초에 강관(講官)으로서 올린 차자에 나오는 내용으로 학문하는 방법을 말한 것인데 우암이 인용하였다. 《晦庵集 卷14 行宮便殿奏箚二》

천하의 이치는 오묘하고 정미하여 형질(形質)이 없으나 그렇다고 해서 또한 그윽하고 아득하며 흐리고 깜깜하여 텅 빈 채 하나의 물건도 없다는 것은 아닙니다. 그 찬란한 자취와 필연적으로 나타나는 효험이 실제로 경전의 가르침과 역사책 속에 갖추어져 있으니, 먼저 이것을 읽는 것이 필수적입니다. 그리하여 군신간의 의리와 부자간의 인애(仁愛)로부터 일상생활에서의 행동과 말하는 절도에 이르기까지 정밀하게 살펴서 그 실체를 모두 상세히 파고들어 연구하여 성현(聖賢)은 본받아야 하고 광우(狂愚)는 경계해야 한다는 것이 모두 내심에 환히 보이게 된다면, 선한 마음이 자연히 느껴 일어나고 내키는 대로 하는 뜻이 자연히 징계될 것입니다. 이것이 바로, 글을 읽어서 이치를 파고들어 연구하는 것이 이 학문의 급선무가 되는 까닭입니다.

그런데 글을 읽는 일은 즐길 수 있는 놀이나 음악 같은 것이 아니고 오래 하기 어려운 고생스럽고 험난한 과정이 있기 때문에, 스스로 성심껏 학문에 전념하는 자가 아니면 나태하여 중단하기가 십상이니, 이것이 보통 사람들의 공통된 폐단입니다. 혹 좋아하더라도 많이 읽는 것만을 탐내어 대충대충 섭렵하기에 바빠, 마치 술이 익듯 깊이 침잠하려는 뜻이 없으면 잠깐 사이에 마음과 기운이 쇠약해져서 끝내는 다 함께 흐지부지되고 맙니다. 그러므로 모름지기 조용하고 침착하며 유유자적하고 넉넉하게 이 마음을 엄숙하고 장엄하며 고요하고 한결같은 가운데 간직하고 어지럽게 뒤얽히고 번거롭게 잡아당기는 사이에서 이 이치를 살펴야 합니다. 그리하여 마음과 이치가 하나가 되어 차차 함양되고 투철해지면, 자연히 마음속으로부터 희열이 생겨나 그만두려 해도 그만둘 수 없을 것이니, 이는 경건함으로 정미함을 이루게 되는 효험이 그러한 것입니다.

이것은 어리석은 신이 평소 사우(師友)에게 들은 말인데, 그렇다고 사우의 개인적인 설(說)은 아니고 바로 정자와 주자 이래로 긴요하게 서로 전해 온, 만들어 놓은 법입니다. 전하께서 시험 삼아 살피셔서 몸과 마음에 체험하여 얻는 것이 있다면, 이를 가지고 일에 응하고 사물을 접촉할 때 장차 물욕의 장애는 없고 단지 천리가 흘러 움직이는 것만을 보게 될 것입니다. 그리하여 마땅히 해야 할 바는 하지 않을 수 없고 해서는 안 될 일은 그만두지 않을 수 없을 것이며, 신하의 어질고 간사함과 일의 잘잘못에 이르기까지 촛불로 비추어 보고 점을 쳐 보지 않아도 마음속에 분명하게 드러나지 않는 것이 없을 것입니다.

그렇다면 오늘날 전하의 급선무는 학문을 하는 일보다 더 큰 것이 없을 듯싶은데, 학문을 하는 방법으로 볼 때 또 그 요체를 몰라서야 되겠습니까. 신은 지극히 어리석고 고루하여 아는 바가 없으나 다만 임금을 사랑하는 조그마한 정성만은 가지고 있기에 감히 들은 바를 성상께 우러러 아뢰니다. 삼가 바라건대 성명께서는 용서하고 불쌍히 여겨 살펴 주소서. 신은 지극히 황공하여 떨리는 마음을 가누지 못하겠습니다.

조묘[26]에 대해 의론하는 상소 신축년(1661, 현종2) 5월

議祧廟疏 辛丑五月

삼가 아룁니다. 신은 일찍이 대례(大禮)를 망녕되이 논하다가 매우 중대한 죄를 지었는데,[27] 아직까지도 극심한 시비가 그치지 않고 있으므로 마치 활에 놀란 새가 굽은 나무만 봐도 놀라듯 신의 마음이 진정되지 않습니다. 그런데 이번에 또 성명께서 예관(禮官)을 멀리 보내 조묘에 대해 자문을 구하시니, 신의 두렵고 놀라운 심정이 전보다 배나 됩니다. 그러나 일찍이 듣건대 주자가 "종묘의 일은 중대하므로 입을 다물고 있을 수 없다."라고 말하였다 하니, 신 또한 감히 끝내 한마디 말도 하지 않음으로써 우러러[28] 성상의 뜻을 저버려 그 죄를 가중시킬 수는 없습니다.

26 조묘(祧廟) : 조상의 신주를 사당(祠堂)에 모셨다가 4대가 지나면 신주를 다른 곳으로 옮겨야 하는데, 그 신주를 옮겨 모신 데를 말한다.

27 신은……지었는데 : 조선 초부터 임금의 관을 만들 때 정해진 척도가 있었으나 효종의 상(喪)에 관을 만들면서 우암이 이를 따르지 않고, 예경(禮經)에 "왕의 상에 쓰는 옷이 128벌이나 된다."라고 한 말을 근거로, 임금의 관곽(棺槨)은 널찍할 것이라고 지레 추측하고서 예경대로 할 것을 주장했다. 또한 예서(禮書)의 "새끼로 묶지 않고 얼굴을 가리지 않는 것은 효자가 그래도 망인이 다시 살아나기를 기대하면서 수시로 얼굴을 보게 하고자 하는 의도이다."라는 내용을 근거로, 여름철인데도 베 끈을 매지 않아 소렴(小殮)할 때 관이 작아서 부은 시신이 들어가지 않는 일이 벌어졌다. 이에 효종의 관을 만들면서 판자를 잇대어 쓰는 일이 있게 되었던 사실을 말한다. 《顯宗實錄 卽位年 5月 6日》《宋子大全 卷9 引罪乞退疏》

28 우러러 : 두주에는 '仰一作以'로 되어 있다.

신이 삼가 살피건대 사당에 모시는 제도의 세수(世數 계통상 부자간의 수)가 태조(太祖)로부터 사친(四親 고조, 증조, 조, 부)까지 아울러 이미 5세(世)가 되었습니다. 그렇다면 인종(仁宗)과 명종(明宗) 두 위(位)는 다 이 수에 포함되지 않으니, 오늘날 아울러 옮기는 것이 또 어찌 의심스럽겠습니까. 그러나 이에 대해서는 한마디 말씀드릴 것이 있습니다. 제왕의 가계(家系)는 보위를 이어받는 것을 중히 여기니 비록 형이 아우를 계승하고 숙부가 조카를 계승했다 하더라도 그대로 부자 관계로 여겨 각기 소목(昭穆)[29]을 달리합니다. 《춘추(春秋)》를 가지고 말하면 노(魯)나라 민공(閔公)은 아우이고 희공(僖公)은 형인데, 공자가 "희공을 윗자리에 올려놓았다."라고 기록하였으니, 이는 역사(逆祀)했음을 기록한 것[30]입니다. 그리고 전(傳)에 "아들이 성인이라 하더라도 아버지보다 먼저 제사 음식을 받아먹지 못한다."라고 하였고, 또 "아버지를 먼저 하고 할아버지를 뒤로 한 격이다."라고 하였으며, 또 말하기를 "소목이 없다."라고 하였으니, 이는 모두 형제이지만 부자 관계로 인정한 것입니다.

29 소목(昭穆) : 선조의 신주를 사당에 모시는 차례를 이르는 말로, 왼쪽 줄을 소(昭), 오른쪽 줄을 목(穆)이라 한다. 시조의 1세(世)를 가운데 모시고 2·4·6세를 소에, 3·5·7세를 목에 모신다. 이를테면 아버지가 소이면 아들은 목, 손자는 소, 증손은 목으로 서로 엇갈리게 배열하는 것이다.

30 노(魯)나라……것 : 동생인 민공이 먼저 임금이 되고, 형인 희공이 뒤에 임금이 되었는데, 희공의 뒤를 이은 문공(文公)이 희공의 신주를 부묘하면서 민공의 신주 위에 올렸으므로 《춘추좌씨전(春秋左氏傳)》 문공 2년에 "태묘에 큰 제사를 지내면서 희공을 높여 제사하였으니, 그것은 순서를 바꿔 제사한 것이다."라고 하였다. 왕통의 계승 순서대로 신위의 자리를 정해야 하는데, 혈연의 순서대로 했으므로 이를 '역사'라고 평한 것이다.

송(宋)나라의 태묘(太廟)에 태조(太祖)와 태종(太宗)을 합하여 1세(世)로 삼고 철종(哲宗)과 휘종(徽宗)을 합하여 1세로 삼고 흠종(欽宗)과 고종(高宗)을 합하여 1세로 삼았는데, 주자가 옳지 않다고 하면서 형제 각각을 1세로 하여 한결같이 부자처럼 해야 된다고 청했습니다. 이에 대해서는 지금 그 의장(議狀)과 도형(圖形)이 다 있으니, 상고하여 알 수 있습니다. 따라서 지금 우리 인종과 명종은 친분으로는 형제간이지만 의리로는 부자간인 셈입니다. 두 분을 합하여 1세로 삼은 전례가 있기는 하지만, 공자와 주자의 훈계를 헤아려 그 의리로 처리한다면, 인조대왕(仁祖大王)을 부묘(祔廟)할 때에 예제로 보아 마땅히 먼저 인종을 옮기고 오늘날 또 명종을 옮겼어야 바로 예에 맞게 되었을 것입니다. 기왕에는 그에 대해 간하지 못했습니다만 앞으로 영녕전(永寧殿)에 옮겨 봉안할 때에는 그래도 소목을 달리하여 과거에 온당치 못하였던 점을 바로잡을 수 있을 것입니다. 이렇게 하는 것이 오히려 전의 잘못을 그대로 따라 일의 기틀을 잃는 것보다는 낫습니다.

또한 생각건대 인종과 명종 두 성군 시대에는 국운이 불행하여 간사한 신하들이 마구 흉악한 일을 자행하였습니다. 그리하여 크게는 으르렁대고 작게는 아첨을 부려 우리 성모(聖母 문정왕후(文定王后))께서 그 어질고 온순한 덕을 극진하게 하지 못하게 함으로써 인종을 연은전(延恩殿)에 모셨으니, 이 일은 선정신(先正臣) 이황(李滉)의 논(論)에 자세히 보입니다. 생각건대 우리 인종대왕은 왕위에 계신 반년 동안에 어진 마음과 명망이 백성들에게 깊이 스며들었는데, 이토록 잘못되게 모셨기 때문에 귀신과 사람의 분노가 날이 갈수록 더욱 심해졌던 것입니다.

그러다가 선조조(宣祖朝)에 와서야 명종을 종묘에 올려 모시는 날에 인종을 아울러 원묘(原廟)[31]에 올렸으니 자리를 같이했다는 점으로 보면 귀신과 사람의 마음을 조금 위로하였다 하겠습니다. 그러나 곰곰이 그 실상을 따져 보면 인종을 명종에게 굽혀 합한 것이지[32] 명종을 인종에게 올려 합한 것은 아닙니다. 간사한 신하들이 귀신과 사람에게 화를 끼친 것이 어쩌면 한결같이 이 지경에까지 이르렀단 말입니까.[33] 지금 만일 선조 당시의 심정으로 아울러 옮긴다 하더라도 앞

31 원묘(原廟) : 종묘의 정묘(正廟)가 있는 뒤에 다시 이중으로 세우는 묘를 말한다.

32 굽혀 합한 것이지 : 두주에는 '俯合一作俯同'으로 되어 있다.

33 인종을……말입니까 : 세종 때 한나라의 원묘제(原廟制)를 모방하여 문소전(文昭殿)을 세우고, 사친(四親)과 태조의 신주를 뒷방에 모셨는데, 같은 집으로 칸이 달랐고 서쪽을 상(上)으로 삼아, 태조가 가운데 있어서 남으로 향하고, 고조, 증조, 조, 부의 네 사당은 동서로 벌려 있어서, 소목의 제도와 같았다. 성종이 아버지 덕종(德宗)을 추숭하고, 세조의 둘째 아들인 예종(睿宗)을 이미 문소전에 들여 모셨기 때문에, 덕종을 별전에 모시고 그 전각의 이름을 연은전(延恩殿)이라 하였다. 중종의 맏아들인 인종이 승하하고 둘째 아들인 명종이 즉위하자, 그때 의론이 인종을 모시면 세조를 조천(祧遷)해야 하나, 명종에게는 친(親)이 다하지 않았고, 조천하지 않으면 다섯 칸이 되기 때문에 세종의 뜻이 아니라 하여 인종을 연은전으로 모시게 되었다. 그때에 이기(李芑)와 윤원형(尹元衡) 등이 국정을 맡아서 그 의론을 주장하였기에 '간사한 신하'라는 말을 한 것이다. 그 뒤 이준경(李浚慶) 등이, 인조를 문소전으로 모셔야 하는데 다만 문소전의 협향(祫享)하는 위치가 태조는 북에 있으면서 남을 향하고, 소(昭)와 목(穆)은 동서로 향해 있으며 문소전은 남북이 짧고 동서가 긴데, 인조와 명종은 같은 대(代)가 되어야 하므로 인종과 명종을 거기에 협향하려 하면 전(殿)이 좁아서 들일 수가 없으므로 자릿수를 늘리기 위해 문소전에 칸살을 조금 넓히자고 건의하여, 그대로 허락되었다. 《退溪集 年譜 卷2》 당시 이황은, 고대의 협향 위치는 태조가 동향, 소·목이 남·북향인데, 우리나라 종묘에는 협향의 의식이 없고 오직 원묘(原廟)인 문소전에만 협향이 있고, 그 위치가 옛날의 제도가 아니므로 이 기회에 태조는 동향으로, 소·목은 남·북으로 서로 마주 보게 하면, 집을 헐어 고치는 폐단도 없고 옛날의 제도대로 된다며, 문소전의 태조를 동쪽으로 향하게 하고 소·목의 위치를 바로잡기를 청하면서 그림을

에서 말한 것같이 반드시 소와 목을 바르게 하여 각기 그 존귀함을 보존한다면, 신하의 높여 받드는 뜻이 비록 앞에서는 일단 굽혀졌지만 뒤에서 펴지는 것이 장구하게 될 것이니, 그 제사 지내는 기준을 바로잡고 귀신과 사람을 위로하는 길이 선조(宣祖) 때보다 더욱 빛나게 될 것입니다.

또 삼가 생각건대 국가의 전례(典禮)는 종묘보다 큰 것이 없습니다. 그래서 공자가 이르기를 "그에 대한 설을 아는 자는 천하를 다스리는 일이 손바닥을 보는 것처럼 쉬울 것이다." 하였습니다. 그 의(義)와 예(禮)로 볼 때 만일 경전을 어기고 근거가 없는 것이 있다면 참으로 내버려 둘 수 없다는 것이 명백합니다. 우리나라의 묘제(廟制)를 보건대, 태조 및 사친의 신주는 모두 태묘에 있고, 목조(穆祖), 익조(翼祖), 도조(度祖), 환조(桓祖) 및 뭇 사당의 조주(祧主)[34]는 모두 영녕전에 모셔져 있습니다. 그러나 태묘는 정묘(正廟)이고 영녕전은 별묘(別廟)인데, 목조 같은 존귀한 분이 별묘에 계신다는 것은 의나 예를 살펴볼 때 온당치가 못합니다.

주자가 일찍이 말하기를 "별묘를 세우는 것이 반드시 편위(偏位 한쪽으로 치우친 자리)에 있게 되고 그 건물과 의장(儀仗)으로 쓰는 물건 또한 반드시 태묘의 성대함과는 같지 않으니, 이야말로 명목은 조상을 존중한다고 하면서 실은 비하하는 것이다. 또 협제(祫祭)[35]를 할 때

그리고 설명을 붙여 나라에 올렸다. 그러나 대신들이 원묘에는 옛날의 예를 쓸 수 없고, 또 이 위치를 정한 것이 벌써 140년이나 지났으니, 고칠 수 없다 하여 이황의 의견은 행해지지 않았다.《鶴峯集 續集 卷5 退溪先生史傳》

34 조주(祧主) : 제사를 지내는 대(代)의 수가 다 되어서, 종묘에서 딴 사당으로 옮긴 신주를 말한다.

뭇 사당의 신주는 태묘에서 하는데 네 분의 조상 신주는 별묘에서 하니, 합제(合祭)라고 할 수 없다고 한 것은 바로 이를 두고 이른 말이다." 하였는데, 이는 대체로 주자가 송나라 조정의 잘못된 묘제를 논한 것입니다. 대개 송나라 태조가 창업한 뒤에 바로 사당을 세워 희조(僖祖), 익조(翼祖), 순조(順祖), 선조(宣祖) 네 분의 조상을 봉안하였는데, 그 뒤 세대가 점점 멀어졌기 때문에 희조까지 아울러서 옮기게 되었습니다. 그러자 뭇사람이 의논하기를 "태조가 공덕이 있기는 하나 그래도 희조의 손자인데, 자신은 정전에 거하면서 희조를 별전에 거하게 하는 것은 미안한 바가 있다." 하여, 도로 희조를 태묘에 봉안하였습니다. 그 뒤에 의논하는 이들이 다시 희조를 별전에 옮기려 하자 주자가 그 잘못을 극언하였는데, 그 논변한 말이 자못 수천 마디에 이르렀습니다.[36]

지금 우리나라의 태묘를 송나라의 묘제와 견주어 주자의 설로 논증한다면, 우리나라의 목조는 바로 송나라의 희조로서 주(周)나라의 후직(后稷)에 비견될 분이며 태조와 태종 또한 송나라의 태조와 태종으로서 주나라의 문왕(文王)과 무왕(武王)에 비견되는 분입니다. 따라서

35 협제(祫祭) : 임금이 선조(先祖)에게 지내는 큰 제사의 하나이다. 협(祫)은 합(合)의 뜻이니, 여러 선령(先靈)을 한자리에 합하여 지내는 제사를 말한다.

36 주자가……이르렀습니다 : 주희가 소희(紹熙) 5년(1194) 윤10월 6일 영종(寧宗)에게 올린 차자에 첨부하여 올린 〈조묘의장(祧廟議狀) 병도(并圖)〉를 가리킨다. 당시 효종의 장례가 끝나고 태묘에 신주를 부묘할 때가 되자, 태묘에 안치된 역대 신주의 배치를 조정해야 할 필요성이 제기되었다. 주희는 도판을 곁들여 자신의 설을 제시하고 이유를 밝혔는데, 핵심적인 내용은, 천자 7묘의 원칙에 따라서 희조를 시조로 하고 3소 3목을 정하자는 것과 비록 철종과 휘종, 흠종과 고종처럼 형제의 서열에서 계승한 경우에도 소와 목을 달리하자는 것이었다. 《晦庵集 卷15 經筵講義》

목조를 영녕전에 거처하게 하는 것은 이른바 "타전(朶殿)[37]에 그 조고(祖考)를 거처시킨다."라는 것이 되고, 태조가 정묘에 거처하는 것은 이른바 "자손이 정전에 앉았다."라는 것이 됩니다. 그리고 목조가 태묘에서 으뜸을 차지하지 못하고 태조가 태묘의 제1실에 거처하는 것은 이른바 "희조는 공업(功業)이 없고 천하를 얻은 것은 자기의 공이라 하여 다투어 강약을 비교하는 것이니 또한 겸손하여 피할 줄을 모르는 것이다."라는 것이 됩니다.

이 점에 대해서는 당시 태조를 받들어 봉안하던 마음으로 헤아려 보더라도 필시 감당하지 못할 바가 있을 것이고, 오늘날 신하가 받들어 봉안한 분을 공경하는 의리에도 어긋나는 점이 있을 것입니다. 더구나 두 사당의 거리가 지척이어서 신령이 아주 가까이 접하고 있는 마당에, 태조의 향사(享祀)는 1년에 다섯 차례나 지내면서 목조는 존귀한 시조인데도 봄과 가을 두 차례만 향사를 지내게 되는 경우이겠습니까. 그 친근하고 소원한 차이가 이처럼 현격하고 보면 역시 태조의 효성으로 봉양하는 마음을 편하게 하는 바가 아닐 듯싶습니다. 이 점은 어질고 효성스러운 군자를 기다리지 않아도 그래서는 안 된다는 것을 알 수 있는 일입니다.

신의 어리석은 생각으로는 우리 선왕을 옮겨서 합사(合祀)하게 된 기회에 속히 예관(禮官)과 유신(儒臣)에게 자세히 방법을 궁리하게 한 다음, 목조를 태묘 제1실에 옮겨 봉안하여 시조로 삼고, 태조와 태종 이하 세실(世室)의 예는 한결같이 주나라 왕가(王家)의 옛날부터 내려오는 관례처럼 하는 동시에 태묘에 동, 서 협실(夾室)을 만들어

37 타전(朶殿) : 정전(正殿)의 동서에 있는 협실(夾室)이다.

익조 이하의 조주를 봉안하면, 명분도 바르고 합리적이며 의가 분명해지고 일이 온당해질 듯합니다. 이는 주자가 말한 "희조 사세(四世)의 뒤에 신손(神孫 임금의 자손)을 낳아 그 신손이 천리(天理)와 인정(人情)에 순응함으로써 억조창생을 편안하게 하였으니, 그 공덕은 꼭 몸소 한 뒤에야 훌륭하게 되는 것은 아닌 것으로, 태조가 그 덕을 조상에 돌려 감히 공업을 자처하지 않았다."라는 것이 될 것입니다. 이 점은 백세 이후에 성인이 나오더라도 의혹하지 않을 것입니다.

만약 "목조를 별전에 봉안한 지 이미 300년이 되었는데, 오늘날 갑자기 옮긴다는 것은 편하지 못한 바가 있다."라고 말한다면, 이는 또 그렇지 않은 바가 있습니다. 송나라의 왕안석(王安石) 등이 일찍이 조묘(祧廟)로부터 다시 희조를 태묘에 봉안하여 시조로 삼자, 정자가 "개보(介甫 왕안석)의 소견이 세속의 선비보다 높다."라고 하였으니, 불의(不義)한 것을 어찌 정자가 말하였겠습니까. 지금 주나라 왕가의 제도를 상고하고 정자와 주자의 설을 참고해 보건대, 단연코 의심할 바가 없습니다. 삼가 바라건대 전하께서는 유의하여 헤아리소서.

그러나 만일 그 지극함을 논한다면, 사당 건물의 제도와 소, 목의 법을 마땅히 한결같이 고례(古禮)에 의거하고, 오늘날 서쪽을 윗자리로 삼는 예를 변경하여 그동안의 오류를 바로잡음으로써 한 왕조의 법을 완성한 뒤에야 유감이 없을 것입니다. 하지만 이는 일의 체모가 지극히 큰 것이어서 주자도 오히려 훗날 나라를 일으켜 수복(收復)한 뒤로 기약하였던 만큼, 지금처럼 일이 많은 날에는 더욱 의논할 겨를이 없다고 하겠습니다. 다만 성상께서 새벽부터 일찍 일어나 덕업(德業)에 분발하시어 공이 이루어지고 정치가 안정되거든 서서히 별도로 도모하여도 늦지 않을 것입니다.

신은 우러러 생각건대 전하께서는 지극히 거룩한 자질을 타고나서 천리를 잡아 인륜을 바로잡고 회통(會通 사물(事物)의 회합과 변통)을 살펴 전례(典禮)를 행하고 계십니다. 요즘의 일로 말한다면, 이원(尼院)을 철거하여 유궁(儒宮)을 회복하는[38] 등 하시는 모든 일이 정말 예사롭지 않습니다. 따라서 종묘의 막대하고 막중한 예에서도 반드시 구차하게 그전대로 하여 지극히 선한 도에 돌아가지 못하게 하려고는 하지 않으실 것이기에, 감히 미천한 자에게까지 자문을 구하시는 깊은 뜻을 받들어 우매한 소견을 다하여 멋대로 말씀드렸으니, 그 죄는 만번 죽어 마땅합니다. 삼가 바라건대 자애로운 성상께서 어리석음을 애달프게 여겨 죽을죄를 용서해 주시면 천만다행이겠습니다. 신은 지극히 황공한 마음을 가누지 못하겠습니다.

38 이원(尼院)을……회복하는 : 1661년(현종2) 1월 도성 안에 있는 인수원(仁壽院)과 자수원(慈壽院)을 철거하고 그 재목으로 학궁(學宮) 및 무관(武館)을 수리하였는데, 이것이 곧 반중(泮中)의 일양재(一兩齋)이다. 그리고 승니(僧尼)들 중 젊은 사람은 모두 환속하게 하고, 늙은 자는 도성 밖으로 내쫓았다. 《藥泉集 卷14 顯宗大王行狀》《宋子大全隨箚 卷10》

음식물을 사양하는 상소 신축년(1661, 현종2) 3월

辭食物疏 辛丑三月

삼가 아룁니다. 신의 재주로 실봉(實封)[39]하여 외람되게도 조묘(祧廟)에 대한 의론을 아뢰어 어리석게 저촉하였으니 용서받을 수 없는 죄를 지어, 삼가 사실(私室)에 엎드려 벌을 기다리고 있었습니다. 그런데 이번에 관찰사의 글을 통해, 자애로운 성상께서 신의 곤궁함을 불쌍히 여기고 음식물을 지급하라고 명하신 줄을 삼가 알고서 신은 놀랍고 황공하여 감격의 눈물을 흘리며 더욱 어쩔 줄을 몰랐습니다. 신은 참으로 세상일에 어둡고 어리석어 자급(自給)할 계책이 없습니다. 그러나 어려서부터 늙어서까지 결핍되지 않은 날이 없어 채소 뿌리와 열매를 먹는 것은 흔한 일이라 습관이 되어 익숙한 지 이미 오래이며 견디지 못할 정도는 아니니, 혹시 병이 없고 구차히 빌려서 생활하면 죽지는 않을 듯합니다. 또 더구나 지난해에도 이미 하사하시는 은혜를 입었는데 올해에도 이어서 다시 이와 같은 일이 있어, 드디어 고사(故事)가 되고 정기적인 녹봉같이 되었으니 전하의 인자하신 은혜는 극진하다고 하겠습니다. 그러나 신에게 까닭 없이 베풀어진 잘못된 은총은 한 마리 좀 벌레라는 비방을 거듭 취하게 될 것이니 어찌 의리에 감히 편안하겠습니까.

또한 쓰러지고 고단한 끝에 백성들이 도로에 널브러져 있는데, 유독

39 실봉(實封) : 누설되지 않고 임금이 직접 보게 하기 위하여 실지로 봉투를 풀로 봉하여 상소하는 것을 말한다.

성은이 신에게 이렇게 두터운 것을 저들이 본다면 반드시 장차 "저 사람은 이미 헛된 이름을 도둑질해서 나라의 은혜를 저버리고 편안히 시골집에서 쉬는데도 나라의 곡식을 소모하는데, 우리들은 부지런하고 고달프게 농사일을 하여 부역에 이바지해도 이렇게 주리고 있지만 성주(聖主)께서 보살펴 주는 것은 도리어 저만 못하다."라고 하게 될 것입니다. 그렇다면 이는 심히 균등하고 조화롭게 함으로써 편안히 하는 도가 아닙니다. 삼가 바라건대 성명께서는 신이 하는 말이 정성스러운 마음에서 나온 것이지 꾸며 대어 사양하는 것이 아닌 줄을 살피시고, 서둘러 명을 거두어 미천한 신의 분수를 편안하게 해 주신다면 신이 받는 은혜는 도리어 이보다 클 것입니다. 신은 감격스럽고 황공한 마음을 견딜 수 없습니다.

지은이 **송시열(宋時烈)**

1607(선조40)~1689(숙종15). 자는 영보(英甫), 호는 우암(尤菴)·우재(尤齋)·파옹(巴翁)·화양동주(華陽洞主) 등이며, 시호는 문정(文正), 본관은 은진(恩津)이다. 부친은 송갑조(宋甲祚)이고, 모친은 선산 곽씨(善山郭氏)이다. 사계(沙溪) 김장생(金長生)과 신독재(愼獨齋) 김집(金集)을 사사하여 기호학파의 종장(宗匠)이자 노론의 영수로 활동하면서 조선 후기 학문과 정치에 큰 발자취를 남겼다. 효종의 즉위 이후 청나라에 대한 복수설치(復讎雪恥)를 역설한 〈기축봉사(己丑封事)〉를 올려 북벌론을 제시하였고, 학문적으로는 주자성리학을 정통으로 삼아 남인 학자인 윤휴(尹鑴)와 대립하였다. 이후 남인, 소론과 갈등이 깊어지다가 효종의 천릉(遷陵), 왕실 복제를 둘러싼 예송(禮訟)으로 논핵을 받아 삭탈관직되고 덕원(德源), 장기(長鬐), 거제도(巨濟島)에서 유배 생활을 하였다. 1689년 원자 책봉 문제로 제주(濟州)에 유배되었다가 서울로 압송되던 중 정읍(井邑)에서 사사(賜死)되었다. 1756년(영조32) 문묘(文廟)에 배향되고 영의정에 추증되었다. 저서로 《송자대전》, 《주자대전차의(朱子大全箚疑)》, 《정서분류(程書分類)》, 《주자어류소분(朱子語類小分)》, 《논맹혹문정의통고(論孟或問精義通考)》 등이 있다.

선역

김동주(金東柱)

강재(剛齋) 이기완(李起完) 선생과 추연(秋淵) 권용현(權龍鉉) 선생에게 수학하였다. 국사편찬위원회, 민족문화추진회, 한국정신문화연구원 등에서 근무하였고, 현재 전통문화연구회 이사이다. 번역서로 《목민심서》, 《청장관전서》, 《상촌집》, 《임하필기》(이상 공역), 《상서정의》 등이 있다.

옮긴이

김정기(金正基)

한림대학교 부설 태동고전연구소와 강원대학교 국어국문학과 박사과정을 수료하였다. 현재 한국고전번역원 고전문헌번역실 교점번역위원이며, 한국국학진흥원 영남선현문집번역 객원연구원이다.

정문채(鄭文采)

부산대학교 국어국문학과를 졸업하고 서울대학교 국어국문학과 석사과정을 수료하였으며 한국고전번역원 부설 고전번역교육원 연수과정을 졸업하였다. 현재 한국고전번역원 고전문헌번역실 교점번역위원이다.

박미경(朴媄敬)

경북대학교 대학원에서 소식 서전 연구로 박사 학위를 받았다. 한국국학진흥원 번역연수과정을 졸업하였고, 한국국학진흥원 및 한국고전번역원에서 번역을 하고 있으며, 번역서로 《서계선생일고》, 《등암선생문집》, 《무송헌선생문집》, 《강해문집》, 《묵암문집》, 《성재선생문집》 등이 있다.

송자대전 3

송시열 지음 | 김정기 정문채 박미경 옮김

2021년 12월 31일 초판 1쇄 발행

발행인 신승운 | 발행처 한국고전번역원
등록 2008. 3. 12. 제25100-2018-000049호
주소 (03310) 서울시 은평구 진관1로 85
전화 02-350-4800 | 팩스 02-350-4994 | 홈페이지 www.itkc.or.kr

번역 김정기(제5권) 정문채(제6권) 박미경(제7권~제10권)
연구총괄 양기정 | 연구기획 김지민 | 자문 정선용

책임편집 하현주 | 편집진행 김태훈 신진호 김지수
교정 박현진 유정님 | 조판 김지현 | 제작 김형석
디자인 씨디자인 | 인쇄 ㈜대유기획인쇄

값 20,000원
ISBN 978-89-284-0871-9 94810
978-89-284-0619-7 (세트)